Verbraucherinformatik

Alexander Boden · Gunnar Stevens ·
Lena Recki · Paul Bossauer · Dirk Schreiber
Hrsg.

Verbraucherinformatik

Grundlagen und Anwendungsfelder der
digitalen Konsumgesellschaft

Die Grafiken wurden erstellt von Gabriela Lopez-Garro.

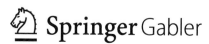

Hrsg.
Alexander Boden
Institut für Verbraucherinformatik
Hochschule Bonn-Rhein-Sieg
Sankt Augustin, Deutschland

Gunnar Stevens
Institut für Verbraucherinformatik
Hochschule Bonn-Rhein-Sieg
Sankt Augustin, Deutschland

Lena Recki
Institut für Verbraucherinformatik
Hochschule Bonn-Rhein-Sieg
Sankt Augustin, Deutschland

Paul Bossauer
Institut für Verbraucherinformatik
Hochschule Bonn-Rhein-Sieg
Sankt Augustin, Deutschland

Dirk Schreiber
Institut für Verbraucherinformatik
Hochschule Bonn-Rhein-Sieg
Sankt Augustin, Deutschland

ISBN 978-3-662-68705-5   ISBN 978-3-662-68706-2 (eBook)
https://doi.org/10.1007/978-3-662-68706-2

Die Deutsche Nationalbibliothek verzeichnet diese Publikation in der Deutschen Nationalbibliografie; detaillierte bibliografische Daten sind im Internet über https://portal.dnb.de abrufbar.

Planung/Lektorat: Leonardo Milla
Springer Gabler ist ein Imprint der eingetragenen Gesellschaft Springer-Verlag GmbH, DE und ist ein Teil von Springer Nature.
Die Anschrift der Gesellschaft ist: Heidelberger Platz 3, 14197 Berlin, Germany

Wenn Sie dieses Produkt entsorgen, geben Sie das Papier bitte zum Recycling.

Geleitworte

Geleitwort von Hartmut Ihne

Einordnung: Achter Kontinent, Digital Turn und die Verbraucher

I. Kontinente

Vielen ist die Tatsache und deren Tragweite noch nicht bewusst: Wir haben den achten Kontinent entdeckt. Seit ihren Anfängen lebt die Menschheit auf der Erdoberfläche. Nach den letzten großen tektonischen Verschiebungen vor Jahrmillionen zählt die Geografie sieben Kontinente. Diese Kontinente sind im Kern physikalisch-biologisch-chemische Entitäten. Auf ihnen, in ihnen und mit ihnen lebt der Homo sapiens seit rund 300.000 Jahren. Die menschliche Kultur, die Gesellschaften, die Staaten, die Märkte sind an den Boden und den mit ihm verbundenen dreidimensionalen Raum als Ausgangspunkt gebunden. Er ist die Grundlage unserer Existenz und Aktionsraum der Individuen. Wir sprechen deshalb auch gerne vom Boden der Tatsachen, wenn wir Realität meinen. An diese Realität sind wir gewöhnt. In ihr wohnen wir. Oder richtiger: wohnten wir.

II. Achter Kontinent – Digital Turn

Noch einmal: Wir haben den achten Kontinent entdeckt, den digitalen Kontinent. Mit ihm ist eine neue Ontologie[1] im Entstehen, deren Radikalität und Disruptivität wir noch nicht begreifen. Zivilisationsbruch? Wesentliche Teile unseres Lebens finden zunehmend in digitalen Räumen statt – Kommunikation, Wirtschaft, Politik, Recht, Konflikte und leider auch Kriege.

In den digitalen Räumen finden sich häufig mehr Daten über uns als in den analogen Räumen. Die globalen Finanzmärkte z. B. sind beinahe vollständig auf den digitalen Kontinent gewandert. Finanztransaktionen finden inklusive der vertragsrechtlichen Dimensionen wesentlich algorithmengesteuert statt. Die Wissens- und Informationssuche wird von

---

[1] Vgl. dazu Hartmut Ihne: Vom Internet, seiner Verfassung, der Netzgesellschaft und ihrem Gesellschaftsvertrag. In: Bonner Perspektiven, Magazin der Bonner Akademie für Forschung und Lehre praktische Politik (BAPP), November 2012.

Suchmaschinen und deren Algorithmen gesteuert. Kommunikation findet immer stärker in und durch Social Media und ihren Echoräumen statt, verwoben mit automatisierten Bots. Verwaltungen werden digitalisiert, politische Kernprozesse wie Wahlen ebenso, auch die Erfassung unserer bürgerlichen Identitäten. Die digitalen Märkte der Internetökonomie haben sich längst neben den analogen Märkten etabliert und verdrängen diese zum großen Teil. Methoden der KI wie generative Sprachmodelle, Deep Fakes etc. fordern unsere klassischen epistemologischen Herangehensweisen an Realität und Wahrheit heraus. Der Augenschein und das Gehörte gelten nicht mehr als Wahrheitsgründe. Die Vervielfältigung der „Welten" irritiert. Ein „digital turn" findet statt. Wir können die Gesamtheit der Wirklichkeit nicht mehr ohne die digitale Welt verstehen. Schleichend verändern sich auch Verhaltensmuster. Was macht das mit den Menschen, und welche Probleme ergeben sich?

III. Architekten

Noch sind wir am Anfang des digitalen „Wohnens" auf dem achten Kontinent. Es gibt eine spezifische Differenz zum Bisherigen. Anders als die analogen Kontinente ist der digitale Kontinent nichts empirisch bereits Vorgefundenes, er ist etwas Gemachtes, etwas noch im Werden Befindliches. Der digitale Kontinent wird von uns selbst gebaut, seine Bausteine sind Hard- und Software. Das ist Chance und Risiko zugleich. Seine technologischen Architekten sind die Programmierer:innen, die Administrator:innen und die KI. Sie konditionieren in der algorithmischen Tiefenstruktur die Möglichkeitsbedingungen der entstehenden digitalen Designs und Realitäten. Der Mensch wird Weltenschöpfer. „Homo Deus" wie Yuval Noah Harari seine „Geschichte von morgen" überschreibt.

IV. Verfasstheit

Der digitale Lebensraum muss in vielerlei Hinsicht gestaltet werden, um gesellschaftlich, ökonomisch, politisch funktional und kompatibel zu sein. Er braucht eine rechtlich-ethische Verfasstheit, die nicht hinter die rechtlich-ethische der analogen demokratischen Welt zurückfallen darf.

V. Bewohner bloß User?

Wer sind die Bewohner:innen des neuen Kontinents? In der Regel spricht man noch von „User:innen", ich denke aber, dass der Begriff viel zu eng ist und nicht die Potenziale und zukünftigen Formen des achten Kontinents widerspiegelt. Denn er legt nahe, dass man den digitalen Raum und seine Möglichkeiten bloß „benutzt" – als Tools und Instrumente –, ihn aber nicht auch in neuer Weise bewohnt und gestaltet, also in (!) ihm und Teil von ihm ist. Zuckerbergs „Metaverse" ist nur ein Anfangsversuch. Ähnlich wie in der analogen Welt müssen wir lernen, uns auch zukünftig in der digitalen Welt zu betrachten, als Individuen, als Gesellschaftsmitglieder, als Marktteilnehmer:innen, als Fachleute in den Berufen etc., d. h. funktionsadäquat – nicht bloß als User:innen.

VI. Neuland Verbraucherinformatik

Damit sind wir u. a. bei den Verbraucher:innen, also den Haushalten und Individuen, die am Markt von Gütern und Dienstleistungen in der digitalen Welt teilnehmen. Das vorliegende Lehrbuch konzediert in seinen Annahmen den „digital turn" unserer Lebenswelt. Die beteiligten Wissenschaftler:innen haben sich seit einer Reihe von Jahren systematisch und methodisch mit der digitalen Transformation der Gesellschaft und den Auswirkungen auf Verbraucher:innen und deren Konsumpraktiken beschäftigt. Sie sind Vorreiter:innen in diesem Forschungsfeld. Es war und ist von herausragender wissenschaftlicher Bedeutung, dass es der Gruppe gelungen ist, das Konzept einer Disziplin „Verbraucherinformatik" zu entwickeln und auszubauen. Die am vorliegenden Lehrbuch beteiligten Wissenschaftler:innen tragen seit einigen Jahren in ihren Forschungsarbeiten zur Entwicklung der Disziplin „Verbraucherinformatik" bei. Die Autor:innen haben mit ihrem Lehr- und Forschungsgebiet wissenschaftliches Neuland betreten.

In sechs Kapiteln umreißen sie den Stand der Verbraucherinformatik: Grundsatzkapitel zu Einordnung und Hintergrund, zu den Grundlagen der Verbraucherinformatik, zu digitalen Haushalten und Märkten, zum digitalen Verbraucherschutz, zur digitalen Verantwortung und Ethik, zur Gestaltungsaufgabe der Verbraucherinformatik.

Die Verbraucherinformatik ist eine noch junge, aber wichtige Disziplin, die ausgehend vom Begriff Verbraucher:in ein inter- und transdisziplinäres Feld zwischen Informatik, Wirtschaftswissenschaften, Sozialwissenschaften, Anthropologie, Psychologie, Medizin, Philosophie und Ethik umspannt. Die Verbraucher:innen werden in ihren Rollen als Subjekt und Objekt digitaler Märkte für Güter und Dienstleistungen und als Nutzer:innen digitaler Tools erforscht und beschrieben. Der Ausdruck „Verbraucherinformatik" geht übrigens zurück auf die Diskussion um „Consumer Informatics" zu Beginn der 2000er-Jahre.[2] Allerdings bezog sich der Ausdruck in der Diskussion auf den Gesundheitsbereich (Health and Social Care) im Sinne von „Consumer Health Informatics". Die Öffnung für den gesamten Verbraucherbereich aber ist Ziel und Erfolg der Arbeiten um die Gruppe am Institut für Verbraucherinformatik (IVI) der Hochschule Bonn-Rhein-Sieg in Kooperation mit der Universität Siegen.

Das Lehrbuch richtet sich in erster Linie an Studierende nicht nur der Informatik, sondern vieler Disziplinen. Es ist aber auch für interessierte Leser:innen, die sich mit der Rolle von Verbraucher:innen in der digitalen Welt befassen wollen, ein Gewinn. Man kann es schon jetzt zu Recht als Standardwerk bezeichnen, da es zurzeit keine vergleichbare Darstellung von Theorie, Grundlagen und Anwendung der Verbraucherinformatik gibt.

Ich beglückwünsche die Kolleg:innen Alexander Boden, Gunnar Stevens, Lena Recki, Paul Bossauer und Dirk Schreiber (sowie alle weiteren Beitragsautor:innen) zu ihren spannenden und erfolgreichen Arbeiten an einem wichtigen Thema zur

---

[2] Rosemary Nelson und Marion J. Bell: Consumer Informatics – Applications and Strategies in Cyber Health Care, Springer New York (2004).

Erforschung von Bedingungen und Möglichkeiten der digitalen Welt und danke für die Ausdauer beim Betreten von akademischem Neuland.

Geleitwort von Christian Bala und Wolfgang Schuldzinski

Der Verbraucherforschung mangelt es an Lehrbüchern. In den letzten zehn Jahren musste man schon tief in die Regale der Hochschulbibliotheken greifen, um Werke zu finden, mit denen sich Studierende über Verbraucherpolitik und Verbraucherschutz informieren konnten. Eine Ausnahme bildeten die Rechtswissenschaften, die sich mit dem Verbraucherrecht befassten. Darüber hinaus waren die meisten Publikationen veraltet, erschienen sie doch zu einer Zeit, in der die Verbraucherforschung noch eine wichtige Rolle spielte: „Konsum und Nachfrage" von Erich und Monika Streissler erschien 1966. Die „Grundlagen der Verbraucherpolitik" von Bernd Biervert, Wolf Friedrich Fischer-Winkelmann und Reinhard Rock wurden 1977 veröffentlicht. Nach Eberhard Kuhlmanns „Verbraucherpolitik" von 1990 kam nicht mehr viel. Einzig das Marketing-Lehrbuch „Konsumentenverhalten" von Werner Kroeber-Riel (erstmals 1975) zeigt Kontinuität (nach Koerber-Riels Tod 1995 übernahm ab der 6. Auflage von 1996 Peter Weinberg und ab der 9. Auflage von 2009 Andrea Gröppel-Klein).

Die Welt der Verbraucher:innen drehte sich weiter, während die Hochschullehre und Forschung zu Verbraucherpolitik und -schutz nur in Nischen existierte und die Einführungen in das Thema langsam, aber sicher veralteten. Erst mit der Wiederentdeckung und -belebung der Verbraucherforschung zu Beginn der 2010er-Jahre erschienen wieder Werke, die nicht nur von historischem Nutzen waren: 2017 wurde der interdisziplinäre Band „Verbraucherwissenschaften" von Peter Kenning, Andreas Oehler, Lucia A. Reisch und Christian Grugel herausgegeben (2. Auflage 2021). Mit „Verbraucherpolitik" von Mirjam Jaquemoth und Rainer Hufnagel erschien 2018 tatsächlich ein didaktisch konzipiertes Lehrbuch für Studierende. Seither wurde eine Reihe von Publikationen veröffentlicht, die sich in der Hochschullehre einsetzen lassen.

Ein blinder Fleck blieb aber ausgerechnet in jenem Bereich, der wohl die einschneidendsten Entwicklungen des Verbraucheralltags hervorgebracht hat und dessen Dynamik die Verbraucher:innen vor immer neue Probleme stellt. Zwar gibt es unzählige Informatiklehrbücher, welche die technischen Grundlagen für die digitale Welt bereitstellen, doch der:die Verbraucher:in beziehungsweise Nutzer:in kommt darin nicht oder nur am Rande vor. Auch gibt es mittlerweile Werke, die sich mit der digitalen Ethik in der Lehre auseinandersetzen, doch eine verbraucherorientierte Perspektive blieb ein Desiderat.

Der vorliegende Band „Verbraucherinformatik" schließt diese Lücke. Die Herausgeber:innen haben einen interdisziplinären Anspruch; sie möchten „Studierende der Wirtschafts- und Sozialwissenschaften sowie der angewandten Informatik" erreichen. Das noch junge Institut für Verbraucherinformatik an der Hochschule Bonn-Rhein-Sieg, aus dessen Reihen die Autor:innen größtenteils stammen, hat es sich zum Ziel gesetzt, die Digitalisierung des Konsums stärker in den Fokus zu rücken und die „fragmentierten

Forschungsarbeiten verschiedener Fachdisziplinen in der Lehre zusammenzuführen". Dazu trägt dieses Lehrbuch bei, indem es die verschiedenen Aspekte wie beispielsweise IT-Sicherheit des digitalen Konsums, Datenschutz, Digitalisierung des Haushalts oder Nachhaltigkeit zusammenführt und auf verständliche Weise vermittelt. Damit wird nicht nur die Ausbildung zukünftiger Verbraucherforscher:innen unterstützt und verbessert, auch für die Praxis des Verbraucherschutzes und verbraucherpolitische Akteur:innen kann ein solches Buch von Nutzen sein.

Die Gründung des Instituts für Verbraucherinformatik und die Veröffentlichung des vorliegenden Lehrbuchs zeigen, dass die Entwicklung der Verbraucherwissenschaften voranschreitet. Die Initiativen auf Bundesebene mit Förderprogrammen und dem Netzwerk Verbraucherforschung, die Organisationen des wissenschaftlichen Austauschs und der Kommunikation wie das Kompetenzzentrum Verbraucherforschung der Verbraucherzentrale NRW e. V. (KVF NRW) oder das Netzwerk „Konsum neu denken", die Orte der Forschung wie die Forschungsstelle Konsumkultur der Universität Hildesheim, das Forschungszentrum Verbraucher, Markt und Politik, das Kompetenzzentrum Verbraucherforschung und nachhaltiger Konsum oder das Institut für Verbraucherwissenschaften (IfV) haben Wirkung gezeigt und bilden ein Netzwerk, in dem mit unterschiedlichen Ansätzen und Schwerpunkten die Verbraucherwissenschaften zum Nutzen der Verbraucher:innen weiterentwickelt werden. Aus Sicht der Verbraucherarbeit, die gerne und gut mit der Wissenschaft zusammenarbeitet, ist dies ausdrücklich zu begrüßen.

Vorwort der Herausgeber:innen

Das vorliegende Werk soll einen Beitrag zur Fundierung der Verbraucherinformatik leisten, einer noch jungen Disziplin an der Schnittstelle zwischen Verbraucherforschung und Wirtschaftsinformatik. Es stellt den Versuch dar, zentrale Theorien und Anwendungsfelder im Zusammenhang mit der Digitalisierung des Konsums im Alltag von Privathaushalten zu einem systematischen und umfassenden Forschungsfeld zusammenzuführen. Dabei verbindet die Verbraucherinformatik technische Ansätze der Informatik (wie Consumer Analytics und Informationssysteme) mit Konsumtheorien und Ansätzen der Verbraucher- und Wirtschaftswissenschaften (wie etwa digitalen Marktmechanismen). Ein Schwerpunkt liegt darüber hinaus auf zentralen Querschnittaspekten der Digitalisierung des Privaten, wie insbesondere den Themen IT-Sicherheit und Privatheit, sowie Nachhaltigkeit und Fairness.

In der Verbraucherforschung blickt das Thema Digitalisierung des Konsums zum Zeitpunkt der Drucklegung auf eine 10-jährige Geschichte zurück, die sich maßgeblich auf die Gründung der Abteilung Verbraucherpolitik; Digitale Gesellschaft; Verbraucherrechtsdurchsetzung am BMJV im Jahr 2013 sowie der Einsetzung des Sachverständigenrats für Verbraucherfragen im Jahr 2014 zurückführen lässt. Besonders hervorheben muss man hier zudem die Arbeit der Verbraucherzentralen sowie die neu gegründete Abteilung für Digitalen Verbraucherschutz des Bundesamts für Sicherheit in der Informationstechnik (BSI).

In der Wirtschaftsinformatik wurde der Grundstein für die Verbraucherinformatik-Agenda im Jahr 2019 in einem von den Verfassern organisierten Grundlagen-Workshop im Rahmen der 14. Internationalen Konferenz für Wirtschaftsinformatik (WI) in Siegen gelegt. Fast zeitgleich fand unabhängig davon ein Experten-Workshop zur Verbraucherinformatik des Forschungszentrums Verbraucher, Markt und Politik (CCMP) an der Zeppelin Universität statt. Im Jahr 2021 wurde ausgehend von diesen Vorarbeiten an der Hochschule Bonn-Rhein-Sieg das bundesweit erste Institut für Verbraucherinformatik (IVI) gegründet.[1]

---

[1] Vgl. https://www.h-brs.de/de/wiwi/verbraucherinformatik, Zugriff am 21.11.2023.

Mit seinem engen Kooperationspartner, der Universität Siegen, soll das IVI die Lehre und Forschung zu Themen des digitalen Konsums unterstützen, die verschiedenen Ansätze der unterschiedlichen Forschungsdisziplinen, die sich bereits mit der Thematik beschäftigen, zusammenführen und systematisieren sowie auch die Sichtbarkeit der neuen Forschungsdisziplin fördern. Ein Kernziel des Instituts ist die Ausbildung wissenschaftlich hoch qualifizierten Personals, das sich in der Anzahl von Promotionsstudierenden im Bereich der Verbraucherinformatik widerspiegelt. Um dieses Themenfeld auch tiefer in der Hochschullehre zu verankern, ist im Herbst 2023 ein eigenes Vertiefungsfach im Rahmen des BWL-Bachelorstudiums an der Hochschule Bonn-Rhein-Sieg gestartet, wo sich die Studierenden mit den Grundlagen sowie auch der Praxis der Verbraucherinformatik auseinandersetzen. Das vorliegende Lehrbuch soll dabei als Grundlage dienen und auch die Begründung weiterer Studiengänge zur Verbraucherinformatik fördern.

Als Herausgeber:innen möchten wir an dieser Stelle insbesondere den Kolleg:innen aus unserer Forschergruppe „Verbraucherinformatik" an der Hochschule Bonn-Rhein-Sieg sowie der Universität Siegen danken,[2] die als Autor:innen der enthaltenen Beiträge dieses Buch mit Leben gefüllt haben. Besonderer Dank gilt dabei Gabriela López-Garro, die als Designerin die Abbildungen unseres Lehrbuchs erstellt hat. Weiterhin danken möchten wir auch dem Präsidium unserer Hochschule sowie dem Fachbereich Wirtschaftswissenschaften für die Unterstützung unseres Instituts. Nicht zuletzt danken wir unseren Kooperationspartnern aus Wissenschaft und Praxis sowie auch ganz besonders unseren Studierenden, denen dieses Buch gewidmet ist.

Sankt Augustin, Deutschland   Alexander Boden
Im November 2023   Gunnar Stevens
                                                                           Lena Recki
                                                                        Paul Bossauer
                                                                      Dirk Schreiber

---

[2] Vgl. https://www.verbraucherinformatik.de, Zugriff am 21.11.2023.

Inhaltsverzeichnis

1 Einordnung und Hintergrund 1
Alexander Boden, Gunnar Stevens, Jenny Berkholz und Dirk Schreiber
 1.1 Lernziele und didaktisches Konzept 2
 1.2 Thematische Einordnung 4
 1.3 Historische Entwicklung 7
 1.4 Digitale Transformation von Konsumpraktiken. 8
 1.5 Zusammenfassung 21
 1.6 Übungen 22
 Literatur 23

2 Grundlagen der Verbraucherinformatik 29
Gunnar Stevens, Alexander Boden und Jenny Berkholz
 2.1 Markttheoretische Ansätze 31
 2.2 Psychologische Ansätze 43
 2.3 Kulturwissenschaftliche Ansätze 51
 2.4 Praxelogische Ansätze 72
 2.5 Zusammenfassung 77
 2.6 Übungen 77
 Literatur 78

3 Digitaler Haushalt und Markt 85
Erik Dethier, Paul Bossauer, Christina Pakusch und Dirk Schreiber
 3.1 Mikroökonomische Perspektive: Digitale Haushalte 86
 3.2 Makroökonomische Perspektive: Digitale Märkte 112
 3.3 Übungen 128
 Literatur 129

4 Digitaler Verbraucherschutz 135
Dominik Pins, Michelle Walther, Jana Krüger, Gunnar Stevens,
Veronika Krauss und Sima Amirkhani
 4.1 Datenschutz 137
 4.2 Verbrauchertäuschung und Onlinebetrug 164

4.3   Social Engineering 172
4.4   Prävention und Resilienz 181
4.5   Zusammenfassung 191
4.6   Übungen 191
Literatur 192

5   Digitale Verantwortung 203
Lena Recki, Kalvin Kroth, Veronika Krauß, Lena Klöckner,
Christina Pakusch, Paul Bossauer, Lukas Böhm, Felix Peters,
Ariane Stöbitsch und Alexander Boden
5.1   Ethik und Fairness in der Verbraucherinformatik 205
5.2   Grundlagen von Ethik und Moralphilosophie 207
5.3   Fairness als Kernwert digitaler Systeme 210
5.4   Umsetzung digitaler Ethik 216
5.5   Werkzeuge für die Gestaltung ethischer Systeme 222
5.6   Der Begriff der Nachhaltigkeit – die drei Säulen 232
5.7   Nutzen statt Besitzen – Sharing Economy 236
5.8   Shared Mobility 239
5.9   Zusammenfassung 250
5.10   Übungen 252
Literatur 252

6   Digitale Gestaltung 261
Margarita Esau-Held, Veronika Krauß und Britta Essing
6.1   Gestaltungsansätze 263
6.2   Vorherrschende Gestaltungsansätze 264
6.3   Design im Kontext der Softwareartefaktgestaltung 269
6.4   Nutzer:innenzentrierte Kriterien und Ziele von Gestaltungansätzen
        (Usability, UX) 274
6.5   Soziale Praktiken und Partizipation als Gestaltungsmittelpunkt 280
6.6   Explorative Designansätze und neue Technologien 284
6.7   Zusammenfassung 294
6.8   Übungen 295
Literatur 295

Stichwortverzeichnis 301

Herausgeber- und Autorenverzeichnis

Über die Herausgeber

Prof. Dr. Alexander Boden ist Schwerpunktprofessor für wirtschaftliche und soziale Nachhaltigkeit an der Hochschule Bonn-Rhein-Sieg. Als Co-Direktor des Instituts für Verbraucherinformatik forscht er zu Themen des digitalen Konsums aus einer Nachhaltigkeitsperspektive.

Paul Bossauer ist Geschäftsführer des Instituts für Verbraucherinformatik und leitet eine Forschungsgruppe zur digital unterstützten Mobilität, die sein zentrales Forschungsfeld darstellt.

Lena Recki ist Geschäftsführerin des Instituts für Verbraucherinformatik an der Hochschule Bonn-Rhein-Sieg. Sie forscht zu Themen der digitalen Fairness und Verantwortung.

Prof. Dr. Dirk Schreiber ist Professor für Betriebswirtschaftslehre, insbes. Informationsmanagement am Fachbereich Wirtschaftswissenschaften der Hochschule Bonn-Rhein-Sieg. Zudem ist er Co-Direktor des Instituts für Verbraucherinformatik, wo er Plattform-Ökonomien erforscht.

Prof. Dr. Gunnar Stevens ist Professor für Wirtschaftsinformatik, insbes. IT-Sicherheit an der Universität Siegen und Co-Direktor des Instituts für Verbraucherinformatik. Er forscht zu Themen der digitalen Souveränität sowie der Mensch-Maschine-Interaktion.

Über die Autoren

Sima Amirkhani ist wissenschaftliche Mitarbeiterin am Lehrstuhl für Wirtschaftsinformatik, insbes. IT-Sicherheit, der Universität Siegen. Sie forscht zu Themen der IT-Sicherheit aus Verbrauchersicht mit Fokus auf Romance Fraud.

Jenny Berkholz ist wissenschaftliche Mitarbeiterin am Lehrstuhl für Wirtschaftsinformatik, insbes. IT-Sicherheit, der Universität Siegen. Sie forscht zu Konsumtheorien der Digitalisierung und Geschmack sowie zum digitalen Verbraucherschutz.

Lukas Böhm ist wissenschaftlicher Mitarbeiter am Institut für Verbraucherinformatik an der Hochschule Bonn-Rhein-Sieg sowie Gründer der Reboot Mobility GmbH. Er forscht zum Einsatz von Machine Learning zur Unterstützung der Verkehrswende.

Erik Dethier ist wissenschaftlicher Mitarbeiter am Institut für Verbraucherinformatik an der Hochschule Bonn-Rhein-Sieg. Er forscht zur Digitalisierung von Privathaushalten und digitalem Haushaltsmanagement.

Margarita Esau-Held ist wissenschaftliche Mitarbeiterin am Lehrstuhl für Wirtschaftsinformatik, insbes. IT-Sicherheit, der Universität Siegen sowie am Institut für Verbraucherinformatik der Hochschule Bonn-Rhein-Sieg. Sie forscht zum Design von digitalen Assistenten aus einer HCI-Perspektive.

Prof. Dr. Britta Essing ist Leiterin der Abteilung Human-Centered Engineering and Design am Fraunhofer Institut für Angewandte Informationstechnik FIT sowie Honorarprofessorin an der Hochschule Bonn-Rhein-Sieg. Sie forscht zum Thema Humability im Zusammenhang mit dem Metaverse.

Dr. Christina Pakusch ist Innovation Engagement Manager im DHL Innovation Center Troisdorf GmbH. Davor promovierte sie an der Universität Siegen und war Geschäftsführerin am Institut für Verbraucherinformatik der Hochschule Bonn-Rhein-Sieg.

Felix Peters ist wissenschaftlicher Mitarbeiter am Institut für Verbraucherinformatik an der Hochschule Bonn-Rhein-Sieg sowie Gründer der Reboot Mobility GmbH. Er forscht zum Thema Mobility und Data Science.

Dominik Pins ist wissenschaftlicher Mitarbeiter in der Abteilung Human-Centered Engineering and Design am Fraunhofer Institut für Angewandte Informationstechnik FIT. Er forscht zu Themen der digitalen Privatheit und IT-Sicherheit im Smart Home.

Lena Klöckner ist Portfoliomanagerin in der Geschäftsfeldentwicklung der Stadtwerke Bonn Verkehrs-GmbH. Zuvor forschte sie als wissenschaftliche Mitarbeitern am Institut für Verbraucherinformatik der Hochschule Bonn-Rhein-Sieg zu Themen der nachhaltigen und digitalen Mobilitätswende.

Veronika Krauß ist wissenschaftliche Mitarbeiterin am Lehrstuhl für Wirtschaftsinformatik, insbes. IT-Sicherheit, der Universität Siegen sowie am Institut für Verbraucherinformatik der Hochschule Bonn-Rhein-Sieg. Sie forscht zum Design von Mixed-Reality-Anwendungen mit speziellem Blick auf das Thema Ethical Innovation.

Kalvin Kroth ist wissenschaftlicher Mitarbeiter am Institut für Verbraucherinformatik an der Hochschule Bonn-Rhein-Sieg. Er forscht zur Entwicklung von Mobility Dashboards und macht derzeit seinen Masterabschluss im Studiengang Innovations- und Informationsmanagement.

Jana Krüger ist externe Doktorandin am Institut für Verbraucherinformatik an der Hochschule Bonn-Rhein-Sieg. Sie forscht zum Thema Fake-Shop-Erkennung aus Verbrauchersicht.

Ariane Stöbitsch ist wissenschaftliche Mitarbeiterin am Institut für Verbraucher-informatik an der Hochschule Bonn-Rhein-Sieg. Sie forscht zu Datenstandards für Mobili-tät und macht derzeit ihren Masterabschluss im Studiengang Innovations- und Informations-management.

Michelle Walther ist wissenschaftliche Mitarbeiterin am Institut für Verbraucher-informatik der Hochschule Bonn-Rhein-Sieg. Sie promoviert an der Universität Twente zum Thema Fake Review Detection und Social Engineering aus Verbrauchersicht.

Geleitwortautoren

Dr. Christian Bala ist Leiter des Kompetenzzentrums Verbraucherforschung der Ver-braucherzentrale NRW e.V.

Prof. Dr. Hartmut Ihne ist Präsident der Hochschule Bonn-Rhein-Sieg.

Wolfgang Schuldzinski ist Vorstand der Verbraucherzentrale NRW e.V.

Abkürzungsverzeichnis

eCommerce	Electronic Commerce
HCI	Human-Computer-Interaktion
BGB	Bürgerliches Gesetzbuch
DSL	Digital Subscriber Line
ISDN	Integrated Services Digital Network
DRM	Digital Rights Management
AJAX	Asynchronous JavaScript and XML
XML	Extensible Markup Language
HTML	Hypertext Markup Language
RSS	Rich Site Summary
PDA	Personal Digital Assistant
OS	Operating System
RFID	Radio-Frequency Identification
KI	Künstliche Intelligenz
eHealth	Electronic Health
LLM	Large Language Models
RUM	Random-Utility-Modelle
VIE	Valenz-Instrumentalität-Erwartung
TRA	Theory of Reasoned Action
TPB	Theory of Planned Behavior
TAM	Technologieakzeptanzmodell
SR	Stimulus-Response
SOR	Stimulus-Organism-Response
MVLZ	Mindestvertragslaufzeit
NIÖ	Neue Institutionenökonomik
DIY	Do it yourself
ATUS	American Time Use Survey
XaaS	Everything-as-a-Service
IoT	Internet of Things
VRM	Vendor Relationship Management

B2B	Business to Business
B2C	Business to Customer
P2P	Peer to Peer
C2C	Customer to Customer
B2B2C	Business to Business to Customer
BMUV	Bundesministerium für Umwelt, Naturschutz, nukleare Sicherheit und Verbraucherschutz
KUG	Kunsturhebergesetz
DSGVO	Datenschutz-Grundverordnung
PIMS	Personal Information Management System
VPN	Virtual Private Network
PETs	Privacy Enhancing Technologies
PbD	Privacy by Design
UPS	Usable Privacy and Security
PGP	Pretty Good Privacy
UX	User Experience
SE	Social Engineering
URL	Uniform Resource Locator
PMT	Protection motivation theory
ML	Maschinelles Lernen
ELSI	Ethical, Legal and Social Implications of Technology
xAI	explainable Artificial Intelligence
COMPAS	Correctional Offender Management Profiling for Alternative Sanctions
ALTAI	Assessment List for Trustworthy AI
AI HLEG	High-Level Expert Group on Artificial Intelligence
MEESTAR	Modell zur ethischen Evaluation soziotechnischer Arrangements
BMBF	Bundesministerium für Bildung und Forschung
WCED	Weltkommission für Umwelt und Entwicklung
IKT	Informations- und Kommunikationstechnologien
MaaS	Mobility as a Service
GBFS	General Bikeshare Feed Specification
MDS	Mobility Data Specification
MIV	Motorisierte Individualverkehr
GUI	Graphical User Interface
WIMP	Windows, Icons, Menus, Pointing Devices
WYSIWYG	What you see is what you get
MVP	Minimal Viable Product
CX	Customer Experience
PD	Partizipatives Design
AR	Augmented Reality
VR	Virtual Reality
MR	Mixed Reality

ZSVA	Zentrale Sterilgutversorgungsabteilung
AEMP	Aufbereitungseinheit für Medizinprodukte
IPA	Intelligent Personal Assistant
CUI	Conversational User Interface

Einordnung und Hintergrund

Alexander Boden, Gunnar Stevens, Jenny Berkholz
und Dirk Schreiber

Inhaltsverzeichnis

1.1 Lernziele und didaktisches Konzept 2
1.2 Thematische Einordnung 4
1.3 Historische Entwicklung 7
1.4 Digitale Transformation von Konsumpraktiken 8
    1.4.1 Digitale Consumer Electronics: Apple, Atari und die Medienkonvergenz 10
    1.4.2 Das Internet als kommerzielle Plattform 11
    1.4.3 eCommerce und die Distribution digitaler Güter 12
    1.4.4 Das Internet als sozialer Raum 15
    1.4.5 Das mobile Internet und persönliche Assistent:innen 16
    1.4.6 Das Internet der Dinge und smarte Geräte 17
    1.4.7 Prosumption, Gig-Worker und Plattformökonomien 20
1.5 Zusammenfassung 21
1.6 Übungen 22
Literatur 23

Ergänzende Information Die elektronische Version dieses Kapitels enthält Zusatzmaterial, auf das über folgenden Link zugegriffen werden kann [https://doi.org/10.1007/978-3-662-68706-2_1].

A. Boden (✉) · D. Schreiber
Institut für Verbraucherinformatik, Hochschule Bonn-Rhein-Sieg, Sankt Augustin, Deutschland

G. Stevens
Institut für Verbraucherinformatik, Hochschule Bonn-Rhein-Sieg, Sankt Augustin, Deutschland

Lehrstuhl Wirtschaftsinformatik, insb. IT-Sicherheit, Universität Siegen, Siegen, Deutschland

J. Berkholz
Lehrstuhl Wirtschaftsinformatik, insb. IT-Sicherheit, Universität Siegen, Siegen, Deutschland

Digitale Produkte und Dienstleistungen spielen eine immer zentralere Rolle im Leben der Verbraucher:innen. So haben mobile Geräte mit Internetzugang Einzug in fast alle Lebensbereiche gehalten. Apps verwalten unsere Finanzen, dienen zur Kommunikation mit dem:der Ärzt:in, schließen die Haustüre auf und zu oder messen, wie viele Schritte wir am Tag gelaufen sind. In bestimmten Produktsegmenten wird es immer schwieriger, ein Gerät zu finden, das nicht auf irgendeine Art und Weise „smart" und mit Internetzugang verbunden ist. Auch die Übertragung und die Art und Weise des Medienkonsums haben sich geändert. Statt linearem Fernsehen und der Plattensammlung im Regal werden Filme und Musik heute per Internet als Stream konsumiert. Durch die dabei anfallenden Daten werden neue Geschäftsmodelle möglich, die auf Analysen und Empfehlungsalgorithmen basieren und häufig werbefinanziert werden – mit Folgen für die Souveränität der Verbraucher:innen sowie für ihre Privatsphäre und Sicherheit. Nicht zuletzt haben die Nutzung und Funktionsweise digitaler Dienste auch Auswirkungen auf die Nachhaltigkeit unserer Gesellschaft, wie aktuelle Debatten rund um Fake News und die Rolle digitaler Tools für die „Große Transformation" illustrieren (Göpel 2016).

Die *Verbraucherinformatik* ist ein Forschungsthema, das sich mit der Anwendung von Informationstechnologie im Alltag der Verbraucher:innen beschäftigt (Stevens et al. 2019). Sie umfasst die Bereiche des Konsums in seinen mannigfaltigen Formen sowie der Hausarbeit und das Agieren der Verbraucher:innen auf digitalen Märkten. Mit dem Aufkommen neuer Technologien und der fortschreitenden Digitalisierung spielt die Verbraucherinformatik eine immer größere Rolle im alltäglichen Leben der Menschen. Ziel dieses Lehrbuchs ist es, diese Veränderungen, die sich aus der Digitalisierung des Konsums für die Verbraucher:innen ergeben, systematisch aufzuarbeiten, aktuelle Forschungsansätze und Theorien darzustellen und an Anwendungsbeispielen zu illustrieren. Es richtet sich vor allem an Studierende der Wirtschafts- und Sozialwissenschaften sowie der angewandten Informatik und will einen Überblick über relevante wissenschaftlichen Theorien, Methoden und Anwendungsfelder vermitteln.

1.1 Lernziele und didaktisches Konzept

Die Kapitel des Buches sind jeweils so aufgebaut, dass sie aus sich heraus verständlich sind und kein spezielles Vorwissen zum Verständnis erfordern. Hintergründe wie die historische Entwicklung oder Ethik werden dabei kurz eingeführt, um als Basis für die Auseinandersetzung mit dem Kernthema „digitaler Konsum" zu dienen. Jedes Kapitel enthält Textboxen mit vertiefenden Praxisbeispielen und Fragen zur Selbstreflexion des Gelernten und schließt mit Übungen zur Wiederholung und Selbstkontrolle des Inhalts der einzelnen Kapitel ab.

Das Buch ist wie folgt aufgebaut:

Kap. 1 bietet nach einer kurzen thematischen Einleitung und Einordnung der Verbraucherinformatik zunächst eine Übersicht über die historische Entwicklung des (digitalen) Konsums. Dabei sollen zum einen zentrale Grundbegriffe und Themen vermittelt werden; zum anderen soll den Leser:innen ein Überblick über das von der Verbraucherinformatik besonders in den Blick genommene Phänomen des digitalen Konsums gegeben werden.

Kap. 2 widmet sich den theoretischen Grundlagen der Verbraucherinformatik mit einem Fokus auf verschiedenen Konsumtheorien. Dabei werden anhand von Beispielen aus dem Feld der Digitalisierung verschiedene Sichtweisen aus den Wirtschaftswissenschaften, der Psychologie und den Sozialwissenschaften vermittelt und deren jeweilige Stärken und Grenzen diskutiert. Dabei werden auch Aspekte der Consumer Culture im Rahmen der Digitalisierung des Privaten angerissen.

Kap. 3 widmet sich der Digitalisierung der Haushalte und Märkte aus einer vornehmlich wirtschaftsinformatischen Perspektive. Dabei werden Effekte und Phänomene diskutiert, die sich aus der Digitalisierung des Konsums für die Beziehungen zwischen Anbieter:innen und Kund:innen ergeben. Ein besonderer Fokus liegt hier auf dem Themenbereich der digitalen Hauswirtschaft, also den Praktiken von Verbraucher:innen bei der Verwaltung ihrer Haushalte.

Kap. 4 greift die in den vorhergehenden Kapiteln beschriebenen Themen und Effekte auf und analysiert diese unter dem Thema des Verbraucherschutzes, vor allem in Bezug auf IT-Sicherheit und Schutz der Privatsphäre. Dabei gibt das Kapitel einen Überblick über die Herausforderungen von Verbraucher:innen beim Schutz ihrer Daten und der Vermeidung von Online-Betrug und stellt Ansätze vor, wie diese besser dabei unterstützt werden können.

Kap. 5 beschäftigt sich mit den gesellschaftlichen Aspekten der Digitalisierung, vor allem Fragen der Fairness und Nachhaltigkeit von digitalen Produkten und Dienstleistungen. Neben einer grundsätzlichen Einführung in ethische Fragen und Konzepte im Zusammenhang der Verbraucherinformatik werden hier vor allem auch praktische Ansätze zur Behandlung ethischer Fragestellungen im Rahmen der Bewertung und Gestaltung behandelt sowie die Sharing Economy als besonders hervorstechendes Nachhaltigkeitsthema diskutiert.

Kap. 6 schließlich gibt eine Einführung in Ansätze der Gestaltung digitaler Systeme und geht der Frage nach, wie Konsument:innen sinnvoll in die Entwicklung neuer Lösungen mit einbezogen werden können. Dabei werden neben allgemeinen Ansätzen aus dem Design auch spezielle, für die Verbraucherinformatik besonders wichtige Ansätze der partizipativen Gestaltung behandelt. Zur Illustration werden dazu zwei Fallstudien aus der Verbraucherinformatik tiefergehend vorgestellt.

Lernziele

Im Rahmen dieses Kapitels werden Ihnen folgende Inhalte vermittelt:

- Sie erhalten einen Einblick in die neue Disziplin der Verbraucherinformatik und lernen zentrale Begriffe und Konzepte kennen.
- Zudem erhalten sie einen Überblick über die Entwicklung des digitalen Konsums sowie die Auswirkungen auf die Verbraucher:innen.

1.2   Thematische Einordnung

Trotz der vielseitigen Veränderungen, Potenziale und Gefahren der Digitalisierung im Privatbereich ist das Thema „digitaler Konsum" bisher nur wenig systematisch erforscht worden. Insbesondere die Fragen nach den Auswirkungen und Bedingungen digitaler *Konsumpraktiken*, also der routinisierten Handlungsweisen von Konsument:innen im Umgang mit digitalen Produkten einschließlich ihrer sozialen und individuellen Bedeutungen, benötigter Kompetenzen sowie technischer und ökonomischer Bedingungen (und Gefahren), sind bisher nur fragmentarisch untersucht worden (Stevens et al. 2019). Hier hat sich die *Verbraucherinformatik* in den letzten Jahren als Begriff für eine neue Forschungsdisziplin an der Schnittstelle zwischen (Wirtschafts-)Informatik und Verbraucherwissenschaften etabliert. Sie versteht sich als „die systematische, methodisch geleitete Untersuchung und Gestaltung von Informations- und Kommunikationstechnologien zur Unterstützung der Haushaltsökonomien und Alltagspraktiken von Verbraucher:innen sowie deren Aneignung und sozialer Einbettung" (Stevens et al. 2019). Dabei werden Konzepte und Theorien der Informatik mit Ansätzen der Verbraucherwissenschaften kombiniert, um die Lebenswelten von Verbraucher:innen vor dem Hintergrund der zunehmenden Digitalisierung des Privaten zu untersuchen.

Zwar beschäftigt sich eine Vielzahl von Forschungsdisziplinen bereits mit Fragen zur Auswirkung und Gestaltung von digitalen Produkten und Märkten, es fehlt aber bisher an einer systematischen Erforschung von computerunterstützten Praktiken im privaten Kontext. So betrachtet die Wirtschaftsinformatik beispielsweise Verbraucher:innen durchaus in der Rolle des Kunden von Unternehmen, die mit verschiedenen Unternehmens-IT-Systemen wie eCommerce-Systemen (Chaffey 2007), Customer-Relationship-Management (Chen und Popovich 2003) und Produktinformationssystemen (Schoenheit 2004) interagieren. Durch den Fokus auf die Unternehmen bleibt die Erfassung der Verbraucher:innen jedoch fragmentiert. Im Zentrum steht der Kaufakt, bei dem Alltagspraktiken von Verbraucher:innen nur dann relevant sind, wenn sie direkt oder indirekt mit dem Kaufakt verbunden sind. Zudem blendet der Blick auf die Nutzung von Systemen die gesellschaftlichen und wirtschaftlichen Lebensverhältnisse der Konsument:innen aus. Dadurch entstehen bei der Gestaltung der Digitalisierung des Privaten notwendigerweise Medienbrüche und Fragmentierungen, die immer wieder zu Problemen führen können (Stevens et al. 2019). Ferner werden Fragen des digitalen Verbraucherschutzes nicht oder nur marginalisiert behandelt. Die Erkenntnisse der Verbraucherinformatik können somit die unternehmensfokussierte Perspektive der Wirtschaftsinformatik dahingehend erweitern, dass bei der Entwicklung und Gestaltung digitaler bzw. digital gestützter Produkte und Prozesse die beteiligten menschlichen Individuen ganzheitlich betrachtet und nicht primär auf ihre Rollen als Mitarbeitende oder Kund:innen reduziert werden.

Im Forschungsfeld der Human-Computer-Interaktion (HCI) werden Verbraucher:innen dagegen vor allem in ihrer Rolle als Endnutzer von Computeranwendungen, Software, Websites, mobilen Apps und anderen digitalen Produkten oder Dienstleistungen thematisiert (Buxton 2007). Hierbei stehen der Nutzungskontext und die Gestaltung des Nutzungserleben im Vordergrund. Die Methoden der nutzerzentrierten Entwicklung hat dabei viele Erkenntnisse der HCI-Forschung aufgegriffen, um digitale Systeme so zu gestalten, dass sie effizient und angenehm für die Verbraucher sind sowie ein positives Nutzungserlebnis bieten (Norman 2013). In weiten Teilen der HCI-Forschung wird der marktwirtschaftliche Kontext und sein Einfluss auf die Produktgestaltung und Konsumpraktiken jedoch ausgeblendet. Die Verbraucherinformatik erweitert die Perspektive der HCI-Forschung, indem sie den Einfluss von Märkten und wirtschaftlichen Faktoren auf die Gestaltung von Produkten und Benutzeroberflächen berücksichtigt. So dient z. B. die Gestaltung von Empfehlungssystemen nicht allein dem Bedürfnis des Nutzers, möglichst effizient Informationen und Produkte zu finden, sondern auch dazu, die Nutzungsdauer zu erhöhen, um auf diese Weise mehr und effizienter Werbung zu schalten.

Die Verbraucherforschung (Kenning et al. 2017) sowie die Sozial- und Kulturwissenschaften (Hirschfelder et al. 2015; König 2008; Lamla 2010) beschäftigen sich dagegen mit der Lebenswirklichkeit und Alltagspraxis von Konsument:innen, auch im Zusammenhang mit der Rolle der Technik. Hier werden digitale Produkte und Dienstleistungen sehr umfassend auf ihre gesellschaftlichen Folgen erforscht (Koch 2015; Hengartner 2012). Die Verbraucherwissenschaften haben ihre Wurzeln in verschiedenen wissenschaftlichen Disziplinen, darunter Wirtschaft, Psychologie, Soziologie, Marketing und Anthropologie. Die gestaltungsorientierte Auseinandersetzung mit Digitalisierung stellt demgegenüber für die Verbraucherforschung ein neues Feld dar. Bedingt durch ihre Ursprünge werden die Effekte und Auswirkungen der Digitalisierung auf das Verbraucherverhalten analysiert, aber meist nicht als zu gestaltender Gegenstand verstanden. In dieser Hinsicht ergänzt die Verbraucherinformatik die existierenden verbraucherwissenschaftlichen Ansätze, indem sie sich auch als eine Gestaltungswissenschaft versteht, die von der Wirtschaftsinformatik und der HCI gleichermaßen beeinflusst ist (Stevens et al. 2019).

Aus den genannten Bezügen zu bestehenden Forschungsrichtungen wird deutlich, dass die Verbraucherinformatik kein originär neues Feld darstellt. Sie zeichnet sich innerhalb der Informatik jedoch dadurch aus, dass sie einen konsequenten Perspektivwechsel vollzieht und die Verbraucher:innen bzw. die Haushalte in das Zentrum ihres Erkenntnis- und Gestaltungsinteresses stellt. Diese werden nicht vornehmlich als Kund:innen von Unternehmen oder als Nutzer:innen von digitalen Produkten verstanden, sondern vor dem Hintergrund ihrer (individuellen und kollektiven) Lebenswelten analysiert. Sie greift damit die interdisziplinäre und umfassende Vorgehensweise der Verbraucherforschung auf (Hagen et al. 2011; Kenning et al. 2017; Nessel et al. 2018) und erweitert diese durch eine systematische Analyse und Gestaltung der digitalen Systeme in Privathaushalten und des digitalen Konsums.

Neben verschiedenen Anwendungsfeldern, bei denen Digitalisierung eine besondere Rolle in der Lebenswelt der Verbraucher:innen spielt – hier sind vor allem Wohnung und Haushalt, Mobilität, Ernährung/Gesundheit und Finanzen/Haushalt zu nennen –, sind in der Verbraucherinformatik vor allem zwei Querschnittsfelder bedeutsam: zum einen die Frage nach der *digitalen Souveränität* von Verbraucher:innen vor dem Hintergrund der Digitalisierung sowie entsprechenden Fragen des Verbraucherschutzes, und zum anderen das Thema *Nachhaltigkeit* in all seinen komplexen Fragestellungen in Bezug auf die Bedingungen, Folgen, und Möglichkeiten für die anstehenden Herausforderungen der großen Transformation zu einer nachhaltigeren Gesellschaft (siehe Abb. 1.1). Die technischen Grundlagen, deren Entwicklung in diesem Kapitel nur kurz skizziert werden soll, sowie die Konsumtheorien, die in den nachfolgenden Abschnitten vorgestellt werden, dienen dabei zur Fundierung des Fachs.

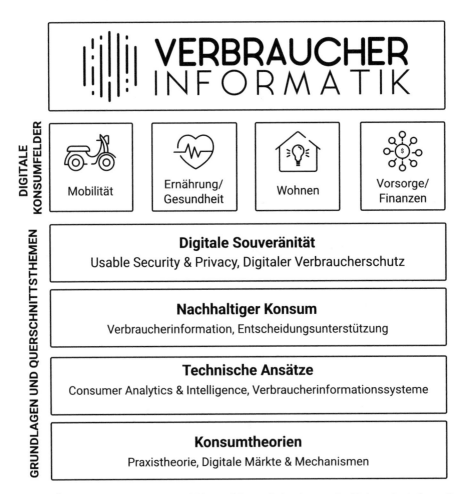

Abb. 1.1 Überblick über Anwendungsfelder und Querschnittsthemen der Verbraucherinformatik

1.3   Historische Entwicklung

Der Konsum ist so alt wie die Menschheitsgeschichte. Die maßgeblichen Anfänge finden sich schon in der Etablierung des Ackerbaus und der Viehzucht sowie der darauf einsetzenden Vermögensbildung, des Handels und der zunehmend ausgeprägten Arbeitsteilungen und Ausbildung von Rechtssystemen (Reichholf 2010).

Der:Die moderne Verbraucher:in in der heutigen Form existiert aber erst durch die arbeitsteilig verfasste Industrie- und Konsumgesellschaft im Zuge der Ausdifferenzierung des modernen Wirtschaftssystems (König 2008), bei der Produktion, Distribution und Konsumption zunehmend eigenständige Bereiche darstellen. Diese Ausdifferenzierung zeigt sich u. a. auch in der Definition von Verbraucher:in im Bürgerlichen Gesetzbuch (BGB), wo er:sie als ein Rechtssubjekt mit spezifischen Rechten und Pflichten aufgefasst wird:

> „Verbraucher ist jede natürliche Person, die ein Rechtsgeschäft zu einem Zwecke abschließt, der weder ihrer gewerblichen noch ihrer selbstständigen beruflichen Tätigkeit zugerechnet werden kann." (BGB, § 13)

Die Ausdifferenzierung hat durch die industrielle Revolution einen großen Schub erfahren und fand ihren Höhepunkt im Taylorismus bzw. Fordismus, bei dem Fabrikarbeitende nur noch einzelne eng umrissene Tätigkeiten ausübten (Kieser 1993). In der vorindustriellen Zeit wurde dagegen noch ein Großteil der Waren im eigenen Heim produziert (Dean et al. 2004). Zwar waren diese produzierten Teile meist für den kommerziellen Verkauf bestimmt, aber die Gegenstände wurden auch zur eigenen Verwendung hergestellt. Zudem gab es durch die starke Überlagerung von Wohnen und Arbeiten keine so deutliche Ausdifferenzierung zwischen Arbeit und Privatheit (Ariès et al. 1991). In den arbeitsteilig agierenden Gesellschaften sinkt dagegen der Grad der Autarkie heimischer Gemeinschaften, auch wenn deren produktiver Charakter nie vollständig verschwunden ist und im 21. Jahrhundert gerade durch das sogenannte *Prosuming*[1] eine Renaissance erlebt (Hellmann 2010).

Der:Die moderne Verbraucher:in ist in vielerlei Hinsicht mit dem:der modernen Arbeiter:in entstanden. So hat zum Beispiel die Logik des rationalen Wirtschaftens der Fabrikarbeit (Taylor 2004) unter dem „Leitgedanken einer rationalen Wirtschaftsgestaltung" auch Eingang in die Hauswirtschaft gefunden, bei der Hausarbeit zum Objekt der systematischen Prozess- und Arbeitsplatzoptimierung gemacht wurde (Rutherford 2010). Ein prominentes und gut dokumentiertes Beispiel hierfür stellt z. B. die Frankfurter Küche dar, bei der versucht wurde, die Küche als „Werkstatt der Hausfrau" nach ergonomisch-arbeitswissenschaftlichen Kriterien zu gestalten (Kuhn 1998). Doch im Gegensatz zur

---

[1] Der Begriff *Prosumer* ist eine Wortschöpfung aus Produzent und Konsument und beschreibt Verbraucher:innen, die von ihren Kenntnissen und Ansprüchen zwischen Profi und Endanwender:innenzu verorten sind (vgl. Toffler 1989). Siehe auch Abschn. 1.4.7.

Fabrikarbeit ist die Hausarbeit in höherem Maße selbstbestimmt und weit weniger durch formale Regelungen wie Tarifverträge, Arbeitsschutzgesetze, Zielvereinbarungen etc. festgelegt.

Durch die starke Trennung von Berufs- und Privatleben zeichnete sich das eigene Heim zunehmend durch seine Funktion aus, die bei der Lohnarbeit verausgabte Arbeitskraft zu regenerieren. Der private Konsum wurde hierbei maßgeblich hinsichtlich der Befriedigung physiologischer Elementarbedürfnisse wie Nahrung, Schlaf, Wärme etc. verstanden (Eder 2006). Mit Einsetzen der Massenkonsum- und Überflussgesellschaft in den westlichen Nationen haben sich zuvor elitäre Konsumpraktiken in der Breite etabliert, wobei gleichzeitig Fragen der Freizeitgestaltung, der Mode und des Stils in den Vordergrund rückten (Bocock 2008). Diese Praktiken zielen dabei nicht mehr auf die Elementarbedürfnisse ab. Vielmehr erfüllen sie eine Reihe sozialpsychologischer Funktionen und werden durch diese geprägt. In diesem Zusammenhang spricht Bocock (2008) auch vom symbolischen Konsum, also dem Bewusstsein für Stil und dem Ausdruck der Zugehörigkeit zu einer bestimmten sozialen Gruppe.

Das moderne Wirtschaftsleben hat jedoch nicht nur Konsummuster verändert, es verlangt den Verbraucher:innen auch neue Kompetenzen ab, wie z. B. sich effizient über den Markt zu informieren, Preise auszuhandeln, Waren günstig einzukaufen und Vertrauensnetzwerke aufzubauen und zu pflegen (Friederici 2002). In Anerkennung dieser Tatsache tritt beim neuen Leitbild der mündigen Verbraucher:in (Strünck 2011) deshalb auch das Informiertsein als eigenständige Kompetenz dem handwerklichen Können gegenüber. Aufgrund mannigfaltiger Informationsasymmetrien sind die Verbraucher:innen gegenüber Hersteller:innen bzw. Händler:innen jedoch meist in einer schwächeren Position, woraus sich auch ein besonderer Schutzbedarf ableitet, der seinen Niederschlag in diversen Verbraucherschutzgesetzen und Verbraucherinformationsverordnungen findet. Diese Themen werden auch ausführlich in Kap. 3 behandelt.

1.4   Digitale Transformation von Konsumpraktiken

Auch wenn das Forschungsfeld der Verbraucherinformatik neu ist, besitzt der Forschungsgegenstand – die Digitalisierung von Konsumpraktiken – eine lange Historie (siehe Abb. 1.2). Sie hängt stark mit technischen Entwicklungen zusammen, lässt sich jedoch nicht darauf reduzieren. Vielmehr kann man von einer nicht-linearen Co-Evolution von Mensch, Technik und Gesellschaft sprechen. Im Folgenden sollen daher anhand von ausgewählten Beispielen die historischen Entwicklungen des Forschungsgegenstands der Verbraucherinformatik nachgezeichnet werden.

Für die Verbraucherinformatik sind insbesondere die Entwicklung und die Aneignung digitaler Produkte und Dienstleistungen durch die Verbraucher:innen bedeutsam. Hierbei lassen sich verschiedene, sich gegenseitig beeinflussende Stränge erkennen, die im Folgenden umrissen werden sollen. Dabei fokussieren wir auf grobe Entwicklungsmuster und erheben keinen Anspruch auf historische Vollständigkeit.

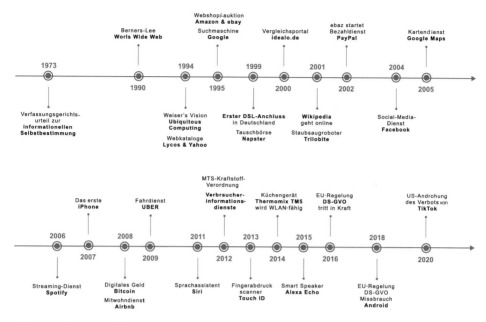

Abb. 1.2 Ein grober Überblick über zentrale Eckpunkte der Digitalisierung des Konsums

Digitaler Konsum

Unter *Digitalisierung* des Konsums wird im Allgemeinen das Nutzen von digital vermittelten Gütern oder Dienstleistungen verstanden. Der Begriff der Digitalisierung subsumiert dabei alle Formen technisch vernetzter digitaler Kommunikation.

Ein Beispiel für die Veränderungen, die sich im Rahmen der Digitalisierung von Gütern und Diensten in Bezug auf den Konsum abzeichnen, ist die heute gängige Nutzung von Streaming-Diensten für Musik. Einen Zwischenschritt für die Digitalisierung des Dreiklangs Produktion-Distribution-Konsumption stellt hier die Compact Disc (CD) dar, bei der Musik zwar digital, aber auf physischen Datenträgern vertrieben wurde (Bender 2022).

Übung:

- Reflektieren Sie, wie sich die Art ihres Musikhörens in den letzten 30 Jahren verändert hat.
- Wie wirkt sich die Digitalisierung im Bereich Musik auf technische Entwicklungen, rechtliche Normen und Konsumpraktiken aus?
- Welche anderen privaten Lebensbereiche sind von der Digitalisierung betroffen?

Die folgenden Unterkapitel zeichnen die Evolution der Digitalisierung des Konsums anhand der zeitlichen Entwicklung nach. Aus Gründen der Übersichtlichkeit sind die Abschnitte jedoch auch thematisch fokussiert.

1.4.1 Digitale Consumer Electronics: Apple, Atari und die Medienkonvergenz

Einen wesentlichen Einfluss auf den digitalen Konsum hatte die Entwicklung des PCs, bei der Universalrechner zur Nutzung durch Einzelpersonen angepasst wurden. Während in der Arbeitswelt zunächst Großrechner im Mittelpunkt standen, ermöglichte die zunehmende Miniaturisierung seit den späten 1970ern auch die Nutzung als Heimcomputer (Abbate 1999). Zu den ersten Computern für den Verbrauchermarkt gehörten der Apple II sowie der Commodore PET (Tomczyk 1984). In Europa war vor allem der Commodore C64 verbreitet, der seit 1983 als Spiele- und Lerngerät vor allem für Schulkinder beworben wurde (Bagnall und Kretzinger 2010). Mit der Entwicklung des IBM-PCs in den 1980er-Jahren sowie vor allem günstiger IBM-kompatibler „Klone" setzten sich diese in den 1990ern als „Multimedia-PCs" auch in Haushalten durch (Ng 2012).

Daneben ist der Bereich der Unterhaltungselektronik (engl. „consumer electronics") für die Verbraucherinformatik bedeutsam. Analoge Geräte wie Radio und Fernseher sowie Ton- und Bildaufnahmegeräte gehörten seit den 1970er-Jahren immer mehr zur Standardausstattung von Privathaushalten und werden seit den 1990ern zunehmend digitalisiert, z. B. durch die Einführung von digitalen Speichermedien sowie digitale Rundfunk- und Fernsehübertragung (Chandler 2005).

Computerspiele haben sich spätestens in dieser Zeit als breitenwirksames Unterhaltungsgenre etabliert (Ng 2012). Dies umfasst PC-Spiele wie Solitär, das ab der dritten Version von Microsoft Windows standardmäßig auf dem Betriebssystem installiert war. Ein anderes Beispiel stellt der Flugsimulator dar, der ursprünglich in den 1980er-Jahren für den Apple II entwickelt, später von Microsoft gekauft und bis heute weiterentwickelt wurde. Darüber hinaus spielen Spielekonsolen eine wichtige Rolle, wie etwa das Atari Video Computer System, das seit den späten 1970ern angeboten wurde (Tomczyk 1984). Laut Umfragen betrug im Jahr 2021 der Umsatz der Gaming-Branche 9,8 Mrd. EUR[2]; ferner gaben 50 % aller Deutschen ab 16 Jahren an, zumindest gelegentlich Computerspiele zu spielen.[3] Neben Spielen setzten sich in dieser Zeit auch zunehmend erste Formen von Anwendungssoftware wie Text-, Tabellen- sowie Grafikverarbeitung auch im privaten Bereich durch (Abbate 1999).

---

[2] https://www.gameswirtschaft.de/wirtschaft/deutscher-games-markt-umsatz-2021/, Zugriff am 12.09.2023.

[3] https://de.statista.com/statistik/daten/studie/315860/umfrage/anteil-der-computerspieler-in-deutschland/, Zugriff am 12.09.2023.

1.4.2   Das Internet als kommerzielle Plattform

Das Internet wurde in den 1960er-Jahren vom amerikanischen Verteidigungsministerium initiiert, um ein weltumspannendes, ausfallsicheres Computernetz zu etablieren (Leiner et al. 2009). Dieser Ursprung zeigt sich heute noch in der dezentralen Architektur des Internets, die einen weltweiten Ausfall des Internets unwahrscheinlich macht.[4]

Mit dem Internet wurde zugleich die Hoffnung einer egalitären, nicht-kommerziellen Gemeinschaft verbunden (Snellen et al. 2012). Diese findet sich zum Beispiel heute noch in der Forderung nach Netzneutralität wieder (Ufer 2010). Parallel dazu fand die Kommerzialisierung des Internets statt. Die Verbreitung von privaten Internetzugängen sowie die zunehmende Multimedia-Fähigkeit von Computern bzw. die Digitalisierung von Haushaltsgeräten bildeten die technische Grundlage für neue Geschäftsmodelle und die Etablierung neuer Konsumformen (Ng 2012). Heute ist das Internet, bis auf wenige Ausnahmen vor allem im globalen Süden, weltweit etabliert (siehe Abb. 1.3).

Die Notwendigkeit, sich in einem zunehmenden Angebot von Webseiten zu orientieren, führte dabei zur Entwicklung von zunächst Webverzeichnissen und -Katalogen wie Lycos, die jedoch schnell von Suchmaschinen wie Yahoo und Google abgelöst wurden (Van Couvering 2008). Diese Dienste wurden den Nutzenden kostenlos zur Verfügung gestellt und durch das Einblenden von Werbung querfinanziert. Im Verlauf der 1990er-Jahre und insbesondere seit den 2000ern entwickelte sich das Internet bzw. das World Wide Web

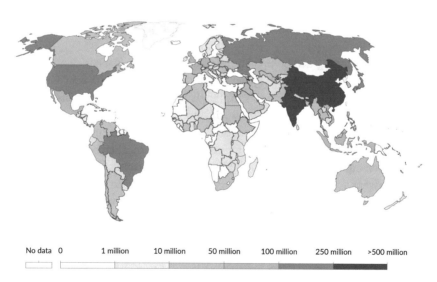

No data   0   1 million   10 million   50 million   100 million   250 million   >500 million

Abb. 1.3 Anzahl der Internetnutzer pro Land im Jahr 2017, Abbildung by Our World In Data is licensed under CC BY 3.0 (https://openverse.org/image/a545973f-bd90-45b8-9998-faf741d6601d)

---

[4]Allerdings zeigen Entwicklungen wie die sog. Chinesische Firewall sowie auch die hohe Bedeutung von zentralen Knotenpunkten wie dem DE-CIX, dass die Dezentralität Grenzen hat.

dabei zunehmend zu einem Massenprodukt, das immer mehr auch in privaten Kontexten genutzt wurde (Cohen-Almagor 2013). Besondere Treiber waren hier der starke Verfall der Speicherkosten sowie der Ausbau der Netzkapazitäten. Die Einführung von DSL-Anschlüssen mit entsprechenden Flatrate-Angeboten boten gegenüber den vorher gängigen analogen und digitalen ISDN-Anschlüssen höhere und für die Konsument:innen erschwingliche Übertragungsraten. Hierdurch wurden neue, internetbasierte Multimedia-Anwendungen möglich, die die Grundlage der heutigen Audio- und Video-Streaming-Angebote darstellten und zunehmend die Verlagerung von digitalen Diensten wie z. B. Telefonie per Voice-over-IP begünstigten (Mack 2020).

Da die ersten Webangebote in der Regel kostenlos waren, entwickelten sich in dieser Zeit auch die ersten Ansätze einer sogenannten *Aufmerksamkeitsökonomie*, bei der finanzielle Einnahmen durch das Anzeigen von Werbung und damit indirekt durch das Sammeln von „Klicks" auf Werbebanner und Links erzeugt wurden. Im Kern geht es dabei um die Frage nach dem Umgang mit der (limitierten) Aufmerksamkeit der Nutzenden aus einer ökonomischen Wertschöpfungslogik (Pscheida 2017).

Im Weiteren trat die Sammlung von Nutzerdaten hinzu, um Webangebote zu personalisieren und damit effektiver zu gestalten. Diese führte zu immer mehr personalisierten und leicht zugänglichen Informationsangeboten (Franck 1998). In der Folge wich der Schwerpunkt von der *Aufmerksamkeitsökonomie* hin zu *Datenökonomien* und deren wissenschaftlicher Untersuchung (Zuboff 2018).

1.4.3   eCommerce und die Distribution digitaler Güter

Mit der Entwicklung der Computer entstanden immer mehr auch digitale Güter wie zunächst vor allem Software oder später digital-gespeicherte Musik oder Filme (für eine genauere Erläuterung siehe Kap. 3). Anfänglich etablierte sich die Distribution digitaler Güter für Privatpersonen über den Buchhandel, die in Form von Software auf Diskette oder als Listing in Zeitschriften zum Selberabtippen angeboten wurden. Parallel wurden sie über Spezialgeschäfte und Versandhandel vertrieben. Daneben wurden Software und später auch digitalisierte Musik und Filme bereits frühzeitig über digitale Netze und ein elektronisches schwarzes Brett (engl. „bulletin board system, siehe Abb. 1.4) verfügbar (Rafaeli 1984). Andere Verbreitungswege waren das Übertragen von digitalen Daten per CD-Beilagen von Zeitschriften, per Modems über analoge Telefonnetze bzw. vor allem auch das (illegale) Tauschen von Disketten in Form sogenannter Raubkopien, aber auch legaler Tauschformate wie z. B. Shareware. Um der Verbreitung illegaler Kopien entgegenzuwirken, setzten die Hersteller vermehrt auf Kopierschutzmaßnahmen wie das Digital Rights Management (DRM), um deren Umgehung sich wiederum eine regelrechte Cracker-Szene entwickelte (d. h. Menschen, die solche Kopierschutzmaßnahmen aushebeln) (Levy 1994). Heutzutage findet die Distribution digitaler Medien vorwiegend über das Internet statt.

Abb. 1.4 Konzeptionelle Darstellung von einem Bulletin Board System aus den 1990er-Jahren (links), einer moderneren Social Web Site (Mitte) und einer mobilen Webanwendung (rechts, eigene Abbildung)

Im Zuge der genannten Entwicklungen verbreiteten sich auch zunehmend weitere Formen des digitalen Konsums in Form von eCommerce-Anwendungen (Ariguzo et al. 2006). So wurden bereits früh digitale Formen von Kleinanzeigen eingerichtet, die den klassischen gedruckten Kleinanzeigen in Zeitschriften Konkurrenz machten. Auch professionelle Angebote zum Kauf- und Verkauf von Konsumgütern verbreiteten sich schnell, etwa in Form von eBay und Amazon. Spielten hier zunächst Güter wie Bücher eine starke Rolle, so weitete sich der Onlinehandel schnell auch auf weitere, gut im Versandhandel anzubietende Produkte wie Unterhaltungselektronik, Kosmetika, Kleidung, Schuhe usw. aus (Ahuja et al. 2003). Mittlerweile werden sogar Möbel und frische Lebensmittel online angeboten und immer stärker auch nachgefragt – ein Trend, der sich vor allem durch die COVID-19-Pandemie seit dem Jahr 2020 noch verstärkte (Nicewicz und Bilska 2021).

Auch digitale Güter verbreiteten sich schnell, zunächst vor allem in Form von Musik, ermöglicht durch die Erfindung der MP3-Kompression. Hier entwickelten sich auch neue Formen von digitalen Peer-to-Peer-Märkten, wie etwa über die Plattform Napster bzw. später BitTorrent und PirateBay (Schwarz 2013). Durch die steigenden Bandbreiten bei den Internetanschlüssen sowie immer bessere Kompressionsverfahren auch für Videodaten wurden dabei neben Musik immer mehr auch andere Medien wie vor allem Filme und Computerspiele geteilt. Trotz intensiver Bemühungen, der Verbreitung von unlizenzierten Inhalten rechtlich entgegenzuwirken, dauerte es bis in die späten 2000er-Jahre, bis sich kommerzielle Angebote für den Kauf digitaler Medien als Download bzw. per Streaming durchsetzen konnten (Spilker und Colbjørnsen 2020). Wichtige Meilensteine waren hier die Angebote von Apples iTunes für Downloads sowie von Spotify für Musikstreaming, Netflix für Filme und Serien sowie die Plattform Steam für Computerspiele.

Binge Watching

Mit der Digitalisierung des Medienkonsums gehen auch Veränderungen des Nutzungsverhaltens von Konsument:innen einher.

Ein Beispiel dafür ist das Phänomen des „Binge Watching", bei dem Konsument:innen mehrere Folgen einer Serie am Stück anschauen. Diese Form des Medienkonsums wird vor allem durch Video-Streaming-Dienste begünstigt, da hier im Gegensatz zum klassischen Fernsehen die Zuschauer:innen selbst ihr Programm gestalten können und nicht an die Sendepläne der Medienanbieter gebunden sind (Shim und Kim 2018).

Hierbei handelt es sich um ein nicht intendiertes Phänomen, das aber von der Medienbranche aufgegriffen wurde und in die Gestaltung der Medienangebote einfließt.

Selbstkontrolle:

- Reflektieren Sie, welche Folgen das „Binge Watching" für die Verbraucher:innen haben könnte.
- Sind diese Effekte immer positiv?
- Welche weiteren neuen Konsumpraktiken entwickeln sich im Zuge der Digitalisierung, z. B. durch die Verbreitung von Smartphones?

Neben den Schwierigkeiten, die Inhalte per DRM gegen das Weiterverbreiten abzusichern, stand der Akzeptanz solcher Angebote lange Zeit auch das Fehlen von komfortablen und sicheren Bezahlmöglichkeiten im Internet entgegen. Dies änderte sich mit der Popularisierung von Bezahldiensten wie z. B. PayPal, das vor allem durch dessen Übernahme durch eBay und die damit einhergehende Integration in die Auktionsplattform seit Mitte der 2000er-Jahre zunehmend an Popularität gewann (Soni 2022).

Neben Innovationen hinsichtlich digitaler Bezahldienste oder Online-Banking digitalisieren sich mittlerweile zunehmend auch die Hauswirtschaft und die private Haushaltsführung (Dethier et al. 2022). Bisher papierbasiert geführte Haushaltsbücher oder Terminkalender formieren sich im Outlook-Kalender, Kommunikation verlagert sich auf elektronische Wege (bspw. E-Mail), und es entsteht Software für spezielle Haushaltsaufgaben. Bereits im Jahr 1996 begann das Projekt ELSTER für eine elektronische Steuererklärung. Erste Software-Clients für Anwender entstanden im darauffolgenden Jahr, um die eigene Steuererklärung elektronisch zu erstellen. Damals wurden die papierorientierten Formulare zunächst nur als elektronische Repräsentanz ausgefüllt und ausgedruckt. Heute sind Steuer-Apps und Anwendungen mit benutzerfreundlicheren Dialogen ausgestattet, bei denen bestimmte Felder automatisch ausgefüllt und Plausibilitäts-Checks durchgeführt werden sowie kontextualisierte Hilfestellungen angeboten werden.

1.4.4 Das Internet als sozialer Raum

Durch günstiger werdende Speicherkosten wurden neue Geschäftsmodelle möglich, die darauf aufbauen, von Nutzer:innen selbst erstellte Inhalte zu speichern, zu aggregieren und zu verwerten. Dies bildete die technische Grundlage für das sogenannte *Social Web*. Obwohl die Möglichkeit der Bearbeitung von Webseiten durch die Besucher:innen bereits von Anfang an Prinzip des World Wide Web war (Gillies und Cailliau 2000), setzte sich das Prinzip der nutzergenerierten Inhalte erst in den 2000ern unter dem Schlagwort *Web 2.0* durch (O'Reilly 2005). Neben den bereits erwähnten Speicherkosten waren dabei auch Weiterentwicklungen der Web-Technologien zuträglich, wie etwa die Verbreitung von AJAX, XML und HTML5, das dynamischere Webseiten ermöglichte, und die Gestaltung von Webanwendungen, deren Nutzungserlebnisse stärker an Desktop-Applikationen orientiert waren.

Im Zusammenhang mit dem Web 2.0 entwickelte sich eine ganze Reihe von sozialen Webseiten, auf denen Nutzer:innen selbst erstellte Inhalte teilen bzw. mit diesen interagieren konnten. Prominente Beispiele sind neben Wikipedia und YouTube auch frühe Beispiele für soziale Netzwerke wie MySpace oder Facebook. Insgesamt zeichnete sich hier zunehmend die Bedeutung von in der Regel werbefinanzierten Plattformen für das Internet ab, auf denen Nutzer:innen und Unternehmen ihre Inhalte zur Verfügung stellen und mit Konsument:innen in Kontakt treten können (Parameswaran und Whinston 2007). In Bezug auf die soziale Funktion des Webs führten solche Dienste auch dazu, dass vermehrt Interaktionen und Kommunikation zwischen Besuchern einer Webseite ermöglicht wurde. Dies umfasst neben Kommentarfunktionen für Artikel auch den direkten Austausch per integrierten Nachrichtendiensten, Foren oder Chaträumen oder die Verknüpfung von Nutzer:innen per „Following" oder Freundschaftsanfrage bzw. das Weiterleiten von Inhalten durch „Teilen" oder die Verknüpfung über RSS Feeds (Horster 2022). Dabei stieg die durchschnittliche Zeit der Nutzungen solcher Medien in der ersten Dekade des 21. Jahrhunderts stark an (siehe Abb. 1.5).

Hervorzuheben ist hier, dass das Web 2.0 nicht nur Konsument:innen, sondern auch den Unternehmen neue Kontaktmöglichkeiten eröffnet hat, die sich auch auf das Marketing und die Kundenansprache ausgewirkt haben. Die steigende Bedeutung von nutzergenerierten Inhalten veränderte neben den Marktbedingungen für Anbieter:innen auch deren Verhältnis zu ihren Kund:innen (Clement et al. 2019b). Für den digitalen Konsum bedeutete dies einerseits ein zunehmendes Angebot von zumeist kostenlosen Inhalten; auf der anderen Seite führte diese Entwicklung jedoch auch zu einer starken Zunahme von Daten-Tracking der Konsument:innen mit dem Ziel, individualisierte Werbung anzeigen zu können (Zuboff 2018). Darüber hinaus entwickelten sich in diesem Zusammenhang auch neue Nutzungskulturen und Phänomene, die weiter unten noch unter den Schlagworten *Peer-to-Peer* bzw. *Sharing Economy* und *Influencer:innen* zu besprechen sein werden. Zunächst sollen jedoch die technischen Entwicklungen im mobilen Bereich behandelt werden.

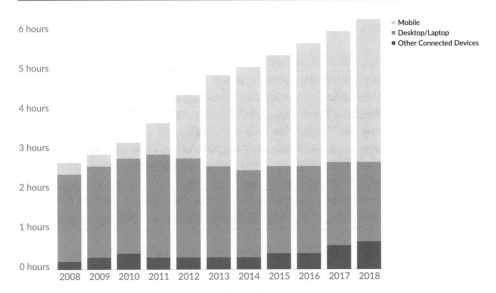

Abb. 1.5 Zeit, die Nutzer:innen in den USA auf Social-Media-Seiten verbringen. Beachten Sie vor allem die Zunahme mobiler Nutzungsformen. Lizensiert als CC-BY Our World in Data, Quelle: https://commons.wikimedia.org/w/index.php?curid=86931325

1.4.5 Das mobile Internet und persönliche Assistent:innen

Einen Meilenstein in der Kulturgeschichte mobiler elektronischer Medien bildet der 1979 erschienene Sony Walkman. Dieser wurde sowohl als Ausdruck eines neuen urbanen und individualistischen Lebensgefühls als auch einer Verrohung der Sitten betrachtet, da er erlaubte, sich jederzeit aus der Gemeinschaft auszuklinken und seinen eigenen „Sound" zu hören (Du Gay et al. 2013).

Während bis in die 2000er-Jahre hinein digitaler Konsum vorwiegend auf dem „Multimedia"-PC stattfand, führte die Entwicklung des iPods im Jahr 2001 sowie insbesondere die Einführung des iPhones im Jahr 2007 dazu, dass sich Konsumenten andere Wege des digitalen Konsums eröffneten. Zwar hatte es bereits in den 1990ern erste Vorläufer in Form von „Personal Digital Assistants" (PDAs) mit bspw. Windows-CE-Betriebssystem und Stifteingabe gegeben, die jedoch eher als digitales Adressbuch und Kalender genutzt wurden und nur sehr eingeschränkte Web- und Multimediafähigkeiten aufwiesen (Kjeldskov 2014). Auch die bereits seit den 1990ern immer verbreiteteren Mobiltelefone hatten zwar bereits teilweise „Smartphone"-Fähigkeiten, blieben aufgrund der kleinen Bildschirme und unkomfortablen Bedienbarkeit mittels Tasten oder Mini-Tastaturen jedoch auf bestimmte Bereiche wie einfaches Browsen oder E-Mail-Empfang beschränkt (prominente Beispiele sind hier etwa Symbian-OS oder Blackberry).

Dies änderte sich mit der Verbreitung von größeren, Touchscreen-basierten Smartphones und Tablets mit iOS- oder Android-Betriebssystemen, die gezielt auf die Bedienung mit dem Finger optimiert sowie mit WiFi bzw. mobilen Internetverbindungen und vollwertigen Browsern ausgestattet wurden und somit einen mit PCs vergleichbaren Zugriff auf das Internet gestatten. Der Einfluss dieser Hard- und Softwarerevolution auf den Alltag von Konsument:innen dürfte schwer zu überschätzen sei, und wurde in seiner Tragweite beispielsweise mit der Einführung des Buchdrucks mit beweglichen Lettern im ausgehenden Mittelalter verglichen (Feldman 2002). Auf jeden Fall stellte die Einführung von Smartphones eine Revolution für den digitalen Konsum dar, was sich in einem stetig steigenden Angebot von mit den Smartphones kompatiblen Apps abzeichnete. Bedeutsam sind in diesem Zusammenhang vor allem Location-based Services, also Dienstleistungen die mobil und ortsbezogen angeboten werden können und somit neue Formen des Konsums, aber auch des Nutzertrackings ermöglichen (Junglas und Watson 2008).

Eine weitere wichtige Rolle in diesem Bereich spielen Spielekonsolen, die sich parallel zur Entwicklung des PCs zunehmend in Privathaushalten verbreiteten. Waren frühe Vertreter wie das Atari 2600 sowie das Nintendo Entertainment System (NES) und deren Nachfolger seit den 1970er-/80er-Jahren schon sehr verbreitet, so führte spätestens die Einführung der Sony Playstation Mitte der 1990er-Jahre bzw. der Microsoft Xbox in den frühen 2000ern dazu, dass neben Spielen immer mehr auch andere digitale Inhalte wie Musik und Filme auf solchen Geräten abgespielt werden konnten. Spätestens mit dem Anschluss an das Internet und die damit einhergehende Verfügbarkeit von Streamingdiensten rückten damit diese Geräte immer stärker auch in die Nähe von anderer Wohnzimmer-Unterhaltungselektronik wie DVD-Player und Festplattenrekorder (Wolf 2008). Parallel dazu entwickelten sich auch ein umfangreicher Markt von Handheld-Spielkonsolen sowie ein beständig wachsender Markt für Handyspiele.

1.4.6 Das Internet der Dinge und smarte Geräte

Zeichnete sich die Frühzeit durch Großrechner und Desktop-PCs aus, so wurden durch Miniaturisierung und Preisverfall Computerchips ab den 1990ern immer mehr auch in Alltagsgegenstände eingebaut und diese mit dem Internet vernetzt. Dies wurde einerseits durch die Bluetooth-Technologie ermöglicht, durch die drahtlose Rechner und externe, „smarte" Komponenten (wie etwa Energie-Sensoren, Thermostate oder Küchengeräte, siehe Abb. 1.6) verbunden werden. Auf kürzere Distanzen konnten mit RFID (Radio-Frequency Identification) massenhaft nicht-digitale Waren und Geräte vernetzt und digital erfasst werden (Nath et al. 2006).

In der Informatik wurden solche Entwicklungen bereits früh unter Stichworten wie „Ubiquitous Computing" (Allgegenwärtige Computer) bzw. „Internet of Things" (Internet der Dinge) diskutiert (Weiser 1991). Hierbei verlagerte sich die Computertechnik durch die zunehmende Verbreitung und auch die mobile Nutzbarkeit immer stärker vom Schreibtisch in den Alltag.

Abb. 1.6 Anwendungsbereiche für Home Automation

Context Collapse

Menschliche Lebensbereiche werden zunehmend digitalisiert, und digitale Medien durchdringen immer mehr den Alltag. Hierdurch verschwimmen die Grenzen zwischen verschiedenen Nutzungskontexten, was auch als „Context Collapse" bezeichnet wird (Palen 1999).

Ein Beispiel ist die Tendenz, berufliche und private Kontakte in sozialen Medien und Messenger-Diensten zu vermischen. So ist man auf Facebook nicht nur mit Freund:innen, sondern auch mit Kolleg:innen und dem:der Chef:in vernetzt. Auf dem Smartphone ist z. B. neben Spielen auch die Gesundheits-App der Krankenkasse installiert. Hierdurch wird es für den Einzelnen schwieriger, die verschiedenen Bereiche klar voneinander abzutrennen.

Selbstkontrolle:

- Reflektieren Sie, welche Folgen der Context Collapse auf den digitalen Konsum von Verbraucher:innen haben könnte.
- Welche Kompetenzen benötigen die Verbraucher:innen, um damit selbstbestimmt umzugehen?
- Was bedeutet es eigentlich unter diesen Bedingungen, „mit einem Computer" zu interagieren?

Mit der Verbreitung von kostengünstigen Sensoren entstanden auch neue Möglichkeiten, datenbasierte Dienste und Geschäftsmodelle zu entwickeln. Besonders die Werbebranche hat ein großes Interesse an der Auswertung der Daten, um Einsichten in das Verhalten und die Präferenzen von Kund:innen zu gewinnen (Erevelles et al. 2016). Dies ermöglicht es, individualisierte und damit zielgerichtetere Werbung anzuzeigen, was jedoch mit Blick auf die Implikationen für die Privatsphäre der Nutzer:innen zunehmend kritisch bewertet wird (Bala und Schuldzinski 2016). Denn aufklärende AGBs und Datenschutzhinweise sind häufig schwer verständlich und wenig zugänglich gestaltet. Maßnahmen wie Formulierungen von Zwecken der Datenverarbeitung oder die Erklärung der Verbraucher:innenrechte können ihre eigentliche Schutzfunktion dadurch nicht voll entfalten (Jakobi et al. 2020).

Die breite Verfügbarkeit von Daten sowie auch von Cloud-Diensten, die skalierbare Rechenleistung mit einfachen Programmierschnittstellen zur Verfügung stellen, gab jedoch auch der Entwicklung von Anwendungen auf der Basis von Künstlicher Intelligenz (KI) einen Schub. Hierbei werden zunehmend Machine-Learning-Verfahren eingesetzt, die Daten automatisiert kategorisieren, Muster erkennen und Vorhersagen treffen (Miklosik und Evans 2020). Auf dieser Basis hat sich eine breite Palette an „KI-basierten" Anwendungen auch im Konsument:innenbereich entwickelt, wie etwa Sprachassistenten, die Sprache mittels Machine Learning in Text umwandeln und analysieren, um den „Intent", d. h. die Absicht des Nutzenden, zu identifizieren und entsprechend zu reagieren (Janarthanam 2017). Andere für die Verbraucherinformatik relevante Anwendungsbereiche stellen z. B. die intelligente Heimautomatisierung, eHealth sowie personalisierte Empfehlungssysteme dar. Ein prominentes Beispiel stellt die Empfehlung von Waren, Filmen und Musik auf Basis vergangener Kauf- und Hörgewohnheiten dar (Smith und Linden 2017).

Die entsprechenden Technologien setzen sich im Konsumentenbereich vor allem im Umfeld sogenannter „Smart Home"-Anwendungen durch (Wilson et al. 2015). Beispiele sind hier vor allem intelligente Thermostate und Sensoren für die Heizungssteuerung, Energiemess- und Steuergeräte sowie Anwendungen für das Steuern von Licht. Weitere bedeutsame Entwicklungen sind sogenannte Wearables wie z. B. FitBit-Fitnesstracker, die mittels spezieller Sensoren und Algorithmen bestimmte Funktionen für die Nutzer:innen bereitstellen können und häufig mit dem Smartphone gekoppelt werden.

Seit 2010 fließt die Forschung zum Natural Language Processing (Taulli 2023a) in die Entwicklung von Konsumgütern ein. Mit der Vorstellung des Apple iPhone 4s wurde z. B. auch der Sprachassistent Siri vorgestellt. Es folgten weitere Sprachassistenten wie Amazon Alexa und Google Assistant, die mittels Spracherkennung Konsument:innen bestimmte Dienste und komfortable Bedienung ihres Smart Homes sowie Zugriff auf weitere digitale Services mittels „Skills" (das Sprachassistentenäquivalent von Apps) ermöglichen. Mit der Veröffentlichung von ChatGPT verändert eine neue Generation von Sprachassistenten auf Basis von Large Language Models (LLM) (Taulli 2023b) die Alltagspraktiken von Verbraucher:innen.

1.4.7 Prosumption, Gig-Worker und Plattformökonomien

Die neuen soziotechnischen Infrastrukturen des Internets, des Web 2.0 und der digitalen Bezahldienste haben zu neuen Möglichkeiten für Privatpersonen geführt, ihre Ressourcen, Güter und Dienstleistung über das Internet anzubieten. Diese aktive Rolle von Verbraucher:innen, nicht nur Kund:innen, sondern auch Anbieter:innen zu sein, wird in der Literatur auch als Prosumption, Peer-to-Peer Economy oder Sharing Economy bezeichnet (Sutherland und Jarrahi 2018). Die gemeinsame Nutzung von Gütern, also kollaborativer Konsum, ist an sich kein neues Phänomen, allerdings haben sich durch die Digitalisierung ganz neue Formen, auch über lokale Gemeinschaften hinweg, ergeben (Wherry und Woodward 2019). Zwar gab es Formen der Prosumption bereits vor der Digitalisierung (z. B. auf Flohmärkten, Autoverleih über schwarze Bretter etc.), jedoch konnten durch die Digitalisierung Transaktionskosten stark gesenkt werden, sodass sich digitale Vermittlungsplattformen wie eBay, Airbnb oder Uber etablieren konnten.

Diese Entwicklungen werden jedoch kontrovers diskutiert. Die Prosumption trägt zur Emanzipierung der Konsument:innen bei, ferner kann das Teilen von Ressourcen einen Beitrag zur Nachhaltigkeit leisten. Die Marktmacht und die Netzwerkeffekte von Vermittlungsplattformen werden jedoch auch kritisch bewertet (Bødker et al. 2020), da hierdurch die Vermittler:innen die Regeln sowohl für die privaten Anbieter:innen als auch für die privaten Nutzer:innen weitgehend diktieren können (Clement et al. 2019b).

Die Sharing Economy aus Nachhaltigkeitssicht

Große Anbieter von Sharing-Economy-Dienstleistungen, wie Uber und Airbnb, konkurrieren mit klassischen Dienstleistungsgewerben wie Taxis oder Hotels. Da die neuen Dienste durch Wagniskapital oft billiger angeboten werden können und durch innovative digitale Werkzeuge für Verbraucher:innen zudem komfortabler sind, können so bestehende Strukturen teilweise verdrängt werden.

So wird etwa beklagt, dass Uber die Taxibranche in den USA geschädigt und die Arbeitsbedingungen für Fahrer:innen letztlich verschlechtert und zu mehr Verkehr in den Städten geführt hat (Berger et al. 2018). Andere Effekte betreffen beispielsweise Anbieter wie Airbnb, wo Wohnungsbesitzer:innen ihre privaten Apartments als Ferienwohnungen vermieten, sie so dem in Ballungsräumen oft knappen Wohnraum für Ansässige entziehen und die Mietpreise nach oben treiben (Duso et al. 2020). Dem eigentlich positiven Effekt durch die Digitalisierung ermöglichter flexibler und kostengünstiger Angebote für Konsument:innen stehen so auch negative Auswirkungen gegenüber.

Ein großes Problem ist dabei, dass noch nicht klar ist, ob sich die Sharing-Plattformen auch langfristig profitabel betreiben lassen, wenn das Wagniskapital nicht mehr zur Verfügung steht; wenn die Kosten steigen und sich der Service verschlechtert, könnten langfristig die negativen Effekte überwiegen.

Selbstkontrolle:

- Reflektieren Sie, welche Interessenkonflikte zwischen Plattformanbietenden und Verbrauchenden, Plattformbetreibenden und Dienstleistenden (den Gig-Workern) auftreten können.
- Welche neuen Geschäftsmodelle werden für Anbietende durch digitale Plattformen möglich?
- Welche Gefahren ergeben sich hier für Verbraucher:innen, und wie können Sie unterstützt werden?

Kritiker wie Schor (2021) sprechen deshalb auch von einer Gig Economy, Plattformökonomie oder auch Auftragsarbeit, die nicht auf gemeinwohlorientierter Prosumption, sondern auf einem neuen Arbeitsmodell beruht, das auf kurzfristigen und flexiblen Beschäftigungsverhältnissen basiert. Bei diesen prekären Arbeitsformen kommt es zu einer starken Abhängigkeit und Benachteiligung der Anbieter:innen von Ressourcen, die als Gig-Worker nur schlecht verdienen und wenige Rechte haben, während die Plattformbetreibenden durch die Skaleneffekte eine große Marge einfahren können.

Weitere negative Effekte im Zusammenhang mit der Macht der Plattformen ist die Entstehung eines sogenannten Überwachungskapitalismus (Zuboff 2018), bei dem die Kund:innen digitaler Diensten der Macht und Manipulation durch Plattformbetreibende ausgesetzt werden. So wird Plattformbetreibern unter anderem vorgeworfen, ihre Produkte absichtlich immer weiter zu verschlechtern, um Kosten zu sparen und durch Werbung und gesponserte Inhalte ihre Profitabilität zu erhöhen. Durch die Abhängigkeiten, die Plattformen erzeugen können, wird es Verbraucher:innen dabei schwer gemacht, den Diensteanbieter zu wechseln (siehe auch Kap. 3).

Insgesamt sind Effekte der Ökonomisierung des privaten Sektors durch die Digitalisierung ambivalent und die Vorteile der Digitalisierung oft nur kurzfristiger Natur, wobei sie langfristig sogar dem Gemeingefüge schaden können (Bala und Schuldzinski 2016). Hierbei ist ein wiederkehrendes Muster der Digitalisierung zu erkennen, bei der neue technische Möglichkeiten zu neuen Konsumpraktiken und Geschäftsmodellen führen, die zum Teil negative Auswirkungen haben. In Reaktion kommt es zu gesellschaftlichen Aushandlungen und rechtlichen Anpassungen, um die negativen Folgen der Digitalisierung einzuhegen.

1.5   Zusammenfassung

Wie das vorangegangene Kapitel gezeigt hat, nehmen digitale Dienste und Güter eine zunehmend zentrale Rolle im Alltag von Verbraucher:innen ein. Spätestens mit dem Erfolg der großen Plattformen wie Facebook, Amazon und Google haben wir es dabei mit einem

Massenphänomen zu tun, das in seiner Größe und Relevanz bisherige Konsumgüter weit in den Schatten stellt. Eigentlich müsste man in diesem Sinne von einem „Hypermassenkonsum" sprechen, da die digitalen Produkte von teilweise Milliarden Nutzer:innen weltweit genutzt werden und der somit klassischen Massenkonsum weit übertrifft.

Hier zeigen sich Effekte des digitalen Konsums, die in Zukunft immer wichtiger werden dürften und daher für die Verbraucherinformatik eine besondere Relevanz als Querschnittsthemen innehaben: Das sind einerseits der digitale Verbraucherschutz (Boden et al. 2021) und andererseits Nachhaltigkeit (Pakusch et al. 2018). So stellt digitale Technik mittlerweile auch einen starken Anreiz für die Übernutzung knapper und wertvoller Ressourcen dar. Beispiele sind etwa der hohe Energiebedarf für das Streaming von Filmen und Musik sowie auch durch Kryptowährungen wie Bitcoin oder Ethereum, deren Energieverbrauch dem ganzer Staaten entspricht (De Vries 2018). Während die Digitalisierung durchaus einen wichtigen Treiber für gesellschaftliche Transformation darstellt, zeigt sich bei der Diskussion der Sharing Economy, dass solche Lösungen zweischneidig sein können. Dabei erzeugt die Werbefinanzierung durchaus weitere Probleme, da in sozialen Netzen gerade solche Inhalte interessant sind, die besonders kontrovers diskutiert werden und daher eine starke Reichweite erzielen, was angesichts des Diskurses um Fake News, Wissenschaftsskepsis und Wahlbeeinflussung ein großes Problem unserer Zeit darstellt (Zuboff 2018).

In der Geschichte der Angewandten Informatik hat sich mit dem Siegeszug des PCs in den Büros und Firmen in den 1980er- und 1990er-Jahren eine Bewegung herausgearbeitet, die der Macht der Gestaltenden von digitalen Technologien einen demokratischen Gegenpol gegenüberstellt: die sogenannte beteiligungsorientierte Gestaltung, bei der Nutzer:innen in wichtige Designentscheidungen, die ihre eigene Arbeits- und Lebenswelt betreffen, mit einbezogen werden (Ehn 1993; Liegl et al. 2016). Angesichts der zuvor nachgezeichneten Entwicklungen und tiefgreifenden Effekte ist es fraglich, wie solche Ansätze in unserer heutigen Welt tragfähig gemacht werden können (siehe Kap. 5 und 6). Technik wird überwiegend von großen Konzernen entwickelt, bei der Nutzer:innen allenfalls durch das Nicht-Nutzen bzw. die oft unbemerkte Teilnahme an A-/B-Tests in das Design mit einbezogen werden. Angesichts der tiefgehenden Bedeutung der Digitalisierung auf unsere Gesellschaft ist diese Entwicklung problematisch und stellt auch Herausforderungen für den Verbraucherschutz dar, der Macht der Plattformen und großen Unternehmen etwas entgegenzusetzen (Bannon et al. 2018).

Hier braucht es neben neuen Ansätzen für die Unterstützung von Verbraucher:innen auch strukturelle Ansätze, die sich etwa mit besseren Standards für Technik sowie auch entsprechender Regulierung auseinandersetzen.

1.6   Übungen

1. Erläutern Sie, wie die Industrialisierung zur Herausbildung des modernen Verbrauchers beigetragen hat.

2. Welches sind die wichtigsten Kompetenzen von Verbraucher:innen? Wie haben sich diese ggf. im Laufe der skizzierten Entwicklung verändert?
3. Was sind die wichtigen beiden Querschnittsfelder der Verbraucherinformatik, und wodurch entstehen diese?
4. Welche Wirkung hatte die Entwicklung des Internet of Things auf die Verbreitung von KI-Anwendungen?
5. Warum spielen Plattformen eine zentrale Rolle in der Internet-Ökonomie?
6. Welche Rolle hatte die Erfindung des Smartphones auf den digitalen Konsum? Erläutern Sie diese anhand eines selbst gewählten Beispiels.
7. Was sind die positiven und negativen Sichtweisen auf Prosumption als neue Konsumform?
8. Wie veränderte sich das Internet durch die Entwicklung von AJAX und der Möglichkeit, dort interaktivere Nutzungserlebnisse zu ermöglichen?
9. Wie wurde Software vor der Entwicklung des Internets getauscht und verbreitet? Wie hat sich dies durch die Verbreitung von Plattformen verändert?
10. Welche Rolle spielt Werbefinanzierung für die derzeitige Ausgestaltung des Internets? Was versteht man diesbezüglich unter dem Begriff des Überwachungskapitalismus?

Literatur

Abbate, J. 1999. Getting small: A short history of the personal computer. *Proceedings of the IEEE* 87(9): 1695–1698. https://doi.org/10.1109/5.784256.

Ahuja, Manju, Babita Gupta, und Pushkala Raman. 2003. An empirical investigation of online consumer purchasing behavior. *Communications of the ACM* 46(12): 145–151. https://doi.org/10.1145/953460.953494.

Ariès, Philippe, Georges Duby, Antoine Prost, und Gerard Vincent. 1991. *A history of private life*. Cambridge/London: The Belknap Press of Harvard University Press.

Ariguzo, Godwin C., Efrem G. Mallach, und D. Steven White. 2006. The first decade of e-commerce. *International Journal of Business Information Systems* 1(3): 239–255. https://doi.org/10.1504/IJBIS.2006.008598.

Bagnall, Brian, und Boris Kretzinger. 2010. *Volkscomputer: die Geschichte von Pet und VC-20, C64 und Amiga: Aufstieg und Fall des Computer-Pioniers Commodore [und die Geburt der PC-Industrie]*. Utting: Gameplan.

Bala, Christian, und Wolfgang Schuldzinski. 2016. „Einleitung: Schöne neue Verbraucherwelt? Big Data, Scoring und das Internet der Dinge". In *Schöne neue Verbraucherwelt? Big Data, Scoring und das Internet der Dinge*, Hrsg. Christian Bala und Wolfgang Schuldzinski, 5:7–20. Beiträge zur Verbraucherforschung. Düsseldorf: Verbraucherzentrale Nordrhein-Westfalen e.V. https://doi.org/10.15501/978-3-86336-912-5_1.

Bannon, Liam, Jeffrey Bardzell, und Susanne Bødker. 2018. Introduction: Reimagining participatory design – Emerging voices. *ACM Transactions on Computer-Human Interaction* 25(1): 1:1–1:8. https://doi.org/10.1145/3177794.

Bender, Matthias. 2022. Die Digitalisierung der Musikindustrie. In *Artist Brand Management: Künstlermarkenaufbau durch Musiklabels im digitalen Wandel*, Hrsg. Matthias Bender, 15–40. Wiesbaden: Springer Fachmedien. https://doi.org/10.1007/978-3-658-39208-6_2.

Berger, Thor, Chinchih Chen, und Carl Benedikt Frey. 2018. Drivers of disruption? Estimating the Uber effect. *European Economic Review* 110(November): 197–210. https://doi.org/10.1016/j.euroecorev.2018.05.006.

Bocock, Robert. 2008. *Consumption*. London: Routledge.

Boden, Alexander, Timo Jakobi, Gunnar Stevens, und Christian Bala. 2021. „Verbraucherdatenschutz – Hintergrund und Einführung". In *Verbraucherdatenschutz-Technik und Regulation zur Unterstützung des Individuums*, Hrsg. Alexander Boden, Timo Jakobi, Gunnar Stevens, und Christian Bala, 1–7. Sankt Augustin: Hochschule Bonn-Rhein-Sieg. https://doi.org/10.18418/978-3-96043-095-7_00.

Bødker, Susanne, Myriam Lewkowicz, und Alexander Boden. 2020. What's in a word? Platforms supporting the platform economy. In *Proceedings of the 11th Nordic conference on human-computer interaction: Shaping experiences, shaping society*, 1–10. NordiCHI '20. New York: Association for Computing Machinery. https://doi.org/10.1145/3419249.3420167.

Buxton, Bill. 2007. *Sketching user experiences: Getting the design right and the right design*. San Francisco: Morgan Kaufmann.

Chaffey, Dave. 2007. *eBusiness and eCommerce management*. London: Pearson Education.

Chandler Jr, Alfred D. 2005. *Inventing the electronic century: The epic story of the consumer electronics and computer industries, with a new preface*. Cambridge, MA: Harvard University Press.

Chen, Injazz J., und Karen Popovich. 2003. Understanding customer relationship management (CRM): People, process and technology. *Business Process Management Journal* 9(5): 672–688.

Clement, Reiner, Dirk Schreiber, Paul Bossauer, und Christina Pakusch. 2019b. *Internet-Ökonomie: Grundlagen und Fallbeispiele der digitalen und vernetzten Wirtschaft*, 4. Aufl. Gabler. https://doi.org/10.1007/978-3-662-59829-0.

Cohen-Almagor, Raphael. 2013. Internet history. In *Moral, ethical, and social dilemmas in the age of technology: Theories and practice*, 19–39. IGI Global. https://doi.org/10.4018/978-1-4666-2931-8.ch002.

De Vries, Alex. 2018. Bitcoin's growing energy problem. *Joule* 2(5): 801–805.

Dean, Darron, Andrew Hann Nfa, Mark Overton, und Jane Whittle. 2004. *Production and consumption in English households 1600–1750*. London: Routledge.

Dethier, Erik, Christina Pakusch, und Alexander Boden. 2022. „Von Personal Information Management zu Vendor Management Software".

Du Gay, Paul, Stuart Hall, Linda Janes, Anders Koed Madsen, Hugh Mackay, und Keith Negus. 2013. *Doing cultural studies: The story of the Sony Walkman*. Los Angeles: Sage.

Duso, Tomaso, Claus Michelsen, Maximilian Schaefer, und Kevin Ducbao Tran. 2020. *Airbnb and rents: Evidence from Berlin*. SSRN Scholarly Paper. Rochester. https://doi.org/10.2139/ssrn.3676909.

Eder, Franz X. 2006. „Geschichte des Konsumierens – Ansätze und Perspektiven der (historischen) Konsumforschung". *Konsumieren in Österreich* 19. und 20:9–41.

Ehn, Pelle. 1993. Scandinavian design: On participation and skill. In *Participatory design: Principles and practices*, Hrsg. Douglas Schuler und Aki Namioka, 41–77. Boca Raton: Lawrence Erlbaum Associates.

Erevelles, Sunil, Nobuyuki Fukawa, und Linda Swayne. 2016. Big Data consumer analytics and the transformation of marketing. *Journal of Business Research* 69(2): 897–904. https://doi.org/10.1016/j.jbusres.2015.07.001.

Feldman, Maryann P. 2002. The Internet revolution and the geography of innovation. *International Social Science Journal* 54(171): 47–56.

Franck, Georg. 1998. *Ökonomie der Aufmerksamkeit: Ein Entwurf*. 12. Aufl. München: Carl Hanser.

Friederici, Ingolf. 2002. *Partnerorientiertes Beschaffungsmanagement: auf der Basis von DIN EN ISO 9001: 2000-12; mit Anweisungen, Formblättern, zahlreichen Beispielen und 1 CD-ROM*. Renningen: expert.

Gillies, James, und R. Cailliau. 2000. *How the Web was born: The story of the World Wide Web*. Oxford: Oxford University Press.

Göpel, Maja. 2016. *The great mindshift: How a new economic paradigm and sustainability transformations go hand in hand*. Berlin: Springer Nature.

Hagen, Kornelia, Andreas Oehler, und Lucia A. Reisch. 2011. Verbraucherwissenschaft: In welchen Themenbereichen wird geforscht? *DIW Wochenbericht* 78(25): 25–29.

Hellmann, Kai-Uwe. 2010. Prosumer Revisited: Zur Aktualität einer Debatte. In *Prosumer Revisited*, 13–48. Berlin: Springer.

Hengartner, Thomas. 2012. Technik-Kultur-Alltag. Technikforschung als Alltagsforschung. *Schweizerisches Archiv für Volkskunde* 106:117–139.

Hirschfelder, Gunther, Angelika Ploeger, Jana Rückert-John, und Gesa Schönberger, Hrsg. 2015. *Was der Mensch essen darf: ökonomischer Zwang, ökologisches Gewissen und globale Konflikte*. VS Verlag für Sozialwissenschaften. http://www.springer.com/de/book/9783658014643.

Horster, Eric. 2022. Social-Web-Anwendungen. In *Digitales Tourismusmarketing: Grundlagen, Suchmaschinenmarketing, User-Experience-Design, Social-Media-Marketing und Mobile Marketing*, Hrsg. Eric Horster, 371–377. Wiesbaden: Springer Fachmedien. https://doi.org/10.1007/978-3-658-35167-0_21.

Jakobi, Timo, Gunnar Stevens, Maximilian von Grafenstein, Dominik Pins, und Alexander Boden. 2020. User-friendly formulation of data processing purposes of voice assistants: A user perspective on the principle of purpose limitation. In *Proceedings of Mensch und Computer 2020*, 361–72. New York: Association for Computing Machinery.

Janarthanam, Srini. 2017. *Hands-on chatbots and conversational UI development: Build chatbots and voice user interfaces with Chatfuel, Dialogflow, Microsoft Bot Framework, Twilio, and Alexa Skills*. Birmingham: Packt Publishing Ltd.

Junglas, Iris A., und Richard T. Watson. 2008. Location-based services. *Communications of the ACM* 51(3): 65–69. https://doi.org/10.1145/1325555.1325568.

Kenning, Peter, Andreas Oehler, Lucia A. Reisch, und Christian Grugel. 2017. *Verbraucherwissenschaften: Rahmenbedingungen, Forschungsfelder und Institutionen*. Wiesbaden: Springer.

Kieser, Alfred. 1993. „Managementlehre und Taylorismus". *Kieser, A.,(compilador), Organisationstheorien*. Stuttgart: Kohlhammer.

Kjeldskov, Jesper. 2014. Mobile computing. In *Mobile interactions in context: A designerly way toward digital ecology*. Synthesis lectures on human-centered informatics, Hrsg. Jesper Kjeldskov, 5–18. Cham: Springer International Publishing. https://doi.org/10.1007/978-3-031-02204-3_2.

Koch, Gertraud. 2015. *Digitalisierung. Theorien und Konzepte für die empirische Kulturforschung*, 1. Aufl. Konstanz München: UVK Verlagsgesellschaft.

König, Wolfgang. 2008. *Kleine Geschichte der Konsumgesellschaft: Konsum als Lebensform der Moderne*, 1. Aufl. Stuttgart: Franz Steiner.

Kuhn, Gerd. 1998. „Die ‚Frankfurter Küche'". In *Auszug aus: Wohnkultur und kommunale Wohnungspolitik in Frankfurt am Main 1880–1930*, 142–76. Bonn: Dietz.

Lamla, Jörn. 2010. Zugänge zur Konsumwelt. Abgrenzungsprobleme und Revisionsstufen der Ethnographie. In *„Auf unsicherem Terrain". Ethnographische Forschung im Kontext des Bildungs- und Sozialwesens*, Hrsg. Frederike Heinzel, Werner Thole, Peter Cloos, und Stefan Köngeter, 127–139. Wiesbaden: VS Verlag für Sozialwissenschaften.

Leiner, Barry M., Vinton G. Cerf, David D. Clark, Robert E. Kahn, Leonard Kleinrock, Daniel C. Lynch, Jon Postel, Larry G. Roberts, und Stephen Wolff. 2009. A brief history of the internet. *ACM SIGCOMM Computer Communication Review* 39(5): 22–31. https://doi.org/10.1145/1629607.1629613.

Levy, Steven. 1994. *Hackers: Heroes of the computer revolution*. New York: Penguin Books.

Liegl, Michael, Alexander Boden, Monika Büscher, Rachel Oliphant, und Xaroula Kerasidou. 2016. Designing for ethical innovation: A case study on ELSI co-design in emergency. *International Journal of Human-Computer Studies* 95:80–95. https://doi.org/10.1016/j.ijhcs.2016.04.003.

Mack, Elizabeth. 2020. The history of broadband. In *Geographies of the internet*, 63–76. London: Routledge.

Miklosik, Andrej, und Nina Evans. 2020. Impact of big data and machine learning on digital transformation in marketing: A literature review. *IEEE Access* 8:101284–101292.

Nath, B., F. Reynolds, und R. Want. 2006. RFID technology and applications. *IEEE Pervasive Computing* 5(1): 22–24. https://doi.org/10.1109/MPRV.2006.13.

Nessel, Sebastian, Nina Tröger, Christian Fridrich, und Renate Hübner. 2018. *Multiperspektivische Verbraucherforschung: Ansätze und Perspektiven*. Wiesbaden: Springer.

Ng, Sheau. 2012. A brief history of entertainment technologies. *Proceedings of the IEEE* 100 (Special Centennial Issue): 1386–1390. https://doi.org/10.1109/JPROC.2012.2189805.

Nicewicz, Robert, und Beata Bilska. 2021. Analysis of changes in shopping habits and causes of food waste among consumers before and during the COVID-19 pandemic in Poland. *Environmental Protection and Natural Resources* 32(3): 8–19. https://doi.org/10.2478/oszn-2021-0010.

Norman, Don. 2013. *The design of everyday things: Revised and expanded edition*. Rev. ed. New York: Basic Books.

O'Reilly, T. 2005. What is web 2.0, 2005. http://oreilly.com/web2/archive/what-is-web-20.html. Zugegriffen am 08.04.2024.

Pakusch, Christina, Gunnar Stevens, Alexander Boden, und Paul Bossauer. 2018. Unintended effects of autonomous driving: A study on mobility preferences in the future. *Sustainability* 10(7): 2404.

Palen, Leysia. 1999. Social, individual and technological issues for groupware calendar systems. In *Proceedings of the SIGCHI conference on human factors in computing systems*, 17–24. CHI '99. New York: ACM. https://doi.org/10.1145/302979.302982.

Parameswaran, Manoj, und Andrew B. Whinston. 2007. Social computing: An overview. *Communications of the Association for Information Systems* 19(1). https://doi.org/10.17705/1CAIS.01937.

Pscheida, Daniela. 2017. „Soziale Medien und der Umbau der gesellschaftlichen Wissenskultur". In *Handbuch Soziale Medien*, Hrsg. Jan-Hinrik Schmidt und Monika Taddicken, 273–93. Springer Reference Sozialwissenschaften. Wiesbaden: Springer Fachmedien. https://doi.org/10.100 7/978-3-658-03765-9_16.

Rafaeli, S. 1984. The electronic bulletin board: A computer-driven mass medium. *Social Science Computer Review* 2(3): 123–136. https://doi.org/10.1177/089443938600200302.

Reichholf, Josef H. 2010. *Warum die Menschen sesshaft wurden: Das größte Rätsel unserer Geschichte*. Frankfurt a. M.: S. Fischer.

Rutherford, Janice Williams. 2010. *Selling Mrs. Consumer: Christine Frederick and the rise of household efficiency*. Athens, Georgia: University of Georgia Press.

Schoenheit, Ingo. 2004. „Die volkswirtschaftliche Bedeutung der Verbraucherinformation". *Politikfeld Verbraucherschutz. Beiträge einer Veranstaltungsreihe, Potsdam*, 47–64.

Schor, Juliet. 2021. *After the gig: How the sharing economy got hijacked and how to win it back*. Oakland: University of California Press.

Schwarz, Jonas Andersson. 2013. *Online file sharing: Innovations in media consumption*. London: Routledge.

Shim, Hongjin, und Ki Joon Kim. 2018. An exploration of the motivations for binge-watching and the role of individual differences. *Computers in Human Behavior* 82(Mai): 94–100. https://doi.org/10.1016/j.chb.2017.12.032.

Smith, Brent, und Greg Linden. 2017. Two decades of recommender systems at Amazon.com. *IEEE Internet Computing* 21(3): 12–18. https://doi.org/10.1109/MIC.2017.72.

Snellen, I. Th. M., Marcel Thaens, und Wim B. H. J. van de Donk. 2012. *Public administration in the information age: Revisited*. Amsterdam: IOS Press.

Soni, Jimmy. 2022. *The Founders: The Story of Paypal and the Entrepreneurs Who Shaped Silicon Valley*. New York, NY: Simon & Schuster.

Spilker, Hendrik Storstein, und Terje Colbjørnsen. 2020. The dimensions of streaming: Toward a typology of an evolving concept. *Media, Culture & Society* 42(7–8): 1210–1225. https://doi.org/10.1177/0163443720904587.

Stevens, Gunnar, Alexander Boden, Lars Winterberg, Jorge Gómez, und Christian Bala. 2019. „Digitaler Konsum: Herausforderungen und Chancen der Verbraucherinformatik". *Wirtschaftsinformatik 2019 Proceedings*, Februar. https://aisel.aisnet.org/wi2019/workshops/papers/6

Strünck, Christoph. 2011. Die Verbraucherpolitik braucht Pragmatismus statt wirklichkeitsferner Leitbilder. *Wirtschaftsdienst* 91(3): 165–168.

Sutherland, W., und M. H. Jarrahi. 2018. The sharing economy and digital platforms: A review and research agenda. *International Journal of Information Management* 43:328–341. https://doi.org/10.1016/j.ijinfomgt.2018.07.004.

Taulli, Tom. 2023a. *Grundlagen der Künstlichen Intelligenz: Eine nichttechnische Einführung.* Wiesbaden: Springer.

———. 2023b. *Generative AI: How ChatGPT and other AI tools will revolutionize business.* Apress.

Taylor, Frederick Winslow. 2004. *Scientific management.* London: Routledge.

Toffler, Alvin. 1989. *The third wave.* New York: Bantam Books.

Tomczyk, Michael S. 1984. *The home computer wars*, 1. Aufl. Greensboro: Compute Books.

Ufer, Frederic. 2010. Netzneutralität im Spannungsfeld zwischen Wettbewerb und Regulierung: Was von der internationalen Debatte um Netzneutralität für Deutschland relevant ist. *Computer und Recht* 26(10): 634–639. https://doi.org/10.9785/ovs-cr-2010-634.

Van Couvering, Elizabeth. 2008. The history of the Internet search engine: Navigational media and the traffic commodity. In *Web search: Multidisciplinary perspectives*, 177–206. Wiesbaden: Springer.

Weiser, Mark. 1991. The computer for the 21st century. *Scientific American* 265(3): 66–75.

Wherry, Frederick F., und Ian Woodward. 2019. *The Oxford handbook of consumption.* Oxford: Oxford University Press.

Wilson, Charlie, Tom Hargreaves, und Richard Hauxwell-Baldwin. 2015. Smart homes and their users: A systematic analysis and key challenges. *Personal and Ubiquitous Computing* 19(2): 463–476. https://doi.org/10.1007/s00779-014-0813-0.

Wolf, Mark J. P. 2008. *The video game explosion: A history from PONG to playstation and beyond.* Santa Barbara: ABC-CLIO.

Zuboff, Shoshana. 2018. *Das Zeitalter des Überwachungskapitalismus.* Übersetzt von Bernhard Schmid. Frankfurt/New York: Campus.

Grundlagen der Verbraucherinformatik

2

Gunnar Stevens, Alexander Boden und Jenny Berkholz

Inhaltsverzeichnis

2.1 Markttheoretische Ansätze 31
    2.1.1 Rational Choice 33
        2.1.1.1 Nutzwertbasierte Ansätze 33
        2.1.1.2 Erwartungsbasierte Ansätze 37
        2.1.1.3 Verhaltensökonomische Ansätze 39
    2.1.2 Informationsökonomik 41
2.2 Psychologische Ansätze 43
    2.2.1 Stimulus-Response-Modelle 43
    2.2.2 Arbeits- und Erlebnistheorien 44
        2.2.2.1 Erlebnisse 47
        2.2.2.2 Wohlbefinden 48
        2.2.2.3 Bedürfnisse 48
2.3 Kulturwissenschaftliche Ansätze 51
    2.3.1 Normtheorien 52
    2.3.2 Funktionalismus und Systemtheorien 56

Ergänzende Information Die elektronische Version dieses Kapitels enthält Zusatzmaterial, auf das über folgenden Link zugegriffen werden kann [https://doi.org/10.1007/978-3-662-68706-2_2].

G. Stevens
Institut für Verbraucherinformatik, Hochschule Bonn-Rhein-Sieg, Sankt Augustin, Deutschland

Lehrstuhl Wirtschaftsinformatik, insb. IT-Sicherheit, Universität Siegen, Siegen, Deutschland

A. Boden (✉)
Institut für Verbraucherinformatik, Hochschule Bonn-Rhein-Sieg, Sankt Augustin, Deutschland

J. Berkholz
Lehrstuhl Wirtschaftsinformatik, insb. IT-Sicherheit, Universität Siegen, Siegen, Deutschland

2.3.3   Consumer Cultures 61
2.3.4   Positionale Güter und symbolischer Konsum 65
2.4   Praxelogische Ansätze 72
2.5   Zusammenfassung 77
2.6   Übungen 77
Literatur 78

Aufgrund der Komplexität des Gegenstandsbereichs sowie der Interdisziplinarität des Forschungsfelds ist die Verbraucherinformatik von einem Theorie- und Methodenpluralismus geprägt. Daher sollen in diesem Kapitel verschiedene Konsumtheorien vor dem Hintergrund der Verbraucherwissenschaften diskutiert werden. Dabei beginnen wir mit markttheoretischen Betrachtungen, bei denen der Mensch als rationales Wesen gesehen wird und innerhalb von Angebot/Nachfrage agiert und wobei Konsum zur Befriedigung weitestgehend als gegeben betrachteter Bedürfnisse verstanden wird. Darauf aufbauend betrachten wir psychologische Ansätze, die sich stärker mit den Bedürfnissen und ihrer Befriedigung durch Konsum beschäftigen, wobei jedoch gesellschaftliche Aspekte weitgehend ausgeblendet werden. Zuletzt wenden wir uns daher den kulturwissenschaftlichen Ansätzen zu, bei denen Konsum durch gesellschaftliche Normen und Rollenbilder geprägt und die symbolische Bedeutung in den Vordergrund gestellt wird. Hier gehen wir vor allem auf die Praxistheorien ein, die innerhalb der Verbraucherinformatik stark rezipiert worden sind, da sie ein besonders umfassendes Bild des Verbraucher:innenverhaltens erlauben, wobei sowohl individuelles Handeln als auch gesellschaftliche Strukturen und Handlungsmuster berücksichtigt werden.

Je nach gewählter Theorie und Methodik bekommt der:die Forscher:in einen anderen Zugriff auf den Forschungsgegenstand. Jede Theorie und jede Methode heben jeweils bestimmte Aspekte hervor, während andere in den Hintergrund treten. Um den Leser:innen eine Orientierung zu geben, werden daher die verschiedenen theoretischen Ansätze vorgestellt und diskutiert. Dabei gehen wir bei jedem Ansatz sowohl darauf ein, welche Aspekte hervorgehoben werden, als auch darauf, welche Blindflecken durch die Wahl der Perspektive unvermeidlich erzeugt werden. Dies soll dazu beitragen, Verbraucher:innen und ihr Handeln aus verschiedenen theoretischen Linsen zu verstehen bzw. zu erklären. Ziel dieses Kapitels ist es, zentrale Konsumtheorien und ihre Anwendung im Bereich der Verbraucherinformatik vorzustellen und durch praktische Anwendungsbeispiele zu vertiefen. Dabei ist für unsere Betrachtung als Konsumtheorie insbesondere die Frage relevant, inwiefern die gewählten Theorien „Konsum" konzipieren und erklärbar machen.

Lernziele
Im Rahmen dieses Kapitels werden Ihnen folgende Inhalte vermittelt:

- Sie haben einen Überblick über theoretische Ansätze aus verschiedenen Disziplinen, die Konsum und das Verhalten von Verbraucher:innen erklären, und lernen deren jeweilige Stärken und Schwächen kennen.
- Sie sehen den Zusammenhang zwischen den verschiedenen Konsumtheorien und ihre Anwendung in der Verbraucherinformatik.

2.1   Markttheoretische Ansätze

In der neoklassischen Wirtschaftstheorie spielen die Verbraucher:innen als Marktteilnehmende eine zentrale Rolle, indem sie Güter und Dienstleistungen erwerben, um ihre Bedürfnisse und Wünsche zu befriedigen.

Der neoklassischen Sichtweise liegt das Modell des vollkommenen Marktes zugrunde, über den eine Reihe von Annahmen gemacht werden (siehe Tab. 2.1). Analog zum Dorf-

Tab. 2.1 Voraussetzungen für das Vorliegen vollkommener Märkte und rational handelnder Marktakteure. (Piekenbrock und Hennig 2012; Pollert et al. 2016)

Vollkommener Markt	
Produkt-Homogenität	Produkte müssen mit Blick auf ihren Nutzen gleichartig und vergleichbar sein, und – abgesehen vom Preis – keine prinzipiellen Unterschiede in Bezug auf Qualität, Form oder Art aufweisen. Sie sind demzufolge vollkommen austauschbar, wenn sich z. B. das Marktangebot verändert.
Große Anzahl Käufer:innen & Verkäufer:innen	Es müssen genügend Käufer:innen und Verkäufer:innen auf dem Markt vorhanden sein, um ein ausreichendes Maß an Wettbewerb zu gewährleisten. Wenn es nur wenige Anbietende oder Nachfragende gibt, kann dies zu einer monopolistischen oder oligopolistischen Marktstruktur führen.
Unmittelbarkeit	Alle Marktteilnehmer befinden sich am selben Ort und alle Tauschaktionen werden unmittelbar ausgeführt. Das heißt, Lieferkosten und Lieferzeiten sind bei der theoretischen Betrachtung zu vernachlässigen.
Barrierefreiheit	Es dürfen keine Hindernisse vorhanden sein, die den Eintritt oder Austritt von Marktteilnehmenden erschweren. Barrieren können beispielsweise durch staatliche Regulierungen, Marktkonzentration oder hohe Wechsel- bzw. Transaktionskosten entstehen.
Transparenz	Alle Marktteilnehmenden müssen Zugang zu denselben Informationen haben, um eine informierte Entscheidung treffen zu können. Dies bedeutet, dass der Markt transparent sein muss, d. h., Informationen müssen frei verfügbar sein.
Rationale Marktakteure (Homo oeconomicus)	
Markt-Vollkommenheit	Der Homo oeconomicus agiert in einem vollkommenen Markt, d. h., dass es eine große Anzahl von Verkäufer:innen gibt, deren Produkte gleichartig sind, dass keine Marktbarrieren vorliegen und die notwendige Markttransparenz vorliegt.
Festgelegte Präferenzen	Der Homo oeconomicus hat bestimmte Präferenzen und Bedürfnisse, die bestimmen, welchen Wert ein Produkt für ihn hat. Gemäß der Theorie bleiben seine Präferenzen unverändert und konstant.
Nutzen-Maximierung	Der Homo oeconomicus strebt danach, seinen persönlichen Nutzen mit minimalem Aufwand zu maximieren. Hierbei nimmt er eine Kosten-Nutzen-Abwägung vor, um das günstigste Produkt zu wählen, das zu seinen Präferenzen passt.
Uneingeschränkte Rationalität	Der Homo oeconomicus besitzt eine uneingeschränkte Rationalität. Er ist in der Lage, eine optimale Entscheidung zu treffen, weil ihm alle notwendigen Informationen vorliegen, er diese verarbeiten kann und er bei der Verfolgung seiner Präferenzen keinen kognitiven und emotionalen Beschränkungen unterliegt.

platz werden den Kund:innen auf diesem idealen Marktplatz von einer Reihe von Händler:innen Waren angeboten. Der Austausch von Waren gegen Geld findet auf freiwilliger Basis und im Rahmen rechtskonformen Handelns statt. Alle Marktteilnehmenden verfügen dabei über eine Menge von Ressourcen (in Form von Geld oder Waren), die sie einsetzen können, um zu handeln. Der Markt funktioniert auf Basis von Angebot und Nachfrage. Wenn die Nachfrage nach einer bestimmten Ware steigt, steigt auch ihr Preis, da die Anbietenden mehr Geld für ihre Ware verlangen können. Wenn die Nachfrage sinkt, sinkt auch der Preis, da die Anbietenden gezwungen sind, ihre Waren zu niedrigeren Preisen anzubieten, um sie loszuwerden. Aufgrund der Vielfalt der Akteur:innen und der Waren, die auf dem Markt angeboten werden, entsteht ein dynamisches und komplexes System, das sich ständig verändert und weiterentwickelt. Die neoklassische Wirtschaftstheorie geht dabei davon aus, dass die beteiligten Marktakteur:innen dabei generell nach dem Wirtschaftlichkeitsprinzip bzw. dem Nutzungsmaximierungsprinzip handeln (Jung 2016): *„Mittels minimalen Mitteleinsatzes soll ein vorgegebenes Ziel erreicht werden (Minimalprinzip) oder mit gegebenen Mitteln der größtmögliche Ertrag erreicht werden (Maximalprinzip)."*

Die vollständige Markttransparenz umfasst nicht nur, dass sämtliche Informationen zu den relevanten Gütern, deren Preise und Verfügbarkeit bekannt sind. Die neoklassische Sichtweise geht ferner davon aus, dass die Verbraucher:innen rational handeln, ihnen ihre Präferenzstruktur (in Gestalt der Nutzenfunktion und der Optimierung des erreichbaren Nutzens) bewusst und diese in sich widerspruchsfrei ist (Berndt 2013).

Diese Vorstellung vom Menschen als rationalem Marktakteur wird auch als das Modell des Rational Choice bzw. Homo oeconomicus bezeichnet. Arnswald (2017) beschreibt ihn als Menschen, der ausschließlich rational denkt und nach wirtschaftlichen Gesichtspunkten handelt. Er orientiert sich ausschließlich an seinen eigenen Interessen, kennt nur ökonomische Ziele und reagiert auf Beschränkungen, indem er uneingeschränkt rational handelt, um seinen Nutzen zu maximieren. Er hat feste Präferenzen und kennt sowohl alle verfügbaren Entscheidungsoptionen als auch alle relevanten Marktinformationen. Die Voraussetzungen für rational handelnde Marktakteure sind in Tab. 2.1 zusammengefasst.

Kritik In den Verbraucherwissenschaften und der Konsumenten-Verhaltensforschung sind markttheoretische Ansätze vielfach kritisiert worden:

*   Reale Märkte sind durch Machtasymmetrien und Monopoltendenzen geprägt; so neigen z. B. digitale Märkte zur Ausbildung einiger großer Plattformen (siehe Kap. 3).
*   Die Vergleichbarkeit von Waren und Gütern ist meist nicht gegeben. Durch versteckte Produkteigenschaften, Pseudoinnovationen und komplexe Preisstrukturen ist für die Verbraucher:innen ein Vergleich der Angebote nicht möglich.
*   Bei der Beschaffung, Verarbeitung und Bewertung von Informationen fallen Kosten an, die Einfluss auf Konsumentscheidungen haben.
*   Verbraucher:innen handeln in den seltensten Fällen ausschließlich rational. Durch begrenzte kognitive Ressourcen zur Informationsverarbeitung und Verzerrung in der Wahrnehmung und Verarbeitung von Informationen kann es zu nicht-rationalen Entscheidungen kommen.

Insgesamt zeigt sich, dass das Modell des Homo oeconomicus die Lebenswirklichkeit von Verbraucher:innen nicht hinreichend abdeckt. Dennoch bietet es weiterhin eine wichtige Grundlage für eine Reihe theoretischer Modelle und Gestaltungskonzepte, da es eine mathematische Modellierung von Märkten und Marktverhalten der Teilnehmenden erlaubt. Des Weiteren bilden Annahmen zur Nutzungsmaximierung die Grundlage für normative bzw. rationale Entscheidungstheorien (s. u.), während Annahmen zur Markttransparenz und Marktvielfalt Eingang in Ansätze der Informationsökonomie und der Plattformökonomie gefunden haben. In ihrer Einfachheit helfen sie ferner in der Analyse von Konsumentenentscheidungen. So merken Eisenführ et al. (2010) an: *„Nur wenn wir wissen, wie sich Verbraucher unter rationalen Gesichtspunkten verhalten sollten, können wir herausfinden, warum sie dies in bestimmten Situationen nicht tun."*

Abweichungen vom Ideal vollkommener Märkte und rationaler Entscheidungen müssen aus Sicht der Verbraucherwissenschaften empirisch bestimmt werden, um z. B. hieraus Empfehlungen an die Verbraucherpolitik abzuleiten, sei es zum Schutz des Verbrauchers oder um ihn in die „richtige" bzw. sozial erwünschte Richtung zu leiten (Kollmann 2012).

2.1.1   Rational Choice

Der Homo oeconomicus stellt für viele Konsumtheorien ein grundlegendes Denkmodell dar. So wurde die Vorstellung des rationalen Akteurs z. B. in der Mikroökonomie, aber auch in bestimmten Zweigen der Psychologie aufgegriffen, um Konsumentscheidungen zu erklären. Im Folgenden sollen einige dieser Spielarten solcher am Homo oeconomicus orientierten Konsumtheorien vorgestellt werden.

2.1.1.1 Nutzwertbasierte Ansätze

Nutzwertbasierte Ansätze fokussieren auf die Produkte bzw. Produkteigenschaften und dei Nutzwerte, die diese stiften. Diese Ansätze werden in der Mikroökonomie auch als Haushaltstheorie bezeichnet, da das nutzenmaximierende Verhalten die Budgetrestriktionen berücksichtigen muss: Ein- und Ausgaben müssen bei Entscheidungen jeweils gegeneinander abgewogen werden.

In der einfachsten Form wählen Verbraucher:innen beim Marktangebot diejenige Ware aus, die

- innerhalb der Budgetrestriktionen liegt und die
- relativ zu den anderen Waren und bezogen auf den Mitteleinsatz den höchsten Nutzen bzw. die höchste Gratifikation verspricht.

Dabei treten die Waren dem:der Verbraucher:in als geschlossene Einheiten gegenüber, die isoliert betrachtet werden. Die Zusammensetzung von Produkten und die Wechselwirkungen zwischen einzelnen Konsumentscheidungen werden dabei in der Modellierung ausgeblendet.

Bei der Kosten-Nutzen-Analyse spielt in der Mikroökonomie der Begriff des Grenznutzens eine wichtige Rolle (Wölfle 2013). Der Grenznutzen ist dabei definiert als der zusätzliche Nutzen, den eine Person aus dem Konsum einer zusätzlichen Einheit eines Gutes erhält. Dem sind die Grenzkosten gegenübergestellt, definiert als die zusätzlich entstehenden Kosten, wenn eine zusätzliche Einheit eines Gutes gekauft bzw. konsumiert wird.

In der Mikroökonomie geht man davon aus, dass grundsätzlich der Grenznutzen mit zunehmender Konsummenge abnimmt. Das bedeutet, dass jede zusätzliche Einheit eines Gutes oder einer Dienstleistung weniger Nutzen oder Befriedigung stiftet als die vorherige. Dieses Phänomen wird als das **Gesetz des abnehmenden Grenznutzens** (auch als erstes Gossensches Gesetz) bezeichnet.

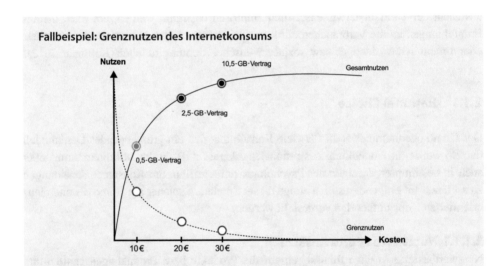

Sarah steht vor der Entscheidung, einen neuen Vertrag abzuschließen. Hierbei kann sie zwischen verschiedenen Tarifen wählen. Bei ihrer Entscheidung wägt sie dabei den Nutzen und die Kosten der verschiedenen Optionen miteinander ab.

Nutzen des mobilen Internets: Sarah verwendet das mobile Internet für verschiedene Zwecke, wie das Surfen im Web, das Senden von E-Mails, das Verfolgen von sozialen Medien und das Ansehen von Videos. Der Nutzen, den sie aus dem mobilen Internet zieht, variiert je nachdem, wie viel sie es verwendet.

Kosten des mobilen Internets: Sarahs aktueller Vertrag kostet 10 € pro Monat und beinhaltet 0,5 GB mobilen Internets (Option A). Sie kann optional entweder 2 GB zusätzlich für 10 € kaufen (Option B) oder ihren Tarif für 20 € um 10 GB erweitern (Option C).

Abwägung Grenznutzen und Kosten: Um ihre Entscheidung zu treffen, muss Sarah den Grenznutzen mit den Kosten vergleichen. Der Grenznutzen bezieht sich hierbei auf den zusätzlichen Nutzen oder die Zufriedenheit, die Sarah aus der Nutzung einer zusätzlichen Einheit mobilen Internets ziehen würde. So reicht Option A aus, um E-Mails zu verschicken, die Option B deckt zusätzlich ihren Bedarf der Soziale-Medien-Nutzung ab. Bei Option C kann sie ferner ab und zu noch Video streamen.

Wenn der Grenznutzen aus der Nutzung einer zusätzlichen Einheit mobilen Internets höher ist als die Kosten, dann sollte sie die zusätzliche Einheit erwerben. Wenn die Kosten höher sind als der Grenznutzen, sollte sie auf die zusätzliche Nutzung verzichten. Aufgrund dieser Abwägung entscheidet sie sich für Option B, weil der zusätzliche Nutzen gegenüber Option A die Mehrkosten übersteigt. Sie entscheidet sich aber gegen Option C, weil der zusätzliche Nutzen die Mehrkosten nicht rechtfertigt.

Selbstkontrolle:

Beim Festnetz-Internet handelt es sich in der Regel um Flat-Tarife mit unbegrenztem Datenvolumen, bei denen der:die Nutzer:in eine feste monatliche Gebühr zahlt und uneingeschränkten Zugang zum Internet erhält. Bei solchen Flat-Verträgen sind die Grenzkosten null.

• Wie viel wird in diesem Fall vom „Gut" Internet konsumiert? Berücksichtigen Sie hierbei das Gesetz des abnehmenden Grenznutzens.

Eine Weiterentwicklung der nutzwertbasierten Ansätze stellt die Haushaltstheorie von Lancaster (1966) dar. Sie geht davon aus, dass Waren ein Bündel von Eigenschaften in sich vereinen. Der Gesamtnutzen für den:die Verbraucher:in setzt sich dabei aus der Summe der Teilnutzen zusammen. Ein Beispiel stellt die Verkehrsmittelwahl dar (Hensher 1994). Hierbei vereinigt ein Transportmittel verschiedene Eigenschaften, wie z. B. Reisezeit, Komfort, Flexibilität, Kosten etc. (Pakusch et al. 2018). Bei der Entscheidung muss der:die Verbraucher:in all diese Eigenschaften berücksichtigen und gewichten, um aus der Betrachtung der jeweiligen Teilnutzen das Verkehrsmittel zu wählen, das den höchsten Gesamtnutzen verspricht.

Die Haushaltstheorie geht ferner davon aus, dass einzelne Produkte nur die „Zutaten" sind, die von Verbraucher:innen komponiert werden, um hieraus einen Mehrwert für sie zu schaffen. Berndt (2013) veranschaulicht dies am Beispiel von Lebensmitteln. Diese werden gekauft, um sie im Haushalt zur Herstellung von Speisen zu verwenden. Die so hergestellten Güter lassen sich wiederum mittels eines Bündels von Eigenschaften beschreiben (z. B. Kalorienzahl, Fett, Eiweißmenge, Geschmack). Ein anderes Beispiel ist der Kauf von Einrichtungsgegenständen, die erst durch die richtige Komposition und die richtige Anordnung im Raum ein stimmiges Bild und damit einen Gesamtnutzen stiften.

Die sogenannten Random-Utility-Modelle (RUM) sind eine Familie von Theorien, welche die Haushaltstheorie weiterentwickeln (Baltas und Doyle 2001). Wie bei der Haushaltstheorie wird davon ausgegangen, dass der wahrgenommene Gesamtnutzen U (Utility) sich aus den Teilnutzen der Eigenschaften des Gutes zusammensetzt. RUM versuchen aber den empirisch auftretenden Zufälligkeiten Rechnung zu tragen (Baltas und Doyle 2001), indem ein weiterer zufallsverteilter Störfaktor angenommen wird, der sich z. B. aus Messungenauigkeiten, nicht beobachteten Einflüssen, Präferenzschwankungen etc. ergibt. Einzelne Konsumentscheidungen stellen deshalb in den Random-Utility-Modellen einen stochastischen, d. h. durch Zufall bestimmten, Prozess dar: *Wenn ein:e Verbraucher:in zwei Biersorten in allen relevanten Eigenschaften als gleich empfindet, wird sie beide Biersorten im Mittel gleich häufig kaufen. Andersherum lässt sich nur mit 50 % Wahrscheinlichkeit voraussagen, welche Biersorte sie beim nächsten Mal einkaufen wird.*

Random-Utility-Modelle: diskrete Konsumentscheidungen als Zufallsereignis

Sei I Anzahl der Verbrauchenden, J Anzahl der Alternativen. Sei V_{ij} die „wahre" Nützlichkeit der Alternative j für den:die Verbraucher:in i und ε_{ij} die Zufallskomponente.

Die empirische Nützlichkeit ergibt sich dann aus der wahren Nützlichkeit plus Zufallskomponente:

$$U_{ij} = V_{ij} + \varepsilon_{ij} \ (\textbf{systematischer Nutzen plus zufälligem Anteil})$$

Der:Die Verbraucher:in i wird dann die Alternative j wählen, wenn sie gegenüber den anderen Alternativen die höchste Nützlichkeit hat (**relativer Vorteil**). Bei Alternativen j bzw. j', deren „wahre" Nützlichkeit $V_{ij} \approx V_{ij'}$ sehr ähnlich ist, wird die Auswahl dagegen durch die Zufallskomponente ε_{ij} bestimmt.

Der Zufall wird dabei meist so definiert, dass nicht weiter über den Grund der Varianz in den Daten spekuliert wird (Train 2009). Man spricht hier auch von ontologischer Indifferenz, weil keinerlei Aussagen über die Existenz oder die Art der Realität der Zufallskomponente gemacht werden. Die RU-Modelle klammern also die Frage aus, ob Verbraucher:innen bei jedem Einkauf würfeln, im psychologischen Wahrnehmungsprozess zufällige Effekte auftreten oder bei der Modellierung bzw. Messung bestimmte Umweltbedingungen nicht berücksichtigt werden, die dann als „unerklärte" Varianz in empirischen Studien auftreten. Damit sind Random-Utility-Modelle keine psychologischen Theorien, sondern ökonomisch motivierte Modellierungsansätze, um das empirisch beobachte Konsumverhalten zu beschreiben, zu messen und vorherzusagen. Die einzelnen RU-Modelle unterscheiden sich darin, welche Annahmen z. B. über die Verteilung der Zufallskomponente und die Homogenität der Verbraucher:innen und ihrer Präferenzstruktur getroffen werden.

Eine praktische Anwendung der Random-Utility-Modelle sind Conjoint-Analysen (Baier und Brusch 2009). Sie werden verwendet, um die Präferenzen der Verbraucher:innen für bestimmte Produkte oder Dienstleistungen zu messen. Dabei werden den Befragten verschiedene Kombinationen von Produktprofilen präsentiert, aus denen sie eine präferierte Kombination auswählen sollen. Aus den Entscheidungen der Befragten kann dann der Teilnutzen der einzelnen Produktattribute geschätzt werden.

2.1.1.2 Erwartungsbasierte Ansätze

Erwartungsbasierte Ansätze gehen von den individuellen Subjekten und den Nutzwerten aus, den sie ihren Kaufentscheidungen zuschreiben. Im Folgenden werden verschiedene Varianten der erwartungsbasierten Ansätze vorgestellt.

Das *VIE-Modell* (Valenz-Instrumentalität-Erwartung) geht z. B. davon aus, dass Verbraucher:innen bei Kaufentscheidungen die Kosten und den Nutzen dieser Entscheidung abwägen (Kauffeld 2014). Die sogenannte Valenz (bzw. Wertigkeit) bezieht sich dabei auf die subjektive Bedeutung, die den Bedürfnissen und ihrer Befriedigung zugeschrieben wird. Instrumentalität bezieht sich darauf, dass die Kaufentscheidung als ein Mittel zur Befriedigung der Bedürfnisse gesehen wird. Die Erwartung bezieht sich abschließend auf die subjektiv wahrgenommene Wahrscheinlichkeit, dass die Entscheidung zu einem positiven Ergebnis führt. Nach der VIE-Theorie handeln Menschen in dem Sinne rational, in dem sie die Entscheidungen treffen, die den höchsten erwarteten Gewinn erzielen. Nach dem VIE-Modell kann der Kauf eines neuen Smartphones z. B. durch die *Erwartung motiviert* sein, ein stylisches Produkt zu erwerben, deren Besitz ihr soziales Prestige erhöhen wird.

Ähnliche Annahmen über die Bedeutung eines wahrgenommenen bzw. tatsächlichen Ertrags einer Handlungsentscheidung liegen auch der verhaltenspsychologischen *Handlungstheorie überlegten Handelns* (Theory of Reasoned Action bzw. TRA) und deren Weiterentwicklung zur *Theorie des geplanten Handelns* (Theory of Planned Behavior bzw. TPB) zugrunde (Fishbein und Ajzen 1975; Ajzen 2005).

Der Grundgedanke hier ist, dass Akteur:innen ihr Konsumverhalten auf Basis von Kosten-Nutzen-Abwägungen planen. Während bei dem:der rationalen Marktakteur:in die Bedürfnisse als gegeben angenommen werden, gehen verhaltenspsychologische Ansätze stärker auf die psychologischen Aspekte der Kosten-Nutzen-Abwägungen bei Entscheidungen ein. Analog zur Erwartungstheorie betrachtet die TRA bzw. TPB nicht den objektiven Mehrwert, sondern den subjektiv wahrgenommenen Ertrag einer Handlungsentscheidung.

Die Wahrnehmung und Bewertung einer Entscheidungssituation speist sich im Sinne dieser Theorien aus drei Überzeugungsbereichen (vgl. Abb. 2.1):

1) Verhaltensüberzeugungen beeinflussen die Abschätzung der subjektiv wahrgenommenen positiven und negativen Folgen einer anstehenden Entscheidung. Resultiert hieraus ein positiver Gesamtnutzen, ist man der Entscheidung gegenüber positiv eingestellt. Analog zur Haushaltstheorie wird hier von einem summativen Modell ausgegangen, bei dem die Einstellung zum Verhalten auf der Gesamtheit der einzelnen Verhaltensüberzeugungen basiert (Graf 2007).

2) Normative Überzeugungen speisen sich aus dem jeweiligen Umfeld (z. B. Familie, Freund:innen, Arbeitskolleg:innen etc.) und den dort herrschenden Normen und Regeln für angemessenes Verhalten. Steht die Entscheidung im Einklang mit diesen Normen, wird sie verstärkt, ansonsten wird sie gehemmt. Dabei wird die Wirkung noch dadurch gewichtet, wie stark man sich selbst der Gruppe zugehörig fühlt, in der diese Norm vorherrscht.

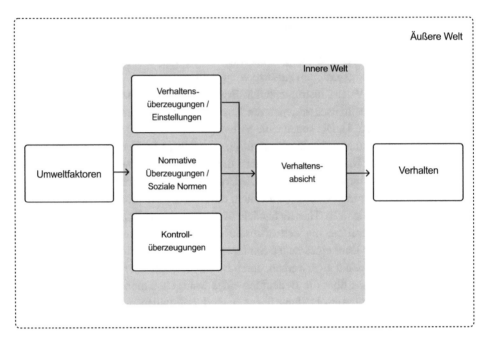

Abb. 2.1 Theorie des geplanten Verhaltens

3) Kontrollüberzeugungen beziehen sich auf die Wahrnehmung von Faktoren, welche die Durchführung einer Handlung befördern oder behindern können. Bei der wahrgenommenen Verhaltenskontrolle werden Entscheidungen danach bewertet, inwieweit man das fragliche Verhalten auch tatsächlich erfolgreich durchführen kann; als unrealistisch wahrgenommene Entscheidungsoptionen werden dagegen verworfen.

Aus der Gesamtbetrachtung dieser drei Überzeugungsbereiche resultiert eine positive oder negative Verhaltensabsicht. Je stärker die resultierende Verhaltensabsicht ist, desto größer werden demnach die Anstrengungen, die Handlung auch auszuführen. Die Verhaltensabsicht stellt deshalb den wichtigsten Prädiktor (Vorhersageparameter) für die Ausführung einer Handlung dar (Graf 2007). Eine Handlung kann jedoch gehemmt bzw. verhindert werden, wenn man keine aktuelle Verhaltenskontrolle über sie besitzt (z. B. kann die Absicht, Müll zu trennen, im Urlaub dadurch gehemmt werden, dass im Hotel keine Vorrichtung dafür existiert).

Ein prominentes Beispiel in der Wirtschafts- und Verbraucherinformatik stellt das Technologieakzeptanzmodell (TAM) nach Davis (1987) dar. Nach dieser Theorie haben zwei Hauptfaktoren einen Einfluss auf die Intention, ein Produkt zu nutzen (*Behavioral Intention to Use*): die wahrgenommene Nützlichkeit (*Perceived Usefulness*) und die wahrgenommene Benutzerfreundlichkeit (*Perceived Ease of Use*).

Fallbeispiel: Technikakzeptanz

Jane liest sich den Testbericht im *FinanzMagazin* über verschiedene Steuer-programme durch. Der Test lobt das Programm *TaxMake*, mit dem sich die höchste Steuerersparnis erzielen lässt. Jane probiert das Programm aus, kommt aber nicht damit zurecht.

Deshalb entscheidet sie sich für *EasyTax*, das im Bericht für die einfache Be-dienung gelobt wird.

Selbstkontrolle:

Erklären Sie Janes Verhalten mithilfe des VIE-Modells, der Theorie des ge-planten Handelns und der TAM-Theorie.

Abschließend lässt sich festhalten, dass es einen engen Bezug zwischen der Technik-akzeptanztheorie und dem VIE-Modell gibt. Die wahrgenommene Nützlichkeit bei TAM kann als Valenzfaktor des VIE-Modells betrachtet werden, da sie Auskunft darüber gibt, wie wichtig eine Person die Nutzung der Technologie für die Erfüllung ihrer Bedürfnisse und Ziele einschätzt. Die wahrgenommene Benutzerfreundlichkeit kann als Erwartungs-faktor des VIE-Modells betrachtet werden, da sie Auskunft darüber gibt, wie sicher und zuversichtlich eine Person ist, dass sie die Technologie nutzen kann. Die Nutzungs-intention kann mit der Instrumentalität des VIE-Modells in Verbindung gebracht werden, da die Nutzung des Produkts als ein Instrument zur Zielerreichung betrachtet wird.

2.1.1.3 Verhaltensökonomische Ansätze

Verhaltensökonomische Ansätze stellen eine Weiterentwicklung des neoklassischen Rational-Choice-Modells dar, welche die Existenz vollkommener Märkte voraussetzt (vgl. Abschn. 2.1) Bei diesem Rational-Choice-Modell handelt es sich um einen prä-skriptiven Ansatz, weil er beschreibt, wie Menschen rational entscheiden sollten. Dem-gegenüber versteht sich Verhaltensökonomie als eine deskriptive Entscheidungstheorie, da sie beschreibt, wie Menschen Entscheidungen in Experimenten faktisch treffen (Hoff-mann und Akbar 2019). In diesen Experimenten zeigen sich systematische Abweichungen vom Idealmodell der rationalen Entscheidung. Die Verhaltensökonomie erklärt diese Ab-weichungen damit, dass Verbraucher:innen aufgrund von begrenzter Rationalität, be-grenzter Willenskraft und begrenztem Wissen keine optimalen, nutzenmaximierenden Entscheidungen treffen können.

In vielen Fällen haben Verbraucher:innen nicht genügend Zeit oder Informationen, um alle verfügbaren Optionen umfassend zu bewerten. Stattdessen spielen Gewohnheiten, ko-gnitive Verzerrungen sowie die Gestaltung der Entscheidungssituation eine wichtige Rolle. Hierbei werden häufig Faustregeln bzw. Abkürzungen herangezogen, die als so ge-nannte „Heuristiken" als Grundlage für Entscheidungsprozesse dienen. Einige der unter-suchten Heuristiken sind (Hoffmann und Akbar 2019):

- **Verlustaversion**: Mögliche Verluste werden tendenziell stärker gewichtet als mögliche Gewinne, so dass Risiken überbewertet werden.
- **Bestätigungsfehler**: Informationen, die bestehende Überzeugungen oder Annahmen bestätigen, werden tendenziell stärker wahrgenommen bzw. eher geglaubt.
- **Framing-Effekt**: Entscheidungen werden tendenziell durch die Art und Weise beeinflusst, wie Informationen präsentiert werden (und nicht nur durch deren Inhalt).
- **Repräsentativitätsheuristik**: Neue Situationen werden tendenziell aufgrund bestehender Interpretationsschemata bzw. ihrer Ähnlichkeit zu bestehenden Stereotypen gedeutet und beurteilt.

Heuristiken garantieren Konsument:innen nicht immer das optimale Ergebnis, sie stellen jedoch eine einfache Möglichkeit dar, um die Komplexität von Entscheidungssituationen zu reduzieren und so bei effizientem Ressourceneinsatz tragbarere Entscheidungen zu treffen (Hoffmann und Akbar 2019).

Sie können aber von Marktakteuren auch gezielt ausgenutzt werden. In der Verhaltensökonomie wird hierbei auch häufig von der Gestaltung von Entscheidungsarchitekturen gesprochen. Unter einer Entscheidungsarchitektur versteht man die äußeren Bedingungen, die Einfluss auf die Entscheidung von Personen haben. Eine wesentliche Gestaltungsstrategie ist dabei das sogenannte *Nudging*. Thaler und Sunstein (2009) verstehen darunter *„alle Maßnahmen, mit denen Entscheidungsarchitekten das Verhalten von Menschen in vorhersagbarer Weise verändern können, ohne irgendwelche Optionen auszuschließen oder wirtschaftliche Anreize stark zu verändern".*[1]

In der Verbraucher- und Wirtschaftsinformatik wurde das Konzept unter dem Begriff des digitalen Nudging (Weinmann et al. 2016) übernommen. Ähnliche Konzepte findet man auch bei Ansätzen zum *Persuasive Design*, das darauf zielt, Nutzer:innen zu einem bestimmten Verhalten zu motivieren (z. B. als EcoFeedback zur Reduktion von CO_2-Emissionen durch Visualisierung der Einsparungen und deren Effekten in einer App).

Die gesellschaftliche Akzeptanz von Nudging und Persuasive Design hängt dabei stark von den verfolgten Zielen ab. Während in den Bereichen Nachhaltigkeit und Gesundheitsvorsorge Nudging als legitime Designstrategie angesehen wird, wird die Anwendung im Bereich Nutzereinwilligungen und Marketing eher als kritisch eingestuft. So steht dort der Vorwurf im Raum, die Verbraucher:innen sollten zu einem Verhalten motiviert werden, das nicht ihren eigentlichen Interessen entspricht (s. a. „Dark Patterns", Kap. 4).

---

[1] Der Begriff „vorhersagbar" ist hier relativ zu verstehen. Es geht nicht um die Vorhersage einzelner Entscheidungen von Individuen, sondern um Veränderungen im durchschnittlichen Entscheidungsverhalten. Wenn sich z. B. durch die Platzierung eines Produkts im Onlineshop die Kaufrate um 1 % ändert, kann man dies als empirisch nachweisbaren (sprich: statistisch signifikanten) Nudging-effekt führen. Ferner kann bei stark umkämpften Märkten auch so eine kleine Steigerung der Kaufrate praktisch relevant sein.

2.1.2 Informationsökonomik

Gegenüber anderen Produkten zeichnen sich digitale Systeme dadurch aus, dass sie schnell große Mengen von Daten bzw. Informationen transportieren, speichern, verarbeiten und darstellen können. Sie adressieren damit ein wichtiges Axiom der Theorie vollkommener Märkte, nämlich das Vorliegen vollständiger Marktinformation.

Die Forschung zu diesem Axiom hat zur Ausbildung eines weiteren Zweigs von Konsumtheorien geführt, die der Annahme Rechnung tragen, dass Kaufentscheidungen in der Regel unter unvollständiger Information getroffen werden müssen. Insbesondere hat man in der neoklassischen Wirtschaftstheorie nur die Preise der Waren berücksichtigt, die Informationskosten demgegenüber aber vernachlässigt.

Dass Informationen einen Wert und einen Preis haben und somit ein eigenes ökonomisches Gut darstellen, wird in den informationsökonomischen Ansätzen aufgegriffen (Stigler 1961; Nelson 1970; Schoenheit 2004; Adler 2013). Aus dieser Perspektive untersucht Informationsökonomik die monetären, zeitlichen und mentalen Kosten, die bei der Beschaffung, Verarbeitung und Nutzung von Informationen entstehen. Diese hängen auch von der Art des Produkts ab. So kann man bei Produkten und Produkteigenschaften unterscheiden, ob die Informationen dazu bereits vor dem Kauf vorliegen (z. B. Aussehen eines frischen Lebensmittels), erst durch Erfahrung nach dem Kauf gewonnen werden (z. B. Geschmack eines Lebensmittels) (Berkholz, Esau-Held, und Stevens 2022) oder ob man auf die Herstellerangaben vertrauen muss (z. B. Nachhaltigkeit eines Lebensmittels). Nelson (1970) illustriert das Informationsproblem dabei wie folgt:

> „Das Informationsproblem besteht darin, die Nützlichkeit jeder Kaufentscheidung zu überprüfen. Wir definieren die Suche [nach Informationen] so, dass sie jede Art dieser Überprüfung einschließt und dabei zwei Einschränkungen unterliegt: (1) Konsument:innen müssen die verfügbaren Optionen prüfen, und (2) diese Überprüfung muss vor dem Kauf der Güter stattfinden. Verbraucher:innen können sowohl nach Menge als auch nach Preis suchen. […] Aber es wird Güter geben, für die diese Suche nicht angemessen ist – bestimmte Güter können erst durch den Kauf bewertet werden. […] Um Marken von Dosenthunfisch zu prüfen, würden Verbraucher:innen diese mit Sicherheit zum Verzehr kaufen. […] Wir nennen diesen Informationsprozess ‚Erfahrung‘". (Nelson 1970), Übers. durch Verfasser)

Die Informationsökonomik weist insbesondere darauf hin, dass im Gegensatz zum idealen Markt in der Realität ungleiche Macht- und Informationsverteilungen zwischen Marktteilnehmern vorliegen. Meist hat der Anbieter hinsichtlich seiner Waren einen Informationsvorsprung gegenüber dem Nachfrager (Akerlof 1970). So weiß ein:e Autoverkäufer:in in der Regel besser über versteckte Schäden, Zustand der Verschleißteile, Vorgeschichte des Autos etc. Bescheid als der:die Käufer:in. Dieser Wissensvorsprung fördert opportunistisches Verhalten, bei der die besser informierten Partner:innen unvollständige oder irreführende Falschinformationen sowie die Unwissenheit des anderen zu ihrem eigenen Vorteil nutzen können (Darby und Karni 1973).

Verbraucher:innen sind aufgrund von Asymmetrien in einer schwächeren Position, woraus sich auch ein besonderer Schutzbedarf ableitet, der seinen Niederschlag z. B. in diversen Verbraucherschutzgesetzen und -verordnungen findet. Um der genannten Informationsasymmetrie entgegenzuwirken, sollten sich Verbraucher:innen vor Vertragsabschluss umfassend über die Leistung und die Vertragsbedingungen informieren. Dies erhöht jedoch die Kosten für die Informationsbeschaffung (sog. Transaktionskosten), da diese mit Aufwand verbunden ist (Williamson 2005).

Die neuere Informationsökonomik betont dabei, dass nicht nur die Kosten der Informationsverarbeitung eine Rolle spielen, sondern auch verhaltensökonomische Erkenntnisse zu berücksichtigen sind. Diese zeigen nämlich, dass Menschen nur begrenzt in der Lage sind, Informationen aufzunehmen, zu verarbeiten und rational zu bewerten (Tversky und Kahneman 1981).

Aus Sicht der Informationsökonomik leistet die Digitalisierung einen wesentlichen Beitrag zur Herstellung von Marktbedingungen, die dem in Abschn. 2.1 beschriebenen Ideal der vollkommenen Märkte näherkommen.

Dem lässt sich entgegenhalten, dass eine reine Zunahme von Markt- und Informationsangeboten nicht automatisch dazu führt, dass Verbraucher:innen besser informiert sind (Strünck 2011). So gilt es zum einen, bei der Aufbereitung von Informationen die kognitiven Fähigkeiten von Verbraucher:innen zu berücksichtigen (Hagen 2010). Zum anderen muss sichergestellt werden, dass Empfehlungssysteme fair, transparent und neutral sind (Dautzenberg et al. 2016). Des Weiteren hat die Forschung zur Internet-Ökonomie (Clement und Schreiber 2016) gezeigt, dass es neben den in Tab. 2.2 aufgelisteten Kräften, auch Gegenkräfte gibt, die zu neuen Marktkonzentrationen und Marktbarrieren führen (siehe auch Kap. 3).

Tab. 2.2 Einfluss der Digitalisierung auf Markt- und Wettbewerbskräfte (vgl. Laudon et al. 2010)

Marktkraft	Auswirkung der Digitalisierung
Marktangebot	Die Digitalisierung trägt zur Vergrößerung des Marktangebots bei. Durch den Onlinehandel wird der Markt geografisch ausgeweitet, und Markteintrittsbarrieren werden verringert (z. B. entfällt durch Marketplace-Plattformen etwa die Notwendigkeit eigener Vertriebsabteilungen, Vertriebskanäle oder physischer Vertriebsorte). Ferner vereinfacht die Digitalisierung die Entwicklung neuer Ersatzprodukte (z. B. werden Schallplatten durch Musikstreaming substituiert).
Informations-Angebot	Die Digitalisierung trägt zur Vergrößerung des Informationsangebots bei. Das Internet verringert die Kosten und die Zugangsbarrieren für Informationsbeschaffung. Verbraucher:innen können z. B. überall und jederzeit Produktbewertungen und -empfehlungen von anderen Kund:innen lesen, Produkteigenschaften einsehen und Preise vergleichen.
Informations-Verarbeitung	Vergleichsportale und Produktempfehlungssysteme nutzen Algorithmen und statistische Modelle, um Verbraucher:innen personalisierte Empfehlungen zu geben. Diese Systeme analysieren das Verhalten und die Vorlieben von Verbraucher:innen, um Produkte zu empfehlen, die ihren Bedürfnissen und Interessen entsprechen.

2.2   Psychologische Ansätze

Einige der in Abschn. 2.1 behandelten Theorien ließen sich durchaus auch in der Psychologie verorten (wie z. B. die Theorie des geplanten Handels oder die Verhaltensökonomien). Wir haben sie jedoch unter markttheoretischen Theorien gefasst, weil es auch bei diesen Theorien darum geht, das Marktverhalten von Verbraucher:innen zu erklären, wobei der Homo oeconomicus als Referenzmodell dient.

Im Folgenden werden Konsumtheorien vorgestellt, die sich mit dem Wesen der Verbraucher:innen selbst befassen. Das Modell des *Homo psychologicus* geht dabei vom Menschen als psychologischem Wesen aus. Im Zentrum stehen dabei das menschliche Verhalten, das Erleben und die kognitiven Prozesse.

2.2.1   Stimulus-Response-Modelle

Ein früher Ansatz in der Psychologie war es, menschliches Verhalten als Reaktion auf äußere Umweltreize zu verstehen. In den Anfängen wurde Verhalten als einfache Reizreaktion bzw. als Stimulus-Response(SR)-Schema modelliert, bei dem Verbraucher:innen gleichsam wie ein Tier auf Anreize reagieren, die von außen geboten werden (Hellmann 2017; Meffert et al. 2018). Die mechanistische Sicht ist stark vom *Behaviorismus* beeinflusst, der das Verhalten von Menschen und Tieren aufgrund von beobachtbaren Korrelationen zwischen Reizen (Stimuli) und Reaktionen (Response) zu erklären versucht (Meffert et al. 2018). Diese einfachen Stimulus-Response-Modelle (SR-Modelle) wurden zu erweiterten Stimulus-Organism-Response-Modellen (SOR-Modelle) weiterentwickelt, um die Varianz des beobachteten Verhaltens und die Eigeninitiative von Verbraucher:innen besser erklären (Meffert et al. 2018) und die inneren Prozesse besser einbeziehen zu können. So reagieren verschiedene Menschen unterschiedlich auf verschiedene Reize, was im klassischen Behaviorismus ausgeblendet wird.

Ziel der SOR-Modelle ist es, die psychisch-kognitiven Prozesse, die bei Kaufentscheidungen zwischen Reiz und Reaktion wirksam werden, im Detail zu rekonstruieren (Rennhak und Opresnik 2016). Die Hinwendung zu internen Verarbeitungsprozessen ist dabei stark vom *Kognitivismus* bzw. von der Kognitionspsychologie beeinflusst, die sich mit der Untersuchung der kognitiven Prozesse des menschlichen Geistes und der intelligenten Systeme befasst und den klassischen Behaviorismus in der Psychologie weitestgehend abgelöst hat.

Im Gegensatz zum klassischen Behaviorismus wird stärker betont, dass der Mensch ein Individuum ist, das nicht mechanisch durch Reize fremdgesteuert wird, sondern selbstständig Reize der Umgebung kognitiv verarbeitet und entsprechend individuell reagiert.

Das Marshmallow-Experiment (Pfister et al. 2016)

Das Experiment wurde in den späten 1960er-Jahren von dem Psychologen Walter Mischel durchgeführt, um die Selbstkontrolle von Kindern zu untersuchen.

In dem Experiment wurde jedes Kind allein in einem Raum mit einem Marshmallow gelassen. Dabei wurde den Kindern gesagt, dass sie entweder das Marshmallow sofort essen oder warten könnten, bis der Versuchsleiter zurückkehrt. Falls sie es schaffen würden zu warten, würden sie zwei Marshmallows bekommen.

Da das Marshmallow direkt vor ihnen lag, schafften viele Kinder es nicht zu warten, sondern aßen es unmittelbar. Andere dagegen schafften es durchzuhalten und bekamen das zweite Marshmallow.

Selbstkontrolle:

- Erklären Sie das Experiment sowohl aus Sicht der Rational-Choice-Theorien als aus Sicht der Stimulus-Response-Theorien.
- Wie würden Sie sich als rationale:r Verbraucher:in bei dem Experiment verhalten?

Die SOR-Theorie ist weithin verwendet worden, um das Verbraucherverhalten zu verstehen (Meffert et al. 2018). In der Forschung wurden dabei unterschiedliche Reize und Reaktionen sowie auch unterschiedliche interne Faktoren untersucht. So können Reize z. B. von kommerziell angebotenen Waren, Produkten oder Dienstleistungen auf dem Markt ausgehen (vgl. Marshmallow-Experiment), auch von der sozialen Umgebung wie der Familie oder Freund:innen oder auch anderen Umweltfaktoren, wie z. B. der Architektur und Raumgestaltung von Märkten (Hill 1972). Die messbare Reaktion kann z. B. die resultierende Kaufentscheidung, die Preisgabe von Informationen oder die Nutzung von Geräten und Systemen sein.

Es lassen sich auch eine Reihe von internen Faktoren berücksichtigen, die Einfluss auf das Verhalten haben, wie Einstellungen, Erwartungen, Persönlichkeitsmerkmale und Ähnliches. Hieraus ergeben sich Bezüge zur Theorie des geplanten Verhaltens. Während aber die Theorie des geplanten Verhaltens den Eigenantrieb und die Motivation des Menschen als Ursache menschlichen Verhalten betont, hebt das Stimulus-Response-Modell die Bedeutung von Umweltreizen hervor.

Aktuelle Weitereinwicklungen des SOR-Ansatzes findet man beispielsweise im Neuromarketing, bei dem neurowissenschaftliche Erkenntnisse und Methoden herangezogen werden, um die biologisch-neurologisch geprägten Verarbeitungsprozesse bei Kaufentscheidungen besser zu verstehen (Kenning et al. 2014; Meffert et al. 2018)

2.2.2 Arbeits- und Erlebnistheorien

Die digitalen Systeme zeichnen sich nicht nur dadurch aus, dass sie Information verarbeiten, sondern auch dadurch, dass sie interaktiv sind. Computersysteme werden im klassischen Sinne nicht verbraucht, sondern gebraucht. Dabei wird der Gestaltung der Bedienschnittstelle zur Mensch-Computer-Interaktion eine besondere Bedeutung beigemessen (s. Kap. 6). Hierbei fungiert der Computer als Werkzeug, um ein bestimmtes Ziel zu erreichen.

Psychologische Theorien, die diesen Werkzeugcharakter von Software berücksichtigen, entstammen meist der Arbeitspsychologie (Hacker und Sachse 2023; Helander 2014).

Handlungsregulationstheorie Die Handlungsregulationstheorie (Hacker und Sachse 2023) begreift zielgerichtetes Handeln als einen Regelkreis. Der Theorie zufolge regulieren die Nutzer:innen ihre Handlung so, dass sie zunächst die erforderlichen Schritte zur Zielerreichung planen, diese dann umsetzen und dabei den Verwirklichungsvorgang ständig kontrollieren, um ggf. die Schritte bzw. deren Umsetzung anzupassen. Das Werkzeug sollte diesen Regelkreis aus Planung, Umsetzung, Kontrolle optimal unterstützen, sodass die Nutzer:innen ihr Ziel effektiv und effizient erreichen. Schlechte Gestaltung zeigt sich darin, dass den Nutzer:innen unklar ist, welche Schritte sie ihrem Ziel näherbringen, bzw. dass sie nicht kontrollieren können, ob die Schritte den erwünschten Erfolg hatten. Dies kann auch als die Kluft der Ausführung (*Gulf of Execution*) bzw. Kluft der Kontrolle (*Gulf of Evaluation*) beschrieben werden (siehe Abb. 2.2). Die Gestaltung von Bedienschnittstellen sollte die Kluft der Ausführung und der Kontrolle verringern. Der Designer Norman (1986, 2013) spricht hier auch davon, dass gutes Design Brücken baut, um die Kluft zu überwinden.

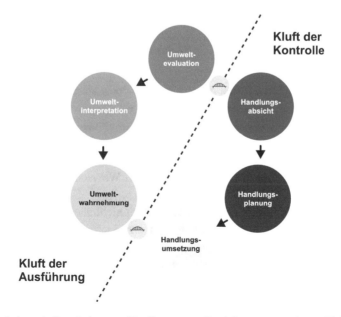

Abb. 2.2 Verhalten als Regulation von Handlungen zur Erreichung vorgegebener Ziele

Design ist schlecht, wenn es schlecht zu nutzen ist
Norman (2013) hat seine Theorie am Beispiel schlecht gestalteter Türen illustriert,
die zu Frustration, Verwirrung und sogar Unfällen führen können. Beispiele für
schlechte Gestaltung sind:

- Türen ohne klare Kennzeichnung, ob sie zum Ziehen oder Drücken gedacht sind.
- Türen mit unklarer Anordnung von Griffen oder Türklinken, wodurch nicht klar
  ist, welcher zum Öffnen oder Schließen verwendet werden sollte.
- Türen mit versteckten Scharnieren oder anderen Mechanismen (z. B. Schiebe-
  türen), deren Funktionsweise nicht ersichtlich ist.

Selbstkontrolle:

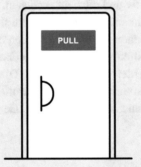

Analysieren Sie die Gestaltung der Tür aus Sicht der Handlungsregulationstheorie. Wie könnte die Tür besser gestaltet werden?

Ein weiterer wichtiger Punkt der Arbeitspsychologie ist, dass die Gestaltung des Werkzeugs nicht isoliert betrachtet wird, sondern dass es eigentlich um die Gestaltung der
Arbeit geht, in der das Werkzeug genutzt wird. Die Gestaltung muss deshalb nicht nur den
Nutzer mit seinen Motiven, Präferenzen und Kompetenzen im Blick haben, sondern
genauso die Analyse des Arbeitskontexts: In welchen Umgebungen wird die Arbeit erledigt? In welche Prozesse ist die Arbeit eingebunden? Wie sieht die Zusammenarbeit mit
anderen aus?

Die Arbeitspsychologie betont zudem, dass Arbeit nicht allein dem Lohnerwerb dient,
sondern sinnstiftend ist bzw. sein sollte (Hacker und Sachse 2023). Deshalb gilt es, die
Leitprinzipien der humanen Arbeitsplatzgestaltung zu berücksichtigen (Hamborg et al.
2007). So sollten Arbeitsaufgaben ganzheitlich sein, genügend Spielraum bieten, die
Persönlichkeit und Autonomie fördern sowie Über- und Unterforderung, Monotonie und
Stress vermeiden. Diese Leitprinzipien sind unter anderen auch in die Normvorgaben für
gute Gebrauchstauglichkeit (ISO 9241 Teil 10) eingegangen (Hamborg et al. 2007).

Positives Nutzungserlebnis Computer sind heute nicht allein Werkzeuge, um Ziele effektiv und effizient zu erreichen. Die Dinge des Lebens sollen auch zum Wohlbefinden beitragen. Dabei geht es nicht immer um den Nutzen, den Dinge stiften, sondern um die Erlebnisse, die man mit ihnen hat.

Diese Perspektive findet man in der Marktforschung schon länger unter dem Begriff des *hedonischen Konsums*, bei dem Produkte nicht als objektive Dinge, sondern vielmehr als subjektive Symbole betrachtet werden (Hirschman und Holbrook 1982). Die hedonische Dimension erfasst dabei die immateriellen und subjektiven Produkteigenschaften, die auf den emotionalen und fantasievollen Erfahrungen und Erlebnissen mit dem Produkt beruhen (Diefenbach und Hassenzahl 2017).

Für die Analyse und Gestaltung positiver Nutzungserlebnisse sind dabei **Erlebnisse, Wohlbefinden und Bedürfnisse** als theoretische Konstrukte von besonderer Relevanz.

2.2.2.1 Erlebnisse

Erlebnisse sind theoretisch schwer zu fassen, da sie sich gegenüber Produkteigenschaften durch ihren flüchtigen, präkognitiven und verkörperten Charakter auszeichnen (Schroer und Schmitt 2017). Sobald wir über ein Erlebnis nachdenken und es sprachlich zu repräsentieren versuchen, verändert dies bereits die Wahrnehmung desselben. Ein bekanntes Beispiel ist das sogenannte *Flow-Erlebnis* (Csikszentmilhalyi 1982), das auftritt, wenn die Fähigkeiten einer Person mit deren Aktivität/Aufgabe in perfektem Einklang sind. So kann man als Leser:in eines spannenden Romans ganz in diesem Erlebnis versinken; wenn der Text jedoch zu kompliziert oder zu banal geschrieben ist, wird dieser Zustand gestört und verschwindet. Das Erlebnis von Flow kann zu erhöhtem Wohlbefinden führen und wird meist als angenehm, erfüllend und befriedigend beschrieben. Diefenbach und Hassenzahl (2017) sprechen auch davon, dass Erlebnisse quasi konsumiert werden und daraus Wohlbefinden entsteht. Umgekehrt könnte man sagen: „*Wenn sich im Konsum kein Erlebnis einstellt, dann entsteht kein Wohlbefinden.*"

Erlebnisse sind in ihrer Unmittelbarkeit prinzipiell nicht direkt erfassbar, sondern können nur introspektiv reflektiert und artikuliert werden: Im Handeln bilden Gefühle und Erleben eine Einheit. Erst in der bewussten Reflexion lassen sich die Emotionen vom Inhalt des Erlebten trennen. Unser Wissen über ein Erlebnis beruht jedoch immer auf unseren Erinnerungen (Rheinberg et al. 2003). Die Beschreibung des Flow-Erlebnisses ist jedoch etwas anderes, als ein Flow-Erlebnis zu haben.

Für die Konsumforschung sind beide Aspekte wichtig, weshalb verschiedene Methoden entwickelt wurden, um möglichst unmittelbar sowohl die mit einem Erlebnis verbundenen Emotionen (z. B. positives bzw. negatives Nutzungserlebnis) als auch den Inhalt des Erlebten (z. B. ob man gerade joggt, am Computer spielt oder Hausarbeit macht) zu erfassen. Hierbei spielen auch sogenannte Erlebnis-Prototypen eine wichtige Rolle, um ein Erlebnis auch körperlich in seiner Flüchtigkeit zu erzeugen und zu empfinden bzw. nachzuempfinden (Buchenau und Suri 2000).

Erfasse den Augenblick

Erlebnisse sind nicht nur passive Empfindungen oder Wahrnehmungen, sondern aktive Handlungen, die dem Erlebten eine Bedeutung geben. Der Erlebnisstrom ist dabei ein immerwährender Prozess, der aus Handlungen, Empfindungen, Wahrnehmungen und Gedanken besteht, die miteinander verknüpft sind und sich gegenseitig beeinflussen.

Durch die Reflexion werden Erlebnisse zu Erfahrungen, die artikuliert und miteinander geteilt werden können.

Selbstkontrolle:

- Während Sie diese Zeilen lesen, reflektieren Sie kurz und versuchen Sie, möglichst genau zu beschreiben, was Sie gerade denken und fühlen. Wie verändert sich das Erlebnis dadurch, dass Sie es auszudrücken/messbar zu machen versuchen?

2.2.2.2 Wohlbefinden

Weitere zentrale Begriffe im Zusammenhang mit positiven Nutzungserlebnissen sind *Wohlbefinden und Glück*, wie sie z. B. in der Glücksforschung bzw. in der *Positiven Psychologie* (Seligman und Csikszentmihalyi 2000) untersucht werden. Im Gegensatz zur traditionellen Psychologie, die sich oft auf psychische Krankheiten und Störungen konzentriert, untersucht diese Strömung menschliches Wohlbefinden, positive Emotionen, positive Beziehungen und Flow-Erleben. Analog untersucht die Glücksforschung die subjektive Erfahrung von Glück sowie die Faktoren, die das Glück beeinflussen, und die Auswirkungen, die Glück auf das Leben der Menschen hat.

Im Produktdesign wurde diese Sicht z. B. in Gestaltungsansätzen wie *Positives Design* (Desmet und Pohlmeyer 2013) oder *Wohlbefinden-orientierte Gestaltung* (Diefenbach und Hassenzahl 2017; Burmester et al. 2015) aufgegriffen, deren primäres Ziel es ist, durch Dinge positive und bedeutungsvolle Momente im Alltag zu erzeugen. Beim positiven Design ist das Erlebnis jedoch kein Selbstzweck, sondern dient dem Wohlbefinden der Nutzer:in. Die Grundthese hierbei ist, dass ein Erlebnis nur dann zum Wohl der Nutzer:in beiträgt, wenn damit auch psychische Bedürfnisse befriedigt werden.

2.2.2.3 Bedürfnisse

Bedürfnis ist deshalb der dritte zentrale Begriff erlebnisorientierter Konsumtheorien. Der Mensch hat demnach unzählige, historisch gewachsene Bedürfnisse und Handlungsmotive. In der Psychologie versucht man jedoch, diese auf einige wenige Universalbedürfnisse zu reduzieren, um sie vergleichbar und für die systematische Forschung handhabbar zu machen.

Eines der ältesten und bekanntesten Modelle in diesem Zusammenhang ist die Maslow'sche Bedürfnistheorie, bei der die Befriedigung von Bedürfnissen eine wesentliche

Abb. 2.3 Landkarte menschlicher Bedürfnisse

Handlungsmotivation darstellt. Maslow unterscheidet dabei zwischen Defizit- und Wachstumsbedürfnissen. Erstere werden durch einen Mangel ausgelöst, z. B. durch Hunger, Gefahr oder Einsamkeit, während letztere durch ein Streben nach persönlichem Wachstum, Selbstverwirklichung und Entfaltung entstehen. Maslow unterscheidet eine Reihe verschiedener Bedürfnisse (siehe Abb. 2.3), die eine gewisse Hierarchie dergestalt bilden, dass die Befriedigung der Defizitbedürfnisse dringender und damit vorrangiger ist als die der Wachstumsbedürfnisse.

Auch wenn eine solche Hierarchie, die oft als Pyramide dargestellt wurde, logisch schlüssig erscheint, bedeutet dies jedoch nicht, dass jedes Bedürfnis in jedem Moment für jeden Menschen gleich wichtig ist. Der relative Stellenwert der Bedürfnisse kann von Person zu Person und in verschiedenen Situationen unterschiedlich sein. Ferner fällt die Art und Weise der Bedürfnisbefriedigung situativ und kulturell unterschiedlich aus (z. B. Musik im Konzert gemeinsam hören oder per Kopfhörer in der Bahn). Des Weiteren befriedigt der Konsum meist mehr als ein einziges, klar abgrenzbares Bedürfnis. So wird z. B. durch ein Luxus-Smartphone gleichzeitig das Bedürfnis nach Kommunikation und nach Anerkennung adressiert.

Dieser Ansatz wurde in der Folge von vielen Forscher:innen aufgegriffen und weiterentwickelt. So greifen z. B. Diefenbach und Hassenzahl (2017) neuere Arbeiten aus der Bedürfnis- und Motivationspsychologie auf, um ihren Ansatz der am Wohlbefinden-orientierten Produktgestaltung psychologisch zu fundieren. Insbesondere greifen sie die Selbstbestimmungstheorie (Deci und Ryan 1993) auf, die im Streben nach und Erleben von Autonomie, Kompetenz und sozialer Verbundenheit drei psychologische Universalbedürfnisse sieht, die Menschen angeboren sind. Diese drei Bedürfniskategorien werden in diesem Ansatz um vier weitere (Stimulation, Popularität, Sicherheit und Bedeutsamkeit) ergänzt. Diese zusätzlichen Kategorien wurden aus der Bedürfnisforschung von Sheldon et al. (2001) übernommen, die auf Grundlage empirischer Studien insgesamt zehn Bedürfniskategorien identifiziert haben (Tab. 2.3).

Tab. 2.3 Die „sieben Freuden" des positiven Designs (Diefenbach & Hassenzahl)

Name	Beschreibung
Autonomie	Das Bedürfnis, sein Leben nach eigener Vorstellung zu gestalten und Dinge frei entscheiden zu können, sowie das Streben nach Selbstbestimmtheit, Eigenständigkeit und Unabhängigkeit
Kompetenz	Das Bedürfnis, sich kompetent zu fühlen und Herausforderungen eigenständig meistern zu können, sowie das Streben nach Erleben von Erfolg und Selbstwirksamkeit
Bedeutsamkeit	Das Bedürfnis, seinem Leben eine Bedeutung zu geben, das Streben nach bedeutsamen Momenten, persönlicher Entwicklung sowie das Bedürfnis, Bedeutsames zu hinterlassen
Verbundenheit	Das Bedürfnis nach Nähe, sozialer Geborgenheit und sozialer Eingebundenheit sowie regelmäßig innigen Kontakt mit Menschen zu haben, die einem nahestehen
Popularität	Das Bedürfnis, gemocht, respektiert und anerkannt zu werden, sowie das Streben nach Einfluss, Macht und Verantwortung
Stimulation	Das Bedürfnis nach Herausforderungen, Unterhaltung, Ablenkung, das Bedürfnis, Neues kennen zu lernen, sowie die Vermeidung von Langeweile und Unterforderungen
Sicherheit	Das Bedürfnis, Ordnung, Struktur und Stabilität im Leben zu haben, sowie das Streben nach Verlässlichkeit und Schutz vor Bedrohungen sowie der Vermeidung von Ungewissheit und Unbekanntem

Diefenbach und Hassenzahl (2017) betonen dabei, dass diese Kategorisierung für die Produktgestaltung nur eine heuristische Funktion hat, um zum einen Nutzerstudien und die Analysen von Nutzerbedarfen anzuleiten und zum anderen einen Katalog von Praxisbeispielen gelungener Gestaltung aufzubauen, die das Produktdesign inspirieren und informieren sollen.

In ihrer Gestaltungstheorie gibt es zu den genannten Bedürfnissen entsprechende Produktqualitäten, die analog zur Lancaster'schen Haushaltstheorie (siehe Abschn. 2.1.1) als Teilwertnutzen definiert werden können, wobei der Nutzen nicht allein im Erreichen eines Ziels (pragmatische Qualität), sondern auch in der Ermöglichung von Erlebnissen (hedonische Qualität) liegt. Hierzu haben Hassenzahl et al. (2003) mit dem AttrakDiff Fragebogen ein standardisiertes Messinstrument entwickelt, um die pragmatische und hedonische Qualität eines Produkts zu messen.

Eine wesentliche Grundthese dieses Gestaltungsansatzes ist, dass Menschen nicht nur basale Grundbedürfnisse wie Essen und Wohnen über den Markt befriedigen, sondern kommerzielle Güter auch für die Befriedigung der genannten sieben Bedürfniskategorien eine wichtige Rolle spielen. Dabei ist zentral, dass Nutzer:innen sich mit den gekauften und genutzten Produkten identifizieren und sich über sie definieren. Diese Grundthese könnte auch als *Warenfetischismus* betrachtet werden (siehe Abschn. 2.3.2), jedoch betonen Diefenbach und Hassenzahl (2017):

> „Kommerzieller Erfolg und eine wohlbefindensorientierte Gestaltung interaktiver Produkte schließen sich natürlich nicht aus. Allerdings emanzipiert sich dieser Ansatz von der allgegenwärtigen industriellen Verwertungslogik. Er wünscht sich Praktiker, die auf der Basis eines

profunden Wissens über die Psychologie des Wohlbefindens aktiv zwischen Verwertungs-zielen und -wünschen einer Unternehmung und den individuellen Ansprüchen von Menschen (Benutzern, Konsumenten) an ihr alltägliches Glücksempfinden und wichtigen gesellschaft-lichen Themen (Nachhaltigkeit, Gerechtigkeit etc.) vermitteln."

Aufgrund des Geltungsbereichs psychologischer Theorien auf das Empfinden des Menschen kann die psychologische Fundierung des Ansatzes selbst keinen Beleg dafür geben, ob dieser Wunsch nach Emanzipation auch umgesetzt werden kann. Hierzu würden zum einen empirische Untersuchungen benötigt werden, um zu überprüfen, ob sich solche Produkte auch auf dem Markt durchsetzen und ob sie auch in der breiten Masse zu einem höheren Wohlbefinden führen würden. Zum anderen würden zur theoretischen Behandlung dieser Frage Konsumtheorien benötigt werden, die auf kulturwissenschaftlicher bzw. gesellschafts-wissenschaftlicher Ebene angesiedelt sind, was im Folgenden erläutert werden soll.

2.3 Kulturwissenschaftliche Ansätze

Sowohl die markttheoretischen als auch die psychologischen Konsumtheorien fußen in ihren Grundannahmen auf dem methodischen Individualismus (Giddens 1988), der den:die einzelne:n Verbraucher:in in den Fokus der Betrachtung stellt und menschliches Handeln bzw. Konsum auf Grundlage rationaler Entscheidungen (Home oeconomicus) bzw. individueller psychologischer Bedürfnisse modelliert (Homo psychologicus). Dem-gegenüber betonen kulturwissenschaftliche bzw. soziologische Konsumtheorien, dass so-ziale Gesetze real existieren. Sie stellen keine Epiphänomene des individuellen Handelns dar. Das heißt, soziale Normen sind keine Begleiterscheinungen, die bei individuellen Ent-scheidungen beobachtet werden können, aber keine kausale Wirkung auf das Geschehen haben. Vielmehr wirken soziale Normen objektiv auf das individuelle Verhalten ein, sind aber nicht selbst durch das Individuum geschaffen, sondern entstehen durch die soziale Struktur von Gemeinschaften und Gesellschaften (Abels 2010).

Soziologische Konsumtheorien betonen deshalb, dass die soziale Wirklichkeit eine eigenständige Ebene des Seins ist, die von individuellen Handlungen und Erfahrungen ge-trennt ist. Der:Die Verbraucher:in wird hierbei als *Homo sociologicus* betrachtet. Ent-sprechend stellt nicht der:die Verbraucher:in selbst als einzelnes Subjekt die primäre Ana-lyseeinheit dar, sondern die sozialen Interaktionen, die sozialen Normen und gesellschaft-lichen Verhältnisse sowie die Konsumentenkulturen bzw. die Alltagspraktiken.

Die Erforschung von Konsumalltag und gesellschaftlichen Aspekten der Konsum-gesellschaft hat sich spätestens seit den 1970er-Jahren als Forschungsgegenstand inner-halb der Geisteswissenschaften etabliert (Bourdieu 1987). Hierbei sind vor allem die Distinktionsmerkmale in den Fokus gerückt, insofern als durch Konsum bestimmte Lebensstile und Ausdifferenzierungen der Gesellschaft untersucht werden können (Gruhn 2022). Konsum als Ausdrucksform der „materiellen Kultur" spielt dabei eine wichtige Rolle für die Analyse kultureller Vorstellungen und Interpretationen, die so ihren Aus-druck finden und Gegenstand von kulturwissenschaftlichen Analysen werden können

(Hirschfelder und Thanner 2019). Umgekehrt macht die sozialwissenschaftliche Konsum-forschung auch die gesellschaftlichen Folgen des Warenkonsums zum Thema der Aus-einandersetzung mit der modernen Gesellschaft (Schrage 2009; Winterberg 2017).

2.3.1 Normtheorien

Im deutschen Grundgesetz steht: „Eigentum verpflichtet. Sein Gebrauch soll zugleich dem Wohle der Allgemeinheit dienen" (Grundgesetz, Art 14.2). Dieser Satz zeigt bereits, dass Konsum nicht frei von Regeln und Normen stattfindet.

Dies gilt insbesondere für digitale Güter. Klassische Markttheorien gehen meist impli-zit davon aus, dass Verbraucher:innen durch den Kauf zu Eigentümer:innen des Gutes werden. Eigentum stellt dabei kein natürliches Prinzip dar, sondern ist eine gesellschaftliche Rechtsnorm, die durch Gesetze, Institutionen und soziale Praktiken abgesichert ist. Auf der individuellen Ebene ist das Eigentum ein wesentliches Element der individuellen Frei-heit und ein Mittel, durch das eine Person ihre Persönlichkeit und ihre Wünsche ver-wirklicht.

Aus Sicht der Konsumsoziologie ist diese individuelle Autonomie jedoch ein Produkt sozialer Verhältnisse, bei der Eigentum nicht nur eine individuelle Ebene, sondern auch eine soziale und moralische Dimension besitzt. Das individuelle Eigentum existiert nur im Kontext von Verträgen, Verpflichtungen und dem gesellschaftlichen Austausch von Waren und Dienstleistungen, in denen sowohl individuelle Interessen als auch soziale Belange eingeschrieben sind.

Die Digitalisierung greift hierbei in alte Vorstellungen von Eigentum ein, bei der traditionellerweise beim Kauf einer Ware i. d. R. sämtliche Verfügungsrechte vom alten auf den neuen Eigentümer übertragen werden. Demgegenüber betont z. B. die Sharing Economy, dass nicht der Besitz, sondern das Nutzen eines Gutes im Vordergrund steht (siehe Kap. 3). Dies wirft jedoch neue Fragen auf, wie zum Beispiel danach, wie sowohl individuelle Interessen als auch soziale Belange geregelt werden. Besitzen Nutzer:innen beim Carsharing z. B. ein Anrecht auf unbeobachtete Nutzung? Gibt es ein Anrecht darauf, den genutzten E-Scooter vor der eigenen Haustür abzustellen? Gibt es ein An-recht darauf, soziale Medien frei zu benutzen? Dies sind auf den ersten Blick rein recht-liche Fragen, verweisen aber grundlegender darauf, welche Regeln in einer digitalen Konsumgesellschaft herrschen bzw. von den unterschiedlichen Interessengruppen aus-gehandelt werden.

Bei digitalen Massenwaren wird z. B. Software häufig nicht mehr erworben, son-dern nur lizenziert. Das heißt, durch den „Kauf" erwirbt man Nutzungsrechte, die jedoch den allgemeinen Geschäftsbedingungen der Anbietenden unterworfen bleiben. Während man ein gedrucktes Buch verleihen, verschenken oder verkaufen kann, bleiben diese Möglichkeiten bei eBooks häufig nur eingeschränkt möglich. Gegenüber dem Besitz von Waren sind Verbraucher:innen bei der Nutzung digitaler Güter viel stärker den Regeln und Normen der Anbietenden unterworfen.

In der Soziologie haben sich viele Autor:innen mit der Frage auseinandergesetzt, wie Normen in einer Gesellschaft entstehen, welche gesellschaftliche Funktion sie haben, und welche Mechanismen dazu beitragen, dass Normen durchgesetzt, aufrechterhalten und geändert werden (Giddens 1988; Parsons 2013; Schatzki 1997; Mauss 2000; Garfinkel 2020; Abels 2010). Soziale Normen, Regeln und Gesetze besitzen dabei Ähnlichkeiten mit physikalischen Gesetzen. Ähnlich wie physikalische Gesetze sind soziale Gesetze für menschliche Sinne nicht direkt sichtbar, jedoch geht von ihnen eine Kraft aus, die das Verhalten beeinflusst. Ein wesentlicher Unterschied zwischen physikalischen und sozialen Gesetzen ist, dass man gegen soziale Regeln prinzipiell verstoßen kann, auch auf die Gefahr hin, sanktioniert zu werden. Dies passiert vor allem dann, wenn man die sozialen Regeln nicht kennt bzw. nicht richtig versteht.

Das Schenken-Experiment
Bei diesem Breaching-Experiment geht es darum, die sozialen Normen des Reziprozitätsgesetzes sichtbar zu machen.

Als Teilnehmer:in drücken Sie einer Freund:in oder Bekannten einen Fünf-Euro-Schein in die Hand, sagen Sie aber in aller Ernsthaftigkeit, dass Sie das auf keinen Fall als Geschenk meinen.

Verweigern Sie daraufhin alle Versuche der anderen Person, Ihnen das Geld zurückzugeben. Betonen Sie dabei immer wieder, dass es sich auf keinen Fall um ein Geschenk handelt.
Selbstversuch:

* Führen Sie das Schenken-Experiment durch. Notieren Sie im Nachgang, wie diese „Tausch"-Praxis interpretiert wurde und welche sozialen Regeln durch das Experiment aktiviert wurden.

Eine fundamentale gesellschaftliche Regel ist z. B. das Reziprozitätsgesetz, das in allen bekannten Gesellschaften existiert. Kurz gefasst verlangt die Norm, dass Nehmen zu einem Geben verpflichtet und es hierbei eine Art von Äquivalenz zwischen Leistung und Gegenleistung gibt (Mauss 2000). Dies gilt nicht nur bei Rechtsgeschäften, wie der Autovermietung, sondern auch im Privaten, wo z. B. eine Gegengabe für das Leihen/Verleihen des Autos erwartet werden kann (Meurer et al. 2014). In den Sozialwissenschaften entwickelte Garfinkel (2020) das Konzept der Breaching-Experimente, um soziale Regeln empirisch zu untersuchen. So forderte er zum Beispiel seine Studierenden auf, bewusst gegen gängige soziale Normen und Verhaltensweisen zu verstoßen, um zu sehen, wie andere Menschen darauf reagieren. So sollten die Studierenden etwa daheim ihre Eltern siezen, was diese in der Regel irritierte und nicht lange durchgehalten werden konnte. Diese Art von Experimenten hilft, die zugrunde liegenden Annahmen und Regeln sozialer Ordnungen offenzulegen (etwa inwiefern daheim in der Familie eine vertraute, informelle Umgangsform präferiert wird) und die Mechanismen zu verstehen, die zur Aufrecht-

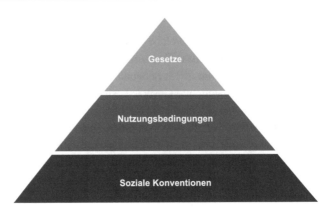

Abb. 2.4 Ebenen, auf denen Regeln und soziale Normen auftreten können

erhaltung sozialer Normen und Verhaltensweisen beitragen (also zu beobachten, wie die Eltern reagieren und mit welchen Strategien sie versuchen, den Bruch der Regel zu beenden und die soziale Ordnung wiederherzustellen).

Soziale Normen, Regeln und Gesetze sind jedoch nicht angeboren, sondern werden kulturell erlernt. So würde das Eltern-siezen-Experiment sicherlich je nach soziokulturellem Kontext unterschiedliche Ergebnisse zeigen. Das Erlernen geschieht auf unterschiedliche Weise schon mit dem Erwerb der Sprachfähigkeit und im Rahmen der Erziehung. Menschen lernen Regeln z. B. kognitiv über Kommunikation mit anderen Menschen, das Lesen von Gesetzestexten, Verordnungen und Nutzerbedingungen, oder implizit durch Beobachtung, Teilhabe, Praxisgemeinschaften und Imitation von anderen. Hierbei spielt auch die Sanktionierung normabweichenden Verhaltens in der Gesellschaft eine wichtige Rolle. Dies geschieht beispielsweise durch direkte Hinweise von Freund:innen oder Autoritätspersonen, gesellschaftlich durch Klatsch und Tratsch, bzw. im Bereich von Nutzungsbedingungen und Gesetzen auch durch Strafen durch die Behörden (Abb. 2.4).

Bei sozialen Regeln kann man zwischen kodifizierten und informellen Regeln unterscheiden. Kodifizierte Regeln sind formale, explizite und schriftlich niedergelegte Regeln und Gesetze, die von einer Autorität erlassen wurden. So kann der Staat z. B. kodifizierte Regeln in Form von Gesetzen und Verordnungen erlassen, die z. B. von Ordnungskräften überwacht und sanktioniert werden. Für die Verbraucherinformatik sind ferner kodifizierte Regeln in Form von Nutzungsbedingungen und Lizenzverträgen von Interesse, die von Unternehmen (im Rahmen des gesetzlich Erlaubten) erlassen werden. Diese sind aber notwendigerweise immer unterspezifiziert und bedürfen der Verankerung in den gelebten, informellen Regeln (Garfinkel 2020).

Informelle Regeln hingegen sind ungeschriebene, implizite Regeln, die aus sozialen Normen, Erwartungen und Gewohnheiten bestehen, die in einer Gesellschaft oder Gruppe existieren. Sie können durch Traditionen, Sitten, Werte oder andere informelle Mechanismen weitergegeben werden und sind oft schwer zu definieren. Ein Beispiel für informelle Regeln ist das Anstehen an der Supermarktkasse. Hierfür gibt es bestimmte soziale Regeln

(z. B., sich nicht vorzudrängeln), die aber nirgends explizit erklärt werden. Dennoch haben Menschen meist ein Gespür dafür, wenn sich jemand nicht regelkonform verhält, und sanktionieren dieses Verhalten, z. B. indem sie sich beschweren.

Im Allgemeinen bieten kodifizierte Regeln eine klare Struktur und explizite Durchsetzbarkeit, während informelle Regeln mehr Flexibilität und Anpassungsfähigkeit bieten. Sie können jedoch als „ungeschriebene Gesetze" in bestimmten gesellschaftlichen Kontexten sehr wirkmächtig sein. Dies betrifft sowohl kleinere Gemeinschaften mit eigenen Normen, Regeln und Sanktionsmechanismen (z. B. die Sanktionierung abweichenden Ernährungsverhaltens bei veganen bzw. karnivoren Gemeinschaften) als auch größere kulturelle Gruppen (z. B. die Sanktionierung unpünktlichen Verhaltens in verschiedenen Industriebranchen).

In allen Fällen müssen die beteiligten Akteur:innen die Regeln kennen und verstehen, damit sie diese befolgen können. Meist ergänzen sich beide Formen. So lesen Nutzer:innen meist nicht die kodifizierten Nutzerbedingungen bzw. verstehen meist nicht die juristischen Formulierungen solcher Texte. Jedoch haben sie aufgrund von Sozialisation und praktischen Erfahrungen ein gutes Verständnis der informellen Regeln, die meist wesentliche Bestandteile kodifizierter Regeln berücksichtigen.

Gegenüber physikalischen Gesetzen unterliegen soziale Normen einem historischen Wandel, angetrieben durch gesellschaftliche Entwicklungen, aber auch technischen Fortschritt. Dies gilt auch für die Digitalisierung, die sowohl Motor für den Wandel von Regeln und Normen ist als auch neue Mechanismen bietet, sich normabweichend zu verhalten bzw. solches Verhalten zu sanktionieren. So könnte man argumentieren, das Mobiltelefon habe dazu geführt, dass man heute bei Verabredungen leichter zu spät kommen kann, solange man telefonisch Bescheid gibt; andererseits hat die Digitalisierung im Internet zu einer völlig neuen Dimension von Kommunikation und damit auch zu Möglichkeiten der Sanktionierung von Fehlverhalten von Unternehmen oder Einzelpersonen durch sogenannte „Shitstorms" geführt.

Digitale Disruption tradierter Normen Digitale Innovationen sind disruptiv nicht nur in dem Sinne, dass sie völlig neuartige Produkte und Dienstleistungen hervorbringen, sondern auch dadurch, dass sie tradierte Normen und Regeln infrage stellen. Hierbei ist ein Muster zu erkennen: In der Anfangsphase von technischen Neuheiten werden diese von der breiten Masse oft nicht wahrgenommen bzw. teilweise belustigt oder befremdet toleriert („Wildwest"- bzw. Aufbruchsphase). Von dem Zeitpunkt an, ab dem die Ausbreitung gesellschaftlich wirkmächtig wird, können Befürchtungen eines Norm- und Sittenverfalls auftreten („Maschinenstürmer"- bzw. Skepsisphase). Als Reaktion kommt es zu einer gesellschaftlichen Debatte und der Aushandlung/Anpassung von Gesetzen, Verordnungen und sozialen Normen („Einhegungs"- bzw. Regulierungsphase). Beispiele hierfür sind die oben beschriebene Geschichte der Musikdistribution über illegale Sharing-Plattformen hin zur Streamingdiensten, die Ausbreitung sozialer Netzwerke hin zur Etablierung sozialer Konventionen, Privates öffentlich zu machen, sowie die Entwicklung des Datenschutzes insgesamt (siehe oben, Kap. 1).

Aktuell kann man dies auch mit der Ausbreitung von generativen KI-Systemen erkennen, mit denen z. B. Bilder, Texte, oder Videos automatisiert auf der Basis von Nutzereingaben erstellt werden können. Hier ist zu vermuten, dass auch die Debatte um ChatGPT diese drei Phasen durchlaufen wird. Zugleich zeigt das Beispiel KI, dass das Phasenmodell weder aussagt, wie lang die einzelnen Phasen sein werden, noch welche Normen und Regeln infrage gestellt werden, oder welche neuen Regeln und Nutzungskonventionen sich ausbilden. Dies ist ein offener Aushandlungsprozess innerhalb eines Akteurnetzwerks und hinsichtlich seiner sozialen und gesellschaftlichen Auswirkungen keinesfalls vorgezeichnet.

Digitale Kontrolle des Konsumverhaltens Die Digitalisierung bietet auch ganz neue Überwachungsmöglichkeiten. So kann bei Internet- bzw. Cloud-basierten Diensten jeder Klick und jede Eingabe der Nutzenden digital erfasst werden (Zuboff 2018). Des Weiteren werden Konsumgüter, wie Autos, Waschmaschinen, Drucker, Lampen, Puppen etc., zunehmend smart. Das heißt, diese Smarten Produkte werden mit Sensorik ausgestattet, die Umweltbedingungen und Nutzerinteraktionen erfassen können. Ähnliches gilt für die Entwicklung in Richtung Smart Cities, bei der durch das Aufstellen von Kameras an öffentlichen Orten und vernetzte Sensorik nicht nur Umweltdaten, sondern auch Daten über das Nutzungsverhalten von Konsument:innen erfasst werden (z. B. ob sich Autofahrende an Geschwindigkeitsbeschränkungen und Parkverbote halten). Durch die Vernetzung der so erhobenen Daten können Nutzungsprofile erstellt und normabweichende Verhaltensweisen erkannt werden.

Die Datenerfassung und -auswertung kann anschließend dazu genutzt werden, Verstöße gegen die Nutzungsbedingungen im Vorfeld zu verhindern oder im Nachgang zu sanktionieren. Dies kann automatisiert werden. So kann z. B. ein Drucker den Betrieb nach einer bestimmten Anzahl von Druckvorgängen verweigern, eine Stadt das Abstellen von E-Scootern in bestimmten Zonen verbieten, oder Social-Media-Anbieter können bei Fehlverhalten Profile automatisch sperren. Dies kann auch indirekt geschehen, indem Kontrollen in Gebieten durchgeführt werden, in denen abweichendes Verhalten erkannt wurde.

Soziologische Normtheorien machen vor diesem Hintergrund darauf aufmerksam, dass Normen und Regeln das Ergebnis von Aushandlungsprozessen und Machtgefügen sind (Garfinkel 2020). Hierbei sind einzelne Verbraucher:innen nur mit geringer „strategischer" Macht ausgestattet, besitzen aber den „taktischen" Vorteil, Lücken in der Überwachung zu erkennen und für sich zu nutzen (De Certeau 1988). Ferner können sie versuchen, durch Herstellung kollektiver Macht und über Interessenvertretungen (wie Verbraucherzentralen, Chaos Computer Club u. Ä.) Einfluss auf die Ausgestaltung von Normen und Regeln auszuüben, und so die Regulierung digitaler Überwachungs-, Auswertungs- und Sanktionierungsmechanismen beeinflussen (Zuboff 2018).

2.3.2 Funktionalismus und Systemtheorien

Der erlebnispsychologische Gestaltungsansatz (vgl. Abschn. 2.2.2.1) erhebt den Anspruch, sich von Verwertungslogiken zu emanzipieren, um das Wohlbefinden des Menschen ins Zentrum zu stellen. Dieser Anspruch kann aber nicht auf der psychologischen Grundlage selbst theoretisiert werden. Vielmehr bedarf es einer Gesellschaftstheorie des Wirtschaftens und des Konsums, weil das individuelle Design nicht unabhängig von den gesellschaftlichen Verhältnissen betrachtet werden kann.

Dieser Frage haben sich in der Soziologie insbesondere systemische und funktionalistische Theorien gewidmet. Soziale Systeme sind dabei selbst organisierende Einheiten von Elementen (z. B. Individuen, Organisationen oder Institutionen), die durch Kommunikation und Interaktion miteinander verbunden sind. Gegenüber Stimulus-Response-Modellen (siehe Abschn. 2.2.2) geht die Systemtheorie davon aus, dass soziale Systeme zwar eine Umwelt besitzen, mit der sie strukturell gekoppelt sind, aber sie werden in ihrem Handeln nicht durch diese Umwelt festgelegt.

Jedes System hat seine eigene spezifische Umwelt und Struktur, seine eigenen spezifischen Operationen und seine eigene spezifische Kommunikation. Insbesondere besitzen Systeme eine gesellschaftliche Funktion, die sie erfüllen. So erfüllt das System *Wissenschaft* die Funktion, Wissen über die Welt zu generieren und zu systematisieren, das System *Recht* die Funktion, gesellschaftliche Regeln und Normen aufzustellen und durchzusetzen, das System *Politik* die Funktion, das Gemeinwohl zu fördern und gesellschaftliche Konflikte zu lösen.

Das Phänomen des Massenkonsums kann dabei als Teil des Systems *Wirtschaft* betrachtet werden. Das System Wirtschaft hat hier die Funktion, Güter zur Bedürfnisbefriedigung herzustellen, und der Konsum dient wiederum dazu, die für die Wirtschaft gebrauchten Arbeits- und Kaufkräfte herzustellen. Das System *Markt* hat dabei die Funktion, eine optimale Verteilung knapper Ressourcen herzustellen, bei der Wirtschaft und Konsum als Teilsysteme durch das Gesetz von Angebot und Nachfrage gekoppelt sind.

Jenseits dieser Funktion wohnen beiden Systemen Kräfte und Strukturen inne, die ihrer eigenen Reproduktion dienen. So folgt die Wirtschaft einer Wachstumslogik und zielt auf Kapitalakkumulation ab, bei der der Tauschwert und nicht der Gebrauchswert von Waren im Vordergrund steht. Zwar kann sich die Wirtschaft nicht vollständig von der Befriedigung gesellschaftlicher Bedürfnisse abkoppeln, jedoch erfolgt die Herstellung von Gebrauchswerten nur vermittelt über die Kommunikation von Tauschwerten, sprich: über aktuelle und zukünftig erwartete Preise. Gelingt diese vermittelnde Kommunikation nicht, können gesellschaftliche Bedürfnisse nicht über das System Wirtschaft befriedigt werden.

Dieser Umstand wurde z. B. von der Frankfurter Schule in Bezug auf Kulturgüter untersucht (Adorno und Horkheimer 1997). Demnach gibt es zwar einen gesellschaftlichen Bedarf an Kultur, dieser kann jedoch nicht durch die sogenannte Kulturindustrie selbst hergestellt werden, da diese der Preislogik widersprechen würde bzw. der marktwirtschaftliche Erfolg nicht sichergestellt werden kann. Deshalb können von der Kulturindustrie nur standardisierte Unterhaltungsprodukte hergestellt werden, die in erster Linie am Geschmack der Massen ausgerichtet sind. Solche Massenkulturgüter werden jedoch aus dieser Sichtweise nicht als kulturell hochwertig im Sinne eines künstlerischen Anspruchs angesehen. Ein Beispiel ist etwa das Fernsehprogramm, bei dem in den großen Kanälen zur Hauptsendezeit vorwiegend standardisierte Unterhaltungsformate gesendet werden, die künstlerisch „hochwertigen" Filme jedoch erst spät abends und auf Nischensendern gezeigt werden.

Macbeth versus Ego-Shooter

Auf der Liste der beliebtesten Computerspiel-Genres in Deutschland standen 2006 zwei Fußballsimulationen, zwei Rennspiele, drei Simulationsspiele, ein Intelligenztrainer, ein Online-Rollenspiel und ein Strategiespiel (Lorber 2010).

Computer- und Videospiele stellen aus heutiger Sicht zweifelsohne kulturelle Produkte dar.[2] Jedoch war lange Zeit umstritten, welchen kulturellen Wert sie besitzen. Während historische Unterhaltungsliteratur wie Macbeth in den Schulen gelesen und als Kulturobjekt analysiert wurde, wurden Computerspiele in der Schule lange nur unter dem Schlagwort des Edutainments vor allem als Mittel zur Motivation von Schüler:innen benutzt.

Eine kulturwissenschaftliche Auseinandersetzung mit den Werken fand auch in der Öffentlichkeit lange Zeit kaum statt. Demgegenüber wurde der profane, teilweise negative Charakter dieser Produkte hervorgehoben. In Bezug auf sogenannte Killerspiele wird z. B. Prof. Dr. Pfeiffer mit den Worten zitiert: „Eine Gesellschaft ist krank, die solche Spiele auf den Markt lässt" (n-tv 2007).

Selbstkontrolle:

Diskutieren Sie, inwieweit es sich bei Computerspielen um ein „Kulturgut", d. h. um Produkte von hohem kulturellem Wert, handelt. Was sind herausragende Werke und warum? Diskutieren Sie vor dem Hintergrund auch die Frage, ob die Entwicklung von Computerspielen vom Kultusministerium oder vom Wirtschaftsministerium gefördert werden sollte. Welche Kriterien sollten bei einer Förderung angelegt werden?

Durch die Digitalisierung und die Globalisierung des Massenkonsums ist insbesondere eine neue Form des Hyperkonsums zu beobachten, bei der (a) digitale Güter in kürzester Zeit milliardenfach reproduziert werden und (b) jeder Konsumentin bzw. jedem Konsumenten dabei ihre bzw. seine je eigene Version zur Verfügung gestellt werden kann. So sorgen beispielsweise die Empfehlungsalgorithmen der großen sozialen Netzwerke dafür, dass jede:r Nutzer:in ein jeweils individuell zugeschnittenes Angebot gezeigt bekommt; diese Auswahl wird auf Basis von Nutzungsmetriken (bisher angesehene und als gut bewertete Angebote) automatisch zusammengestellt. Die Logik der Zusammenstellung zielt dabei einerseits darauf ab, individuelle Geschmackspräferenzen zu bedienen, soll aber auch vor allem das *User-Engagement* maximieren, um die größten Werbeeinnahmen erzielen zu können.

Ein aktuelles Beispiel stellt das Influencer:innen-Marketing dar, bei dem *parasoziale* Beziehungen ausgebeutet werden (d. h., die Grenzen zwischen Journalismus/Produkttest und Werbung/Meinungsäußerung verschwimmen aufgrund der sehr persönlichen und vertrauten Beziehung zwischen Influencer:in und Follower:in) oder die aktuell zu beobachtende sogenannte TikTokisierung der Unterhaltungsindustrie.

---

[2] Siehe https://www.kulturrat.de/themen/kulturgut-computerspiele/kulturgut-computerspiele/, Zugriff am 21.08.2023.

„TikTokisierung"

Aktuell ist zu beobachten, dass Unterhaltungsmedien an die Anforderungen der Plattform TikTok und deren Empfehlungsalgorithmen angepasst werden. So werden Medienformate so gestaltet, dass sie den schnellen Medienkonsumpraktiken der Plattform entsprechen.

Ferner wird die Gestaltung von Filmen oder Serien dahingehend optimiert, dass spezielle Szenen oder Sequenzen enthalten sind, die für TikTok-Nutzer:innen interessant und wiederverwendbar sind. Dazu gehören zum Beispiel spektakuläre Actionszenen oder emotionale Höhepunkte, die aus dem Kontext des Films herausgenommen und auf TikTok geteilt werden können.

Umgekehrt werden erfolgreiche TikTok-Formate in die Produktion von Unterhaltungsmedien integriert, um ein größeres Publikum zu erreichen.

Selbstkontrolle:

Diskutieren Sie die These, dass es durch die TikTokisierung zu einer Vereinfachung und Verflachung der künstlerischen Ausdrucksformen kommt, bei der die Komplexität und Tiefe von Filmen oder Serien verloren gehen und nur noch kurzweilige Unterhaltung produziert wird.

Die Systemtheorie erweist sich noch bei der Betrachtung eines anderen Phänomens als nützlich. Die Frühphase des Massenkonsums zeichnete sich durch einen Mangel an Waren und Dienstleistungen aus. In dieser Phase diente der Konsum als Mittel zur Befriedigung von Grundbedürfnissen wie Nahrung, Kleidung und Wohnen (vgl. oben). Demgegenüber zeichnet sich die Spätphase des Massenkonsums durch ein Überangebot an Waren und Dienstleistungen aus. Hierdurch verlagert sich die Befriedigung von Grundbedürfnissen hin zur Adressierung hedonischer Bedürfnisse, wie Stimulation, Identität, und Popularität (vgl. Abschn. 2.2.2).

Zugleich droht aber auch eine Marktsättigung, indem die Bedürfnisse des Teilsystems Konsum übererfüllt werden. Damit wäre eine wichtige gesellschaftliche Funktion des Systems zwar erfüllt, jedoch neigen soziale Systeme zur Selbsterhaltung. Aus Sicht des Systems Wirtschaft stellt die Marktsättigung eine Funktionsstörung des gekoppelten Systems Konsum dar. Um diese „Störung" anzugehen, findet man verschiedene Reaktionen des Systems Wirtschaft, wie geplante Obsoleszenz, Bedürfniserweckung und Bedürfnisentwicklung, die im Folgenden ausgeführt werden sollen.

Geplante Obsoleszenz Unter geplanter Obsoleszenz bzw. eingebauter Alterung versteht man die Strategie von Unternehmen, Produkte so zu entwerfen, dass sie nach einer bestimmten Zeit kaputtgehen oder nicht mehr funktionsfähig sind. Ziel ist es, den Verbraucher:innen einen Anreiz zu geben, das alte Produkt durch ein neues zu ersetzen und somit eine Marktsättigung zu verhindern. Geplante Obsoleszenz kann sowohl pragmatische als auch hedonische Produktqualitäten umfassen. Das bekannteste Beispiel *pragmatischer*

Obsoleszenz ist die Verkürzung der Lebensdauer von Glühlampen (Krajewski 2014). Bei digitalen Gütern kann pragmatische Obsoleszenz beispielsweise durch das Einstellen von Funktions- und Sicherheitsupdates erfolgen. Ein prominentes Beispiel für *hedonische Obsoleszenz* (auch *psychologische bzw. Style-Obsoleszenz* genannt) stellt Fast-Fashion dar, bei der Kleidungstücke nach kurzem Tragen das hedonische Bedürfnis nach Stimulation und Anerkennung nicht mehr erfüllen (Collett et al. 2013). Es erscheint unbrauchbar, weil es nicht mehr im Trend ist (Philip 2020). Bei digitalen Gütern ist die hedonische Obsoleszenz bisher nur wenig untersucht worden.

Bedürfnisweckung Bedürfnisse können beispielsweise durch Marketingstrategien (Cialdini 2010) gezielt geweckt werden. So können Online-Marketplace-Betreibende durch die Darstellung einer begrenzten Verfügbarkeit von Produkten oder Dienstleistungen einen Anreiz schaffen, diese sofort zu kaufen, bevor es zu spät ist. Beispiele dafür wären z. B. Labels wie „nur noch wenige Artikel verfügbar" oder „Gerade schauen sich 25 weitere User diesen Artikel an". Durch solche Angaben kann eine kurzfristige Absatzbelebung erzeugt werden. Um eine Marktsättigung längerfristig zu vermeiden, müssen jedoch Bedürfnisse immer wieder aufs Neue geweckt werden.

Bedürfnisentwicklung Während die neoklassische Wirtschaftstheorie von festen Präferenzen und Bedürfnissen ausgeht, zeigen entwicklungspsychologische sowie auch kulturhistorische Studien, dass Bedürfnisse keinesfalls statisch sind, sondern sich im Laufe der Zeit verändern (Rinkinen et al. 2020). Dabei spielen beispielsweise soziale Erwartungen eine Rolle: Während es für Studierende sozial angemessen erscheint, in einem kleinen WG-Zimmer zu wohnen, würde die gleiche Unterkunft für eine Führungsperson als ungewöhnlich sparsam gelten. Zudem führen andere Lebensveränderungen, wie Familiengründung oder altersbedingte Krankheiten, zu neuen Bedürfnissen. Dieser Umstand hilft dabei, eine Marktsättigung zu vermeiden, und wird auch als *funktionelle Obsoleszenz* bezeichnet (Krajewski 2014). Der technische Fortschritt stellt dabei einen Motor für die Bedürfnisentwicklung dar. So wurde z. B. der Bedarf an Smartphones auch durch den technischen Fortschritt im Bereich mobiler Datenübertragung gefördert; das Bedürfnis, während des Reisens zu arbeiten, wird durch den Fortschritt im Bereich autonomen Fahrens gefördert etc.

Aus systemtheoretischer Sicht ist dabei gar nicht entscheidend, ob die einzelnen Ingenieur:innen, Designer:innen oder Manager:innen die Laufzeit eines Produkts bewusst verkürzen, Bedürfnisse durch Nudging wecken oder neue Bedürfnisse durch technologische Innovationen entwickeln. Vielmehr ist es aus dieser Sichtweise eine dem System *Wirtschaft* innewohnende Kraft, der Lebensdauer von Produkten keinen Wert zuzuweisen, wenn darüber kein entsprechender Preis realisiert werden kann. Deshalb wird das System nicht dazu tendieren, Produkte herzustellen, die eine lange pragmatische oder hedonische Qualität ausweisen, sondern sich auf jene fokussieren, die einen kurzfristigen Erfolg versprechen.

Hinsichtlich der oben aufgeworfenen Frage, inwieweit der psychologische Gestaltungsansatz zum Wohlbefinden der Menschen beiträgt, ist deshalb die Antwort aus systemtheoretischer Sicht dreigeteilt: Bereiche, in denen zum Gebrauchswert auch ein äquivalenter Tauschwert existiert, werden wahrscheinlich entsprechend hochwertige Güter produzieren, z. B. in der Ermöglichung neuer Kompetenzerfahrungen. Hassenzahl und Klapperich (2014) beschreiben das Beispiel der Kaffeevollautomaten, bei denen es während einer Blindverkostung keinen Geschmacksunterschied geben mag. Ist der:die Nutzer:in jedoch in dem Wissen, dass er:sie den Kaffee selber hergestellt hat, schmeckt der selbst aufgebrühte Kaffee anders, weil mit diesem auch die selbst erlebte Kompetenzerfahrung einhergeht.

In anderen Bereichen werden Produkte ohne tragfähiges Geschäftsmodell wohl eher ein Nischendasein fristen, wie z. B. persuasive Nachhaltigkeitsapps, die zwar viel beforscht wurden, aber deren kommerzieller Erfolg trotzdem ausbleibt. So besteht die Gefahr, dass Erkenntnisse zum hedonischen Design ausgenutzt werden, um psychologische und funktionale Obsoleszenz zu fördern sowie kurzfristige Bedürfnisse zu wecken, die langfristig nicht zum Wohlbefinden der Menschheit beitragen (siehe auch Abschn. 2.3.4). Ferner kritisiert Debord (1996) in diesem Kontext den sogenannten *Warenfetischismus*. Dieser beschreibt das Phänomen, dass Kund:innen psychologische und soziale Bedürfnisse durch den Kauf und Konsum von (immer neuen) Waren befriedigen wollen. Ein Beispiel dafür ist Style und Fashion als Mittel der psychologischen Obsoleszenz, bei der Anbieter:innen gezielt den Eindruck erwecken möchten, dass der materielle Besitz z. B. eines neuen Kleidungsstücks oder eines neuen Sportwagens bei dem:der Käufer:in zu Glück, Erfüllung und sozialer Anerkennung führt, obwohl dies keine Eigenschaften des Konsumguts an sich darstellen.

Die systemtheoretische Betrachtungsweise wurde aber auch vielfach dahingehend kritisiert, dass sie den Konsum nicht in seiner Eigenständigkeit betrachtet, sondern nur als Teilsystem der Wirtschaft versteht. So haben insbesondere die *ethnografisch* arbeitenden Cultural Studies (Hepp et al. 2009) gezeigt, dass der Konsum eigene Strukturen, Normen und Praktiken hervorgebracht hat, die sich weder durch ökonomische noch durch psychologische Gesetze und Theorien erklären lassen. Demnach sollte die Sphäre des Konsums nicht als reines Teilsystem der Wirtschaft gesehen werden, sondern stellt im Sinne Luhmanns ein eigenständiges System dar, das allerdings mit dem System Wirtschaft strukturell gekoppelt ist.

2.3.3 Consumer Cultures

Allgemein wird in den Kulturwissenschaften die Rolle von Kultur für menschliches Verhalten untersucht, die auch im Konsum ihren Niederschlag findet. Kultur stellt dabei keinen rein externen Faktor dar, sondern wird wiederum auch durch das Verhalten der Menschen geprägt und reproduziert. Zudem ist Kultur nicht monolithisch verfasst, sondern Menschen sind in der Regel Teil von verschiedenen kulturellen Gruppen, die je nach Kontext bedeutsam werden können (Boden et al. 2009). So stellt das Mittagessen nicht nur ein Mittel zur Nahrungsbefriedigung (Maslow) dar, sondern ist auch eine soziale Aktivität, die durchzogen ist von Normen, zeitlichen Strukturen und Bedeutungssystemen (Hirschfelder et al. 2015). Durch den Vergleich der sehr unterschiedlichen Mahlzeitenpraktiken in verschiedenen Kulturen und Kontexten, lassen die sich darin manifestierenden kulturellen Bedeutungen sichtbar machen, analytisch untersuchen und interpretieren.

Während in den klassischen Geisteswissenschaften, wie der Germanistik, lange ein Fokus auf die Hochkultur vorherrschte, geht man in den heutigen Kulturwissenschaften in der Regel von einem breiteren Kulturbegriff aus. So betont Williams (2001) z. B., dass unter *Kultur* die *Gesamtheit einer Lebensweise* zu verstehen ist. Hierdurch unterstreicht er, dass die Kultur einer Gesellschaft nicht auf ihre künstlerischen oder intellektuellen Werke reduziert werden kann, sondern auch aus ihren alltäglichen Lebensweisen, Gewohnheiten, Traditionen, Bräuchen und sozialen Beziehungen besteht. Diese Perspektive betont das Profane, Populäre und Alltägliche als kulturelle Phänomene, die nicht isoliert von ihren sozialen, politischen und historischen Umgebungen betrachtet werden können.

In dieser Betonung des Alltäglichen wird Kultur als etwas betrachtet, das durch das tägliche Leben, die Arbeit, die Familienbeziehungen, die Freizeitaktivitäten und andere soziale und kulturelle Praktiken einer Gesellschaft geformt wird. Kultur als Gesamtheit einer Lebensweise betrachtet auch die Werte, Normen und Überzeugungen, die in einer Gesellschaft geteilt werden, sowie die Art und Weise, wie diese in den Alltag der Menschen integriert sind und wie sie sich unter dem Einfluss von geschichtlichen und technischen Entwicklungen verändern (Kaschuba 1999).

Jede Kultur hat dabei ihre eigene Sprache, ihre eigenen Bedeutungssysteme und Wissensordnungen, die das Denken und Handeln der Menschen prägen. Dies gilt nicht nur im engeren Sinne für die gesprochene Sprache, sondern auch für Artefakte, Handlungen und Gesten. Diese sind mit Bedeutungen versehen, die von den Angehörigen der Kultur wie ein Text gelesen und interpretiert werden können bzw. müssen. Kultur als Text kann dabei auch verschiedene Ebenen umfassen, wie zum Beispiel politische, soziale, wirtschaftliche und ästhetische Aspekte.

Aus kulturwissenschaftlicher Sicht wird daher nicht nur die materielle Form von Waren angeschaut, sondern auch deren Bedeutung, die von den Produzent:innen von Gütern bewusst mitgestaltet wird. Dabei greift man auf die Zeichen- und Bedeutungssysteme der jeweiligen Kultur zurück, bildet aber auch eigene Codes aus oder reformuliert bestehende Codes. Bei der Produktgestaltung gilt es deshalb analog zu den materiellen Eigenschaften auch semiotische Eigenschaften des Produkts und der Marke zu berücksichtigen. Ein Beispiel stellt der Marketingslogan *Geiz ist geil* dar, der 2003 von einer deutschen Elektronikhandelskette benutzt wurde. Dieser greift semantisch den Topos der rationalen Verbraucher:in auf, aber gibt ihm:ihr eine eigene Konnotation, indem er mit zwei christlichen Sünden „Geiz" und „Geilheit" beschrieben wird. Hierdurch wird Sparen zum lustvollen, sündigen Erlebnis stilisiert, und der Slogan wurde schnell zu einer populären und prägnanten Redewendung im Alltag.

Auch wenn man mit Bedeutungen spielen und diese bis hin zu gewissen Grenzen beeinflussen kann, lassen sich kulturelle Bedeutungen nicht beliebig formen, da diese in der
jeweiligen Kultur verankert sind. Dabei unterliegen Bedeutungen auch einem kulturellen
Wandel, der auch von technischen Entwicklungen geprägt ist. Während in der Frühzeit der
Informatik „künstliche Intelligenz" noch eine abstrakte Idee war, ist sie heute im Alltag
der Verbraucher:innen angekommen. Als abstrakte Idee war die Bedeutung der künstlichen Intelligenz von der Vorstellung einer kalt abwägenden und emotionslosen Maschine
geprägt, die in weiten Teilen dem Ideal der rationalen Entscheider:in gleicht. Dieses Bedeutungssystem hat nicht nur zahlreiche Science-Ficton-Filme inspiriert (vgl. z. B. die
Figur des Data in Star Trek: The Next Generation), sondern auch Forschungsprogramme
(zur symbolischen KI) und gängige KI-Vorstellungen der Bevölkerung geprägt.

Durch den Einzug der KI in den Alltag findet auch ein Bedeutungswandel statt, bei der
KI nicht allein auf eine übermenschliche Entität verweist, sondern auch so etwas Alltägliches wie die Steuerung eines Airbags bedeuten kann (Alizadeh et al. 2021). Durch die
Verschiebung des Bedeutungssystems ändern sich auch Normen und Wertmaßstäbe, nach
denen KI beurteilt wird: Anstelle der Frage danach, ob KI denken kann, liegt zunehmend
der Fokus auf der Frage, wo KI nützlich sein kann oder bereits ist.

Der Wandel der Bedeutung von KI

Turing-Test: Eine KI gilt dann als intelligent, wenn sie das Verhalten eines Menschen simulieren kann. Für den Test stellt ein:e menschliche:r Prüfer:in über eine
Tastatur Fragen an jemand anderen. Anhand der Antworten soll er:sie entscheiden,
ob es sich bei dem Gesprächsgegenüber um eine Maschine oder einen Menschen
handelt.

Garfinkel-Test: Eine KI gilt dann als intelligent, wenn sie als ein kompetentes
Mitglied einer sozialen Praktik anerkannt wird. Hierzu nimmt die KI an einer sozialen Praktik, wie das Übersetzen eines Textes, das Schreiben eines Computer-
programms, das Navigieren in einer fremden Stadt etc., teil. Die menschlichen Ak-
teur:innen greifen hierzu auf die Kompetenzen des Systems zurück. In ihrem Handeln zeigen sie dabei an, ob sie die KI als kompetentes Mitglied der sozialen Praxis
akzeptieren. Als kompetentes Mitglied wird der KI die Fähigkeit zugeschrieben, die
grundlegenden Konzepte, Prinzipien und Regeln zu kennen, die innerhalb dieser
Praxis gelten. Zudem wird ihr zugeschrieben, dass sie über das notwendige Wissen,
die Fähigkeiten und die Erfahrungen verfügt, um erfolgreich in der sozialen Praktik
zu agieren.

Selbstkontrolle:

Vergleichen Sie den Turing-Test und den Garfinkel-Test. Welche unterschiedlichen Bedeutungen von Kompetenz, Intelligenz und KI kommen hierbei zum Ausdruck? Welchen Test würden Sie als Nutzer:in heutiger KI-Systeme vorziehen
und warum?

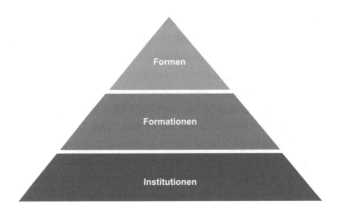

Abb. 2.5 Ebenen von Bedeutungssystemen

Bei Bedeutungssystemen von Produkten und Dienstleistungen kann man zwischen Formen, Formationen und Institutionen unterscheiden (vgl. Abb. 2.5). Die Formen beziehen sich auf die ästhetischen und stilistischen Merkmale von Kulturobjekten. Sie helfen, kulturelle Bedeutungen und Werte auszudrücken und zu vermitteln. Diese Formen sollten jedoch nicht isoliert betrachtet werden, sie stehen vielmehr in Bezug zu sozialen und historischen Bedingungen, die sie hervorbringen. Sie bauen auf Formationen auf, die sich auf die sozialen und kulturellen Zusammenhänge beziehen, in denen Kulturobjekte produziert und genutzt werden. Dabei können Formationen sehr unterschiedlich sein, von informellen Gruppen und Netzwerken bis hin zu formalen Organisationen wie Parteien oder Gewerkschaften. Diese sind wiederum in Institutionen verankert, durch die Formen, Praktiken und Beziehungen in einer Gesellschaft stabilisiert und organisiert werden. Formen, Formationen und Institutionen sind somit eng miteinander verknüpft und können nicht isoliert betrachtet werden. Sie sind Teil eines komplexen kulturellen Gefüges, das in bestimmten sozialen und historischen Bedingungen entsteht und sich ständig verändert.

In diesem Zusammenhang lässt sich der Begriff der *Consumer Cultures* als die von den Verbraucher:innen geschaffenen Bedeutungssysteme verstehen, die durch Konsumgüter und die Art und Weise ihrer Verwendung ihren Ausdruck finden. Consumer Cultures sind dabei meist auf der Ebene der Formationen verortet, stehen aber in einem dynamischen Verhältnis zu den anderen Ebenen. So werden z. B. soziale Medien von den Nutzenden aktiv gestaltet und geformt, aber auch von gesellschaftlichen Institutionen und Regulierungen beeinflusst (siehe Tab. 2.4).

Eine wichtige Eigenschaft von Gegenständen als Kulturobjekte ist, dass sie *polysem* sind. In der Literaturwissenschaft bezeichnet *polysem* die Fähigkeit eines Wortes, eines Ausdrucks oder eines Symbols, mehrere Bedeutungen zu haben. In den Kulturwissenschaften ist mit polysemischen Kulturobjekten gemeint, dass Gegenstände aufgrund ihrer Vielschichtigkeit nicht nur auf eine einheitliche und festgelegte Bedeutung interpretiert werden können, sondern für verschiedene Deutungen und Bedeutungen offen sind. So können Waren für verschiedene Menschen in unterschiedlichen Kontexten und mit kultu-

Tab. 2.4 Die Ebenen von Formen, Formationen und Institutionen bei sozialen Medien

Ebene	Beschreibung
Formen	Soziale Medien sind in vielfältiger Weise von Formen, wie Texten, Bildern, Audio- und Videodateien bis hin zu interaktiven Funktionen wie Likes und Kommentaren geprägt. Sie bilden den sichtbaren Teil der Konsumkulturen, die man als Nutzer:in verstehen und entziffern kann. Nutzer:innen verstehen es z. B., welche Emojis angemessen sind, welche Fotos man veröffentlichen bzw. teilen kann und wie diese von anderen gelesen werden.
Formationen	In sozialen Medien organisieren sich Menschen in verschiedenen Formationen, die von Gruppen und Communities bis hin zu Netzwerken und Bewegungen reichen. Diese Formationen können spontan entstehen oder gezielt von Nutzer:innen initiiert werden, um gemeinsame Interessen oder Ziele zu verfolgen. Jede dieser Formationen bildet dabei ein eigenes Bedeutungssystem aus, das von den Mitgliedern verstanden und genutzt wird.
Institutionen	Soziale Medien haben sich selbst zu wichtigen Institutionen entwickelt, die eine große gesellschaftliche Bedeutung haben. Unternehmen wie Meta, Twitter oder Bytedance haben eine enorme Reichweite und Macht. Gleichzeitig unterliegen sie jedoch auch bestimmten Regulierungen und Gesetzen, die ihre Rolle in der Gesellschaft beeinflussen. Durch Plattformgestaltung, Nutzungsregeln und Algorithmen nehmen sie Einfluss auf die Bildung von Formationen und die Nutzung von Formen (z. B. welche Emojis verfügbar sind), können dabei aber die Bedeutungssysteme ihrer Nutzer:innen nicht vollständig bestimmen und kontrollieren. Durch die Aneignung von Codes, Nutzung von Ironie und Gestaltung eigener Räume gewinnen Nutzer:innen Deutungshoheit zurück.

rellen Hintergründen unterschiedliche Bedeutungen haben und auf verschiedene Art und Weise verbraucht, genutzt bzw. rezipiert werden.

Diese Polysemie führt dazu, dass Kulturobjekte zu wichtigen Gegenständen für kulturelle Aushandlungsprozesse werden können. Durch die Vielschichtigkeit der Bedeutungen können unterschiedliche Gruppen ihre eigenen Interpretationen einbringen und somit auch in einen Diskurs über die Bedeutung und Relevanz des Kulturobjekts eintreten.

2.3.4 Positionale Güter und symbolischer Konsum

Aus soziologischer Sicht ergeben sich zwei weitere Aspekte zum Verständnis der heutigen Konsumgesellschaft.

Zum einen zeigt die Konsumsoziologie, dass Güter und Konsum nicht nur der individuellen Bedürfnisbefriedigung dienen, sondern auch einen sozialen Zweck besitzen. Durch Konsum zeigen Menschen gewollt oder ungewollt an, welcher Rolle oder sozialer Gruppe sie angehören (z. B. Arbeiter:in vs. Angestellte:r, Fan des Clubs A bzw. B etc.). Das heißt, dass Konsumgüter selbst, aber insbesondere auch deren Konsum den funktionalen Zweck in der Gesellschaft erfüllen, soziale Rollen anzuzeigen und zu stabilisieren.

Damit zusammenhängend kann zwischen monadischen und relationalen Bedürfnissen unterschieden werden. Der aus der Philosophie entlehnte Begriff *monadisch* betont, dass etwas unabhängig von etwas anderem existiert. So existiert der Hunger einer Person unabhängig davon, ob jemand anderes auf der Welt auch an Hunger leidet oder nicht. Demgegenüber zeichnen sich relationale Bedürfnisse dadurch aus, dass sie nur relational zu anderen definiert werden können. Insbesondere die sozialen Bedürfnisse bei Maslow (vgl. oben, Abb. 2.4) sind relational, aber auch das Bedürfnis nach Anerkennung ist relational, da es nicht unabhängig von den Personen definiert werden kann, von denen man sich Anerkennung wünscht.

Manchmal sind relationale Bedürfnisse nicht unmittelbar erkennbar. So scheint der Wunsch nach einem ausreichenden Einkommen auf den ersten Blick monadisch zu sein. Da jedoch Geld keinen absoluten Wert hat, sondern ein soziales Gut darstellt, dessen Wert sich im Tausch zeigt und sich über die verfügbare Geldmenge bestimmt, handelt es sich um ein relationales Bedürfnis. Dies gilt insbesondere dann, wenn jemand den Wunsch hegt, überdurchschnittlich viel zu verdienen. Layard (2011) hat diesen Umstand wie folgt beschrieben:

> „Auch bei der Arbeit vergleiche ich mein Einkommen mit dem meiner Kolleg:innen, soweit ich davon höre. Wenn sie eine Gehaltserhöhung bekommen, die über die Inflation hinausgeht, und ich nur eine, die gerade die Inflation ausgleicht, werde ich wütend. Diese offensichtliche psychologische Einsicht scheint unbekannt in der gängigen Wirtschaftswissenschaft zu sein, die annimmt, dass die Dinge besser würden, wenn das Einkommen einer Person stiege und alle anderen gleichblieben, da niemand darunter leiden würde. Aber Mensch, habe ich gelitten". (Layard 2011, Übers. durch die Autor:innen)

In der Literatur wird in diesem Zusammenhang auch von positionellen Belangen („*positional concerns*") bzw. von positionellen Gütern („*positional goods*") gesprochen. Ein positionelles Gut kann dabei als ein Gut definiert werden, dessen Nutzen für ein Individuum vom Verhalten anderer abhängt (Schneider 2007). Das heißt, positionelle Güter sind Güter, deren Wert oder Nutzen für eine Person stark von ihrer relativen Position oder ihrem Vergleich mit anderen Personen abhängt anstatt von absoluten Eigenschaften oder Mengen. Beispiele für positionelle Güter sind Luxusgüter wie teure Autos, Designerkleidung, exklusive Wohnungen oder Mitgliedschaften in exklusiven Clubs. Der primäre Wert eines Luxusautos ist, dass es als Statussymbol dient. Der Wert eines Autos wird hierbei nicht über seinen Gebrauchswert definiert, schnell und bequem von A nach B zu gelangen, sondern darüber, welche *Position* in der Gesellschaft man über das Auto als Besitzer einnimmt. Thorstein Veblen (1899) spricht hierbei auch von demonstrativem Konsum (engl. „*conspicuous consumption*"). Dies beschreibt das Verhalten einer damals neuen sozialen Klasse, die er als Freizeitklasse (engl. „*leisure class*") bezeichnet. Die Zunahme von Freizeitaktivitäten wurde zum einen durch einen Überfluss der Produktion gekennzeichnet, zum anderen diente dies der Oberschicht als wichtiges Distinktionsmittel, um sich von der Arbeiterklasse abzuheben.

Positionale Güter lassen sind mit neoklassischen Ansätzen (vgl. Abschn. 2.2.1) nicht ausreichend erklären. Die neoklassische Wirtschaftstheorie nimmt stillschweigend an, dass die Nutzungsmaximierung des Individuums unabhängig vom Verhalten anderer ist.

Neoklassische Preistheorien gehen z. B. davon aus, dass die Nachfrage durch Preissenkung steigt. Bei Luxusgütern (auch sogenannten Veblen-Gütern) kann man jedoch teilweise den umgekehrten Effekt beobachten. So verliert die wohlhabende Käuferschicht das Interesse an Luxusgütern, wenn sie von der Mittel- und Unterschicht erworben werden können, da sie damit ihre Statusfunktion verlieren.

In neoklassischen Ansätzen wird ferner davon ausgegangen, dass die Nützlichkeitsfunktion statisch und monadisch ist. Ähnliches gilt auch für die in Abschn. 2.2.2 dargestellten psychologischen Bedürfnistheorien, die zwar soziale Bedürfnisse anerkennen, aber deren Befriedigung auf individueller Ebene ansiedeln. Diese Ansätze basieren weitgehend auf einer „Robinson-Crusoe-Vorstellung", die als Grundlage für einen Großteil der neoklassischen Mikroökonomie dient. In einer solchen Ökonomie können Positionsgüter nicht berücksichtigt werden (Schneider 2007), da die Verbraucher:innen quasi als isoliert voneinander denkende und handelnde Subjekte angesehen werden.

Aus Sicht der Theorie positioneller Güter wird jedoch die Annahme einer statischen, monadischen Nützlichkeitsfunktion fallen gelassen. Sie stellt hier allenfalls eine Annäherung an die Realität dar, die nur innerhalb eines engen zeitlichen und sozialen Kontextes gültig ist. So sind in der konkreten Situation relationale Bedürfnisse weitgehend stabil. Man wünscht sich eine etwas größere Wohnung oder ein schöneres Auto. In größeren zeitlichen und kulturellen Kontexten sind relationale Bedürfnisse jedoch nicht stabil, sondern es verschieben sich die Maßstäbe, was angemessen groß, angemessen schön oder angemessen teuer ist. So war der durchschnittliche Lebensstandard bspw. in den 1960er-Jahren noch sehr viel bescheidener, was die Größe von Wohnraum, die Anzahl der Autos und die Ausstattung mit Freizeitgütern betrifft, als es heute der Fall ist.

Eine besondere Rolle spielt hierbei das relationale Bedürfnis, sich vom Durchschnitt abzuheben – sei es, um das Bedürfnis nach Sicherheit und Autonomie durch überdurchschnittlich viel Macht, oder das Bedürfnis nach Popularität und Bedeutsamkeit durch überdurchschnittlich viel Anerkennung, Reichtum und Erfolg zu stillen. Dieses Bedürfnis des Überdurchschnittlichen stellt einen unstillbaren Wachstumsmotor dar, bei dem jede:r Einzelne durch sein:ihr Streben dazu beiträgt, die Maßstäbe nach oben zu schrauben: *Was gestern noch eine überdurchschnittliche Leistung war, ist morgen nur noch Durchschnitt.* Um sich abzuheben, muss jede:r Einzelne daher immer größere (Konsum-)Leistungen vollbringen.

Dieser gesellschaftliche Wachstumsmotor stellt daher auf individueller Ebene zugleich ein Hamsterrad dar. Dies wird auch positionelles Wettrüsten (engl. „positional arms races") genannt, bei dem jede:r Einzelne seinen:ihren Konsum oder seine:ihre Ausgaben kontinuierlich steigern muss, um andere auszustechen und seine:ihre relative Position in der Gesellschaft zu erhalten oder zu verbessern (Frank 2013). Diese dem Rüstungswettlauf ähnliche Dynamik hat auf individueller Ebene zur Folge, dass ein Mehr an Reichtum kaum noch zu einem Mehr an Glück führt. Kolmar (2017) spricht in diesem Zusammenhang von *Positionsexternalitäten* bzw. dem *Happiness-Paradox.* Die individuellen Anstrengungen führen auf kollektiver Ebene zu einer Verschiebung der Maßstäbe, so dass eine individuelle positionelle Verbesserung nur kurzfristig erfolgreich ist: Im Durchschnitt ist man nur durchschnittlich erfolgreich.

Berücksichtigt man die Grenzen des Wachstums, hat die rüstungswettlaufähnliche Dynamik auch für die Gesellschaft als Ganzes negative Folgen. So werden Anstrengungen auf individueller Ebene, nachhaltig einzukaufen oder Energie zu sparen, dadurch zunichte gemacht, dass sie die Einzelnen unter erheblichen Druck setzen, sich den gesellschaftlichen Erwartungen anzupassen, die Welt gesehen haben zu müssen, eine vorzeigbare Wohnung zu besitzen, die neusten Produkte zu besitzen etc. So hat auch der nachhaltige Konsum wiederum demonstrative Funktionen, was zwar zu einem Motivationsfaktor werden kann, jedoch umgekehrt den Nachteil hat, dass es sich nicht jede:r leisten kann, im Biomarkt einzukaufen oder den teureren Ökostromanbieter zu wählen. Zudem lassen sich durch den Wunsch nach positioneller Verbesserung auch immer wieder Rebound-Effekte beobachten, so dass Effizienzgewinne in Mehrnutzung bzw. andere Konsumbereiche fließen.

Digitalisierung als Motor für den demonstrativen Konsum
Seit der Einführung im Jahr 2010 wird Instagram von Nutzer:innen benutzt, um Fotos mit Bildunterschriften zu posten. Unter der Generation der Millennials wurde sie schnell zu einer der weltweit beliebtesten Social-Media-Plattformen mit mehr als einer Milliarde Nutzer:innen. Instagram wird häufig dazu benutzt, demonstrativen Konsum visuell zu dokumentieren, der häufig mit Mode, Autos, Essen, Urlaub und Landschaften in Verbindung gebracht wird. Die geposteten Bilder sind meist gut einstudierte, inszenierte und manipulierte „Selfies". Die wahrgenommene „Instagrammability" eines Reiseziels wird dabei zu einem der wichtigsten Faktoren bei der Urlaubsplanung von Millennials.

Cohen et al. (2022) untersuchten hierbei einen Trend, der unter dem Hashtag #RKOI (Rich Kids of Instagram) in den sozialen Medien zu finden ist, unter dem Nutzer:innen einen luxuriösen Lebensstil demonstrieren. Dabei analysierten sie neben den Bildern auch die Bildunterschriften der Posts, die z. B. lauteten: „*Tough decisions this weekend #rollsroyce #phantom #bentley #gtc #porsche #whichdowetake?*"

In ihrer Analyse zeigen Cohen et al. (2022), dass Reichtum nicht allein monetär ausgedrückt wird, sondern ein Bedeutungssystem darstellt, das von der Gemeinschaft verstanden und anerkannt werden muss.

Selbstkontrolle:

- Diskutieren Sie die Rolle von Sozialen Medien, solche Bedeutungssysteme zu prägen und zu verbreiten.
- Überlegen Sie sich, wie Reichtum in einer Post-Wachstumsgesellschaft aussehen könnte. Wie ließe sich dieser Begriff von Reichtum durch demonstrativen Konsum in sozialen Medien anzeigen?

Bei der Digitalisierung von Konsumgütern lassen sich zwei gegenläufige Effekte von positionalen Gütern erkennen. Bei digitalen Gütern gehen die Grenzkosten gegen null, zugleich profitieren sie besonders stark von Netzwerkeffekten. Deshalb neigen digitale Märkte zu Monopolbildung (siehe Kap. 3), wo digitale Produkte wie Amazon, Facebook, TikTok, YouTube, Netflix, Spotify von Milliarden Menschen genutzt werden. Diese können damit nicht als Statussymbol fungieren, mit der sich die Oberschicht durch demonstrativen Konsum von der Unterschicht abgrenzen kann. In dem Sinne führt die Digitalisierung zu einer Nivellierung positioneller Güter.

Gleichzeitig eignen sich soziale Medien besonders für den demonstrativen Konsum, und zwar nicht dadurch, dass man sie benutzt, sondern durch die Art und Weise der Nutzung. Das positionelle Bedürfnis nach Anerkennung, Einfluss und Erfolg drückt sich zum einen darin aus, wie man sich in den sozialen Medien präsentiert, zum anderen in der Anzahl der Follower:innen, die man besitzt. Hierbei kann es erneut zu einem positionellen Wettrüsten kommen, das dadurch angetrieben wird, dass man sich nicht mehr allein im lokalen, sondern im globalen Maßstab vergleicht. Hier führt die Digitalisierung zu einer weltweiten Vergleichbarkeit des jeweiligen Status und Lebensstils und somit zu einer steigenden Konkurrenzsituation des:der Einzelnen und erschwert dadurch die Befriedigung relationaler Bedürfnisse.

Distinktionsmechanismen und Habitus Damit Statussymbole funktionieren, müssen sie nicht nur teuer sein. Sie müssen als solche von den Beteiligten erkannt und anerkannt werden. Meist sind es jedoch die feinen Unterschiede, die darüber entscheiden, ob jemand als reich oder nur als möchte-gern-reich angesehen wird.

Aus soziologischer Sicht muss jemand nicht nur die Symbole kennen, die die Schichtzugehörigkeit anzeigen. Er:Sie muss sich auch kompetent zur Schau stellen können. In der Soziologie spricht man hier auch von Distinktionsmechanismen. Sie beziehen sich auf die sozialen Prozesse und Praktiken, die von Individuen oder Gruppen angewendet werden, um sich von anderen abzugrenzen und eine soziale Distinktion oder Unterscheidung herzustellen. Diese Mechanismen dienen dazu, den eigenen sozialen Status, die Zugehörigkeit zu einer bestimmten Gruppe oder Klasse und den eigenen Geschmack zu markieren.

Schon Mitte des 20. Jahrhunderts untersuchte Norbert Elias ausführlich Distinktionsmechanismen, ohne sie als solche zu benennen, indem er die Ergebnisse des historischen Zivilisationsprozesses beleuchtet (Elias 1939). Neben anderen Entwicklungen wird von ihm auch die Entstehung einer höfischen Etikette und von Konsumformen in Abgrenzung zum Bürgertum beschrieben, da dieses den sozialen Status des Adels zu bedrohen begann. Elementar ist für Elias außerdem der Wandel vom Fremdzwang zum Selbstzwang. Äußere Zwänge und innere Triebe verlieren durch gesteigerte Selbstkontrolle an Einfluss und werden von Subjekt sublimiert, sprich: in sozial akzeptierte oder kulturell als wertvoll angesehene Aktivitäten umgewandelt. Dies bedarf nicht nur einer hohen Selbstdisziplin, sondern auch der Kenntnis der sozial akzeptierten Normen (vgl. Abschnitt „Normen") und der vorherrschen Bedeutungssysteme (vgl. Abschnitt „Konsumkulturen"). Beide, Normen und Bedeutungen, werden als Distinktionsmechanismen angeeignet.

Die Aneignung der Distinktionsmechanismen ist meist kein bewusster Vorgang, sondern man wird in eine Kultur hineinsozialisiert. Hierdurch werden die Normen, Werte und Bedeutungen zur zweiten Natur, so dass man sie nach außen authentisch vertritt. Dies äußert sich insbesondere in Geschmacks- und Angemessenheitsurteilen, die sich individuellen Präferenzen, Vorlieben und Bewertungen von kulturellen Ausdrucksformen wie Kunst, Musik, Literatur, Mode oder sogar Lebensstil zeigen. Als Mitglied einer bestimmten Gruppe weiß man, wie man Austern mit der Austerngabel oder mit dem Austernmesser zu essen hat. Darüber hinaus weiß man, ob und wie eine Auster schmeckt. Das heißt, Geschmack ist nicht nur ein persönliches Erlebnis, sondern hat auch eine soziale Funktion. Über das kompetente Essen und Schmecken von Austern zeigt man seine Mitgliedschaft zu der sozialen Gruppe an.

Aus diesem Grund ist Distinktion nach Bourdieu (1993) nicht ohne den sozialen Begriff des Geschmacks (engl. „taste") denkbar. Damit Geschmack seine soziale Funktion erfüllen kann, muss es Güter geben, die soziale Bedeutung haben und entsprechend klassifiziert werden können: „*In order for there to be tastes, there have to be goods that are classified as being in 'good' or 'bad' taste […] Classified and thereby classifying, hierarchized and hierarchizing*" (Bourdieu 1993).

Diese unbewussten, gelebten Geschmacks- und Angemessenheitsurteile bilden den sogenannten Habitus als das durch die Mitglieder verkörperte kollektive Gedächtnis einer Gruppe, Schicht bzw. Kultur. Der Habitus bezieht sich auf die internalisierten, inkorporierten und strukturierten Praktiken, Vorstellungen und Dispositionen eines Individuums, in denen sich die sozialen Erfahrungen, Werte, Normen und Denkmuster seiner Umgebung widerspiegeln. Er entsteht durch die Aneignung und Internalisierung sozialer Strukturen, die im Laufe der Zeit in individuellen Handlungsschemata und -dispositionen verankert werden. Der Habitus prägt die Art und Weise, wie Individuen die Welt wahrnehmen, denken und handeln. Er beeinflusst ihre Vorlieben, ihre Entscheidungen und ihre sozialen Praktiken. Der Habitus ist somit Träger des symbolischen Konsums.

Jenseits von Knappheit gibt es kein Merkmal, das etwas zu einem Statussymbol macht. Prinzipiell kann alles Gegenstand eines Geschmacksurteils werden, was diesem Klassifikationsprinzip unterliegt. Die Einordnung der verschiedenen Güter geschieht durch „feine Unterschiede", die sich in den sozialen Schichten widerspiegeln und auch durch den Habitus über Generationen weitergegeben werden. Dieser ursprüngliche Habitus, in den eine Person sozialisiert wurde, kann nur mit Mühe wieder „abtrainiert" werden. Soziologische Untersuchungen zeigen dabei, dass soziale Ungleichheiten sich nicht nur auf das Einkommen beziehen. So müssen soziale Aufsteiger:innen sich nicht nur die „richtigen" Konsumgüter leisten können, sie müssen sich angemessenen Konsum aneignen und zur zweiten Natur machen.

Besonders Mode ist dabei eine Form des symbolischen Konsums, die von Distinktion und Geschmack durchdrungen ist. Erstmals setzte sich Simmel mit diesem Phänomen auseinander, später wurde es von Blumer aufgegriffen, indem er untersuchte, wie neue Trends als kollektive Aushandlung aufkommen. Für ihn sind Geschmacksvermittler oder sogenannte Trendsetter weniger einflussreich für den Geschmack der Konsument:innen als das gesamtgesellschaftliche unbewusste Einverständnis, einen neuen Trend zu akzeptieren.

Wesentliche Triebfeder aller Distinktions- und Geschmacksforschung ist die Konkurrenz zwischen den Schichten, die ihren Klassenstatus als stets bedroht wahrnehmen und durch symbolischen Konsum zu verteidigen versuchen. Grundsätzlich fußen die meisten Theorien zu Geschmack, Distinktion und symbolischem Konsum also in marxistisch orientierten Ansätzen.

In der neueren Konsumforschung wird die strikte Trennung zwischen Ober- und Unterschicht aufgegeben. So untersuchte Peterson (1992) das Phänomen der sogenannten kulturellen Allesfresser (engl. „cultural omnivores"), bei dem Individuen oder soziale Gruppen eine breite Palette von Gütern konsumieren, kulturelle Ausdrucksformen praktizieren und schätzen, unabhängig von ihrem sozialen Hintergrund oder ihrer Herkunft. Die Vorstellung des „Snobs" in der Oberschicht wandelt sich nach Peterson zu einem „Allesfresser", der nicht mehr nur symbolische Güter der Oberschicht konsumiert, sondern durchaus auch Güter der Populärkultur konsumieren darf, ohne um seinen sozialen Status fürchten zu müssen. Dieses zuvor snobistische Verhalten mit seinem an spezifischen Gütern ausgerichteten Geschmack (engl. „cultural univore") ist nun nach Peterson eher in der Unterschicht zu verorten.

Wie ich lernte, richtig Wein zu trinken
Während der COVID-19 Pandemie haben sich viele Winzer:innen dazu entschlossen, ihre Weinverkostungen auf ein Online-Format zu verlegen. Die „Hosts" starten eine Online-Umfrage und wollen wissen, ob die Teilnehmenden Wein-„Neulinge, -Expert:innen oder etwas dazwischen" sind. Die meisten Antworten erhält „etwas dazwischen".

Während der Verkostung fragt eine Teilnehmerin in den Chat, wie sie den Wein denn richtig schwenken solle. Darauf erhält sie viele Antworten, wie etwa „Sie haben ja gar keine Ahnung!" oder „Zuvor haben Sie bestimmt ‚Neuling' angeklickt". Die Winzerin greift dies auf und verteidigt die Fragende: „Sie können dabei eigentlich nichts falsch machen." Daraufhin zeigt sie eine „Einsteigertechnik" des Schwenkens.

Selbstkontrolle:
Erläutern Sie das Phänomen der Online-Weinverkostung unter den Gesichtspunkten der sozialen Distinktion und Demokratisierung im Allgemeinen und leiten Sie daraus ab, wie es zu der geschilderten Situation kommen konnte.

Insbesondere die Cultural Studies interessieren sich für die Ausbildung von Konsumkulturen als eigenständiger Habitus, der sich nicht in die Kategorie Ober- vs. Unterschicht bzw. Hoch- vs. Massenkultur einordnen lässt. Formen des Habitus lassen sich in allen Arten des Konsums finden, der für soziale Gruppen identitätsstiftend ist, z. B. Fankulturen, Veganismus, Geschlechteridentitäten, Migrationskulturen etc. So untersuchte Becker (1953) z. B. Kifferkulturen, bei denen er zeigte, dass Marihuana-Konsum in seiner Doppelfunktion von persönlichem Erleben und sozialen Mechanismen (wie beispielsweise Imitation der anderen) erlernbar ist. Er beschreibt die Aneignung des Marihuana-Konsums als einen Prozess der Einstiegsarbeit (englisch: „entry work"), bei dem Menschen lernen, wie man Marihuana konsumiert und wie soziale Interaktionen und Gruppenzugehörigkeit den Konsum beeinflussen können. Zugleich untersuchte er die Rolle von Subkulturen und sozialen Gruppen bei der Etablierung und Aufrechterhaltung von Normen und Werten im Zusammenhang mit dem Marihuana-Konsum.

Diese Praktiken der Aneignung und Geschmacksbildung finden auch Anwendung in digitaler Form, so dass oft YouTube Tutorials diese Prozesse begleiten. Am Beispiel von Online-Weinproben (siehe Kasten „Wie ich lernte, richtig Wein zu trinken") zeigt sich, dass eine strikte Trennung von Online- und Offline-Erlebnissen brüchig wird. Die Online-Vermittlung wird begleitet von der materiellen Verkostung des Weins, sodass der Geschmack auf der Zunge geschult wird (Berkholz et al. 2023). Durch Internet-gestützte Vermittlung von Konsumkulturen durch YouTube und andere Formate wird die vormals distinguierende Praktik der Verkostungen von nun an für jede Schichtzugehörigkeit greifbar.

2.4   Praxelogische Ansätze

In einer starken Vereinfachung lassen sich individualistische (z. B. Rational Choice oder bedürfnisorientierte Ansätze) und strukturalistische Konsumtheorien (z. B. Normtheorien und Systemtheorien) unterscheiden. Während die einen die Ursache des Konsums im Subjekt (z. B. aufgrund rationaler Abwägung oder Bedürfnisbefriedigung) sehen, sieht die strukturalistische Theorieströmung die Ursache außerhalb des Subjekts. Hierbei spielen externe Faktoren wie die Angebote auf dem Markt, gesellschaftliche Normen und die soziokulturelle Prägung die wesentliche Rolle.

Um diese beiden auf den ersten Blick widersprüchlichen Positionen zu vereinen, haben sich jüngere Arbeiten mit der Entwicklung von Kulturtheorien beschäftigt, die sich mit dem Zusammenspiel von gesellschaftlichen Strukturen und dem Handeln des Einzelnen beschäftigen. Ein wichtiger Zweig dieser theoretischen Denkweise ist die Praxistheorie, die sich in den letzten Jahrzehnten als wichtiges Analyseinstrument in den Kulturwissenschaften sowie auch der Informatik entwickelt hat (Reckwitz 2002; Halkier et al. 2011; Wulf et al. 2015).

In der neueren Verbraucherforschung werden vermehrt praxistheoretische Ansätze (Reckwitz 2002) aufgegriffen, um soziale Praktiken des Wohnens, Kochens, Kaufens, Vorsorgens etc. zu analysieren und zu verstehen (Warde 2005; Brunner 2007; Halkier et al. 2011). Insbesondere werden hier Handlungen nicht als einzelne, diskrete und individuelle Einheiten betrachtet, sondern als sozial eingebettete, situierte, durch implizit-methodisches Wissen geleitete Praktiken verstanden. Sie bilden ein schwachstrukturiertes, dynamisches Geflecht, in dem sich der:die Verbraucher:in bzw. der Haushalt als Forschungsgegenstand erst konstituiert (Halkier et al. 2011). Auf Basis dieses theoretischen Verständnisses haben Ganglbauer et al. (2013) gezeigt, dass sich z. B. Ernährungsverhalten aus einer Ansammlung von lose gekoppelten Praktiken des Einkaufens, Kochens und Essens zusammensetzt, deren wechselseitige Abhängigkeit es in der Gestaltung von Verbraucherinformationssystemen zu berücksichtigen gilt.

Praktiken sind aus dieser Perspektive definiert als „routinisierte Formen des Verhaltens, die aus verschiedenen Elementen bestehen, die miteinander in Verbindung stehen: Formen von körperlichen Aktivitäten, Formen von mentalen Aktivitäten, ‚Dinge' und ihr Gebrauch, ein Hintergrundwissen in Form von Verständnis, Know-how, Gefühlszuständen und Motivationswissen" (Reckwitz 2002, Übers. durch Verfasser). Es gibt unterschiedliche Konzipierungen darüber, welche Elemente einer Praxis relevant für die Analyse sind, aber prinzipiell unterscheidet man zwischen den drei Bereichen (Shove und Spurling 2013):

- Normen/Symbole/Motivationen
- Fähigkeiten/Routinen/Wissen
- Dinge/Materialien/Werkzeuge

Wichtig bei Praxistheorien ist hervorzuheben, dass es zwei Bedeutungsebenen von Praxis gibt:

Praxis als Entität Diese Sicht betont, dass soziale Praktiken eine eigenständige Existenz haben und nicht allein auf deren situierte Ausführungen zurückgeführt werden können. Man kann Praxis als Entität auch als Blaupause verstehen, die dem menschlichen Handeln zugrunde liegt. Diese Perspektive ist den strukturalistischen Normtheorien verwandt, indem sie betont, dass Praktiken kollektive, sozial verankerte Phänomene sind, die Menschen durch Sozialisation erlernen, um sie richtig auszuführen. Sie erweitert jedoch die strukturalistische Perspektive, indem sie neben Normen auch die symbolische und materielle Ebene betont.

Praxis als Performanz Diese Sicht betont, dass soziale Praktiken nicht als statische Strukturen oder die reine Anwendung von Blaupausen betrachtet werden sollten, sondern als lebendige und dynamische Aufführungen (Performanzen) im soziomateriellen Raum. Hierbei wird die kreative und situative Natur sozialer Praktiken betont. Die handelnden Akteur:innen sind nicht einfach passiv von sozialen Strukturen determiniert, sondern agieren aktiv und interpretieren die soziale Welt in ihren Handlungen. Diese Perspektive ermöglicht ein besseres Verständnis der Komplexität sozialen Handelns und wie sich soziale Praktiken in einem dynamischen Prozess entwickeln und verändern können.

Die Performanztheorie betrachtet Praxis nicht als eine eigenständige Entität, sondern als das Ergebnis situierter Handlungen. Jenseits dieser situierten Handlungen ergibt es keinen Sinn, vom Wesen sozialer Praktiken zu sprechen, die eine bestimmte Form und Struktur besitzen. Insbesondere sind Regeln und Normen nicht die Voraussetzung menschlichen Handelns, sondern dessen Ergebnis. Nehmen wir das Beispiel, dass sich ein Junge ein Buch nimmt. Hier kommt die abstrakte Regel „Du darfst nicht stehlen" erst dadurch zur Geltung, wenn wir die Situation als Einkaufen deuten, bei der wir Waren bezahlen müssen. Regeln müssen also erst einmal erkannt und anerkannt werden. Dabei verändern sich die Regeln mit dem Kontext. Wir können uns den Jungen vorstellen, wie er das Buch in einem Buchladen, zu Hause, bei einem guten Freund oder in einem Altpapiercontainer entdeckt und mitnimmt. Die Regeln und damit die sozialen Praktiken von „einen Gegenstand mitnehmen" verändern sich je nach Kontext.

Diese Sicht wurde durch den Philosophen Wittgenstein geprägt, der beschrieb, was es heißt, einer Regel zu folgen. Das Befolgen einer Regel kann nicht einfach eine mechanische Anwendung einer festgelegten Regel bedeuten, ohne dass man in logische Widersprüche gerät. Es geht nicht darum, eine vorgegebene Anweisung oder ein starres Gesetz zu befolgen, sondern vielmehr um ein komplexes soziales Phänomen, das in der Praxis verankert ist.

Praxis als Performanz: Zur Vollzugswirklichkeit von Konversationen

Zu den Praktiken sozialer Interaktion gehört so etwas Banales wie das „Ins-Wort-Fallen". Die sozialen Regeln des Sprecherwechsels (engl. „turn takings") (Button 1990) sind dabei oft subtil und steuern den Gesprächsverlauf unbewusst durch Pausen, Senken der Stimme, Gesten und andere Hinweise, dass man unterbrochen werden darf bzw. dass man etwas sagen möchte. Die Ordnung des Gesprächs wird jedoch nicht vorab festgelegt, sondern während des Gesprächs immer neu hergestellt. Bergmann (2010) spricht deshalb auch von einer Vollzugswirklichkeit.

Diese Materialität der Vollzugswirklichkeit zeigte sich insbesondere in den Anfängen des Chattens und der Videokonferenzen. Durch Verzögerung in der Übertragung und fehlende Gesten im Gespräch kam es zu Störungen beim Sprecherwechsel, bei denen sich die Teilnehmenden immer wieder ins Wort gefallen sind. Heutige Chat- und Videokonferenzsysteme haben aus diesen Erfahrungen gelernt und neue digitale Hilfsmittel entwickelt, die anzeigen welche Nutzer:in unterbrochen werden darf bzw. Gesprächsbedarf hat.

Selbstkontrolle:

Analysieren Sie die sozialen Praktiken von „Über den Zebrastreifen gehen" als Vollzugswirklichkeit.

- Wie zeigt der:die Fußgänger:in an, dass er:sie über die Straße gehen möchte?
- Wie zeigt das der:die Autofahrer:in an, dass er:sie den anderen über die Straße gehen lässt?
- Was können wir aus dieser sozialen Interaktion für die Gestaltung autonomer Fahrzeuge lernen?

Ein Beispiel soll die praxistheoretische Sicht auf Konsum verdeutlichen: *Kuchenbacken* stellt eine Konsumpraxis dar, die bestimmten gesellschaftlichen Regeln folgt. So gibt es bestimmte Konventionen und Bedeutungen, die hinter einem Kuchen stecken.

Bedeutungen/Symbole/Motivationen Beim Kuchenbacken geht es nicht nur um die physiologische Bedürfnisbefriedigung, etwas Süßes essen zu wollen oder Kompetenzerfahrungen zu sammeln. Das *Kuchenbacken* ist auch geprägt durch mannigfaltige soziale Normen, z. B. die Erwartung, dass man zu bestimmten Anlässen einen Kuchen backen sollte (z. B. zu Geburtstagen, zum Berufseinstand etc.) Mit einem selbst gebackenen Kuchen ist auch eine Reihe von gesellschaftlichen Bedeutungen verbunden, wie z. B. Wertschätzung auszudrücken, Gastlichkeit anzuzeigen, Sinn für Ästhetik zu haben etc.

Fähigkeiten/Routinen/Wissen Einen Kuchen backen zu können erfordert bestimmte Kompetenzen, die man erlernen muss, damit der Kuchen gut gelingt und nicht zusammenfällt oder anbrennt; insbesondere bei der Substitution von Zutaten durch andere, weil man bspw. vegan backen möchte, erfordert dies besondere Fähigkeiten.

Jemand, der diese Fähigkeit nicht besitzt oder nicht die Zeit besitzt, sie auszuführen, wird geneigt sein, zu „schummeln" und auf eine Fertigbackmischung oder auch eine:n Freund:in zurückzugreifen, um sich an der sozialen Praxis des *Kuchenbackens* zu beteiligen.

Dinge/Materialien/Werkzeuge Das *Kuchenbacken* ist eine materielle Handlung, die bestimmte Dinge wie beispielsweise einen Backofen, Zutaten, und ggf. eine Küchenmaschine erfordert. Je nach Kontext können auch spezielle Bestecke und Kaffeetafelgeschirr dazu nötig sein, ebenso wie ein Kuchenheber und eine Platte zum Anrichten. Die Teilhabe an der Praktik des Kuchenbackens geht deshalb auch mit Konsumpraktiken einher, sich einen Backofen, eine Küchenmaschine, Backformen etc. anzuschaffen. Diese Dinge werden jedoch nicht für einen einzelnen Kuchen angeschafft, sondern können für viele Kuchen und andere Gerichte genutzt werden. Hierdurch stabilisieren Dinge Konsumpraktiken und verstärken sie.

> **Konsumpraktiken und Nachhaltigkeit**
> Praxistheorien haben sich insbesondere im Bereich der Nachhaltigkeitsforschung als sehr sinnvolle analytische Linse erwiesen. Durch den Fokus auf die Handlungsmuster, also die „kollektiven Rhythmen" unserer Gesellschaft, erlauben sie es, individuelles Handeln der einzelnen Menschen mit den gesellschaftlichen Strukturen, die diese Handlungen prägen, zu verbinden (Shove und Spurling 2013; Rinkinen et al. 2020).
>   Ein Beispiel für solche Forschung im Bereich der Digitalisierung ist etwa das Thema Veganismus (Lawo et al. 2019). Aus praxistheoretischer Sicht stehen Verbraucher:innen, die sich vegan ernähren wollen, vor einem praktischen Problem: Sie müssen sich nicht nur neue Fähigkeiten/Routinen/Wissen aneignen, etwa um schmackhafte Gerichte zubereiten zu können; sie müssen dies auch in gesellschaftlichen Strukturen tun, die an anderen (omnivoren) Ernährungspraktiken ausgerichtet sind, und erfahren ggf. entsprechende Hindernisse oder Widerstände aus ihrem (sozialen und materiellen) Umfeld.

Daher benötigen Menschen, die sich vegan ernähren möchten, Unterstützung auf verschiedenen praxistheoretischen Ebenen, bei denen digitale Werkzeuge eine wichtige Rolle spielen können:

- Aneignung und Zugang zu neuen Kompetenzen, z. B. Rezepte oder Infos zu ausgewogener Ernährung ohne Fleisch
- Irritation und Aneignung von Bedeutungen, z. B. Dokumentation oder Tracking von Lebensmitteln
- Erkunden von Möglichkeiten der Aneignung des materiellen Kontextes, z. B. vegane Restaurants oder Lebensmittelgeschäfte

Selbstkontrolle:

- Welche digitalen Unterstützungswerkzeuge können Sie sich konkret auf den unterschiedlichen Ebenen der Praxistheorie vorstellen, wenn Sie an ein anderes Nachhaltigkeitsthema denken, wie z. B. Mobilität?
- Inwiefern sind die Unterstützungsbedarfe konstant, oder wie ändern sich diese im Verlauf des (persönlichen oder gesellschaftlichen) Wandels von Praktiken?
- Welche Rolle spielen hier die beiden Ebenen Praxis als Entität und Praxis als Performanz?

Aus praxistheoretischer Sicht lässt sich erkennen, dass die drei Ebenen miteinander verflochten sind. Je nach Motivation können verschiedene Fähigkeiten und Materialien eine Rolle spielen. Zwar gibt es ein gewisses gesellschaftliches Muster (Praxis als Entität), das die Erwartungshaltungen und Regeln etabliert hat, nach denen ein Kuchen gebacken werden kann; jedoch sind die einzelnen Akteur:innen frei in der Umsetzung, wenden Blaupausen je nach Kontext unterschiedlich an und verändern hierüber auch Routinen und Erwartungshaltungen (Praxis als Performanz). So macht es sicherlich einen Unterschied, ob man Kuchen für die 90-jährige Großmutter backt oder für die hippen Programmierkolleg:innen im Startup. In einer WG von vegan lebenden Menschen wird ein Kuchen sicher anders aussehen als auf dem ländlichen Ferienbauernhof.

In den identifizierten Konsummustern zeigen sich so auch die soziale Ordnung und die gesellschaftliche Struktur. Dadurch werden sie nicht allein als Bedürfnisbefriedigung interpretiert oder als Einhaltung gegenseitiger normativer Erwartungen, sondern sie zeigen sich als eingebettet in Strukturen eines gemeinsamen Wissens und gemeinsamer Bedeutungszuschreibungen. Daher lässt sich trotz *„der Bedeutung, die der Kauf von Waren für das alltägliche Leben in den heutigen westlichen Gesellschaften hat, (…) Konsum weder auf den Markt beschränken noch durch den Austausch definieren"* (Warde 2005). Konsum ist aus praxistheoretischer Sicht nicht selbst eine Praxis, sondern vielmehr ein Prozess der Aneignung und steht im Zusammenhang mit Praktiken, die sozial legitimiert sind, und die in der Summe einen gesellschaftlichen Rhythmus abbilden.

2.5 Zusammenfassung

In den vorherigen Abschnitten wurde deutlich, dass es verschiedene Ansätze gibt, um menschliches Handeln zu interpretieren. Während die neoklassische Wirtschaftstheorie die Bedürfnisse der Menschen als gegebene Größen betrachtet, suchen psychologische Theorien den Ursprung des Handelns im Innern des Individuums, beispielsweise in den Grundbedürfnissen. Beide Ansätze haben jedoch gemeinsam, dass sie das Individuum als mehr oder weniger rational handelnden Akteur sehen.

Im Gegensatz dazu betonen kulturwissenschaftliche Ansätze den Einfluss von Kultur und anderen externen Faktoren auf das menschliche Handeln. Diese Ansätze heben hervor, dass das, was wir konsumieren möchten und wie wir die Angebote auf dem Markt interpretieren, stark von soziokulturellen Einflüssen geprägt ist und somit außerhalb des individuellen Subjekts liegt. Dabei spielt die symbolische Bedeutung der Güter und deren Konsum eine wichtige Rolle. Die symbolische Bedeutung meint dabei nicht die individuelle Bedeutung, die die Waren für den Konsumenten haben, sondern jene gesellschaftlichen Bedeutungssysteme, mit der z. B. Reichtum oder Klassenzugehörigkeit kodiert werden. Daneben betonen Praxistheoretiker die Bedeutung von Routinen, materiellen Kulturen und performativen Vollzugswirklichkeiten, die den Konsum bestimmt, ohne dass dem bewusste Entscheidungen zugrunde liegen. Analog zu Marx kann man deshalb sagen: *„Die Menschen machen ihre eigenen Konsumentscheidungen, aber sie machen sie nicht aus freien Stücken, nicht unter selbst gewählten, sondern unter unmittelbar vorgefundenen, gegebenen und überlieferten Umständen."*

Zusammengefasst können diese verschiedenen Ansätze zur Interpretation von Konsum im digitalen Zeitalter dazu beitragen, ein umfassenderes Verständnis für die komplexen und vielschichtigen Motivationen und Einflüsse auf unser Verhalten auf dem Markt zu entwickeln. Sie verdeutlichen, dass sowohl individuelle als auch kulturelle Faktoren eine wichtige Rolle spielen, wenn es darum geht, digitalen Konsum in sozioökonomischen Kontexten zu verstehen.

2.6 Übungen

1. Warum beschäftigt sich die Verbraucherinformatik mit unterschiedlichen Konsumtheorien?
2. Welche theoretischen Grundannahmen stellen markttheoretische Konsumtheorien in den Vordergrund, und wie unterscheidet sich diese Sichtweise von psychologischen Ansätzen?
3. Erläutern Sie den Begriff des Homo oeconomicus. Welche Vor- und Nachteile hat diese Konzipierung von Konsum für die Verbraucherinformatik?
4. Wie konzipierten kulturwissenschaftliche Theorien den Konsum, und wie unterscheidet sich dies wiederum von markttheoretischen und psychologischen Ansätzen?
5. Erläutern Sie den Begriff des Bedürfnisses aus Sicht der Arbeits- und Erlebnistheorien. Charakterisieren Sie diesen anhand eines Beispiels.

6. Welche verschiedenen Ebenen verbinden praxeologische Ansätze miteinander? Erläutern Sie dies anhand des Beispiels „Autofahren".
7. Was ist soziale Distinktion?
8. Wie ist der Geschmacksbegriff im Zusammenhang mit Konsumtheorien zu verstehen?
9. Beschreiben Sie, warum Menschen unterschiedliche Musikgeschmäcker haben.
10. Was ist symbolischer Konsum?
11. Ordnen Sie das Phänomen der Tätowierungen als Form des symbolischen Konsums
    und sozialer Distinktion ein.
12. Welche Rolle spielen Informations- und Kommunikationstechnologien für den Kon-
    sum von Verbraucher:innen?
13. Person X wechselt von einer omnivoren zu einer veganen Ernährungsweise. Be-
    schreiben Sie diesen Vorgang mithilfe der Praxistheorie.
14. Welche Vor- und Nachteile hat das sogenannte Persuasive Design?
15. Wie kann mithilfe digitaler Artefakte nachhaltiges Verhalten gefördert werden?

Literatur

Abels, Heinz. 2010. *Einführung in die Soziologie: Band 2: Die Individuen in ihrer Gesellschaft.*
   Wiesbaden: Springer.
Adler, Jost. 2013. *Informationsökonomische Fundierung von Austauschprozessen: Eine nachfrager-
   orientierte Analyse*, Bd. 111. Wiesbaden: Springer.
Adorno, Theodor W., und Max Horkheimer. 1997. *Dialektik der Aufklärung*, Bd. 3. Berlin: Suhr-
   kamp Taschenbuch.
Ajzen, Icek. 2005. *Attitudes, personality, and behavior.* New York: McGraw-Hill Education.
Akerlof, George A. 1970. The market for 'lemons': Quality uncertainty and the market mechanism.
   The Quarterly Journal of Economics 84(3): 488–500.
Alizadeh, Fatemeh, Gunnar Stevens, und Margarita Esau. 2021. I don't know, is AI also used in air-
   bags? *I-com* 20(1): 3–17.
Arnswald, Ulrich. 2017. „Der Homo oeconomicus als Illusion eines ‚Menschenbildes'". In *Beiträge
   zum 10. Internationalen Kongress der Österreichischen Gesellschaft für Philosophie, Innsbruck*,
   263–74. Insbruck.
Baier, Daniel, und Michael Brusch. 2009. *Conjointanalyse: Methoden – Anwendungen – Praxisbei-
   spiele.* Berlin/Heidelberg: Springer Science & Business Media.
Baltas, George, und Peter Doyle. 2001. Random utility models in marketing research: A survey.
   Journal of Business Research 51(2): 115–125. https://doi.org/10.1016/S0148-2963(99)00058-2.
Becker, Howard S. 1953. Becoming a marihuana user. *American Journal of Sociology* 59(3):
   235–242.
Bergmann, Jörg R. 2010. Ethnomethodologische Konversationsanalyse. *Sprachwissenschaft. Ein
   Reader* 3(2010): 258–274. Berlin: DeGuyter.
Berkholz, Jenny, Margarita Esau-Held, und Gunnar Stevens. 2022. Negotiating taste for digital de-
   piction: Aligning individual concepts of taste perception in a co-design process. In *Proceedings
   of Mensch und Computer 2022.* MuC '22, 137–146. New York: Association for Computing Machinery. https://doi.org/10.1145/3543758.3543781.
Berkholz, Jenny, Margarita Esau-Held, Alexander Boden, Gunnar Stevens, und Peter Tolmie. 2023.
   Becoming an online wine taster: An ethnographic study on the digital mediation of taste. *Proceedings of the ACM on Human-Computer Interaction* 7(CSCW1): 1–26.

Berndt, Ralph. 2013. *Marketing 1: Käuferverhalten, Marktforschung und Marketing-Prognosen*. Wiesbaden: Springer.

Boden, Alexander, Gabriela Avram, Liam Bannon, und Volker Wulf. 2009. Knowledge management in distributed software development teams – Does culture matter? In *Proceedings of the fourth IEEE International Conference on Global Software Engineering (ICGSE 2009)*, 18–27. Ireland: Limerick.

Bourdieu, Pierre. 1987. *Die feinen Unterschiede. Kritik der gesellschaftlichen Urteilskraft. Übersetzt von Bernd Schwibs und Achim Russer*, 29. Aufl. Frankfurt a. M.: Suhrkamp.

———. 1993. *Sociology in question*, Bd. 18. Sage.

Brunner, Karl-Michael. 2007. Ernährungspraktiken und nachhaltige Entwicklung – eine Einführung. In *Ernährungsalltag im Wandel*, 1–38. Wiesbanden: Springer.

Buchenau, Marion, und Jane Fulton Suri. 2000. Experience prototyping. In *Proceedings of the 3rd conference on designing interactive systems: Processes, practices, methods, and techniques*, 424–433. New York.

Burmester, Michael, Katharina Maria Zeiner, Magdalena Laib, C. Hermosa Perrino, und Marie-Luise Queßeleit. 2015. Experience design and positive design as an alternative to classical human factors approaches. In *INTERACT 2015 adjunct proceedings*, 153–160. Bamberg.

Button, Graham. 1990. Going up a blind alley: Conflating conversation analysis and computational modelling. In *Computers and conversation*, 67–90. Amsterdam: Elsevier.

Cialdini, Robert B. 2010. *Die Psychologie des Überzeugens: ein Lehrbuch für alle, die ihren Mitmenschen und sich selbst auf die Schliche kommen wollen*. Mannheim: Huber.

Clement, Reiner, und Dirk Schreiber. 2016. *Internet-Ökonomie*. Wiesbaden: Springer.

Cohen, Scott, Hongbo Liu, Paul Hanna, Debbie Hopkins, James Higham, und Stefan Gössling. 2022. The rich kids of Instagram: Luxury travel, transport modes, and desire. *Journal of Travel Research* 61(7): 1479–1494. https://doi.org/10.1177/00472875211037748.

Collett, Miriam, Brigitte Cluver, und Hsiou-Lien Chen. 2013. Consumer perceptions regarding the limited lifespan of fast fashion apparel. *Research Journal of Textile and Apparel* 17(2): 61–68. https://doi.org/10.1108/RJTA-17-02-2013-B009.

Csikszentmilhalyi, Mihaly. 1982. *Beyond boredom and anxiety: The experience of play in work and games*. New York: Jossey-Bass Publishers.

Darby, Michael R., und Edi Karni. 1973. Free competition and the optimal amount of fraud. *The Journal of law and economics* 16(1): 67–88.

Dautzenberg, Kirsti, Katharina Grasl, Tatjana Halm, und Anne Schulze. 2016. Buchungs- und Vergleichsportale: Eine Untersuchung der Verbraucherzentralen im Rahmen des Marktwächters Digitale Welt. München/Potsdam/Düsseldorf/Berlin: Verbraucherzentrale. https://www.verbraucherzentrale.de/sites/default/files/2019-11/untersuchung_preisvergleichsportale_0.pdf

Davis, Fred D. 1987. *User acceptance of information systems: The technology acceptance model (TAM)*. Ann Arbor: University of Michigan.

De Certeau, Michel. 1988. *Kunst des Handelns*. Berlin: Merve.

Debord, Guy. 1996. *Die Gesellschaft des Spektakels*. Berlin: Ed. Tiamat.

Deci, Edward L., und Richard M. Ryan. 1993. Die Selbstbestimmungstheorie der Motivation und ihre Bedeutung für die Pädagogik. *Zeitschrift für Pädagogik* 39(2): 223–238.

Desmet, Pieter M. A., und Anna E. Pohlmeyer. 2013. Positive design: An introduction to design for subjective well-being. *International Journal of Design* 7(3): 5–19.

Diefenbach, Sarah, und Marc Hassenzahl. 2017. *Psychologie in der nutzerzentrierten Produktgestaltung*. Wiesbaden: Springer.

Eisenführ, Franz, Martin Weber, und Thomas Langer. 2010. *Rationales Entscheiden*. Berlin/Heidelberg: Springer.

Elias, Norbert. 1939. *Über den Prozeß der Zivilisation*. Frankfurt: Suhrkamp.

Fishbein, Martin, und Icek Ajzen. 1975. *Belief, attitude, intention and behavior: An introduction to theory and research*. Reading, Massachussetts: Addison-Wesley Publishing Company.

Frank, Robert. 2013. *Falling behind: How rising inequality harms the middle class*, 4. Aufl., Oakland: Univ of California Press.

Ganglbauer, Eva, Geraldine Fitzpatrick, und Rob Comber. 2013. Negotiating food waste: Using a practice lens to inform design. *ACM Transactions on Computer-Human Interaction (TOCHI)* 20(2): 11.

Garfinkel, Harold. 2020. *Studien zur Ethnomethodologie*. Frankfurt a. M.: Campus.

Giddens, Anthony. 1988. *Die Konstitution der Gesellschaft*. Frankfurt/New York: Campus.

Graf, Dittmar. 2007. Die Theorie des geplanten Verhaltens. In *Theorien in der biologiedidaktischen Forschung*, 33–43. Wiesbaden: Springer.

Gruhn, Lara. 2022. Guter Konsum. Alltägliche Ethiken zwischen Wissen und Handeln. Herausgegeben von Bernhard Tschofen. *Zürcher Beiträge zur Alltagskultur* 30. Zürich: Chronos. https://doi.org/10.33057/chronos.1670.

Hacker, Winfried, und Pierre Sachse. 2023. *Allgemeine Arbeitspsychologie: Psychische Regulation von Arbeitstätigkeiten*. Zollikon: vdf Hochschulverlag AG.

Hagen, Kornelia. 2010. Nährwertkennzeichnung: Die Ampel erreicht die Verbraucher am besten. *Wochenbericht des DIW Berlin* 22:2–12.

Halkier, Bente, Tally Katz-Gerro, und Lydia Martens. 2011. „Applying practice theory to the study of consumption: Theoretical and methodological considerations". Journal of Consumer Culture 11(1): 3–13.

Hamborg, Kai-Christoph, Leonore Schulze, und Melanie Sendfeld. 2007. Mensch-Computer Interaktion: Von der Arbeitsmittel- zur Arbeits- und Organisationsgestaltung. In *Mensch & Computer*, 199–208. München: Oldenbourg.

Hassenzahl, Marc, und Holger Klapperich. 2014. Convenient, clean, and efficient? The experiential costs of everyday automation. In *Proceedings of the 8th Nordic conference on human-computer interaction: Fun, fast, foundational*, 21–30. New York: ACM.

Hassenzahl, Marc, Michael Burmester, und Franz Koller. 2003. AttrakDiff: Ein Fragebogen zur Messung wahrgenommener hedonischer und pragmatischer Qualität. In *Mensch & Computer 2003: Interaktion in Bewegung*, 187–196. Stuttgart: B. G. Teubner.

Helander, M. G. 2014. *Handbook of human-computer interaction*. Amsterdam: Elsevier.

Hellmann, Kai-Uwe. 2017. Die akademische Konsumforschung aus soziologischer Perspektive. In *Verbraucherwissenschaften: Rahmenbedingungen, Forschungsfelder und Institutionen*, 141–165. Wiesbaden: Springer.

Hensher, David A. 1994. Stated preference analysis of travel choices: The state of practice. *Transportation* 21(2): 107–133.

Hepp, Andreas, Friedrich Krotz, und Tanja Thomas. 2009. *Schlüsselwerke der Cultural Studies*. Wiesbaden: Springer.

Hill, Wilhelm. 1972. Theorien des Konsumentenverhaltens, eine Übersicht. *Die Unternehmung* 26(2): 61–79.

Hirschfelder, Gunther, und Sarah Thanner, Hrsg. 2019. *Prekäre Lebenswelten im Prisma der Ernährung. Regensburger Schriften zur Volkskunde/Vergleichenden Kulturwissenschaft*, Bd. 38. Münster/New York: Waxmann.

Hirschfelder, Gunther, Angelika Ploeger, Jana Rückert-John, und Gesa Schönberger, Hrsg. 2015. *Was der Mensch essen darf: Ökonomischer Zwang, Ökologisches Gewissen und Globale Konflikte*. Wiesbaden: VS Verlag für Sozialwissenschaften. https://www.springer.com/de/book/9783658014643.

Hirschman, Elizabeth C., und Morris B. Holbrook. 1982. Hedonic consumption: Emerging concepts, methods and propositions. *Journal of Marketing* 46(3): 92–101.

Hoffmann, Stefan, und Payam Akbar. 2019. *Konsumentenverhalten: Konsumenten verstehen – Marketingmaßnahmen gestalten*. Wiesbaden: Springer Fachmedien. https://doi.org/10.1007/978-3-658-23567-3.

Jung, Hans. 2016. *Allgemeine Betriebswirtschaftslehre*. Berlin: Walter de Gruyter GmbH & Co KG.

Kaschuba, Wolfgang. 1999. *Einführung in die Europäische Ethnologie*. München: C.H. Beck.

Kauffeld, Simone. 2014. *Arbeits-, Organisations- und Personalpsychologie für Bachelor*. Wiesbaden: Springer.

Kenning, Peter, Mirja Hubert, und Marc Linzmajer. 2014. Consumer neuroscience. In *Ein transdisziplinäres Lehrbuch*. Stuttgart: Verlag W. Kohlhammer.

Kollmann, Karl. 2012. Eingeschränkt – statt ermächtigt. *Journal für Verbraucherschutz und Lebensmittelsicherheit* 7(4): 393–395.

Kolmar, Martin. 2017. *Grundlagen der Mikroökonomik*. Wiesbaden: Springer.

Krajewski, Markus. 2014. Fehler-Planungen: Zur Geschichte und Theorie der industriellen Obsoleszenz. *TG Technikgeschichte* 81(1): 91–114.

Lancaster, Kelvin J. 1966. A new approach to consumer theory. *Journal of Political Economy* 74(2): 132–157.

Laudon, Kenneth C., Jane Price Laudon, und Detlef Schoder. 2010. *Wirtschaftsinformatik: Eine Einführung*. München: Pearson Deutschland GmbH.

Lawo, Dennis, Katharina Litz, Christina Gromov, Hannah Schwärzer, und Gunnar Stevens. 2019. Going vegan: The use of digital media in vegan diet transition. In *MuC'19: Proceedings of Mensch und Computer 2019, Hamburg, Germany, September 08-11, 2019*, Hrsg. Bulling Alt et al., 503–507. Association for Computing Machinery. https://doi.org/10.1145/3340764.3344447.

Layard, Richard. 2011. *Happiness 2/e: Lessons from a new science*. Westminster/London: Penguin UK.

Lorber, Martin. 2010. Macbeth versus Egoshooter – Ethische Fragen bei Computer- und Videospielen. In *Computerspiele – Neue Herausforderungen für die Ethik*, Hrsg. Petra Grimm und Rafael Capurro, 31–40. Stuttgart: Franz Steiner.

Mauss, Marcel. 2000. *The gift: The form and reason for exchange in archaic societies*. New York: WW Norton & Company.

Meffert, Heribert, Christoph Burmann, Manfred Kirchgeorg, und Maik Eisenbeiß. 2018. *Marketing: Grundlagen marktorientierter Unternehmensführung Konzepte – Instrumente – Praxisbeispiele*. Wiesbaden: Springer.

Meurer, Johanna, Martin Stein, David Randall, Markus Rohde, und Volker Wulf. 2014. Social dependency and mobile autonomy: Supporting older adults' mobility with ridesharing ICT. In *Proceedings of the SIGCHI conference on human factors in computing systems*, 1923–1932. New York: ACM Press.

Nelson, Phillip. 1970. Information and consumer behavior. *Journal of Political Economy* 78(2): 311–329.

Norman, Donald A. 1986. Cognitive engineering. *User Centered System Design* 31(61): 2.

———. 2013. *The design of everyday things*. Cambridge, Massachusetts: MIT Press.

n-tv. 2007. Unions-Minister dafür. Verbot von Killerspielen: Unions-Minister dafür. https://www.n-tv.de/politik/Unions-Minister-dafuer-article341164.html

Pakusch, Christina, Gunnar Stevens, Alexander Boden, und Paul Bossauer. 2018. Unintended effects of autonomous driving: A study on mobility preferences in the future. *Sustainability* 10(7): 2404.

Parsons, Talcott. 2013. *The social system*. London: Routledge.

Peterson, Richard A. 1992. Understanding audience segmentation: From elite and mass to omnivore and univore. *Poetics* 21(4): 243–258.

Pfister, Hans-Rüdiger, Helmut Jungermann, und Katrin Fischer. 2016. *Die Psychologie der Entscheidung: Eine Einführung*. Wiesbaden: Springer.

Philip, Reena Susan, Aswathi Mary Anian, und Anand Shankar M. Raja. 2020. Planned fashion obsolescence in the light of supply chain uncertainty. *Academy of Strategic Management Journal* 19(1): 1–17.

Piekenbrock, Dirk, und Alexander Hennig. 2012. *Einführung in die Volkswirtschaftslehre und Mikroökonomie.* Wiesbaden: Springer.

Pollert, Achim, Bernd Kirchner, Javier M. Polzin, und M. C. Pollert. 2016. *Duden Wirtschaft von A bis Z: Grundlagenwissen für Schule und Studium, Beruf und Alltag, Duden Spezialwörterbücher.* Berlin: Bibliographisches Institut GmbH.

Reckwitz, Andreas. 2002. Toward a theory of social practices – A development in culturalist theorizing. *European Journal of Social Theory* 5(2): 243–263.

Rennhak, Carsten, und Marc Oliver Opresnik. 2016. Konsumentenverhalten. In *Marketing: Grundlagen, herausgegeben von Carsten Rennhak und Marc Oliver Opresnik, 7–20. Studienwissen kompakt.* Berlin/Heidelberg: Springer. https://doi.org/10.1007/978-3-662-45809-9_2.

Rheinberg, Falko, Regina Vollmeyer, und Stefan Engeser. 2003. Die Erfassung des Flow-Erlebens. In *Diagnostik von Motivation und Selbstkonzept*, 261–279. Göttingen: Hogrefe.

Rinkinen, Jenny, Elizabeth Shove, und Greg Marsden. 2020. *Conceptualising demand: A distinctive approach to consumption and practice.* London: Routledge.

Schatzki, Theodore R. 1997. Practices and actions – A Wittgensteinian critique of Bourdieu and Giddens. *Philosophy of the Social Sciences* 27(3): 283–308.

Schneider, Michael. 2007. The nature, history and significance of the concept of positional goods. *History of Economics Review* 45(1): 60–81.

Schoenheit, Ingo. 2004. Die volkswirtschaftliche Bedeutung der Verbraucherinformation. In *Politikfeld Verbraucherschutz. Beiträge einer Veranstaltungsreihe*, 47–64. Potsdam.

Schrage, Dominik. 2009. *Die Verfügbarkeit der Dinge: Eine historische Soziologie des Konsums*, 1. Aufl. Frankfurt a. M.: Campus.

Schroer, Sara Asu, und Susanne B. Schmitt. 2017. *Exploring atmospheres ethnographically.* London: Routledge.

Seligman, Martin E. P., und Mihaly Csikszentmihalyi. 2000. *Positive psychology: An introduction*, Bd. 55(1). American Psychological Association.

Sheldon, Kennon M., Andrew J. Elliot, Youngmee Kim, und Tim Kasser. 2001. What is satisfying about satisfying events? Testing 10 candidate psychological needs. *Journal of Personality and Social Psychology* 80(2): 325.

Shove, Elizabeth, und Nicola Spurling, Hrsg. 2013. *Sustainable Practices: Social Theory and Climate Change.* London: Routledge. https://doi.org/10.4324/9780203071052.

Stigler, George J. 1961. The economics of information. *Journal of Political Economy* 69(3): 213–225.

Strünck, Christoph. 2011. Die Verbraucherpolitik braucht Pragmatismus statt wirklichkeitsferner Leitbilder. *Wirtschaftsdienst* 91(3): 165–168.

Thaler, Richard H., und Cass R. Sunstein. 2009. *Nudge: Improving decisions about health, wealth, and happiness.* München: Penguin.

Train, Kenneth E. 2009. *Discrete choice methods with simulation.* Cambridge: Cambridge University Press.

Tversky, Amos, und Daniel Kahneman. 1981. The framing of decisions and the psychology of choice. *Science* 211(4481): 453–458.

Veblen, Thorstein. 1899. *The theory of the leisure class: An economic study of institutions.* New York: Random House.

Warde, Alan. 2005. Consumption and theories of practice. *Journal of Consumer Culture* 5(2): 131–153.

Weinmann, Markus, Christoph Schneider, und Jan vom Brocke. 2016. Digital nudging. *Business & Information Systems Engineering* 58:433–436.

Williams, Raymond. 2001. *The long revolution*. Peterborough/Ontario: Broadview Press.

Williamson, Oliver E. 2005. Transaction cost economics. In *Handbook of new institutional economics*, herausgegeben von Claude Menard und Mary M. Shirley, 41–65. Boston: Springer US. http://link.springer.com/chapter/10.1007/0-387-25092-1_4.

Winterberg, Lars. 2017. *Die Not der Anderen: Kulturwissenschaftliche Perspektiven auf Aushandlungen globaler Armut am Beispiel des Fairen Handels. Bausteine einer Ethnografie*. Münster: Waxmann.

Wölfle, Marco. 2013. *Mikroökonomik: im Bachelor-Studium*. Wiesbaden: Springer.

Wulf, Volker, Claudia Müller, Volker Pipek, David Randall, Markus Rohde, und Gunnar Stevens. 2015. Practice-based computing: Empirically grounded conceptualizations derived from design case studies. In *Designing socially embedded technologies in the real world*, 111–150. London: Springer.

Zuboff, Shoshana. 2018. *Das Zeitalter des Überwachungskapitalismus*. Übersetzt von Bernhard Schmid. Frankfurt/New York: Campus.

Digitaler Haushalt und Markt

3

Erik Dethier, Paul Bossauer, Christina Pakusch
und Dirk Schreiber

Inhaltsverzeichnis

3.1 Mikroökonomische Perspektive: Digitale Haushalte 86
    3.1.1   Arbeit im Haushalt: Aufgabenerledigung und Haushaltsmanagement 96
    3.1.2   Informationsprozesse im Haushalt 103
    3.1.3   Digitalisierung von Haushaltspraktiken 106
3.2 Makroökonomische Perspektive: Digitale Märkte 112
    3.2.1   Digitale Güter 114
    3.2.2   Mehrseitige Märkte 116
    3.2.3   Winner-takes-it-all 120
          3.2.3.1   Netzwerkeffekte 122
          3.2.3.2   Skaleneffekte 122
          3.2.3.3   Lock-in-Effekte 123
    3.2.4   Die Rolle von Vertrauen auf digitalen Märkten 124
    3.2.5   Zusammenfassung 127
3.3 Übungen 128
Literatur 129

Ergänzende Information Die elektronische Version dieses Kapitels enthält Zusatzmaterial, auf das über folgenden Link zugegriffen werden kann [https://doi.org/10.1007/978-3-662-68706-2_3].

E. Dethier (✉) · P. Bossauer · C. Pakusch · D. Schreiber
Institut für Verbraucherinformatik, Hochschule Bonn-Rhein-Sieg, Sankt Augustin, Deutschland

A. Boden et al. (Hrsg.), *Verbraucherinformatik*,
https://doi.org/10.1007/978-3-662-68706-2_3

Im Lebensalltag von Verbraucher:innen sind nahezu alle Aktivitäten mit dem Handeln auf dem Markt verbunden (Piorkowsky 2011). Verbraucher:innen interagieren dabei als Wirtschaftssubjekte mit anderen Wirtschaftsobjekten bzw. Akteur:innen wie Unternehmen oder Behörden. In Zuge dieses Kapitels werden kooperative Marktgeschehen betrachtet, welche die Verbraucherinformatik hinsichtlich der Nachfrager- wie auch der Anbieterperspektive betrachten werden.

Zunächst wird analog einer volkswirtschaftlichen Gliederung die mikroökonomische Perspektive der privaten Haushalte von Verbraucher:innen betrachtet. Diese Perspektive hat zum Ziel, die im Haushalt (sowohl räumlich als auch organisatorisch) stattfindenden Praktiken und Arbeitsleistungen zu erörtern und daraus resultierende Technikunterstützung zu ergründen.

Darauffolgend wird eine makroökonomische Perspektive plattformökonomische Marktmechanismen erklären, die das Angebot und die Vermittlung von Gütern und Leistungen betreffen. In dem Zuge werden Effekte durch Plattformgeschäfte erläutert.

Lernziele

Im Rahmen dieses Kapitels werden Ihnen folgende Inhalte vermittelt:

- Sie lernen, wie digitale Technologien die Arbeit im privaten Haushalt verändern und wie Plattformen eine Rolle im Vertragsmanagement und bei Informationsprozessen im Haushalt spielen können.
- Sie lernen die makroökonomischen Faktoren kennen, die digitale Märkte beeinflussen, wie z. B. die Bedeutung von digitalen Gütern, Skaleneffekten, Netzwerkeffekten und Lock-in-Effekten.

3.1 Mikroökonomische Perspektive: Digitale Haushalte

Die Perspektive der Akteure innerhalb eines Marktes ist die mikroökonomische Perspektive des Privathaushalts von Verbraucher:innen. Im Haushalt wirtschaften Verbraucher:innen als Wirtschaftssubjekt allein oder als Zusammenschluss mehrerer Personen, wie in Familien oder Wohngemeinschaften, zum Zwecke der Bedürfnisbefriedigung.

Haushalt und Ökonomik Der Begriff Ökonomik (von griechisch: oikos = Haus/Haushalt und nomos = Gesetz/Brauch) beschreibt ursprünglich die Lehre von der rechten Haushaltsführung. Er wird heute als Fachbegriff für die gesamte Disziplin der Wirtschaftswissenschaften (inkl. der Perspektive der Unternehmen, Staaten und Haushalte) verwendet. Ihren Ursprung haben die modernen Wirtschaftswissenschaften jedoch im wirtschaftenden Haushalt im antiken Griechenland. So ist die *Oikonomikos* als eine der ältesten Schriften der Ökonomik bekannt. Der Autor Xenophon (430–355 v. Chr.) beschreibt darin die rechte Hauswirtschaft und Agrarwirtschaft eines Landguts in der damals üblichen Dialogform (Piekenbrock und Hennig 2013).

Umgangssprachlich bezeichnet man mit dem Begriff *Haushalt* im 21. Jahrhundert zumeist die physische Wohnumgebung. Der Haushalt ist hier der Ort der Regeneration der Arbeitskraft oder der Ort, an dem die Bedürfnisse von Verbraucher:innen durch Konsum realisiert werden. Als Ort kann dort auch die Zusammenkunft von Menschen, wie Familie oder Freund:innen, stattfinden. In Wohnbereichen befinden sich zum Beispiel gemütliche Sitzflächen; auch in privaten Außenbereichen, wie im Garten oder auf einem Balkon, finden Zusammenkünfte statt. Einen Raum für die Essenszubereitung realisiert die Küche, ein Raum realisiert das Schlafen, das Badezimmer befriedigt andere Grundbedürfnisse. Wohnumgebungen mit Hobbybereichen, wie Werkstatt, Fitnessräumen, Pools im Garten etc. realisieren zudem individuelle Bedürfnisse bis hin zur Selbstverwirklichung (vgl. nachfolgend die Bedürfnisbefriedigung).

Bedürfnisbefriedigung Das allgemeine Ziel von Haushalten ist das Streben nach Bedürfnisbefriedigung und Nutzenmaximierung, wie es oben räumlich in der Wohnumgebung illustriert ist. Ein Bedürfnis kann als Endzweck jeglichen wirtschaftlichen Handelns verstanden werden. Die dahinterliegende Motivation menschlichen Handelns ist damit die Regulation eines Mangelempfindens (vgl. Abschn. 2.2. in diesem Buch).

Die Bedürfnisbefriedigung wird im Haushalt unter Einbeziehung von „Marktgüter[n] und -leistungen, eigene[r] Zeit und andere[n] Faktoren" (Becker 1982) hergestellt. So handeln Verbraucher:innen innerhalb ihres Haushalts so, dass sie ihre Situation entweder verbessern oder eine Verschlechterung vermeiden (Becker 1976). Ein Bedürfnis, das bei Verbraucher:innen mit einer Kaufkraft verbunden ist, bezeichnet man in der Ökonomik als *Bedarf*.

Theorie des Haushalts In den Wirtschaftswissenschaften wird in der *Theorie des Haushalts* der Begriff als Wirtschaftseinheit verwendet, die das Marktgeschehen von (einzelnen oder gemeinsam mehreren) Verbraucher:innen auf Grundlage modelltheoretischer Annahmen (wie z. B. Rational Choice, siehe Abschn. 2.1) beschreibt (Piorkowsky 2011, S. 75). Innerhalb dieser Wirtschaftseinheit werden Güter und Dienstleistungen beschafft, gebraucht oder verbraucht. Der Haushalt wird als Ende einer Wertschöpfungskette betrachtet, die sich auf diesen Endzweck ausgerichtet hat. Die Wertschöpfung – also Produktion – der Güter und Dienstleistungen für Haushalte geschieht wiederum innerhalb und durch Unternehmen. Diese veredeln zum Zwecke der Gewinnmaximierung Rohstoffe mit anderen Produktionsfaktoren. Daraus lässt sich ein gemeinsamer Mehrwert schöpfen, und die entstandenen Güter und Dienstleistungen werden auf dem (Konsum-)Markt angeboten.

Diese Sichtweise wird auch die *Theorie des Unternehmens* genannt. Haushalte und Unternehmen treffen sich als zwei zentrale Marktakteure in der *Theorie des Marktes*, in der Prinzipien wie *Angebot und Nachfrage* beschrieben werden (vgl. Abb. 3.1). Hierbei sind Unternehmen allgemein *Produzent:innen*, die Konsumgüter anbieten und gleichzeitig Arbeit nachfragen; Haushalte, bestehend aus handelnden Verbraucher:innen (auch Konsu-

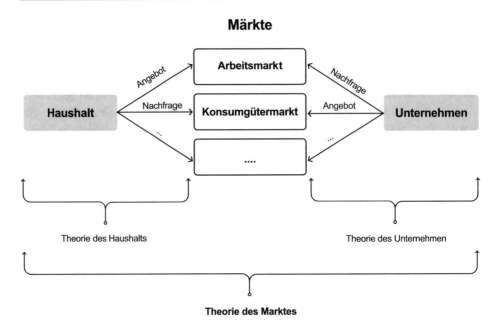

Abb. 3.1 Zusammenspiel von Haushalts-, Unternehmens- und Markttheorie

ment:innen genannt), fragen diese produzierten Güter nach und bieten wiederum Arbeit an. Neben privaten Haushalten, in denen Verbraucher:innen privat wirtschaften, gibt es auch öffentliche Haushalte (z. B. Staaten), in denen Verbraucher:innen gemeinsam öffentlich wirtschaften. Der Staat kann in diesem Bild sowohl als Konsument als auch als Produzent von Wirtschaftsleistungen sowie als Regulator (Staatseingriffe durch Gesetzgebung, Subvention etc.) im Markt auftreten.

Konsum und Budget Um nun Güter (wie Lebensmittel, Möbel, Smartphones, Wohnraum etc.) oder Dienstleistungen (Mobilfunkverträge, Handwerkerleistungen etc.) zur Bedürfnisbefriedigung zu erlangen, tauschen Haushalte diese gegen eine Entlohnung – ausgeprägt in Arbeit, Boden oder Kapital (Piekenbrock und Hennig 2013). Die Entlohnung wird erwirtschaftet, indem Arbeit auf dem Arbeitsmarkt angeboten (oder mit Investitionsgütern gearbeitet) wird; Konsumgüter werden auf dem Konsumgütermarkt mit dem erwirtschafteten Kapital (zumeist in Form von Geld als Tauschmittel) nachgefragt.

Die Theorie ist, dass je nach Budget (Arbeit, Boden, Kapital) Verbraucher:innen sich demzufolge mehr oder weniger Konsum leisten und sich in der Maslowschen Bedürfnistheorie von Defizit- zu Wachstumsbedürfnissen hocharbeiten können. Wo zunächst die Befriedigung von Grund- und Sicherheitsbedürfnissen gedeckt werden muss, kommen soziale und individuelle Bedürfnisse bis hin zur Selbstverwirklichung hinzu (Maslow 1943; Poston 2009). Dieses Budget ist in der Theorie knapp und bedarf einer guten Verteilung, um Güter in der richtigen Priorität einzutauschen. So sind Lebensmittel grundlegend

Abb. 3.2 Beispiel einer
App zur Analyse der
Transaktionen von
Bankkonten

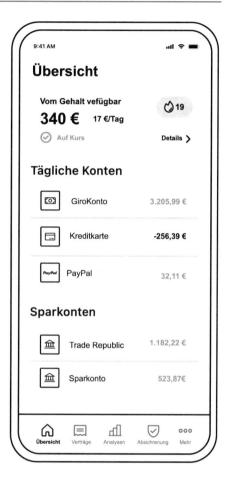

wichtig, um das Überleben zu sichern. Auch Wohnraum zum Schlafen, Wohnen etc. ist zunächst sicherzustellen. Erst an nachgelagerten Stellen kommen dann Konsumgüter von individueller und weniger obligatorischer Natur, wie Computerspiele zur Freizeitgestaltung, teure Autos oder der eigene Pool im Garten (vgl. Abb. 3.2). Haushalte müssen so einen finanziellen Spielraum schaffen und mit diesem wohlüberlegt handeln, um ein Optimum in der Bedürfnisbefriedigung zu erwirtschaften.

Vergleichsplattformen

Bezüglich der Nutzenmaximierung in der Bedürfnisbefriedigung sind Verbraucher:innen bestrebt, stets den optimalen Mix aus Preis und Leistung zu finden. Im Zuge der Verbreitung des Internets haben sich in diesem Kontext Vergleichsplattformen etabliert, die Verbraucher:innen nutzen können, um jeweils das beste Angebot zu finden. So vergleichen Verbraucher:innen beispielsweise Versicherungen, Mobilfunkverträge oder gar Gebrauchtwagen über solche (Vermittlungs-)Plattformen.

Motiviert durch verhaltensökonomische Schwächen von Verbraucher:innen bei der Informationsaufnahme und -verarbeitung im Kontext komplexer Güter oder Dienstleistungen bietet es sich an, durch persönliche Präferenzen mit gewichteten Listen Kaufentscheidungen zu unterstützen. Unternehmen und Verbraucher:innen treffen sich auf solchen Plattformen, die in der Theorie das Angebot des Konsummarktes abbilden (in der Praxis gibt es Vergleichsplattformen, die Angebote nach eigenen Vorteilen auswählen oder ausschließen) (verbraucherschutz.com 2020).

Die markttheoretische Funktionsweise von solchen Plattformökonomien mit immateriellen oder digitalen Gütern wird nachfolgend in Abschn. 3.2 besprochen.

Selbstkontrolle:

- Welche Marktakteure treffen sich in der Markttheorie und in der Praxis auf Vergleichsplattformen?
- Mithilfe welcher zwei „Stellschrauben" können Verbraucher:innen ihren Nutzen maximieren und damit ihre Bedürfnisse optimal befriedigen?

Probieren Sie es aus: Wie identifizieren Sie die beste Private Haftpflichtversicherung für sich?

Haushaltsbücher Zur Verwaltung des Budgets beziehungsweise der Einnahmen und Ausgaben setzen Haushalte in der Praxis oft Haushaltsbücher ein (vgl. Abschn. 3.1.2). Sie dienen zum einen der Überwachung

- des monatlich gebundenen Budgets (durch wiederkehrende Ausgaben wie Miete oder Versorgungsverträge wie Strom, Gas, Wasser, Mobilfunk etc.),
- bereits getätigter Ausgaben (für Einkäufe wie Lebensmittel, Kleidung etc.)
- und des noch zur Verfügung stehenden Budgets.

Im Vergleich zu Unternehmen, in denen für manche Rechtsformen (z. B. GmbH) die Buchführung gesetzlich vorgeschrieben ist, steht es privaten Haushalten frei, Buch zu führen. In der Praxis führten bereits im Jahr 2000 zwar nur 27 % der Haushalte in Deutschland regelmäßig Buch (Piorkowsky 2000). Die technische Evolution von Computer, Smartphone & Co bietet jedoch seit einigen Jahrzehnten die Möglichkeit, digitale Haushaltsbücher durch Computerprogramme unterstützt durchzuführen (vgl. Abschn. 3.1.2). In den letzten Jahren sind Apps hinzugekommen, die die Transaktionen auf dem privaten Konto von Verbraucher:innen analysieren und anhand dessen monatlich wiederkehrende Ausgaben erkennen und somit ein freies Budget ermitteln und visualisieren. Ein in Deutschland bekannt gewordener Anbieter ist bis dato beispielsweise *Finanzguru.de*.

Sparverhalten und Investitionen Den finanziellen Spielraum begrenzt zunächst die Entlohnung, die eine Arbeitskraft auf dem Arbeitsmarkt (oder ein:e Unternehmer:in mit seinem:ihrem Unternehmen) erwirtschaften kann. Das vorherrschende industrialisierte Modell ist Lebenszeit gegen Geld (Geld pro Zeiteinheit). Das berühmte Zitat von John D. Rockefeller, der als einer der ersten Milliardäre bekannt geworden ist, macht zudem einen zweiten Faktor deutlich: „Lieber eine Stunde über Geld nachdenken, als eine Stunde für Geld zu arbeiten."

Das gerne von Finanz-, Bank- und Anlageberatern gewählte Zitat beschreibt im Kern die beiden wesentlichen Stellschrauben von Haushalten in einer Einnahmen- und Ausgabenbetrachtung. Das Zitat motiviert überspitzt neben der Erhöhung des Budgets eines Haushalts durch Erwerbsarbeit auch die Betrachtung der Konsumausgaben sowie Investitionen. Deutlich macht das Zitat, dass Verbraucher:innen ihren finanziellen Spielraum erhöhen oder durch Optimierungen in den Ausgaben verbessern können.

Haushalte können ihr Kapital vermehren, indem sie Investitionsgüter anschaffen, die ihren Wert auf dem Markt im Laufe der Zeit (passiv) erhöhen oder regelmäßige Einnahmen durch Nutzung anderer Haushalte generieren. In der Finanzliteratur wird dabei häufig auch von *passivem Einkommen* gegenüber dem aktiven Einkommen (aktiv im Sinne von aktiver Erwerbsarbeit) gesprochen. Investitions- und Anlagegüter sind bei Verbraucher:innen häufig, z. B.

- Immobilien,
- Wertpapiere und Anleihen (Aktien, Fonds, Staatsanleihen, Währungen),
- Rohstoffe,
- Private Equity oder
- besondere Güter, die an Wert gewinnen, wie Sammlerstücke.

Darüber hinaus kann auch ein eigenes Auto, das man Dritten zur Mitnutzung anbietet und dafür ein Entgelt erhält, zu passivem Einkommen führen. Fortschritte in der Fahrzeugvernetzung und dem autonomen Fahren stellen in Zukunft interessante Geschäftsmodelle dar, die das Auto zur Mobilitätsdienstleistung transformieren. Bereits seit einigen Jahren ist absehbar, dass Eigentümer:innen eines Tesla das Fahrzeug vermieten können, wenn es unbenutzt ist (Teece 2018). Autonome Fahrzeuge könnten in Zukunft jedoch auch Fahrten an Stelle von Taxifahrer:innen anbieten und damit einen Autokauf zunehmend unattraktiver machen (Pakusch et al. 2018).

Monatlich überschüssiger Spielraum durch Konsumverzicht oder Konsumreduzierung durch Sparverhalten kann so das Budget für Investitions- und Anlagegüter darstellen. Überschüssige Geldmittel können zunächst bei Banken gesammelt und in (Spar-)Konten angelegt werden. Hier werden die Geldmittel für einen Konsum zu einem späteren Zeitpunkt aufgehoben. Dabei bieten Banken üblicherweise Zinsen an, um eine Wertsteigerung des dort abgelegten, gegebenenfalls sogar zeitweise gebundenen Kapitals (Laufzeitkonten) anzubieten. Verbraucher:innen müssen an der Stelle jedoch damit rechnen, dass nicht oder nur schwach verzinstes Kapital mit der Zeit an Kaufkraft verliert, wenn Inflationseffekte auf Währungen wirken. Wird Kapital auf einem Sparkonto beispielsweise mit drei Prozent jährlich verzinst, wohingegen die jährliche Inflation jedoch vier Prozent beträgt, verliert das Kapital auf dem Sparkonto eine reale Kaufkraft von einem Prozent – ein:e Verbraucher:in kann damit dann weniger Konsum eintauschen. In einem weiteren Schritt sind Investitions- und Anlagegüter in ihrer Art spekulativ und bedürfen einer sorgsamen Recherche und Auswahl, versprechen jedoch eine erheblich höhere Wertzunahme oder Verzinsung. Die verschiedenen Investitions- und Anlagegüter sind in dem Zuge in ihrer Beschaffenheit, der Höhe des mindestens zu bindenden Kapitals und der Wartung (meint Betreuung oder Instandhaltung eines Gutes) unterschiedlich. So ist es aufwendiger, eine Immobilie zu erwerben und zu betreiben, als Wertpapiere oder Anleihen zu erwerben und zu halten.

Fallbeispiel Robo-Advisory

Verbraucher:innen können durch Investitionen und Anlagegüter ihren finanziellen Spielraum zur Bedürfnisbefriedigung erhöhen. Doch haben Verbraucher:innen auch Arbeit im Zuge dieses Finanzmanagements. Welche Wertpapiere, Anleihen oder Rohstoffe gekauft werden sollen, bedarf einer sorgfältigen Strategie, Recherche, Expertise und Verwaltungsarbeit, die Verbraucher:innen dafür leisten müssen.

Künstlich intelligente Assistenten, sog. *Robo-Advisor*, bieten Verbraucher:innen eine Unterstützung im Finanzmanagement an. Dabei können Verbraucher:innen mit diesen als Chatbots interagieren. Sie erhalten so anstelle der sonst menschlichen Beratungsleistung von Anlageberater:innen eine künstlich intelligente Beratung. Recherche, Portfolioauswahl und damit Expertise liefern Robo-Advisor im Dialog. Gestatten Verbraucher:innen zudem mehr Autonomie und Handlungsspielraum, so können Robo-Advisor auch selbstständig das Finanzportfolio verändern bzw. Vermögenswerte kaufen und verkaufen (Naveed et al. 2022).

Selbstkontrolle:

- Bei welchen Investitions- und Anlagegütern können Robo-Advisor die Arbeit von Verbraucher:innen unterstützen?
- Welche Vor- und Nachteile könnten Verbraucher:innen durch die Nutzung von Robo-Advisory erfahren?

Verträge Die oben beschriebenen wiederkehrenden Ausgaben sind in der Regel sogenannte *Laufzeitverträge*, die der deutsche Gesetzgeber *Dauerschuldverhältnisse* nennt. Diese Laufzeitverträge werden zu Beginn des Vertragsverhältnisses abgeschlossen und laufen in der Regel bis zur Kündigung durch eine Vertragspartei immer weiter.

Im Lebensraum von Verbraucher:innen ist mit fast jeder menschlichen Aktivität ein wirtschaftliches Handeln verknüpft (Piorkowsky 2011). Im (Aus-)Handeln (von Konditionen) auf dem Markt und Schließen von Vereinbarungen gehen Verbraucher:innen Verträge ein. Verträge regeln dabei die Liefer- und Leistungsbeziehungen zwischen zwei Parteien, die einen Güteraustausch vorsehen (Arndt 2007). In der Markttheorie sind auf dem Konsumgütermarkt Unternehmen als produzierende Wirtschaftssubjekte in der Rolle eines Anbieters. Verbraucher:innen gehen mit der Inanspruchnahme dieser produzierten Güter/Leistungen ein Vertragsverhältnis mit dem Anbieter ein. Dabei kann einfach zwischen einem einmaligen Kauf (Kaufvertrag) und dem Bezug von wiederkehrenden Leistungen unterschieden werden (Laufzeitvertrag). Kauft ein:e Verbraucher:in Lebensmittel im Supermarkt oder Kleidung in einem Bekleidungsgeschäft ein, so tätigt er:sie ein Rechtsgeschäft, das auf einem Kaufvertrag beruht. Die Entlohnung (Geld) wird dem Geschäft gegen den Einkauf getauscht. Leistungen wie Mobilfunkverträge, Gas, Wasser, Strom, Mietobjekte (wie ein Haus/eine Wohnung) sind hingegen Laufzeitverträge auf zunächst unbestimmte Zeit.

Ein Kaufvertrag gilt nach der Transaktion als abgeschlossen. Aus diesem Vertrag resultiert, dass das Gut oder die Leistung in entsprechender Qualität geliefert wurde. Sollte es Qualitätsmängel geben, sind Ansprüche für Verbraucher:innen beispielsweise gesetzlich oder explizit im Vertrag geregelt. Gesetzliche Ansprüche sind bspw. in der gesetzlichen Gewährleistung geregelt, wonach Verbraucher:innen bei Mängeln innerhalb von 12 Monaten nach Kauf einen Anspruch auf Nachbesserung haben (§ 437 ff. Bürgerliches Gesetzbuch (BGB) der Bundesrepublik Deutschland).

Bei Laufzeitverträgen wird eine kontinuierliche (Dienst-)Leistung mit kontinuierlicher Qualität erbracht. Mieter:innen von Wohnungen haben bei Qualitätsmangel bestimmte Rechte, wie beispielsweise eine Mietminderung (§ 536 ff. BGB). Auch bei zu langsamer Internetgeschwindigkeit können Verbraucher:innen bei Internetverträgen Nachbesserung fordern (§ 57 Telekommunikationsgesetz). Laufzeitverträge haben zumeist eine unbestimmte Dauer, aber bestimmte Kündigungsfristen. Bei Mobilfunkverträgen sind *Mindestvertragslaufzeiten* (MVLZ) ebenfalls üblich. So kann ein:e Verbraucher:in das Vertragsverhältnis nicht innerhalb dieser Zeit (Mindestlaufzeiten sind üblich i. H. v. 6, 12 oder 24 Monaten) verlassen und ist den vereinbarten Geldbetrag – auch bei Nichtnutzung – weiterhin schuldig.

Fairness Bekannterweise machen sich beispielsweise Fitnessstudios dieses Prinzip der MVLZ zunutze und errechnen mit einem gewissen Anteil an Nichtnutzung ihre Geschäftsmodelle. Demnach schließt eine Vielzahl von Verbraucher:innen Laufzeitverträge zur Nutzung eines Fitnessstudios zu Beginn eines Kalenderjahres mit guten Neujahrsvorsätzen ab – so ist in es in den Monaten Januar bis März voller in Fitnessstudios – und nutzen diese Leistung im Laufe des Jahres immer seltener. Diesen Effekt des „Fischens" nach solchen Kunden haben die Wirtschaftsnobelpreisträger Akerlof und Shiller beschrieben (Akerlof und Shiller 2015). Danach kann es ein lukratives Geschäft sein, Verbraucher:innen so zu beeinflussen, dass sie Vertragsverhältnisse eingehen, deren Leistungen sie kaum in Anspruch nehmen, jedoch dennoch dafür zahlen. Vor allem Mobilfunkverträge (mit Endgerät), die sich nach der MVLZ automatisch (der Gesetzgeber nennt das „stillschweigend" – also ohne vorherige Zustimmung) um weitere Monate mit einer erneuten MVLZ verlängern, sind bis vor einiger Zeit gängige Praxis bei Telekommunikationsanbietern gewesen. Der Gesetzgeber hat diese Praxis jedoch mit dem *Gesetz über Faire Verbraucherverträge* vom August 2021 zugunsten der Verbraucher:innen eingeschränkt. Den Symptomen solcher „unfairen" Praktiken von Anbietern gegenüber Verbraucher:innen begegnen Drittanbieter:innen und Verbraucher:innen gemeinsam mit Softwarelösungen und Plattformen zum Management von (vor allem Laufzeit-)Verträgen[1] oder beispielsweise zur Inanspruchnahme von Rechten gegenüber Fluggesellschaften bei Flugverspätungen.

Fallbeispiel Fluggastentschädigung

Verbraucher:innen, die in der Europäischen Union Flugleistungen in Anspruch nehmen, haben nach der Verordnung (EG) Nr. 261/2004 ein Recht auf eine Entschädigung bei verspäteten Flügen. Die Entschädigung richtet sich nach dem Grund für die Verspätung und der Dauer der Verspätung.

Das Durchsetzen des eigenen Rechts auf eine monetäre Entschädigung oder Betreuung durch die Fluggesellschaft bedeutet für Verbraucher:innen mitunter erhebliche Arbeit und Kompetenzen. Die Fluggesellschaften sind bestrebt, so geringe Erstattungen wie möglich zu zahlen, und erschweren den Verbraucher:innen so den Zugang dazu (Gnutzmann und Śpiewanowski 2021).

Im Internet gibt es bereits zahlreiche Anbieter:innen wie *rightnow.de* oder flightright.de, die Verbraucher:innen dabei mit Kompetenz und Ressourcen unterstützen. Oft treten Verbraucher:innen darüber ihre Ansprüche und Durchsetzung gar ganz ab und damit auch einen prozentualen Anteil der Entschädigungssumme.

Selbstkontrolle:

- Reflektieren Sie, welche unfairen Methoden Unternehmen bei Verbraucher:innen in bestehenden Vertragsverhältnissen am Beispiel von Fitnessstudios oder Fluggastentschädigung anwenden.
- Vergleichen Sie die Situation, in der sich Verbraucher:innen in Verträgen befinden, mit den Erkenntnissen der Verhaltensökonomie aus Abschn. 2.1.1.3.

Transaktionskosten Verbraucher:innen haben im Handeln und Tätigen von Geschäften beziehungsweise mit der Durchführung von sogenannten Transaktionen Arbeit. Wie zuvor bereits thematisch tangiert, müssen sich Verbraucher:innen im Rahmen ihrer Nutzenmaximierung über Produkte oder Dienstleistungen informieren, das beste Preis-Leistungs-Verhältnis mehrerer Anbieter:innen identifizieren, Verträge studieren und schließen sowie diese überwachen und ggf. kündigen. Das bereitet Verbraucher:innen Aufwand, was als Transaktionskosten bezeichnet wird. In der Neue Institutionenökonomik (NIÖ) versteht man „[u]nter Transaktionskosten […] die mit dem Güteraustausch einhergehenden Koordinationskosten, z. B. Kosten der Information, des Vertragsabschlusses, der Durchsetzung von Vertragsansprüchen usw." (Piekenbrock und Hennig 2013, S. 76). In der Praxis ist es eine büroähnliche Tätigkeit, die durchgeführt werden muss, um einen Haushalt und ein Leben am Laufen zu halten (Emens 2020, 2015).

---

[1] Mehr dazu in Abschn. 3.1.1 im Zusammenhang mit dem Thema Vertragsmanagement.

Hausarbeit, Haushaltsproduktion und Prosumer Mit der Trennung zwischen Berufs-
und Privatleben hat sich auch die Trennung von Arbeit (eng verbunden mit einem aus-
geübten Beruf) und Freizeit etabliert. Der Begriff Freizeit ist in unserer Vorstellung zunächst mit genießerischen, freiwilligen Tätigkeiten belegt, die deutlich unterschieden von
Arbeit stattfinden. Die Bedürfnisbefriedigung steht hier im Vordergrund. In der modernen
Angestelltengesellschaft des 21. Jahrhunderts hat sich daher auch der Begriff der Work-
Life-Balance geprägt. So gilt weitläufig der Haushalt als Ort der Freizeit.

Gleichwohl gibt es im Haushalt allgemein Arbeit zu erledigen, die im Volksmund als
Hausarbeit bezeichnet wird. Putzen, Kochen, Waschen sind physische Tätigkeiten, auf die
Verbraucher:innen gerne verzichten würden, soweit sie können. Daher stellen viele Haushalte auch Haushaltshilfen beziehungsweise Reinigungskräfte ein. Diese Form der Arbeit
wird zunächst nicht als Teil des Volkseinkommens bzw. Bruttoinlandsprodukt gezählt. Diese
innerhalb von Haushalten unbezahlte Arbeit findet oft keine Beachtung in der Betrachtung
einer Volkswirtschaft, was feministische Gruppen kritisieren. Dennoch dienen private Haushalte nicht nur der Regeneration einer Arbeitskraft (in Unternehmen als „Humankapital" bezeichnet), sondern werden durch diese Hausarbeit ebenfalls reproduziert.

In der vorindustriellen Zeit war es eine gängige Konstellation, dass Familien einen Betrieb und eine Haushaltsproduktion in der Volkswirtschaft dargestellt haben. Bauern- und
Handwerksfamilien haben gemeinsam an der eigenen Bedürfnisbefriedigung gearbeitet,
indem sie Güter für sich selbst hergestellt und Überschüsse für Güter und Dienstleistungen
ausgegeben haben, die sie selbst nicht herstellen konnten. Es gab keine Teilung zwischen
Erwerbsarbeit und der übrigen Zeit, sondern eine Trennung zwischen jeglicher Arbeit und
Freizeit, obgleich es den Schweinestall auszumisten oder die Betten zu machen galt. In
einem kommenden nachindustriellen Zeitalter hin zu einem Informationszeitalter zeigen
sich Trends der Selbstversorgung in Privathaushalten – seien es eigene Hühner im Garten
oder Photovoltaikanlagen zur Energiegewinnung auf dem Dach. Ein damit einhergehender
Trend ist Do-it-yourself (DIY), wobei Verbraucher:innen selbst Produkte herstellen, indem
sie z. B. eigene Möbel entwerfen und dafür notwendige Produktionsgüter in Baumärkten
beschaffen.[2] Diese Rückkehr zur Bedürfnisbefriedigung durch Eigenproduktion und der
Verkauf von Überschüssen wird auch als Rückkehr des *Prosumers* bezeichnet (Toffler
1980; Ritzer und Jurgenson 2010). Der Begriff Prosumer ist eine Kombination der Begriffe Konsument:in und Produzent:in (engl. consumer; producer).

Marktkompetenzen Verbraucher:innen müssen nicht nur Arbeit in ihrem alltäglichen
Handeln auf dem Markt investieren, sondern müssen auch kompetent agieren und sich
somit notwendige Kompetenzen aneignen.

Wer in einem Unternehmen angestellt ist, um Arbeit zu erledigen, wird zumeist vom
Betrieb, von Industrie- und Handwerkskammern, Hochschulen etc. theoretisch und praktisch dafür ausgebildet, um rechtlich und wirtschaftlich kompetent innerhalb oder außer-

---

[2] Ein Beispiel hierfür ist „Create", die DIY-Sparte der Baumarktkette Obi (create.obi.de).

halb des Unternehmens zu handeln. Eine vergleichbare Ausbildung für Verbraucher:innen gibt es weitestgehend nicht.

Schulen vermitteln in ihrem Bildungsauftrag zwar zum einen erzieherisch Benimmregeln, sprachliche und mathematische Fähigkeiten. Zum anderen wird in unterschiedlicher Ausprägung im Unterrichtsfach „Hauswirtschaft" auch beispielsweise Kochen gelehrt. Jedoch erlernen Menschen Praktiken und Kompetenzen in der Haushaltsführung primär dadurch, dass sie in einen Haushalt hineingeboren werden und mit den wirtschaftlichen Entscheidungen der Eltern oder Erziehungsberechtigten aufwachsen (Piorkowsky 2011, S. 68).

In der Informationspolitik von Verbraucherzentralen wird dabei Verbraucherbildung verfolgt. Der Maxime folgend, dass gut informierte Verbraucher:innen kompetente Entscheidungen treffen, werden den Verbraucher:innen Berichte, Vergleiche und Nachrichten über Produkte und Anbieter zur Verfügung gestellt.

3.1.1 Arbeit im Haushalt: Aufgabenerledigung und Haushaltsmanagement

Arbeit, oft als Erwerbsarbeit am Arbeitsmarkt verstanden, wird in den heutigen industriell geprägten Gesellschaften vorwiegend als Tätigkeit gesehen, mit der man an „Arbeitstagen" sein Geld für den Haushalt verdient. Einige Autor:innen sind der Meinung, dass Hausarbeit als unproduktive Arbeit gesehen wird, die keinen Wert erschaffe und somit auch keine Arbeit sei (Huws 2021). Mit der Phrase *„Work-Life-Balance"* möchte man heutzutage die Herausforderung beschreiben, ein Gleichgewicht zwischen der eigenen Erwerbstätigkeit und dem Privatleben herzustellen. So gilt das Privatleben („Life") als unterschieden von der Erwerbsarbeit („Work"). Karl Marx und Friedrich Engels bezeichnen Arbeit hingegen als zielgerichtete Tätigkeit, die dazu dient, das eigene Überleben und die Bedürfnisbefriedigung zu sichern (Marx und Engels 1962). Hausarbeit ist jedoch ebenfalls eine (unfreiwillige) Arbeit, die es zu erledigen gilt und die eine wesentliche Komponente des menschlichen Arbeitsspektrums darstellt (Hesse und Judt 1996).

Begriff Der Begriff der *Hausarbeit* bezieht sich auf die Aufgaben und Verantwortlichkeiten, die innerhalb eines Haushalts ausgeführt werden, um dessen Funktionieren zu gewährleisten. Ihr Ziel ist die Versorgung der Haushaltsangehörigen (Witzig 2020). Sie umfasst ein breites Spektrum von Tätigkeiten, darunter die physische Beschaffung bzw. den Einkauf, die Reparatur und Instandhaltung des Wohnumfelds, Kochen und Putzen, Erziehung und Pflege (DeVault 1987; Hochschild 1989; Mederer 1993), aber auch kognitive, administrative und finanzielle Tätigkeiten wie das Haushalts- und das Finanzmanagement (Daminger 2019; Emens 2020; Piorkowsky 2011).

Wert der Hausarbeit Hausarbeit wird jedoch zumeist als unproduktive, unbezahlte, mit keinem nominellen Wert bezifferte Arbeit in einer Volkswirtschaft gesehen. Sie stellt allerdings tatsächliche ökonomische Kosten dar und reproduziert aktiv den Haushalt (Hesse und Judt 1996). Sie ist unsichtbarer Teil der Wirtschaftsleistung eines Landes, wird jedoch in der Regel nicht in wirtschaftlichen Kennzahlen wie dem Bruttoinlandsprodukt erfasst (Ostwald und Sesselmeier 2011). Hausarbeit gilt gesellschaftlich gegenüber der Erwerbsarbeit als abgewertet (DeVault 1987). Gleichwohl wird der Wert von Hausarbeit sichtbar, wenn man diese Tätigkeiten an Dienstleister auslagert, wie es bei der Reinigung (bzw. Putzen) der Wohnräume oft der Fall ist. Zahlt man einer Reinigungskraft Geld, stellt dies für die Reinigungskraft Erwerbsarbeit dar, wo es aus Perspektive des beauftragenden Haushalts eigene Hausarbeit wäre. Dabei findet Hausarbeit in der Betrachtung von Work-Life-Balance stets in der Freizeit statt, wo sie uns von der Regeneration oder freiwilligen Hobbys abhält, die wir um ihrer selbst willen aus Freude betreiben.

Aufwand von Hausarbeit In der Forschung sind nur wenige Daten darüber vorhanden, wie viel Aufwand Menschen mit der Ausführung von Haushaltsaktivitäten haben. Erhebungen von Zeitaufwendungen basieren hauptsächlich auf Methoden wie Fragebögen oder das Führen eines Zeittagebuchs (Winkler und Ireland 2009). So erfassen nationale oder multinationale Studien in regelmäßigen Zeitbudgeterhebungen Tätigkeiten, mit denen Verbraucher:innen täglich ihre Zeit verbringen. Eine der bekanntesten Tagebuchstudien ist der *American Time Use Survey* (ATUS). Der ATUS ist eine Erhebung des US-Büros für Statistik, in dem 8100 US-Bürger:innen 2022 danach gefragt wurden, wie viel Zeit sie jeweils auf eine der 17 Hauptkategorien (bestehend aus mehreren Unterkategorien) verbracht haben (vgl. Abb. 3.3).

Abb. 3.1 listet die primären Aktivitäten getrennt nach Geschlechtern auf. Demnach verbringen Verbraucher:innen durchschnittlich fast zwei Stunden täglich mit Haushaltsaktivitäten, wobei dies bei 85 % der Frauen und 70 % der Männer der Fall ist (U.S. Department of Labor 2023). Bei solchen Zeitbudgeterhebungen ist jedoch zu kritisieren, dass hier nur primäre Aktivitäten erfasst werden, obwohl Haushaltstätigkeiten auch häufig parallel zu anderen Aktivitäten durchgeführt werden (bspw. private E-Mails oder Terminvereinbarungen am Arbeitsplatz) und manche Aktivitäten nicht dem Haushalt zugeordnet wurden, dennoch aber zu den Haushaltsaufgaben zählen, wie Telefongespräche, E-Mails und Briefe schreiben, Einkaufen etc. (Winkler und Ireland 2009). Des Weiteren werden die subjektive Wahrnehmung der Zeitaufwendung, die Bedeutung von Aktivitäten, die wahrgenommene Arbeitsqualität und die physiologischen und kognitiven Kosten der Haushaltsarbeit nicht erfasst (Habib et al. 2010; Moreno-Colom 2017).

Fallbeispiel Kalender

Führt ein:e Verbraucher:in seinen:ihren Kalender, wird er:sie dort womöglich einen beruflichen Kalender und einen privaten Kalender(-teil) unterscheiden. Die Termine im Rahmen der Hausarbeit würden womöglich im privaten Teil des Kalenders vermerkt. Kaye et al. (2014) haben beobachtet, dass Verbraucher:innen oft berufliche wie private Termine in einem Kalender integrieren. Es ist also zu diskutieren, wie sinnvoll es ist, das eigene Leben dahingehend zu separieren. Mit der Perspektive der

Aktivität	Durchschnittliche Stunden pro Tag, Zivilbevölkerung			Durchschnittlicher Prozentsatz, der die Tätigkeit pro Tag ausübt			Durchschnittliche Stunden pro Tag der Personen, die diese Tätigkeit ausüben		
	Gesamt	Männer	Frauen	Gesamt	Männer	Frauen	Gesamt	Männer	Frauen
Gesamt, alle Tätigkeiten	24,00	24,00	24,00	-	-	-	-	-	-
Aktivitäten zur Körperpflege	9,78	9,54	10,02	99,9	99,9	99,9	9,79	9,75	10,02
Schlafen	9,02	8,90	9,13	99,9	99,9	99,9	9,03	8,91	9,14
Essen und Trinken	1,23	1,25	1,22	96,1	96,0	96,1	1,28	1,30	1,26
Tätigkeiten im Haushalt	1,89	1,51	2,26	78,1	70,3	85,4	2,43	2,15	2,65
Hausarbeit	0,57	0,31	0,82	35,0	22,2	47,1	1,63	1,40	1,73
Zubereitung von Speisen und Aufräumen	0,65	0,42	0,87	60,6	49,9	70,8	1,07	0,83	1,23
Pflege von Rasen und Garten	0,18	0,24	0,12	9,0	10,3	7,7	2,01	2,34	1,58
Haushaltsführung	0,14	0,12	0,16	16,7	13,7	19,6	0,84	0,88	0,81
Einkauf von Waren und Dienstleistungen	0,66	0,60	0,72	39,1	36,4	41,6	1,70	1,65	1,74
Kauf von Konsumgütern	0,31	0,27	0,35	35,4	32,7	38,0	0,89	0,83	0,93
Professionelle und persönliche Pflegeleistungen	0,08	0,07	0,09	6,5	5,0	7,9	1,22	1,35	1,16

Abb. 3.3 Zeiten von primären Aktivitäten von US-Bürger:innen im American Time Use Survey

Hausarbeit würden sowohl private Arbeit als auch Termine für Hobbys im gleichen Kalender stehen.

Selbstkontrolle:

- Reflektieren Sie die Herausforderungen in der Wahrnehmung und Wertschätzung von Hausarbeit von Verbraucher:innen in der Gesellschaft.
- Vergleichen Sie das Wesen der Erwerbsarbeit am Arbeitsmarkt mit Hausarbeit.
- Wie können Arbeitszeiten von Hausarbeit erfasst werden, und was ist dabei schwierig?

Rationalisierung von Hausarbeit Diverse Arbeiten zum Verständnis und zum Versuch einer Rationalisierung der Hauswirtschaft folgten seit Xenophon (vgl. Abschn. 3.1; vgl. auch Abschn. 1.3). Als eine der berühmtesten deutschen Haushaltsexpertinnen gilt Erna Meyer, die bereits zur Zeit der Weimarer Republik wissenschaftliche Aufarbeitungen der Wohnung als Arbeitsstätte der Hausfrau (Meyer 1928) oder Handbücher zur wirtschaftlichen Haushaltsführung veröffentlichte (Meyer 2021).

Ein prominentes Beispiel für den Versuch, arbeitswissenschaftliche Systematisierungen auf den Privathaushalt zu übertragen, ist die *Frankfurter Küche*, die als „Werkstatt der Hausfrau" unter ergonomisch-arbeitswissenschaftlichen Kriterien 1926 von der Architektin Schütte-Lihotzky gestaltet wurde (Kuhn 1998). Auch wurden Techniken für die Hauswirtschaft bei der Buchhaltung und dem Erfassen von Finanzen entwickelt (Hawkins und Bischoff 2003) (vgl. Abschn. 3.1.2).

Arbeitsteilung im Haushalt In Mehrpersonenhaushalten, wie Wohngemeinschaften oder Familien, wird die Aufgabenerledigung zumeist unter den Haushaltsmitgliedern – bei Familien mit Kindern primär zwischen den Eltern – aufgeteilt (Witzig 2020). Es war insbesondere die feministische Forschung, die darauf aufmerksam gemacht hat, dass der häusliche Kontext durchzogen ist von Arbeit, die meist ungleich verteilt ist (Hochschild 1989; Mederer 1993). Es gibt zahlreiche Studien über Hausarbeit als unsichtbare, ungleich verteilte und unbezahlte Arbeit (Baxter und Tai 2016; Bittman und Wajcman 2000; Ciciolla und Luthar 2019; Daminger 2019; Emens 2015; Hochschild 1989; Mederer 1993; Schneider und Hastings 2017). Was vor einigen Jahrzehnten einfach als Zuständigkeitsbereich der (nicht erwerbstätigen) Hausfrau abgewertet gesehen wurde, stellt in heutigen Gesellschaften zunehmend eine praktische Herausforderung vor allem für Doppelverdienerhaushalte dar. Denn bei Vollzeitbeschäftigung beider Partner in einem Zweipersonenhaushalt oder einer Familie werden Haushaltsaufgaben und Kinderbetreuung mehr von Frauen durchgeführt als von Männern, auch wenn der Trend rückläufig ist (Coltrane 2000). Diese ungerechte Überbelastung hat Hochschild als „Second Shift" bezeichnet, bei der erwerbstätige Frauen nach ihrer Arbeit (erste Schicht) zu Hause (in einer zweiten Schicht) noch Haushaltsarbeit und Kinderbetreuung erledigen müssen (Hochschild 1989).

Haushaltsmanagement *„Kochen, Putzen, Waschen"* als Hausarbeit sind *sichtbare* physi-sche Arbeiten im Haushalt. Jeder hat sie zumindest schon einmal bei anderen Haushalts-mitgliedern (bspw. den Eltern) beobachtet, wenn nicht selbst durchgeführt. Zum Beispiel werden im Zuge der Ernährung der Haushaltsmitglieder zur Befriedigung des Grund-bedürfnisses „Essen" Lebensmittel eingekauft, das Essen wird zubereitet, und danach wird aufgeräumt (bzw. abgespült) usw. Wie werden diese Tätigkeiten jedoch organisiert? Wer oder was plant am Beispiel „Essen" die Mahlzeiten und welche Lebensmittel dafür nötig sind?

Das Antizipieren, Identifizieren, Entscheiden und Überwachen der physikalischen Auf-gabenerledigung hat auch eine kognitive Dimension von Arbeit, die oft vernachlässigt wird (Daminger 2019). Die kognitive Arbeit zur Führung eines Haushalts und eines Le-bens ist eher von administrativer Natur (Emens 2015). Sie wird in der Literatur als *Haus-haltsmanagement* (Hochschild 1989; Winkler und Ireland 2009) oder *Life Admin* be-zeichnet (Emens 2020). Emens definiert den vor allem im angloamerikanischen Raum durch Ratgeber, Bücher oder YouTube[3] Tutorials bekannt gewordenen Begriff „Life Admin" als „Büroarbeit – sowohl Management- als auch Sekretariatsarbeit –, die nötig ist, um ein Leben oder einen Haushalt zu führen. Beispiele dafür sind das Ausfüllen von Papierkram, das Erstellen von Einkaufslisten, die Koordination von Terminen, der Versand von Paketen und die Bearbeitung von medizinischen Angelegenheiten und Sozial-leistungen" (Emens 2015; übersetzt aus dem Englischen).

Die Ausübung solcher Tätigkeiten wird aufgrund ihrer unsichtbaren Art von anderen Haushaltmitgliedern in der Regel nicht wahrgenommen, was ihre gerechte Verteilung und Artikulation ebenfalls erschwert. Bei den Tätigkeiten handelt es sich um – über-wiegend banale – geistige, büroähnliche Aufgaben (Emens 2015), die Ähnlichkeiten (wenn auch teilweise erhebliche Unterschiede) zu administrativen Bürotätigkeiten im Tagesgeschäft von Unternehmen aufweisen. In Tab. 3.1 stellt Daminger (2019) eine Aufstellung von Handlungsdomänen des kognitiven Haushaltsmanagements zur Ver-fügung. Darin zählt sie Beispiele wie die Planung von Mahlzeiten oder die Koordination von Putzaufgaben auf.

Organisationsgerichtete Hausarbeit Der philosophisch publizierende ehemalige ka-tholische Priester Illich verwendet in einer vergleichbaren Argumentation den Begriff „Schattenarbeit" und treibt ihn auf die Spitze als eine Form der Sklavenarbeit in der er-zwungenen Interaktion mit Organisationen (vgl. Behörden, aber auch private Unter-nehmen) (Illich 1980). Die US-Regierung (2015) hat sich selbst das Ziel erklärt, den durch Behörden verursachten Verwaltungsaufwand für Verbraucher:innen (und Unternehmen) zu reduzieren. Demnach wurde im Jahr 2014 von Behörden ein geschätzter Verwaltungs-aufwand von 9,43 Mrd. Stunden verursacht.

---

[3] Es gibt zahlreiche Videos auf YouTube zur Planung und Bewältigung von Life Admin innerhalb eines „Life Admin Days" oder Bücher, die einem helfen, Life Admin zu reduzieren (Emens 2020).

Tab. 3.1 Beispiele für kognitive Haushaltsarbeit. (Auszug aus Daminger 2019)

Domäne	Beispiele für kognitive Hausarbeit
Essen	Entscheiden, welche Mahlzeiten zuzubereiten sind
	Sicherstellen einer konstanten Lebensmittelversorgung
Kinderbetreuung	Eine Kindertagesstätte auswählen/finden
	Schlaf-/Mahlzeitenplan festlegen
Logistik/Planung	Familienkalender pflegen
	Einen Terminkonflikt lösen
Reinigung/Wäsche	Überwachen, wann Bettwäsche gewechselt werden muss
	Koordination mit angestellten Haushaltshilfen
Finanzen	Sicherstellen, dass Rechnungen pünktlich bezahlt werden
	Entscheidung über die Vermögensaufteilung
Einkaufen	Identifizieren der zu kaufenden Artikel
	Eine Marke bzw. ein Modell auswählen
Haus-/Autopflege	Erkennen eines reparaturbedürftigen Gegenstands
	Einen Handwerker (z. B. Klempner) finden

In der organisationsgerichteten Hausarbeit kooperiert man, wie in Abb. 3.4 zu sehen, entweder mit öffentlichen (damit sind Behörden gemeint) oder privaten Organisationen (z. B. Unternehmen) in unterschiedlichen Themenfeldern oder Wirtschaftssektoren (wie im Gesundheitsbereich, bei Vermögenswerten, Steuern, Konsumgütern usw.) Verbraucher:innen erledigen dabei auch Arbeitstätigkeiten in Querschnittsbereichen

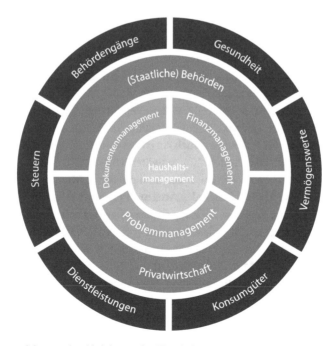

Abb. 3.4 Kategorisierung der Aktivitäten des Haushaltsmanagements

- wie dem **Finanzmanagement**, durch Buchführung, Dokumentenmanagement und
- der Aufbewahrung und Ablage (**Dokumentation**) von Rechnungen, Belegen oder sonstigen wichtigen Haushaltsdokumenten oder
- gehen in die **Problemlösung** mit Anbieter:innen, sollten vereinbarte Leistungen mangelhaft sein (vgl. Abb. 3.4).

Fallbeispiel Vertragsmanager

Die ständige Überwachung und Steuerung ihrer unzähligen (Laufzeit-)Verträge bereiten Verbraucher:innen Arbeit im Vertragsmanagement. Seit einigen Jahren gibt es bereits Anbieter von Portalen/Apps, die Verbraucher:innen dabei helfen, ihre Verträge und damit einhergehende Fristen usw. elektronisch zu administrieren. Beispielsweise bietet das Unternehmen *Aboalarm.de* einen Kündigungsservice an, durch den Verbraucher:innen bei der rechtssicheren Kündigung unterstützt werden. Wo Verbraucher:innen die Durchsetzung einer Kündigung erschwert wird, begründet Aboalarm damit sein Geschäftsmodell. Der Dienst verlangt dafür ein Entgelt, das schwer zu erfassende Transaktionskosten von Verbraucher:innen real werden lässt (Dethier et al. 2022).

Selbstkontrolle:

- Überlegen und beschreiben Sie ein anderes Beispiel für Transaktionskosten von Verbraucher:innen.

Vertragsmanagement Man könnte nahezu alle (privatwirtschaftliche) organisationsgerichtete Arbeit als Vertragsarbeit bezeichnen. Indem Verbraucher:innen organisationsgerichtet handeln, werden Vereinbarungen getroffen (Verträge geschlossen) oder auf deren Basis interagiert. Die adäquate Administration von Verträgen gerät in der heutigen Gesellschaft zunehmend in den Fokus der Verbraucherunterstützung. Der Trend geht heutzutage dahin, dass sich jegliche (physikalische) Produkte in Dienstleistungsgeschäftsmodelle transformieren lassen. Das Phänomen, auch als Every-thing-as-a-Service (XaaS) bekannt, hält bereits Einzug in diverse digitale Konsumgüter, wie bei Musik und Film. Wo Musik oder Filme nicht mehr gekauft werden, treten an diese Stelle Mietmodelle von bekannten Anbietern wie Spotify, Apple Music oder Amazon Prime Music sowie Netflix, Amazon Prime Video oder Disney Plus usw. Im Zuge dessen gehen Verbraucher:innen immer mehr Laufzeitverträge mit diversen Organisationen ein (vgl. Abb. 3.5), die sie überwachen und verwalten müssen. Dieser Teil des Haushaltsmanagements erfordert eine stetige mentale Arbeit sowie ausreichende Marktkompetenzen und führt zu einer kontinuierlichen Belastung der Verbraucher:innen. Hinzu kommt, dass Unternehmen Geschäftsvorgänge wie Kündigungen, Beschwerden oder Erstattungen in der Interaktion erschweren, sodass negative Konsequenzen für das Unternehmen vermindert werden. Diese Mehrarbeit scheuen Verbraucher:innen in ihrem Handeln (vgl. Fallbeispiel Fluggastentschädigung zuvor oder nachfolgendes Fallbeispiel Vertragsmanager)

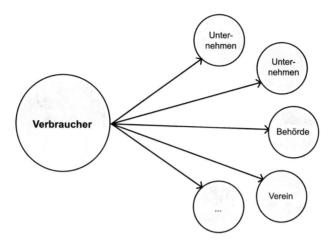

Abb. 3.5 Verbraucher in Kooperation mit diversen Organisationen

3.1.2   Informationsprozesse im Haushalt

Im Rahmen der Organisation und Kooperation innerhalb des Haushalts und mit außenstehenden Unternehmen oder Behörden lassen sich ausgebildete Informationsprozesse, die durch alltägliche Praktiken ausgeübt werden, in Privathaushalten beobachten.

Methodik der ethnomethodologischen Forschung
Zur empirischen Erhebung von Praktiken und Vorgängen im Haushalt sind unterschiedliche methodische Vorgehen möglich. Zum einen können die Praktiken der Verbraucher:innen durch qualitative Interviews erhoben werden. Zum anderen können im Rahmen ethnomethodologischer Forschungen durch die Begleitung der Untersuchungspersonen während der Durchführung ihrer Praktiken vor Ort untersucht werden. Dabei können Feldnotizen, Fotos sowie Transkripte der artikulierten Inhalte erhoben werden (Garfinkel 1986). Nachfolgend werden häusliche Ordnungssysteme und die Haushaltsbuchführung anhand empirischer Studien vorgestellt, von denen einige ethnomethodologisch orientiert durchgeführt worden.
   Selbstkontrolle:

- Welche Herausforderungen gibt es in der empirischen Erforschung von Hausarbeit bei Verbraucher:innen hinsichtlich der Sichtbarkeit?

Abb. 3.6 Verschiedene Ordnungssysteme. (Vyas et al. 2016)

Abb. 3.7 Beispiele für unterschiedliche Finanzsysteme im Haushalt. (Vyas et al. 2016)

Häusliche Ordnungssysteme Verbraucher:innen organisieren sich innerhalb des Haushalts durch mannigfaltige Ordnungssysteme. So gibt es empirische Untersuchungen, in denen deutlich wird, wie Wandkalender oder andere Zettel oder Haftnotizen für den Informationsaustausch oder zur Aufbewahrung verwendet werden (vgl. Abb. 3.6). Wandkalender können auch Taschen haben, in die beispielsweise Briefe oder Belege eingefügt werden. Auch sammeln Verbraucher:innen zum Beispiel aktuelle Themen an einem zentralen Ort im Haus, um auf diese Weise die Übersicht über laufende Prozesse und Ereignisse zu behalten (Vyas et al. 2016). Die persönlichen Finanzen können auf unterschiedliche Weisen organisiert werden, wie Bargeld in Gläsern, Dokumente (wie z. B. Rechnungen) in Aktenordnern oder angepinnt am Kühlschrank oder Excel-Tabellen mit Ein- und Ausgabenübersicht (vgl. Abb. 3.7).

Betrachtet man den Prozess der Rechnungsbearbeitung, lassen sich hier diverse Aktivitäten beobachten, die Verbraucher:innen zur Koordination praktizieren. Wenn Verbraucher:innen Rechnungen empfangen, dann überprüfen sie den Eingang (z. B. Briefkasten, E-Mail-Postfach, etc.) regelmäßig innerhalb von Stunden oder Tagen. Wenn sie die Rechnungen öffnen, können sie diese sofort bearbeiten oder erstmal an einen Ort legen, wo sie zur Bearbeitung aufbewahrt werden (vgl. Abb. 3.8). Das kann zum Beispiel ein möglichst auffälliger Ort wie der Küchentisch oder eine Kommode im Flur sein. Überprüfen und bezahlen Verbraucher:innen ihre Rechnungen, archivieren sie diese danach in unterschiedlichen Systemen von akkurat strukturierten Aktenordnern bis hin zu unsortierten Stapeln in Schubladen, wo sie dann Jahre bis Jahrzehnte aufbewahrt werden (vgl. Abb. 3.9).

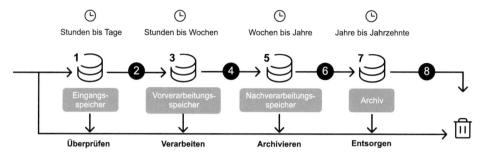

Abb. 3.8 Rechnungsprozess bei Verbraucher:innen

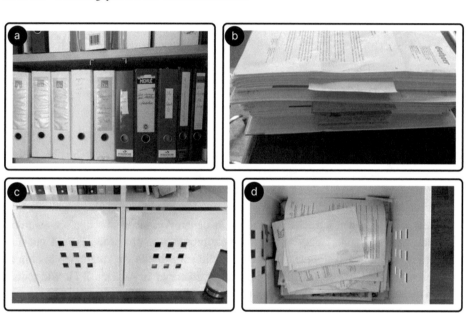

Abb. 3.9 Archive von Verbraucher:innen

Rechnungen verstanden als Boundary Objects

Rechnungen stellen ein gutes Beispiel für Boundary Objects (dt.: Grenzobjekt) dar. Als Konzept aus den Sozialwissenschaften beschreibt es Objekte, die zwischen verschiedenen Gemeinschaften (oder auch Interessengruppen) ausgetauscht werden (wie bspw. Unternehmen und Verbraucher:innen). Das Konzept berücksichtigt, dass diese Objekte in mehreren Gemeinschaften verwendet werden, aber so flexibel interpretierbar sind, dass sie von jeder Gemeinschaft anders verstanden und angewendet werden können. Diese Objekte ermöglichen die Kommunikation und Kooperation zwischen verschiedenen sozialen Welten, ohne dass es zu einem Identitätsverlust der einzelnen Gemeinschaft kommt. Boundary Objects können Artefakte,

Dokumente, Terminologien oder Methoden sein, die in unterschiedlichen Kontexten verwendet werden. Dieses Konzept wurde von Susan Leigh Star und James R. Griesemer in ihrer Arbeit zur Koordinierung heterogener wissenschaftlicher Forschungsgemeinschaften eingeführt (Star und Griesemer 1989). Seitdem hat es sich in den Bereichen Wissenschafts- und Technologiestudien, Organisationsforschung und Design weit verbreitet und ist zu einem Schlüsselbegriff in der interdisziplinären Forschung geworden (Carlile 2002).

Selbstkontrolle:

- Reflektieren Sie, wie und zu welchem Zweck sich häusliche Ordnungssysteme bilden.
- Welche Tätigkeiten des Haushaltsmanagements können die dargestellten Ordnungssysteme konkret begleiten?
- Welche unterschiedlichen Bedeutungen können Rechnungen für Verbraucher:innen und für Unternehmen haben?

Haushaltsbuchführung Auch in der Haushaltsbuchführung greifen Verbraucher:innen auf mehrere Techniken zurück. Sie sammeln zum Beispiel Rechnungsbelege als eine Art der Dokumentation in (a) Kalendern oder (b) Notizbüchern, wie oben bereits beschrieben. Auch können (c) Briefumschläge dafür genutzt werden. Die (d) Scheckbuchmethode sieht vor, dass Transaktionen aufgelistet werden, in denen Ausgaben durchgeführt werden. Natürlich sind heutzutage ebenso (e) Computerprogramme ein probates und gut ausgereiftes Mittel, das neben vielen anderen Funktionen aktuelle Kalkulationen bis hin zu Prognosen tätigen kann (vgl. Fallbeispiel Vertragsmanager in Abschn. 3.1). Wie jedoch können diese Praktiken digitalisiert werden, und was gilt es dabei zu beachten?

3.1.3 Digitalisierung von Haushaltspraktiken

Die Praktiken, die sich Verbraucher:innen in der Bewältigung von Arbeit im Haushalt aneignen, werden zunehmend von Technik beeinflusst und verändert. Der Entwurf der modernen Einbauküche durch das Design der Frankfurter Küche ist ein historisches Beispiel. Wie der Staubsauger das Reinigen von Böden und anderen Oberflächen durch einen Besen abgelöst hat, so unterstützen nunmehr intelligente Haushaltsgeräte die Haushaltsarbeit von Verbraucher:innen.

Smart Home für Hausarbeit Was der Staubsauger für den Besen war, ist nun der Staubsaugerroboter (oder Saugroboter) für den Staubsauger. Vernetzt im *Internet der Dinge* (IoT) und ausgestattet mit diversen Sensoren, erledigt er die Reinigungsleistung von allein durch autonome Saug- und Wischvorgänge. Das smarte physische Haushaltsgerät ist dabei entweder über den häuslichen Internetanschluss oder über eine eigene eingebaute SIM-Karte mobil (wie das häufig bei neuen Fahrzeugen der Fall ist) mit dem Internet verbunden. Über das Internet können Verbraucher:innen das Gerät ortsunabhängig und intelligent (z. B. von ihrem Smartphone) steuern. Ein *Smart Home Hub*, auch „Basisstation" oder „Gateway" genannt, kann unterschiedliche Haushaltsgeräte und andere smarte Gegenstände untereinander verbinden und mit Zeitplänen bzw. Routinen oder *Wenn-Dann-Regeln* (engl.: „If-this-than-that") verwalten. Wenn-Dann-Regeln sorgen für eine situationsbasierte Steuerung. Sollte beispielsweise der Wind im Garten zu stark wehen und eine eigene kleine smarte Wetterstation dies mit ihren Sensoren erfassen, könnte als Folge eine intelligent gesteuerte Markise zum Schutz vor Beschädigung eingefahren werden.

Haushaltsgeräte, die die physische Hausarbeit von Verbraucher:innen unterstützen, sind bereits vielfältig. Neben dem Saugroboter unterstützen

- Rasenmähroboter das Rasenmähen,
- smarte Küchenmaschinen wie ein Thermomix, ein vernetzter Wasserkocher oder eine vernetze Kaffeemaschine die Küchenarbeit oder
- smarte elektrische Zahnbürsten das akkurate Zähneputzen.

Durch den Einzug von Maschinen werden so körperliche Tätigkeiten von Menschen entweder unterstützt oder gar ganz autonom übernommen. Eine smarte Kaffeemaschine kann Verbraucher:innen morgens selbstständig den Kaffee bereitstellen. Eine smarte Zahnbürste kann den Reinigungsprozess der Zähne unterstützen oder sogar optimieren, sodass sich womöglich etablierte Praktiken anpassen. Fragen, die sich Verbraucher:innen stellen, wenn sie das Haus verlassen, wie „Habe ich den Backofen ausgeschaltet?", erübrigen sich mit einem smarten Backofen und dem Fernzugriff darauf via Smartphone.

Moneywork In der Forschung oft als *Moneywork* bezeichnet, werden Praktiken mit persönlichen Finanzen beschrieben. Diese finanzenorientierten Praktiken sind im Gegensatz zu den körperlichen Tätigkeiten der Hausarbeit eher mentaler Natur. Sie sind oft durch mentale Modelle im Kopf von Verbraucher:innen ausgeprägt, die sich jedoch physisch in prozessartigen Abläufen und wohlgestalteten Ordnungssystemen zeigen (Mai et al. 2020). Verbraucher:innen rechnen nicht rational, sondern sortieren ihre Budgets Nutzungskategorien zu und gehen je nach Kontext unterschiedlich damit um, wie das nachfolgende Beispiel illustriert: „100 € für ein Abendessen im Urlaub. Kein Problem. Man gönnt sich ja sonst nichts. Aber 100 € für ein Mittagessen in der Kantine? Auf keinen Fall."

Die Verhaltensökonomik bezeichnet das Phänomen von mentalen Modellen bei der Verteilung von Geld auch als mentale Buchführung (engl. „mental accounting") (vgl. Fallbeispiel). Die hier bei den Ausgaben noch hinzukommenden Ankereffekte sorgen zudem für eine unterschiedliche Wahrnehmung der Wertigkeit von Preis und Leistung. Der Ankereffekt bezeichnet die Orientierung eines initialen Wertes, der eine Entscheidung beeinflusst (vgl. Abschn. 2.1.1.3).

Zuvor wurde beschrieben, wie Verbraucher:innen physische Gegenstände wie Kalender oder die Tür des Kühlschranks in diese Ordnungssysteme einbeziehen und somit Orten des Wohnbereichs eine Funktion in ihrem Finanzmanagement geben (vgl. Abschn. 3.1.2). Solche Studien der Mensch-Computer-Interaktion zeigen, dass Finanzmanagement nicht nur das Addieren oder Subtrahieren von Zahlen, sondern eine soziale Aktivität ist. Zum Beispiel wurden Effekte und Herausforderungen beim Umgang mit mobilen und bargeldlosen Zahlungssystemen untersucht (Ferreira et al. 2015; Pritchard et al. 2015). Auch Studien über ältere Verbraucher:innen (Millen et al. 2015), solche mit niedrigen Einkommen (Mehmood et al. 2019) oder schlechter mentaler Gesundheit (Barros Pena et al. 2021) geben Einblicke in menschliches Verhalten in ihrem alltäglichen Handeln. Diese Studien zeigen, dass Verbraucher:innen eine Vielzahl von Emotionen im Umgang mit Geld haben und dieses materielle Geld eine „menschliche" Seite besitzt (Kaye et al. 2014).

Informationstechnik, die diese mentalen Praktiken unterstützen will, muss – wie ein physischer, technischer Gegenstand auch – sorgfältig bei Verbraucher:innen evaluiert und anhand deren mentalen Modellen bzw. aktuellen Praktiken entwickelt werden. Auch die soziale Komponente sollte – wie oben erwähnt – beachtet werden. Arbeitsplatzstudien zeigen, dass es im besten Fall nichts bringt, Arbeitsprozesse ohne die menschliche Perspektive zu digitalisieren. Im schlechtesten Fall behindert es Prozesse sogar (Sellen und Harper 1995). Verbraucher:innen hingegen haben zumeist keine Vorgesetzten, die ein neues Computerprogramm/eine App zur Steuererklärung oder eine Excel-Schablone zur Buchführung vorgeben. Verbraucher:innen agieren freiwillig und nutzen lediglich die Technik, die ihnen nützlich und einfach erscheint (vgl. TAM aus Abschn. 2.1.1.2) und so eine Erleichterung bietet. Technologieakzeptanz ist damit ein entscheidender Faktor in der Unterstützung von Haushaltspraktiken.

Mentale Buchführung und mentale Konten
„Die mentale Buchführung ist die Gesamtheit der kognitiven Operationen, die von Einzelpersonen und Haushalten verwendet werden, um ihre finanziellen Aktivitäten zu organisieren, zu bewerten und im Auge zu behalten" (Thaler 1999). Einnahmen und Ausgaben werden in Kategorien und für einen Nutzungszweck eingeteilt. Ausgaben werden durch Budgetgrenzen limitiert, sodass man für sein Mittagessen nicht unverhältnismäßig zu viel Geld ausgibt, aber im Urlaub das Budget etwas erhöht. Die mentalen Konten werden regelmäßig (täglich wöchentlich, jährlich usw. bilanziert). Die mentale Buchführung beeinflusst (Kauf-)Entscheidungen von Verbraucher:innen erheblich (Thaler 1999).

Selbstkontrolle:

• Reflektieren Sie, welche mentalen und welche faktischen Konten Sie persönlich führen.

Reale Konten bei Kreditinstituten oder in Form von Investitions- und Anlagegütern gehören neben mentalen Konten ebenfalls zur Hausarbeit und damit zum kognitiven Haushaltsmanagement. Verbraucher:innen stehen hier vor der Herausforderung, stets gut informierte Entscheidungen zu treffen, welche Anlageform die optimale Nutzenmaximierung zur Folge hat (vgl. Abschn. 3.1, Sparverhalten und Investitionen). Damit verbundene Hausarbeit adressieren seit Kurzem sog. *Robo-Advisor.*

Paperwork Umgangssprachlich als *Papierkram* (engl. *Paperwork*) bezeichnet, lassen sich alle formular- oder dokumentenorientierten Tätigkeiten von Verbraucher:innen beschreiben. Wie im Haushaltsmanagement zuvor bereits erörtert, beinhaltet das administrative Haushaltsmanagement zumeist auch Paperwork, wie das Pflegen von (Einkaufs-)Listen, Anträge bei einer Behörde, das Ablegen einer Rechnung etc. (vgl. Abb. 3.8). Mit administrativen mentalen Praktiken verbundenes Paperwork, wie auch Moneywork, werden bei Verbraucher:innen zunehmend von App-Anbietern digitalisiert und zudem zu automatisieren versucht.

Wo ein Saugroboter Verbraucher:innen das Staubsaugen abnimmt und die (zeitgesteuerte) Routine im Smart Home (Hub) den Putzplan des Roboters umsetzt, können Apps für Dokumentenarbeit Verbraucher:innen eine mentale Belastung abnehmen. Bis vor einigen Jahren mussten Verbraucher:innen aufpassen, dass sich Laufzeitverträge nicht automatisch verlängern. Dafür haben sie sich zum Beispiel Erinnerungen in Kalendern eingetragen. Nun können Apps Verbraucher:innen dabei unterstützen, indem die Apps Verfahren des Lesens und Interpretierens von Texten anwenden und Verbraucher:innen an Fristen in Rechnungen oder Verträgen erinnern. Dafür müssen Verbraucher:innen ihre papierbasierten Artefakte (bspw. mit dem Smartphone) einscannen oder alle digitalen Artefakte einer solchen App sammeln. Dokumente jeglicher Art, wie Rechnungen, aber auch Verträge, Zeugnisse usw. werden so digital verfügbar gemacht und langfristig abgelegt. Ein in Deutschland bekannter Anbieter einer solchen Dokumentenverwaltung ist beispielsweise *fileee.com.* Weitere Funktionen wie die elektronische Volltextsuche, mobiler Zugriff oder geringe Lagerungskosten gehen dabei mit digitalen Systemen einher.

VRM Im Abschn. 3.1 im Unterabschnitt „Fairness" wurden Laufzeitverträge diskutiert, die zum Nachteil für Verbraucher:innen werden können (vgl. Phishing for Fools). Hierbei ist zu beobachten, dass sich Lösungen auf dem Markt platzieren, die Verbraucher:innen beim Umgang mit solchen Herausforderungen unterstützen. Ein solches Angebot lässt sich aktuell in diversen Themenbereichen erkennen (Finanzen: *finanzguru.de*; Recht: *rightnow.de*; Paperwork: *fileee.com*; etc.). In Bezug auf Paperwork mit organisationsgerichteter Interaktion werden solche Angebote dem Konzept des Vendor Relationship Managements (VRM) zugeordnet (Searls 2012). Dieses Konzept wird als eine Sammlung von Werkzeugen (Tools) verstanden, die Verbraucher:innen bei der Erledigung ihrer Papierarbeiten in einer digitalisierten und elektronisch vernetzten Weise unterstützen (Mitchell et al. 2008). VRM-Tools werden allgemein als Mittel des Empowerments sowie der Arbeitsentlastung von Verbraucher:innen im Handeln auf dem Markt verstanden (Alvarez 2017; Dethier et al. 2022). Mitchell et al. (2008) kritisieren aktuelle Marketingmaßnahmen von Unternehmen gegenüber Verbraucher:innen als ein Raten von Bedarfen und ein Arbeiten auf Basis von Vermutungen. VRM-Software oder -Plattformen könnten in den Händen der Verbraucher:innen als Medium zu einer bedarfsgerechten Interaktion mit ihren Anbieter:innen (und umgekehrt) dienen. Durch eine elektronisch vernetzte Interaktion besteht das Potenzial, Kundenbedürfnisse im Dialog effektiver zu erfüllen und die Art und Weise der Geschäftsabwicklung zu verbessern (Levine et al. 2000).

Da Unternehmen in der Regel ihre Prozesse und Abläufe ohnehin systematisiert und professionalisiert haben, bedeuten VRM-Systeme vor allem eine deutliche Steigerung in der Unterstützung von Verbraucher:innen. Sie reichern einseitig digitalisierte Vertriebs- und Serviceprozesse zu einer plattformökonomischen Interaktion an (Alvarez 2017; Narayanan et al. 2012; Niwa und Nishi 2017). So kann eine solche Plattformunterstützung auf beiden Seiten – Anbieter:innen und Verbraucher:innen – Effizienzgewinne beim Vertragsmanagement, bei der Kommunikation sowie beim Kaufprozess und Service bringen (Mitchell et al. 2008).

Mit Blick auf den digitalen Markt sind auch Vergleichsplattformen als VRM-Tools zu klassifizieren, die in der Herausforderung einer Informationsbeschaffung, Abwicklung und sonstigen Interaktion unterstützen (vgl. Fallbeispiel Vergleichsplattform aus Abschn. 3.1).

Kritik an Digitalisierung Kaye et al. (2014) kritisieren, dass die Rationalisierung der Digitalisierung und Optimierung von Haushaltsprozessen in Bezug auf Papierkram die gelebte Erfahrung der Menschen mit Finanzmanagement vernachlässigt. Zwar sind analoge, papierbasierte Prozesse mit höheren Kosten für die Bereitstellung, Lagerung und den Abruf verbunden als digitale Systeme, dennoch dürfen aktuelle Arbeitspraktiken nicht wegen der Einschränkungen eines Mediums kritisiert werden (Turner 2003). Solche Praktiken müssen insofern verstanden werden, wie beispielsweise Papier als Medium als Informations- und Kommunikationsartefakt dient (Sellen and Harper 2003). Schmidt und Wagner (2004) betonen zudem, dass häusliche Ordnungssysteme lebendig durch Zusammenarbeit geschaffen und aufrechterhalten werden, sodass es hier keine starren Strukturen und Prozesse gibt. In ihrer Studie über die Nutzung von Bankdienstleistungen durch ältere Menschen fanden Vines et al. (2011) ebenfalls heraus, dass diese häufig Papierschecks verwenden, um ihre Ausgaben nachzuvollziehen und ihre Finanzen zu organisieren. Mit der fortschreitenden Digitalisierung des Geldes, die zwar die Transaktionen effizienter macht, verschwinden jedoch auch bestehende Kulturtechniken mit Papierschecks, was ein Problem für ältere Generationen darstellen kann, die dadurch möglicherweise einen Teil der Kontrolle über ihre persönlichen Finanzen verlieren (Dolata und Schwabe 2017).

Intermediäre VRM-Tools oder VRM-Anbieter treten oft als ein Intermediär auf, der zwischen Anbieter:innen und Verbraucher:innen vermittelt (Dethier et al. 2022; Mitchell et al. 2008). Es gibt eine lange Tradition von Unternehmen, die als Vermittler für Verbraucher:innen oder Haushalte fungieren, indem sie Personal und menschliche Unterstützung als Bürodienstleistung – z. B. bekannt als Family Office – bereitstellen (Canessa et al. 2018; Dunn 1980). Früher neigten Family Offices dazu, nur einer Familie zu gehören und für diese zu arbeiten, aber im Laufe der Zeit haben sich Geschäftsmodelle mit Multi-Client-Strategien entwickelt (Newton 2002). Intermediäre übernehmen allgemeine Paperwork-Tätigkeiten, können sich jedoch auch auf Themenbereiche spezialisieren. Verbraucher:innen können also auch das Haushaltsmanagement (teilweise) an Dienstleister auslagern oder durch Software/Plattformen unterstützen lassen, wie es in Bereichen der körperlichen Hausarbeit bei Haushaltshilfen, Reinigungskräften oder Pflegekräften oft in Anspruch genommen wird.

Der Mythos des papierlosen Büros

Die Digitalisierung von Papierarbeit ist ein gutes Beispiel für die oft überzogenen Erwartungen an Digitalisierung. Vor knapp 20 Jahren ist man davon ausgegangen, dass das papierlose Büro die Arbeitswelt revolutionieren und Papier aus dem Arbeitsalltag verdrängen wird. Diese Entwicklung ist jedoch bis heute nicht zu beobachten, da Menschen in vielen Tätigkeitsbereichen lieber mit Papier arbeiten. Zwar nimmt der geschäftliche Bedarf an Papier ab, dennoch lässt sich in vielen Kollaborationsformen in Büros wieder eine Renaissance von Papier entdecken. Aufgrund seiner materiellen Beschaffenheit ist es möglich, mit Papier besser zusammenzuarbeiten und es leicht physisch in der Wohnumgebung zu platzieren. Zum Beispiel können mit Haftnotizen am Kühlschrank Erinnerungen für alle Haushaltsmitglieder sichtbar gemacht werden (Briscoe 2022).

Selbstkontrolle:

- Reflektieren Sie Chancen und Gefahren der Digitalisierung von Arbeitspraktiken der Verbraucher:innen.
- Welche Vorteile haben digitale Artefakte und Systeme für Verbraucher:innen?
- Welche Vorteile hat Papier in der Interaktion und Zusammenarbeit im Haushalt?
- Welchen Unterschied sehen Sie in der vollständigen Auslagerung von Praktiken an Dienstleister:innen oder Roboter und in der Technikunterstützung von Praktiken, die Verbraucher:innen weiterhin selbst durchführen?
- Vergleichen Sie die Praktik der Rechnungsbearbeitung aus Abschn. 3.1.2 mit der Digitalisierung von Paperwork durch das Scannen von Rechnungen durch Apps. Welche Beobachtungen sollten bei der Entwicklung einer solchen App berücksichtigt werden?

Empowerment In den Verbraucherwissenschaften besteht Konsens darüber, dass Verbraucher:innen gegenüber Unternehmen (bzw. Organisationen) schwächer und damit benachteiligt sind (Dethier et al. 2022). Mangelnde Marktkompetenzen, gescheute oder unprofessionelle Arbeit im Haushalt (vgl. Transaktionskosten Abschn. 3.1) sind neben vielen anderen Aspekten der Verhaltensökonomik oder Markttheorie als Gründe anzuführen. Effekte aus Herausforderungen der Informationsökonomie und Entscheidungstheorie (vgl. Abschn. 2.1.1.3) prägen das Verhalten der Verbraucher:innen und verhindern rationales, professionelles Handeln. Professionelle Dienstleister bzw. Intermediäre sowie VRM-Tools hingegen können durch ihre spezialisierte Expertise und emotionsloses Handeln eine rationalisierte Arbeitsweise fördern. Verbraucher:innen werden so durch die Intermediäre befähigt und damit auf dem Markt gestärkt (engl. (to) empower). Verbraucherschutz wird in Kap. 4 dieses Buches näher erörtert.

3.2   Makroökonomische Perspektive: Digitale Märkte

Neben der mikroökonomischen Perspektive von Haushalten gibt es auch eine Perspektive des Marktes, auf dem sich Haushalte und Unternehmen treffen (vgl. Markttheorie aus Abschn. 3.1). Die (Konsum-)Märkte digitalisieren sich zunehmend in jeglichen Lebensbereichen der Verbraucher:innen. Dies geschieht häufig mithilfe digitaler Märkte, auf denen sowohl physische als auch rein digitale Güter ausgetauscht werden. Diese digitalen Märkte stellen aus technischer Sicht Plattformen dar, auf denen Menschen oder Organisationen miteinander interagieren. Sie kommunizieren, handeln, tauschen aus. Immer mehr Plattformunternehmen erscheinen auf den Märkten und sind bestrebt, digitale Lösungen sowie weitreichende Vernetzungen zu ermöglichen. Sie sind häufig disruptiv, d. h., sie verdrängen oder ersetzen traditionelle Märkte. Das zunehmende Angebot solcher Plattformdienste verändert das Wirtschaften von Unternehmen und dringt mehr und mehr in den Alltag, das Leben und Arbeiten von Verbraucher:innen ein.

Eine Vielzahl von digitalen „Alltagshelfern" sind beispielsweise:

- Facebook und WhatsApp, um mit unseren Freund:innen in Kontakt zu bleiben,
- Navigation im Internet über Suchmaschinen wie Google,
- Einkauf von alltäglichen Gegenständen über Amazon,
- Essensauswahl und Bestellung über Lieferando,
- Fahrdienste über FREENOW oder UBER
- Reiseplanung mit booking.com,
- Musikkonsum über Spotify oder Amazon Music,
- Hörbücher bei Audible,
- die neuesten Serien und Filme über Netflix,
- Tutorials für Gartenarbeit auf YouTube,
- Wohnungssuche über ImmoScout24,
- Privatkäufe und Verkäufe auf Kleinanzeigen,
- berufliche Vernetzung über LinkedIn,
- Videokonferenzen mit Kolleginnen und Kollegen über Zoom oder WebEx.

Oft lassen sich monopolähnliche Strukturen auf digitalen Märkten beobachten, bei denen sich ausgewählte Unternehmen gegen den Wettbewerb durchsetzen (siehe Abschn. 3.2.3). *Warum jedoch ist das so?*

Im folgenden Kapitel soll betrachtet werden, was die Eigenschaften von Plattformökonomien sind und inwiefern diese sich von der traditionellen Wirtschaft unterscheiden.

Traditionelle vs. plattformbasierte Geschäftsmodelle Traditionelle Geschäftsmodelle schaffen dadurch Wert, dass ihre Produkte von Konsument:innen gekauft und genutzt bzw. ihre Dienstleistungen von Konsument:innen in Anspruch genommen werden. Plattformbasierte Geschäftsmodelle hingegen schaffen ihren Wert dadurch, dass zwischen Marktteilnehmer:innen vermittelt wird. Eine Plattform besitzt und verarbeitet dabei nicht die klassischen Produktionsfaktoren, sondern bietet eine Infrastruktur, die Transaktionen mittels Vermittlung der Marktseiten ermöglicht. Die Stärke der Plattformökonomie liegt in ihrer Fähigkeit, Handelsbarrieren zu beseitigen, indem sie den verstärkten Informationsaustausch zwischen verschiedenen Akteur:innen und die Verbreitung von Daten zu ihrem Vorteil nutzt. Dadurch entsteht ein sehr viel offeneres Wirtschaftssystem mit einer sehr viel größeren Beteiligung der Nutzer:innen (Clement et al. 2019).

Historie der Plattformökonomie Marktplatz- bzw. Plattformbetreiber hat es bereits lange vor der Verbreitung des Internets und der Digitalisierung der Märkte gegeben. So sind auch Warenkaufhäuser nichts anderes als Intermediäre, die einen physischen Raum schaffen, auf dem verschiedene Anbieter:innen und Nachfrager:innen zusammentreffen können. In der Realwirtschaft unterliegen diese Plattformen jedoch räumlichen und zeitlichen Restriktionen. Diese Restriktionen wurden durch die vielen technischen Entwicklungen und die weltweite Vernetzung über das Internet überwunden. Dabei war die Digitalisierung der größte Treiber der „Plattformisierung". Mit der Verbreitung des Internets entstand in den 1990er-Jahren ein regelrechter Hype um neu gegründete Unternehmen, die auf den vermeintlichen Erfolgszug aufspringen wollten. Viele dieser Dotcom-Unternehmen wiesen jedoch kein funktionierendes Geschäftsmodell auf. Der Wert, den sich die professionellen Investor:innen und privaten Anleger:innen erhofften, war nicht vorhanden, und die Dotcom-Blase platzte im März 2000. Nur einige Unternehmen, die eine Vision und ein innovatives Geschäftsmodell (also ein technisch neuartiges, revolutionäres Geschäftsmodell) entwickelt hatten, konnten sich auch nachhaltig etablieren.

Eine wesentliche und folgenreiche Entwicklung der Internet-Ökonomie sind die sozialen Netzwerke. Anders als beispielsweise Handelsplattformen, deren Geschäftsmodell sich zunächst nicht wesentlich vom Geschäftsmodell auf realen Märkten unterschied, ist das Geschäftsmodell der sozialen Netzwerke innovativ und disruptiv. Menschen können sich auf einer digitalen Plattform unabhängig von Ort und Zeit vernetzen. Je mehr Nutzer:innen auf der Plattform angemeldet sind, desto attraktiver ist diese für neue Nutzer:innen, da die Zahl möglicher Interaktionen steigt (direkter Netzwerkeffekt). Solange sich lediglich Privatpersonen z. B. auf Facebook bewegten, die sich befreunden und miteinander kommunizieren konnten, handelte es sich bei dem sozialen Netzwerk um einen klassischen einseitigen Markt. Da die Nutzung für die Mitglieder kostenlos war, war dieses Geschäftsmodell für die Plattformbetreiber nicht profitabel. So wurden die Plattformen für werbetreibende Kunden geöffnet. Werbetreibende Unternehmen profitieren von der großen Reichweite der sozialen Netzwerke und deren detaillierten Nutzer:innenprofilen, die ihnen erlauben, Werbung zielgerichtet zu verteilen. So entwickelten sich die einseitigen digitalen Plattformen zu mehrseitigen Märkten (Clement et al. 2019).

Tab. 3.2 Merkmale und Ausprägungen von Geschäftsmodellen der Plattformökonomie

Merkmal	Ausprägung
(Geschäfts-) Beziehung	Business to Business (B2B), Business to Customer (B2C), Peer to Peer (P2P)/Customer to Customer (C2C), Business to Business to Customer (B2B2C)
Güterart	Physikalisches Gut (z. B. Elektrowaren, Datenträger, Rechner), digitales Gut (z. B. Software, Musik, Video, Dokumente), Dienstleistung (z. B. Kredite, Technischer Support, Entwicklung)
Akteur:innen	Plattform/Intermediär, Nachfrager, Anbieter, ergänzende Dienstleister (z. B. Werbetreibende, Versicherungen)
Transaktionsform	Kauf, Verkauf, gemeinsame Nutzung (ohne Entgelt), Tausch, Schenkung, Leihe, Miete
Preismechanismen	Einmalzahlung, Auktionen, nicht monetär, werbefinanziert, Freemium, Abo-Modell, Pay-per-Use etc.

Im Folgenden soll auf mögliche Erscheinungsformen anhand von Beispielen ein-gegangen werden. Da es eine Vielzahl von Geschäftsmodellen gibt und nicht alle abgebildet werden können, folgt eine Übersicht mit Merkmalen und möglichen Aus-prägungen in Tab. 3.2. Dabei werden die unterschiedlichen Ausprägungen von Geschäftsbeziehungen, die verschiedenen Güterarten, mögliche Akteur:innen, die Trans-aktionsformen und Preismechanismen vorgestellt.

3.2.1 Digitale Güter

In der Plattformökonomie können wir die Vermarktung einer Vielzahl von Güterarten be-obachten. Diese reichen von physischen Gütern wie z. B. Möbeln, Elektronik und Im-mobilien bis zu digitalen Gütern wie Software, Audiodaten, Videodaten und Text-dokumenten. Ein interessanter Aspekt bei digitalen Gütern ist, dass diese sich nicht ab-nutzen, sondern vielfach teilbar sind, ohne an Wert zu verlieren. Dadurch entstehen in der digitalen Ökonomie neue Geschäftsmodelle, wie z. B. das Streaming von Audio- und Video-Inhalten als moderne und digitalisierte Form des Video- und Musikverleihs. Nach Clement et al. werden digitale Güter wie folgt beschrieben: „Digitale Güter sind im-materielle Mittel zur Bedürfnisbefriedigung, die aus Binärdaten (0, 1) bestehen und sich mit Hilfe von Informationstechnologie entwickeln, vertreiben oder anwenden lassen" (Clement et al. 2019). Dazu gehören unter anderem:

- Digitalisierbare Produkte, z. B. Nachrichten, Zeitschriften, Bücher, Software, Computerspiele, Musik, Videos, Online-Beratungen, E-Learning-Angebote
- Digitale Duplikate physischer Produkte, z. B. Bankschecks, Konzertkarten und Fotos
- Digitale Dienstleistungen, z. B. Kommunikations-, Informationsdienst- und Ver-mittlungsleistungen oder digitale Fernsehprogramme

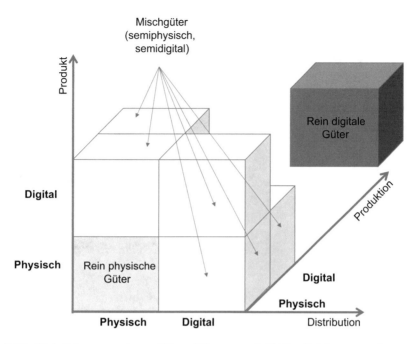

Abb. 3.10 Digitalisierungsgrade von Gütern (Clement et al. 2019);

Jedoch gibt es auch verschiedene Digitalisierungsgrade bei den Ausprägungen digitaler Güter, die nach den Kriterien Produktion, Produkt, Distribution differenziert worden sind (siehe Abb. 3.10) (Choi et al. 1997).

So gibt es rein digitale Güter, die digital produziert, gespeichert und vertrieben werden, wie z. B. eine Textverarbeitungssoftware, die nur per Download angeboten wird. Es gibt aber auch viele Mischformen, weil z. B. Musik auch analog produziert und vertrieben werden kann. In der folgenden Tabelle werden wesentliche Unterschiede zwischen materiellen und digitalen Gütern zusammengefasst (Tab. 3.3).

Eine weitere Güterart, die durch Plattformen neuen Aufschwung gewonnen und zu innovativen Geschäftsmodellen geführt hat, ist die Vermittlung von Dienstleistungen. Zum Beispiel hat die Digitalisierung erheblich dazu beigetragen, dass sich Konzepte wie Crowd Funding etablieren konnten. Durch die große Reichweite, die viele Plattformen haben, ist es möglich, einzelne Akteure mit Mikrokrediten zu unterstützen. Ein weiteres Beispiel ist das Crowd Working, in dessen Rahmen kleine Aufgaben wie z. B. Entwicklungsleistungen auf Plattformen eingestellt werden können, die von sogenannten Clickworkern gegen ein Entgelt verrichtet werden.

Tab. 3.3 Gegenüberstellung von Eigenschaften materieller und digitaler Güter (Clement et al. 2019)

Materielle Güter	Digitale Güter (Informationen)
Hohe Vervielfältigungskosten	Niedrige Vervielfältigungskosten
	Leicht reproduzierbar
Schwierige Verbreitung (Logistik)	Einfache Verbreitung
Wertverlust durch Gebrauch	Wertgewinn durch Gebrauch
Wertverlust durch Teilung	Wertgewinn durch Teilung
Kontrolle über Verbreitung gegeben	Kontrolle über Weitergabe kaum möglich
Schwer zu verändern	Leicht zu verändern
Individueller Besitz	Vielfacher Besitz (möglich)
Identifikations- und Schutzmöglichkeiten	Probleme des Datenschutzes und der Datensicherheit
Preis/Wert leicht identifizierbar	Preis/Wert nur subjektiv bestimmbar
Kosten leicht identifizierbar	Kosten nur schwer identifizierbar
Bestandsbewertung möglich	Bestandsbewertung problematisch
Physische Verbreitung	Verbreitung über netzbasierte Medien

3.2.2   Mehrseitige Märkte

Von mehrseitigen Märkten spricht man, wenn auf einem Markt zwei Marktseiten (zwei-seitiger Markt) oder mehrere Marktseiten (mehrseitiger Markt) zusammenkommen, um Transaktionen miteinander zu tätigen. Das können z. B. wie bei Amazon Verkäufer:innen und Käufer:innen von Produkten sein (zweiseitiger Markt) oder wie bei YouTube Inhalts-anbieter:innen, also die Produzent:innen von Videos, die Rezipient:innen sowie die werbe-treibenden Unternehmen, deren Anzeigen vor oder während der Videos eingeblendet oder abgespielt werden (mehrseitiger Markt). Die unterschiedlichen Marktteilnehmer:innen verfolgen verschiedene, sich ergänzende Interessen, sind also komplementär. Über die di-gitale Plattform werden sie miteinander vernetzt. Deshalb gehören digitale Plattformen auch zu den Netzwerkgütern. Grundsätzlich gilt auf digitalen Plattformen: Je mehr Nut-zer:innen auf einer Plattform sind, desto größer ist der Nutzen für alle Beteiligten. Diese sogenannten Netzwerkeffekte wirken auf digitalen Plattformen vor allem auf indirekte Weise. So haben Kaufinteressent:innen auf einer Handelsplattform keinen direkten Vor-teil, wenn es dort viele weitere Kaufinteressent:innen gibt. Vielmehr sind es die unter-schiedlichen komplementären Marktseiten, die sich gegenseitig beeinflussen. Erst wenn den Kaufinteressent:innen ausreichend Verkäufer:innen gegenüberstehen, steigt der Nut-zen. Der Nutzen der einen Marktseite hängt also davon ab, wie viele Teilnehmer:innen auf der anderen Marktseite aktiv sind. Diese Art der gegenseitigen Abhängigkeit wird ent-sprechend als indirekter Netzwerkeffekt bezeichnet (vgl. Abb. 3.11). Beispielsweise wird eine Handelsplattform wie Amazon für Käufer:innen umso interessanter, je mehr Anbie-ter:innen auf dem Marktplatz zu finden sind. Denn so haben die Kund:innen eine größere Auswahl und können Vorteile hinsichtlich des Preises und ggf. auch der Qualität der Pro-dukte erwarten. Gleichzeitig steigt der Wert der Plattform auch für die Anbieter:innen, wenn mehr potenzielle Käufer:innen auf dem Marktplatz unterwegs sind. Der Intermediär,

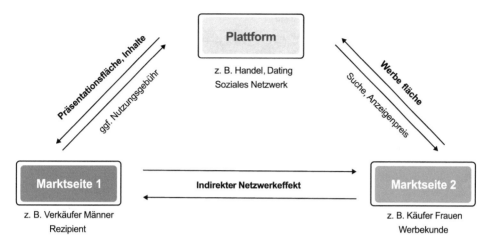

Abb. 3.11 Zwei- und mehrseitige Märkte

also der Plattformbetreiber, ist die Instanz, welche die unterschiedlichen Marktseiten zusammenbringt, den Markt entwickelt und koordiniert und die Plattform so gestaltet, dass sie für die jeweiligen Marktseiten attraktiv ist.

Wie auf realen Märkten herrschen auch auf digitalen Märkten Informationsasymmetrien. Insbesondere beim Verkauf von Produkten oder Dienstleistungen verfügen die Verkäufer:innen i. d. R. über einen größeren Informationsstand hinsichtlich des Produkts bzw. des Dienstes als die Interessent:innen. Die Interessent:innen haben im Gegensatz zum realen Markt nur eingeschränkte Möglichkeiten, die Ware vor dem Kauf zu inspizieren. Dadurch können sich bei Interessent:innen erhebliche Unsicherheiten ergeben, welche die Transaktion negativ beeinflussen. Je nachdem, ob es sich bei Gütern um Such-, Erfahrungs- oder ein Vertrauenseigenschaften handelt, ist das Bewertungsrisiko für die Nachfragenden kleiner oder größer. Sucheigenschaften sind im Voraus einfach zu beurteilende Produkteigenschaften (z. B. Farbe, Größe, Speicherplatz), Erfahrungseigenschaften lassen sich erst nach dem Kauf bewerten (z. B. Benutzerfreundlichkeit), und Vertrauenseigenschaften lassen sich auch nach dem Kauf nicht bewerten (z. B. die Einhaltung von Datenschutz oder verantwortungsvolle Produktionsbedingungen). Für das Beispiel eines Smartphone-Kaufs wären die Leistungsspezifikationen wie RAM und Displaygröße Sucheigenschaften, die Benutzerfreundlichkeit eine Erfahrungseigenschaft und der Einsatz nachhaltiger Rohstoffe bei der Herstellung eine Vertrauenseigenschaft.

Digitale Plattformen setzen unterschiedliche Instrumente ein, um diese Problematik zu adressieren und die Unsicherheiten aufseiten der Interessent:innen zu reduzieren. Zunächst empfehlen sie den Verkäufer:innen oftmals, umfangreiche Informationen über sich selbst und die Produkte preiszugeben, integrieren Reputationssysteme in ihre Plattform und bieten kundenorientierte Möglichkeiten in Form von Rückgaberechten und kostenlosen Retouren (vgl. Vergleichsplattform in Abschn. 3.1). In Tab. 3.4 werden Beispiele für mehrseitige Märkte aufgeführt.

Tab. 3.4 Beispiele für mehrseitige Märkte

Intermediär	Netzwerk/Markt 1	Netzwerk/Markt 2
1. Einkaufsplattformen		
Physisch (z. B. Einkaufszentren)	Pächter/Geschäfte	Kunden
Virtuell (z. B. Auktionen, Shops)	Verkäufer	Käufer
2. Maklerplattformen	Verkäufer	Käufer
z. B. Jobportale		
3. Werbeplattformen	Werbende	Rezipienten
z. B. Suchmaschinen, Online-Zeitungen		
4. Zahlungsplattformen		
Kreditkartenunternehmen	Einzelhandel	Kartenbesitzer
Online-Systeme (z. B. PayPal)	Internetportale	Nutzer
5. Softwareplattformen		
App-Store	App-Entwickler	Nutzer
Spielkonsolen	Softwareentwickler	Spieler
Betriebssysteme	Softwareentwickler	Nutzer

Anders als auf einseitigen Märkten bestimmt auf mehrseitigen Märkten nicht der Preis des Produkts das Marktergebnis. Vielmehr ist hier die Struktur der Preise auf den jeweiligen Marktseiten entscheidend. Denn häufig ist auf mehrseitigen Märkten eine Marktseite wertvoller als die andere. In der Regel sind dies die Konsument:innen, um deren Aufmerksamkeit gekämpft werden muss, da sie schnell zu konkurrierenden Plattformen ausweichen können oder sich ohne die Hilfe eines Intermediärs direkt an die Unternehmen wenden können. Diese wertvolle Marktseite wird von der anderen Marktseite subventioniert und kann die Plattform häufig unentgeltlich nutzen. So müssen beispielsweise die Interessent:innen bei ImmoScout24 keine Registrierungs- oder Nutzergebühr zahlen, während die Anbieter:innen von Immobilien für das Inserieren etwas bezahlen müssen.

Bei der Neuentwicklung einer Plattform steht der Plattformbetreiber der Herausforderung gegenüber, nicht nur eine, sondern gleich zwei oder mehrere Marktseiten vom Nutzen der Plattform zu überzeugen. Für ihn stellt sich dabei die Frage, welche Marktseite er als Erstes entwickeln und auf seine Plattform holen sollte. Dafür muss der Intermediär mitunter große Anstrengungen unternehmen, um einen florierenden Austausch zwischen den Marktseiten zu etablieren. Und auch wenn die Plattform zunächst von den Nutzer:innen angenommen wird und sich positiv entwickelt, bedeutet dies nicht automatisch, dass der Erfolg von Dauer ist. Die Nutzer:innen müssen nicht nur im frühen Zeitraum der Marktentwicklung vom Nutzen der Plattform überzeugt werden, sondern auch langfristig eine Vorteilhaftigkeit erkennen. Der Intermediär muss sich also mit unterschiedlichen Koordinierungsproblemen befassen:

Henne-Ei-Problem Auf Plattformmärkten besteht eine wechselwirksame Abhängigkeit der komplementären Marktseiten in Hinblick auf den eigenen Nutzen (indirekte Netzwerkeffekte). In der Anfangsphase einer Plattform, nachdem diese programmiert und für die Nutzer:innen freigegeben wurde, befindet sich noch keine der Marktseiten auf der Plattform. Da die Plattform für die eine Marktseite nur dann interessant ist, wenn bereits genügend Vertreter:innen der anderen Marktseite auf der Plattform vorhanden sind, ergibt sich für den Intermediär eine zentrale Herausforderung. Eine neue Handelsplattform, z. B. für gebrauchte Hochzeitskleidung, ist für potenzielle Käufer:innen nur dann interessant, wenn bereits Angebote auf der Plattform zu finden sind. Besuchen sie die Webseite und finden keine Kleider oder Accessoires, verlassen sie die Webseite und setzen ihre Suche auf anderen Portalen oder in anderen Shops fort. Aber auch die Anbieter:innen von gebrauchter Hochzeitskleidung scheuen den Aufwand, ihre Produkte auf einer neuen Plattform anzubieten, die bei potenziellen Interessent:innen noch nicht bekannt ist. Der Plattformbetreiber muss sich demnach oft entscheiden, welche Marktseite er zuerst entwickelt, ohne die andere Marktseite dabei außer Acht zu lassen.

Kritische-Masse-Problem Die Anzahl der bereits aktiven Nutzer:innen der einen Marktseite bestimmt den Nutzen für neue Nutzer:innen der komplementären Marktseite. Diese installierte Basis determiniert, mit wie vielen Partner:innen Transaktionen möglich wären. Je größer diese Zahl ist, desto höher ist auch der Nutzen für die Plattformnutzer:innen. Je mehr Anbieter:innen es bereits auf der Plattform für gebrauchte Hochzeitskleidung gibt, desto größer ist die Wahrscheinlichkeit für Interessent:innen, ein passendes Produkt zu finden, und desto größer ist der Wettbewerb unter den Anbieter:innen und entsprechend niedrig der Preis. Der Intermediär muss also eine gewisse Zahl an Marktteilnehmer:innen auf allen Marktseiten entwickeln. Während er zunächst um jede:n einzelne:n Marktteilnehmer:in werben muss, nimmt mit steigender installierter Basis der Aufwand, zusätzliche Nutzer:innen auf die Plattform zu bringen, ab. Ab einer gewissen Menge an Marktteilnehmer:innen muss er kaum eigene Anstrengungen unternehmen, um neue Nutzer:innen hinzuzugewinnen. Denn ist diese kritische Masse erreicht, kann sich eine sich selbst verstärkende Eigendynamik einwickeln: Neue Interessent:innen kommen aufgrund von Nutzer:innenempfehlungen, der steigenden Bekanntheit oder des wachsenden Angebots hinzu, ebenso neue Anbieter:innen, die eine Chance sehen oder Druck verspüren, ihre Produkte oder Dienstleistungen auch über die Plattform anzubieten, um Aufmerksamkeit zu bekommen.

Gleichgewichtsproblem Auf einem gut etablierten Markt regulieren sich die komplementären Marktseiten grundsätzlich gegenseitig. Gibt es mehr Anbieter:innen als Nachfrager:innen auf einer Plattform, kommt es aufgrund des Überangebots unter den Anbieter:innen zu einem verstärkten Wettbewerb. In der Folge sinken die Preise, was wiederum neue Nachfrager:innen auf die Plattform lockt. Übertrifft die Zahl der Nachfrager:innen die der Anbieter:innen, signalisieren hohe Verkaufspreise anderen Anbieter:innen gute Absatzchancen. Es kann sich also ein stabiler Prozess des Auspendelns von Angebot und Nachfrage ergeben. Der Plattformbetreiber muss darauf achten, dieses Gleichgewicht zu erhalten. Einem Ungleichgewicht in Form eines Überhangs auf einer

Abb. 3.12 Marktverlauf bei Ungleichgewicht (Clement et al. 2019); all rights reserved

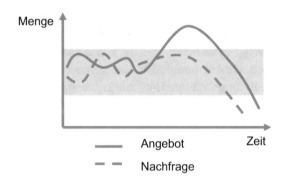

der Marktseiten muss er zwingend entgegensteuern. Ein Überhang auf der Anbieter:innenseite kann z. B. dazu führen, dass zwar die Preise sinken, dies den Nachfrager:innen jedoch eine mangelnde Qualität signalisiert, sodass keine Transaktionen zustande kommen (Abb. 3.12).

3.2.3 Winner-takes-it-all

In der digitalen Ökonomie lässt sich häufig beobachten, dass starke Unternehmen zunehmend an Marktmacht gewinnen und schwache Unternehmen an Bedeutung verlieren. Dieses Phänomen wird in der Literatur als „The Winner takes it all" bezeichnet. Verantwortlich für diese Art der Gewinnermärkte sind vornehmlich drei Effekte. Konkret sind dies die Skaleneffekte, Lock-in-Effekte und Netzwerkeffekte sowie die Interaktion dieser Effekte miteinander. Diese Effekte sind jeweils selbstverstärkend und werden in der Literatur auch als „Ringe der Marktmacht" bezeichnet (siehe Abb. 3.13).

Dieses Phänomen der Marktkonzentration unterscheidet sich signifikant von dem Wettbewerb auf klassischen Märkten: Doch warum ist das so? Auf den ersten Blick sind solche Marktentwicklungen nicht naheliegend, weil die Marktzutrittsvoraussetzungen auf digitalen Märkten wesentlich niedriger sind als zum Beispiel in der Industrie, wo zunächst große finanzielle und organisatorische Investitionen getätigt werden müssen, um überhaupt am Wettbewerb teilzunehmen. Wesentlich günstiger ist es, einen Online-Handel zu eröffnen, da keine Mieten notwendig sind und unter Umständen auch viel weniger Personal benötigt wird. Hohe Investitionskosten, die in der Realwirtschaft den Markteintritt erschweren, sind in der digitalen Wirtschaft zunehmend variabel, wie beispielsweise die Kosten für eine Cloud-basierte Buchführungssoftware. Wenn jeder relativ einfach in einen Wettbewerb treten und sehr kostengünstig mit einem Online-Unternehmen Geld verdienen kann, warum scheitern sehr viele Internetunternehmen?

Tatsächlich ist gerade dieser Faktor entscheidend für das „The-Winner-takes-it-all"-Phänomen. Der Wettbewerb ist nicht mehr regional abgegrenzt, es gibt einen enormen Preisdruck, da neue Marktteilnehmer:innen unter Umständen mit sehr großen Firmen kon-

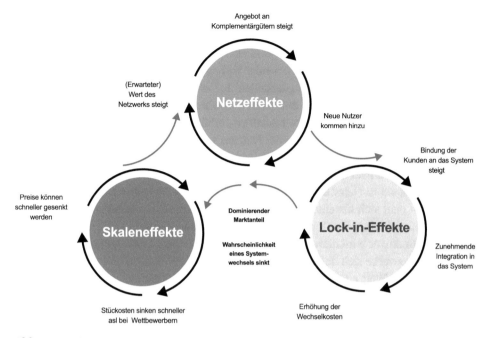

Abb. 3.13 Ringe der Marktmacht

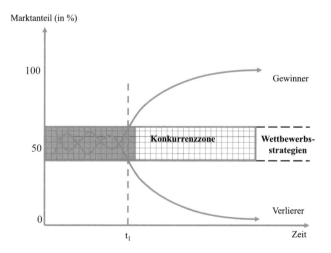

Abb. 3.14 Wettbewerb auf Gewinnermärkten (Clement et al. 2019);

kurrieren müssen. Durch die fehlenden regionalen Abgrenzungen haben Nutzer:innen die freie Wahl, welchen Dienst sie nutzen möchten und wo sie ihre Produkte kaufen. Die stärksten Wettbewerber:innen dominieren immer den Markt (Abb. 3.14). Doch wie genau funktionieren diese Ringe der Marktmacht, und warum sind sie so mächtig?

3.2.3.1 Netzwerkeffekte

Bei vielen Gütern führt eine steigende Verbreitung zu einem sinkenden Wert. Jedoch ist das bei digitalen Gütern aufgrund von Netzwerkeffekten meist genau andersherum, dort steigt der Wert eines Gutes mit zunehmender Verbreitung. Dies lässt sich anhand eines sozialen Netzwerks wie Instagram gut darstellen: Je mehr Menschen diese Plattform nutzen, umso größer ist der Wert für die einzelnen Teilnehmer:innen des gesamten Netzwerks. Tritt ein:e neue:r Nutzer:in in das Netzwerk ein, erhöht sich nicht nur für ihn:sie, sondern auch für die bisherigen Nutzer:innen der Nutzen; sie profitieren von dieser Aktion, da sie nun mehr Kommunikationsmöglichkeiten haben, jedoch ohne dass sie etwas dafür tun. In diesem Fall spricht man deshalb von positiven Externalitäten bzw. positiven externen Effekten und, da sie in Netzwerken auftreten, von positiven Netzwerkeffekten. Netzwerkeffekte kann man sich als einen selbstverstärkenden Kreislauf vorstellen, denn je mehr Nutzer:innen sich einer Plattform anschließen, umso höher steigt der Wert der Plattform und umso attraktiver wird diese für neue Nutzer:innen. Hinzu kommt, dass immer größer werdende Netzwerke sich defacto zu Standards entwickeln können und durch eine Standardisierung der Wert eines Netzwerks weiter ansteigt, da kleinere getrennte Netzwerke sich zu einem großen zusammenschließen.

Netzwerkeffekte lassen sich in direkte und indirekte Netzwerkeffekte unterscheiden. Das oben angeführte Instagram-Beispiel beinhaltet sowohl direkte als auch indirekte Netzwerkeffekte. Durch eine steigende Nutzerzahl profitieren alle Nutzer:innen direkt, da die Kommunikationsmöglichkeiten unter den Nutzer:innen zunehmen (positiver direkter Netzwerkeffekt). Gleichzeitig lässt sich aber auch ein positiver indirekter Netzwerkeffekt beobachten, weil ebenfalls eine andere Gruppe profitiert, die Werbetreibenden. Betrachten wir Instagram als Plattformbetreiber bzw. Intermediär und die zwei weiteren Marktakteure Nutzer:innen und Werbetreibende, dann sehen wir, dass diese sich gegenseitig ebenfalls beeinflussen. Denn wenn die Nutzergruppe wächst, wird es für Werbetreibende attraktiver, auf dieser Plattform Werbung zu schalten. Andersherum könnte aber für die Nutzer:innen der Wert sinken, wenn zu viel Werbung auf der Plattform erscheint. In diesem Fall läge ein negativer indirekter Netzwerkeffekt vor. Wir können also festhalten, dass bei direkten Netzwerkeffekten der Wert sich bei steigender Nutzerzahl auf dieselbe Gruppe auswirkt und bei indirekten Netzwerkeffekten auf eine komplementäre Gruppe.

3.2.3.2 Skaleneffekte

Die Produktion von digitalen Gütern ist durch geringe variable Kosten bzw. geringe Grenzkosten im Vergleich zu den hohen Fixkosten gekennzeichnet. Aufgrund der geringen variablen Kosten durch leichte Reproduktion erleben wir in der digitalen Ökonomie eine wesentlich stärkere Kostendegression bei steigender Ausbringungsmenge als in der Realwirtschaft. Kostendegression bedeutet, dass die Stückkosten eines Gutes mit jeder produzierten oder in dem Fall verteilten Einheit sinken.

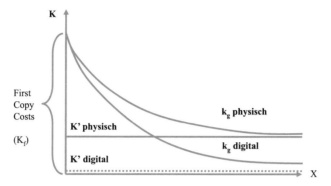

Abb. 3.15 Kostenverläufe bei physischen und digitalen Gütern im Vergleich (Clement et al. 2019);

Dieser Effekt wird Skaleneffekt genannt. Genau wie der Netzwerkeffekt wirkt der Skaleneffekt selbstverstärkend und kann dadurch zu einer dominanten Marktstellung und letztendlich zu einem Monopol führen. Durch eine hohe Ausbringungsmenge sinken die Stückkosten, was es dem Unternehmen ermöglicht, die Preise zu senken und günstiger als der Wettbewerb zu produzieren. Dadurch wird die Marktdominanz ausgebaut und führt in der Folge dazu, dass man noch mehr produzieren und die Stückkosten weiter senken kann.

In Abb. 3.15 wird dargestellt, wie die Kosten im Vergleich zu klassischen physischen Gütern verlaufen. In beiden Fällen haben wir hohe Fixkosten zu Beginn, was bei einer geringen Ausbringungsmenge zu verhältnismäßig hohen Stückkosten führt. Mit steigender Menge sieht man in der Abbildung aber sehr gut, dass die Kostendegression bei digitalen Gütern wesentlich stärker ist. Der Grund dafür liegt in der einfachen und kostengünstigen Reproduktion von digitalen Gütern. So kann zum Beispiel Software in Sekunden kopiert werden, ohne dass dabei signifikante Kosten entstehen. Bei physischen Gütern ist das nicht der Fall; dort haben wir weiterhin Materialkosten und Fertigungskosten, was sich in wesentlich höheren variablen Kosten niederschlägt. Je höher die Fixkosten im Verhältnis zu den variablen Kosten sind, umso stärker ist die Stückkostendegression (vgl. Abb. 3.15). Aus diesem Grund tendieren die Grenzkosten bei digitalen Gütern gegen null.

3.2.3.3 Lock-in-Effekte

Der Lock-in-Effekt ist ein Kundenbindungseffekt. Nutzer:innen können aus unterschiedlichen Gründen in einem System „eingeschlossen" (Lock-in) sein und Wechselbarrieren verspüren. Auch der Lock-in-Effekt ist ein sich selbst verstärkender Effekt, da mit zunehmender Integration der Anwendungen und Nutzungspraktiken auch die Wechselkosten steigen. Mit steigenden Wechselkosten sinkt die Wahrscheinlichkeit eines Systemwechsels, und gleichzeitig steigt die Bindung an das bisherige System. In vielen Fällen passiert das auch mit der Dauer, die man in einem System verbringt. Lock-in Effekte können auch künstlich, beispielsweise durch Verträge, geschaffen werden. Bekannt sind solche vertraglichen Lock-ins durch Abonnements, die über eine bestimmte Laufzeit gehen und nur mit großem Vorlauf gekündigt werden können (vgl. Verträge in Abschn. 3.1). Auch Vertragsbestandteile innerhalb von Vertragsbündeln können künstliche Wechselbarrieren erzeugen. Möchte man die eine Leistung behalten, die andere jedoch nicht, muss man sich für oder gegen beide Leistungen aussprechen und kann diese nicht separat nutzen. Dadurch werden Hürden für einen Wechsel aufgebaut, damit Kund:innen möglichst in einem System bleiben. Gleichzeitig kann das aber viele Nutzer:innen abschrecken und dazu führen, dass potenzielle Kund:innen kein Abonnement abschließen.

In der Plattformökonomie können Lock-in-Effekte z. B. dadurch entstehen, dass viele Anwendungen in ein Plattform-Ökosystem integriert werden, sodass die Nutzer:innen keinen Anreiz haben, Anwendungen von anderen Anbieter:innen zu nutzen. Unter Anwendungen sind sowohl einzelne Aktivitäten auf Plattformen als auch eigenständige Softwarelösungen zu verstehen. Wenn wir das Beispiel Apple nehmen, so ist es für die Nutzer:innen meist sinnvoll, sämtliche Apple-Produkte zu nutzen, weil diese miteinander kompatibel sind und die Nutzer:innen bereits an die Benutzeroberflächen von Apple gewöhnt sind. Gleichzeitig vermittelt Apple einen gewissen Lifestyle, und die Auseinandersetzung mit Produkten anderer Anbieter:innen wird obsolet. Dies ist ein Beispiel für einen aus Anbieter:innensicht gelungen Lock-in-Effekt, denn die Nutzer:innen sind schon so stark in das Apple-Ökosystem integriert, dass es sehr aufwendig wäre, die Anbieter:in zu wechseln. Dieser Aufwand wird auch als Wechselkosten bezeichnet und meint alle Kosten, sowohl tatsächlich anfallende Kosten als auch Opportunitäts- und Transaktionskosten, die bei einem Umstieg auf andere Produkte entstehen würden (vgl. Transaktionskosten in Abschn. 3.1). Das können Recherchen, Schulungen, Vertragsarbeit, Datenmigration oder die Kosten für neue Hard- und Software sein.

3.2.4 Die Rolle von Vertrauen auf digitalen Märkten

In der Literatur gibt es keine einheitliche Definition von Vertrauen, jedoch wird darunter im Allgemeinen ein multidimensionales sozialpsychologisches Konstrukt verstanden (Hawlitschek et al. 2016; Ter Huurne et al. 2017). So verstehen Hawlitschek et al. Vertrauen als die Erwartung und Verpflichtung, dass ein Austausch in der Zukunft stattfinden wird. Im Folgenden wird mit der Definition von Ter Huurne et al. gearbeitet:

> „[Vertrauen ist] die Bereitschaft einer Partei, für die Handlungen einer anderen Partei anfällig zu sein, basierend auf der Erwartung, dass die andere Partei eine bestimmte, für den Vertrauensgeber wichtige Handlung ausführen wird, unabhängig von der Fähigkeit, diese andere Partei zu überwachen oder zu kontrollieren." (Ter Huurne et al. 2017)

Vertrauen ist besonders wichtig in potenziell riskanten und unsicheren Situationen, in denen die Parteien voneinander abhängig sind (McKnight und Chervany 2001). Solche Situationen sind typisch für beispielsweise die Sharing Economy, da durch die internetbasierte Vermittlung die üblichen Mechanismen zur Entwicklung sozialer und wirtschaftlicher Bindungen, die das Entstehen von Vertrauen fördern, wegfallen. Neben dem Vertrauen in andere Nutzer muss auch Vertrauen in die Plattform und das angebotene Produkt aufgebaut werden (Hawlitschek et al. 2016).

Um Vertrauen gegenüber Unbekannten aufzubauen, bieten Reputationssysteme einen wichtigen Vertrauensmechanismus (Ert et al. 2016; Ter Huurne et al. 2017). Daher sind Reputationssysteme heute i. d. R. ein integraler Bestandteil bei Sharing-Economy-Plattformen wie z. B. Uber oder AirBnb – vor allem bei sogenannten Peer-to-Peer-Sharing-Plattformen (kurz P2P-Sharing), auf denen Privatpersonen miteinander in Transaktion treten und Privateigentum teilen. Da dort zum Teil sehr wertvolle Besitztümer wie Autos mit fremden Personen geteilt werden, sind vertrauensbildende Systeme von zentraler Bedeutung. Eine weitere Möglichkeit, das Vertrauen zu fördern, liegt in der Bereitstellung von Informationen über die Produkte oder Services sowie über die Personen selbst. Auf P2P-Sharing-Plattformen ist es daher üblich, einige persönliche Daten offenzulegen. Betrachten wir das Beispiel des privaten Fahrzeugverleihs über eine P2P-Carsharing-Plattform. Hier haben Nutzer:innen (sowohl Autobesitzer:innen als auch -nutzer:innen) i. d. R. eine Profilseite mit Fotos und einer textbasierten Selbstbeschreibung. Darüber hinaus werden bestimmte Angaben häufig vorab vom Plattformbetreiber überprüft (z. B. eine Identitätsprüfung oder eine Führerscheinprüfung bei Carsharing-Plattformen). Im folgenden Fallbeispiel soll eine algorithmusbasierte Bewertung mit dem Namen Trust Score als beispielhafte digitale Lösung für den Vertrauensaufbau im P2P-Carsharing aufgezeigt und erläutert werden.

Trust Score
Vertrauen ist das Bindemittel der Sharing Economy. Das gilt vor allem für das Peer-to-Peer-Carsharing (P2P-Carsharing), bei dem man ein wertvolles Gut einem:r Fremden in der Hoffnung überlässt, dass man es unversehrt zurückzubekommt. Heutzutage sind Bewertungen anderer Nutzer:innen ein wichtiger Mechanismus zur Schaffung von Vertrauen. Um die Akzeptanz von Peer-to-Peer-Carsharing zu fördern, eröffnet die Technologie der vernetzten Autos neue Möglichkeiten, die Vertrauensbildung zu unterstützen, z. B. durch Hinzufügen von algorithmusbasierten Bewertungen zu den Nutzerprofilen, die auf dem Fahrverhalten beruhen. Die Erhebung solcher Daten stellt jedoch einen Eingriff in die Privatsphäre der Mieter:innen dar. Gleichzeitig haben algorithmusbasierte Bewertungen das Potenzial, einige Probleme traditioneller Reputationssysteme zu lösen. Dies gilt insbesondere für die Verzerrung von Nutzer:innenbewertungen durch (soziale) Vorurteile.

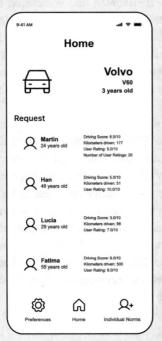

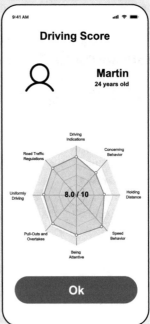

Im Rahmen einer Fokusgruppenstudie sowie einer Design Case Study wurde das Interesse der Fahrzeugvermieter:innen, die Bereitschaft zur Teilung von Fahrverhaltensdaten der Fahrzeugmieter:innen sowie das Verständnis von algorithmusbasierten Bewertungen untersucht. Darauf aufbauend ist in Participatory-Design Workshops ein Clickable Prototype einer Carsharing-App inklusive algorithmusbasierter Bewertung mit Nutzer:innen entwickelt worden. Die Evaluation mit den Nutzer:innen hat gezeigt, dass es verschiedene Präferenzen bei der Ausgestaltung von algorithmusbasierten Bewertungen gibt und diese Präferenzen im Design berücksichtigt werden sollten. (Bossauer et al. 2020; Neifer et al. 2023)

Selbstkontrolle:

- Reflektieren Sie Chancen und Gefahren der Digitalisierung von Fahrverhalten.
- Welche Auswirkungen kann ein Trust Score auf das Vertrauen von Fahrzeugbesitzer:innen haben?
- Was sind Unterschiede zu gängigen Reputationssystemen im Carsharing?
- Wie fair wäre ein digitaler Trust Score für die Berechnung von Versicherungsprämien?

3.2.5 Zusammenfassung

In diesem Kapitel wurde zunächst der Privathaushalt und insbesondere die darin stattfindende Hausarbeit im Wirtschaften von Verbrauchenden besprochen. Verbraucher:innen haben in der täglichen Bedürfnisbefriedigung und Instandhaltung ihres Wohnumfelds Arbeit zu erledigen, die sie neben einer Erwerbsarbeit in der Freizeit durchführen. Die Erfassung von Zeitaufwendungen im Haushalt ist eine Herausforderung für die Forschung. Die Rationalisierung und Professionalisierung von Hausarbeit haben bereits eine lange historische Bedeutung. Physische – also körperliche – Hausarbeit und mentale administrative Arbeit sind in ihrer Art verschieden und für andere unterschiedlich sichtbar. Eine Automatisierung durch Technisierung der körperlichen Hausarbeit übernehmen heute schon Roboter und andere intelligente Haushaltsgeräte. Es ist möglich, geistige, mentale Arbeit im Haushalt zu digitalisieren und durch Software zu unterstützen. Indem Intermediäre und digitale Werkzeuge Verbraucher:innen in ihrer Arbeit unterstützen, sorgen sie für Professionalisierung und Rationalisierung und haben folglich das Potenzial eines Empowerments. Die Gestaltung solcher Unterstützungssysteme sollte jedoch zentral an Verbraucher:innen und ihren aktuellen (Informations-) Praktiken ausgerichtet werden.

Des Weiteren wurde das Konzept digitaler Märkte, digitaler Güter und Plattformen in der Internet-Ökonomie ausgeführt und das Phänomen der Gewinnermärkte erläutert. Dafür wurden einige Beispiele für Plattformen aufgezeigt und mit Alltagspraktiken von

Verbraucher:innen verknüpft. Digitale Dienste begleiten uns täglich in unterschiedlichsten Lebenskontexten, und wir verbringen immer mehr Zeit auf unterschiedlichsten Plattformen. Durch den zunehmenden Konsum und die besonders schnelle Dynamik auf digitalen Märkten können Plattformbetreiber:innen schnell eine dominante Marktposition aufbauen. Im Wesentlichen lassen sich Gewinnermärkte wie folgt charakterisieren:

- Auf digitalen Märkten ist aufgrund von Netzwerkeffekten, Lock-ins und ausgeprägten Skaleneffekten häufig eine ungleiche Verteilung des Erfolgs zu beobachten.
- Dadurch können quasimonopolähnliche Marktstrukturen entstehen.
- Diese Marktstellung als Quasimonopolist ist jedoch nicht beständig.
- Aufgrund der Beschaffenheit digitaler Güter entsteht ein hoher Innovationsdruck (mit kurzen Produktzyklen und ständigen Produktneuerungen).
- Digitale Infrastrukturen lassen sich leichter ersetzen als physische Infrastrukturen.
- Ein Quasimonopolist muss seine Konkurrenz ständig im Auge behalten und Wettbewerbsvorteile ausbauen, um seine Marktposition zu erhalten.

Aufgrund der dominanten Position von Plattformen auf digitalen Märkten spielt Vertrauen eine wichtige Rolle. Dazu zählt nicht nur das Vertrauen der Verbraucher:innen in eine Plattform, sondern auch das Vertrauen zwischen den einzelnen Marktakteur:innen auf mehrseitigen Märkten. Gerade weil die digitale Welt in weiten Teilen anonymer ist, braucht es Mechanismen für einen Vertrauensaufbau. Dazu gehören Bewertungs- und Reputationssysteme. Als ein Fallbeispiel wurde der Trust Score im Kontext von Peer-to-Peer Carsharing angeführt.

3.3   Übungen

1. Wie kann Informationstechnologie Verbraucher:innen bei dem rechten Haushalten zur Bedürfnisbefriedigung unterstützen? a) Erläutern Sie einige Beispiele aus dem Buch. b) Überlegen Sie sich ein eigenes Beispiel.
2. Diskutieren Sie, inwiefern eine Trennung von Privatleben und Erwerbsarbeit vor dem Hintergrund von Hausarbeit sinnvoll oder unrealistisch sein kann.
3. Erarbeiten Sie, inwiefern Transaktionskosten Verbraucher:innen davon abhalten können, das beste Preis-Leistungs-Angebot einzukaufen oder bei Mängeln eine Kompensation einzufordern.
4. Beschreiben Sie Unterschiede und Gemeinsamkeiten von: a) Erwerbsarbeit und Hausarbeit und b) körperlicher und kognitiver administrativer Hausarbeit.
5. Beschreiben Sie, warum eine Rationalisierung der Hausarbeit bei Verbraucher:innen schwer sein kann und wer oder was Verbraucher:innen konkret dabei helfen kann.
6. Übertragen und diskutieren Sie das Konzept der mentalen Modelle auf Paperwork-Aktivitäten.

7. Wo ist die Digitalisierung von kognitiver Hausarbeit sinnvoll, und wo sind ihr Grenzen gesetzt?

8. Diskutieren Sie kritisch, inwiefern Vendor-Relationship-Management (VRM)-Systeme und Intermediäre Markteffizienz fördern können?

9. Erläutern Sie die Digitalisierungsgrade von digitalen Gütern anhand von zwei Beispielen.

10. Nennen Sie fünf Unterschiede zwischen materiellen und digitalen Gütern.

11. Nennen und beschreiben Sie jeweils ein Beispiel für direkte und indirekte Netzwerkeffekte.

12. Überlegen Sie sich ein Beispiel für Intermediation und erläutern Sie die Rolle eines Intermediärs.

13. Beschreiben Sie, warum Reputationssysteme auf digitalen Märkten wichtig sind.

14. Erläutern Sie ein Beispiel für einen Lock-in-Effekt.

15. Warum wirkt der Winner-takes-it-all-Effekt auf digitalen Märkten stärker als auf traditionellen Märkten?

16. Was sind die Herausforderungen auf mehrseitigen Märkten? a) Nennen Sie jeweils ein Beispiel. b) Versetzen Sie sich in das Unternehmen Lieferando und argumentieren Sie, welche Marktseite Sie zuerst aufbauen würden.

Literatur

Akerlof, George A., und Robert J. Shiller. 2015. *Phishing for phools: The economics of manipulation and deception*. Princeton: Princeton University Press.

Alvarez, Marina. 2017. VRM a technology of domination of self – The effects of vendor relationship management systems as tools for consumer empowerment. *iSChannel – The Information Systems Student Journal* 12 (1) (September). https://www.lse.ac.uk/management/assets/documents/ischannel/iSCHANNEL-Volume-12-Online.pdf#page=26. Zugegriffen im September 2023.

Arndt, Stefan. 2007. *Was sind Verträge? Ein historischer Überblick*. Norderstedt: Grin.

Barros Pena, Belén Barros, Bailey Kursar, Rachel E. Clarke, Katie Alpin, Merlyn Holkar, und John Vines. 2021. Financial technologies in the cycle of poor mental health and financial hardship: Towards financial citizenship. In *Proceedings of the 2021 CHI conference on human factors in computing systems*, 1–16. Yokohama, Japan.

Baxter, Janeen, und Tsui-o Tai. 2016. Inequalities in unpaid work: A cross-national comparison. In *Handbook on well-being of working women*, Hrsg. Mary L. Connerley und Jiyun Wu, 653–671. Dordrecht: Springer Netherlands. https://doi.org/10.1007/978-94-017-9897-6_36.

Becker, Gary S. 1976. *The economic approach to human behavior*, Bd. 803. Chicago: University of Chicago Press.

Becker, Gary Stanley. 1982. *Der ökonomische Ansatz zur Erklärung menschlichen Verhaltens*. Tübingen: Mohr.

Bittman, Michael, und Judy Wajcman. 2000. The rush hour: The character of leisure time and gender equity. *Social Forces* 79(1): 165. https://doi.org/10.2307/2675568.

Bossauer, Paul, Thomas Neifer, Gunnar Stevens, und Christina Pakusch. 2020. Trust versus privacy: Using connected car data in peer-to-peer carsharing. In *Proceedings of the 2020 CHI conference on human factors in computing systems. CHI '20*, 1–13. Honolulu: Association for Computing Machinery. https://doi.org/10.1145/3313831.3376555.

Briscoe, Michael D. 2022. The paperless office twenty years later: Still a myth? *Sustainability: Science, Practice and Policy* 18(1): 837–845. https://doi.org/10.1080/15487733.2022.2146370.

Canessa, Boris, Christoph Weber, und Alexander Koeberle-Schmid. 2018. *What is a Family Office? The Family Office.* Palgrave Macmillan/Cham. https://doi.org/10.1007/978-3-319-99085-9_1.

Carlile, Paul R. 2002. A pragmatic view of knowledge and boundaries: Boundary objects in new product development. *Organization Science* 13(4): 442–455.

Choi, Soon-Yong, Dale O. Stahl, und Andrew B. Whinston. 1997. *The economics of electronic commerce.* Indianapolis: Macmillan Technical Publishing.

Ciciolla, Lucia, und Suniya S. Luthar. 2019. Invisible household labor and ramifications for adjustment: Mothers as captains of households. *Sex Roles* 81(7–8): 467–486. https://doi.org/10.1007/s11199-018-1001-x.

Clement, Reiner, Dirk Schreiber, Paul Bossauer, und Christina Pakusch. 2019. *Internet-Ökonomie: Grundlagen und Fallbeispiele der digitalen und vernetzten Wirtschaft.* Berlin/Heidelberg: Springer. https://doi.org/10.1007/978-3-662-59829-0.

Coltrane, Scott. 2000. Research on household labor: Modeling and measuring the social embeddedness of routine family work. *Journal of Marriage and Family* 62(4): 1208–1233. https://doi.org/10.1111/j.1741-3737.2000.01208.x.

Daminger, Allison. 2019. The cognitive dimension of household labor. *American Sociological Review* 84(4): 609–633. https://doi.org/10.1177/0003122419859007.

Dethier, Erik, Christina Pakusch, und Alexander Boden. 2022. „VON PERSONAL INFORMATION MANAGEMENT ZU VENDOR MANAGEMENT SOFTWARE". Düsseldorf. https://www.verbraucherforschung.nrw/sites/default/files/2022-01/zth-11-dethier-pakusch-boden-von-personal-information-management-zu-vendor-management-software.pdf. Zugegriffen im September 2023.

DeVault, Marjorie L. 1987. Doing housework: Feeding and family life. In *Families and work*, Hrsg. N. Gerstel und H. E. Gross, 178–191. Philadelphia: Temple University Press.

Dolata, M., und Schwabe, G. 2017. Paper practices in institutional talk: How financial advisors impress their clients. *Computer Supported Cooperative Work (CSCW)* 26(4–6): 769–805. https://doi.org/10.1007/s10606-017-9279-8.

Dunn, Marvin G. 1980. The family office as a coordinating mechanism within the ruling class. *Insurgent Sociologist* 9(2–3): 8–23.

Emens, Elizabeth F. 2015. Admin. *The Georgtown Law Journal* 103:1409.

———. 2020. *The art of life admin: How to do less, do it better, and live more.* London: Penguin Books.

Ert, Eyal, Aliza Fleischer, und Nathan Magen. 2016. Trust and reputation in the sharing economy: The role of personal photos in Airbnb. *Tourism Management* 55:62–73.

Ferreira, Jennifer, Mark Perry, und Sriram Subramanian. 2015. Spending time with money: From shared values to social connectivity. In *Proceedings of the 18th ACM conference on computer supported cooperative work & social computing*, 1222–1234. Vancouver: ACM. https://doi.org/10.1145/2675133.2675230.

Garfinkel, Harold, Hrsg. 1986. *Ethnomethodological studies of work*, Studies in ethnomethodology. London/New York: Routledge & K. Paul.

Gnutzmann, Hinnerk, und Piotr Śpiewanowski. 2021. Can consumer rights improve service quality? Evidence from European air passenger rights. https://api.semanticscholar.org/CorpusID:234775094. Zugegriffen im September 2023.

Habib, Rima R., Fadi A. Fathallah, und Karen Messing. 2010. Full-time homemakers: Workers who cannot "go home and relax". *International Journal of Occupational Safety and Ergonomics* 16(1): 113–128.

Hawkins, Marsha, und Marilyn Bischoff. 2003. *Tracking income and expenses.* University of Idaho Extension. https://dodge.extension.wisc.edu/files/2010/06/TrackingIncomeandExpenses.pdf. Zugegriffen im September 2023.

Hawlitschek, Florian, Timm Teubner, und Christof Weinhardt. 2016. Trust in the sharing economy. *Die Unternehmung* 70(1): 26–44.

Hesse, Klaus, und Antje Judt. 1996. Der Wert der Haushaltsarbeit. In *Haushalte an der Schwelle zum nächsten Jahrtausend. Aspekte haushaltswissenschaftlicher Forschung – gestern, heute, morgen*, Hrsg. Ulrich Oltersdorf und Thomas Preuß, 156–191. Frankfurt a. M./New York: Campus.

Hochschild, Arlie Russell. 1989. *The second shift: Working parents and the revolution at home.* New York: Viking.

Huws, Ursula. 2021. „Ärger mit dem Haushalt: Digitalisierung und Kommodifizierung von Hausarbeit". In *Plattformkapitalismus und die Krise der sozialen Reproduktion*. Münster: Verlag Westfälisches Dampfboot. https://www.rosalux.de/fileadmin/images/publikationen/sonstige_texte/056-Altenried-RosaLux.pdf#page=71. Zugegriffen im September 2023.

Illich, Ivan. 1980. Shadow-Works. *Philosophica* 26(0). https://doi.org/10.21825/philosophica.82611.

Kaye, Joseph Jofish, Mary McCuistion, Rebecca Gulotta, und David A. Shamma. 2014. Money talks: Tracking personal finances. In *Proceedings of the SIGCHI conference on human factors in computing systems*, 521–530. Toronto: ACM. https://doi.org/10.1145/2556288.2556975.

Kuhn, Gerd. 1998. „Die ‚Frankfurter Küche'". In *Auszug aus: Wohnkultur und kommunale Wohnungspolitik in Frankfurt am Main 1880–1930*, 142–76. Bonn: J.H.W. Dietz.

Levine, Rick, Christopher Locke, Doc Searles, und David Weinberger. 2000. *The cluetrain manifesto: The end of business as usual.* Cambridge, MA: Perseus Books.

Mai, Alexandra, Katharina Pfeffer, Matthias Gusenbauer, Edgar Weippl, und Katharina Krombholz. 2020. User mental models of cryptocurrency systems – a grounded theory approach. In *Sixteenth symposium on usable privacy and security (SOUPS 2020)*, 341–358. Virtual Conference.

Marx, Karl, und Friedrich Engels. 1962. *Kapital 1*. Nach der vierten, von Friedrich Engels durchgesehenen und herausgegebenen Auflage, Hamburg 1890, Bd. 23. Karl Marx und Friedich Engels Werke. Berlin: Dietz.

Maslow, A. H. 1943. A theory of human motivation. *Psychological Review* 50(4): 370–396. https://doi.org/10.1037/h0054346.

McKnight, D. Harrison, und Norman L. Chervany. 2001. What trust means in e-commerce customer relationships: An interdisciplinary conceptual typology. *International Journal of Electronic Commerce* 6(2): 35–59.

Mederer, Helen J. 1993. Division of labor in two-earner homes: Task accomplishment versus household management as critical variables in perceptions about family work. *University of Rhode Island: Journal of Marriage and the Family* 55: 133–145. https://www.jstor.org/stable/pdf/352964.pdf. Zugegriffen im September 2023.

Mehmood, Hamid, Tallal Ahmad, Lubna Razaq, Shrirang Mare, Maryem Zafar Usmani, Richard Anderson, und Agha Ali Raza. 2019. Towards digitization of collaborative savings among low-income groups. In *Proceedings of the ACM on human-computer interaction* 3(CSCW), 1–30. Melaka, Malaysia.

Meyer, Erna. 1928. Die Wohnung als Arbeitsstätte der Hausfrau. In *Probleme des Bauens: der Wohnbau. Müller & Kiepenheuer, Potsdam 1928,* Hrsg. Fritz Block, 164–175. Bd. Probleme des Bauens: der Wohnbau. Müller & Kiepenheuer. Potsdam: Fritz Block.

———. 2021. *„Der neue Haushalt: ein Wegweiser zu wirtschaftlicher Hausführung".* Leipzig/Frankfurt a. M.: Deutsche Nationalbibliothek.

Millen, David R., Claudio Pinhanez, Jofish Kaye, Silvia Cristina Sardela Bianchi, und John Vines. 2015. Collaboration and social computing in emerging financial services. In *Proceedings of the 18th ACM conference companion on computer supported cooperative work & social computing*, 309–312. Vancouver, BC, Canada.

Mitchell, Alan, Iain Henderson, und Doc Searls. 2008. Reinventing direct marketing – With VRM inside. *Journal of Direct, Data and Digital Marketing Practice* 10(1): 3–15. https://doi.org/10.1057/dddmp.2008.24.

Moreno-Colom, Sara. 2017. The gendered division of housework time: Analysis of time use by type and daily frequency of household tasks. *Time & Society* 26(1): 3–27.

Narayanan, Arvind, Vincent Toubiana, Solon Barocas, Helen Nissenbaum, und Dan Boneh. 2012. A critical look at decentralized personal data architectures. https://doi.org/10.48550/ARXIV.1202.4503.

Naveed, Sidra, Gunnar Stevens, und Dean-Robin Kern. 2022. *Explainable Robo-advisors: Empirical investigations to specify and evaluate a user-centric taxonomy of explanations in the financial domain*. https://ceur-ws.org/Vol-3222/paper6.pdf. IntRS'22: Joint Workshop on Interfaces and Human Decision Making for Recommender Systems, September 22, 2022, Seattle, US (hybrid event).

Neifer, Thomas, Paul Bossauer, Christina Pakusch, Lukas Boehm, und Dennis Lawo. 2023. Trust-building in peer-to-peer carsharing: Design case study for algorithm-based reputation systems. In *Computer supported cooperative work (CSCW)*, 1–35.

Newton, C. 2002. Adopting the family office. *Journal of Financial Planning* 15(6): 66.

Niwa, Akira, und Hiroaki Nishi. 2017. An information platform for smart communities realizing data usage authentication and secure data sharing. In *2017 Fifth international symposium on computing and networking (CANDAR)*, 119–125. Aomori: IEEE. https://doi.org/10.1109/CANDAR.2017.73.

Ostwald, Dennis Alexander, und Werner Sesselmeier. 2011. *Das Arbeits-BIP; eine umfängliche Berücksichtigung der Arbeitsleistung bei der Wohlstandsberechnung; Expertisen und Dokumentationen zur Wirtschafts- und Sozialpolitik*. Friedrich-Ebert-Stiftung, Abt. Wirtschafts- und Sozialpolitik. https://library.fes.de/pdf-files/wiso/08702.pdf. Zugegriffen im September 2023.

Pakusch, Christina, Gunnar Stevens, Alexander Boden, und Paul Bossauer. 2018. Unintended effects of autonomous driving: A study on mobility preferences in the future. *Sustainability* 10(7): 2404.

Piekenbrock, Dirk, und Alexander Hennig. 2013. *Einführung in die Volkswirtschaftslehre und Mikroökonomie*. BA KOMPAKT. Berlin/Heidelberg: Springer. https://doi.org/10.1007/978-3-7908-2892-4.

Piorkowsky, Michael-Burkhard. 2000. Household accounting in Germany – Some statistical evidence and the development of new systems. *Accounting, Auditing & Accountability Journal* 13(4): 518–534. https://doi.org/10.1108/09513570010338087.

———. 2011. *Alltags- und Lebensökonomie: erweiterte mikroökonomische Grundlagen für finanzwirtschaftliche und sozioökonomisch-ökologische Basiskompetenzen*. Bonn: Univ. Press.

Poston, Bob. 2009. Maslow's hierarchy of needs. *The Surgical Technologist* 41(8): 347–353.

Pritchard, Gary, John Vines, und Patrick Olivier. 2015. Your money's no good here: The elimination of cash payment on London buses. In *Proceedings of the 33rd annual ACM conference on human factors in computing systems*, 907–916. Seoul Republic of Korea: ACM. https://doi.org/10.1145/2702123.2702137.

Ritzer, George, und Nathan Jurgenson. 2010. Production, consumption, prosumption: The nature of capitalism in the age of the digital 'prosumer'. *Journal of consumer culture* 10(1): 13–36.

Schmidt, Kjeld, und Ina Wagner. 2004. Ordering systems: Coordinative practices and artifacts in architectural design and planning. *Computer Supported Cooperative Work (CSCW)* 13(5–6): 349–408. https://doi.org/10.1007/s10606-004-5059-3.

Schneider, Daniel, und Orestes P. Hastings. 2017. Income inequality and household labor. *Social Forces* 96(2): 481–506. https://doi.org/10.1093/sf/sox061.

Searls, Doc. 2012. *The intention economy: When customers take charge*. Boston: Harvard Business Review Press.

Sellen, Abigail J., und Richard H. R. Harper. 1995. *Paper-Supported Collaborative Work. Technical Report EPC-1995-109*. Cambridge: Rank Xerox Research Centre.

Sellen, Abigail J., und Richard H. R. Harper. 2003. *The myth of the paperless office*. Cambridge, Massachussetts: MIT Press.

Star, Susan Leigh, und James R. Griesemer. 1989. Institutional ecology, 'translations' and boundary objects: Amateurs and professionals in Berkeley's Museum of Vertebrate Zoology, 1907–39. *Social Studies of Science* 19(3): 387–420. https://doi.org/10.1177/030631289019003001.

Teece, David J. 2018. Tesla and the reshaping of the auto industry. *Management and Organization Review* 14(3): 501–512. https://doi.org/10.1017/mor.2018.33.

Ter Huurne, Maarten, Amber Ronteltap, Rense Corten, und Vincent Buskens. 2017. Antecedents of trust in the sharing economy: A systematic review. *Journal of Consumer Behaviour* 16(6): 485–498.

Thaler, Richard H. 1999. Mental accounting matters. *Journal of Behavioral Decision Making* 12(3): 183–206. https://doi.org/10.1002/(SICI)1099-0771(199909)12:3<183::AID-BDM318>3.0.CO;2-F.

Toffler, Alvin. 1980. *The third wave*, 1. Aufl. New York: Morrow.

Turner, Richard. 2003. The myth of the paperless office. *New Library World* 104(3): 120–121.

U.S. Department of Labor. 2023. *American Time use survey – 2022 results*. USDL-22-1261. Bureau of Labor Statistics. https://www.bls.gov/news.release/pdf/atus.pdf

United States Government, Office of Information and Regulatory Affairs. 2015. *Information collection budget of the United States Government*. Washington, DC: Office of Management and Budget. https://www.whitehouse.gov/wp-content/uploads/legacy_drupal_files/omb/inforeg/inforeg/icb/icb_2015.pdf

verbraucherschutz.com. 2020. „Stiftung Warentest empfiehlt dieses Vergleichsportal zu meiden". verbraucherschutz.com. 19. Februar 2020. https://www.verbraucherschutz.com/news/stiftung-warentest-empfiehlt-dieses-vergleichsportal-zu-meiden/

Vines, J., Blythe, M., Dunphy, P., und Monk, A. 2011. Eighty Something: Banking for the older old (July 1, 2011). *Proceedings of HCI 2011 The 25th BCS Conference on Human Computer Interaction*. https://doi.org/10.14236/ewic/HCI2011.29

Vyas, Dhaval, Stephen Snow, Paul Roe, und Margot Brereton. 2016. Social organization of household finance: Understanding artful financial systems in the home. In *Proceedings of the 19th ACM conference on computer-supported cooperative work & social computing*, 1777–1789. San Francisco: ACM. https://doi.org/10.1145/2818048.2819937.

Winkler, Anne E., und Thomas R. Ireland. 2009. Time spent in household management: Evidence and implications. *Journal of Family and Economic Issues* 30(3): 293–304. https://doi.org/10.1007/s10834-009-9160-0.

Witzig, Verena. 2020. *Gemeinsam Haushalten: Arbeitsteilung und Praktiken von Mütterlichkeit und Väterlichkeit in getrennten Familien*. 1. Aufl. Budrich Academic Press. https://doi.org/10.2307/j.ctv10h9fft.

Digitaler Verbraucherschutz

4

Dominik Pins, Michelle Walther, Jana Krüger, Gunnar Stevens,
Veronika Krauss und Sima Amirkhani

Inhaltsverzeichnis

4.1 Datenschutz... 137
    4.1.1 Entwicklungslinien des Datenschutzes.. 138
    4.1.2 Prinzipien des Datenschutzes... 142
    4.1.3 Datenschutz im staatlichen und zivilen Sektor................................ 147
        4.1.3.1 Staatlicher Sektor... 148
        4.1.3.2 Ziviler Sektor... 149
    4.1.4 Datentreuhänder.. 151
    4.1.5 Datenschutztechniken... 153
        4.1.5.1 Verschlüsseln und Anonymisieren................................... 153
        4.1.5.2 Privacy by Design... 155
    4.1.6 Datenschutzverhalten.. 156
    4.1.7 Gebrauchstauglicher Datenschutz.. 163

Ergänzende Information Die elektronische Version dieses Kapitels enthält Zusatzmaterial, auf das über folgenden Link zugegriffen werden kann [https://doi.org/10.1007/978-3-662-68706-2_4].

D. Pins (✉)
Human Centered Engineering & Design, Fraunhofer-Institut für Angewandte Informationstechnik, Sankt Augustin, Deutschland

M. Walther · J. Krüger · G. Stevens
Institut für Verbraucherinformatik, Hochschule Bonn-Rhein-Sieg, Sankt Augustin, Deutschland

V. Krauss · S. Amirkhani
Lehrstuhl Wirtschaftsinformatik, insb. IT-Sicherheit, Universität Siegen, Siegen, Deutschland

© Der/die Autor(en) 2024
A. Boden et al. (Hrsg.), *Verbraucherinformatik*,
https://doi.org/10.1007/978-3-662-68706-2_4

4.2   Verbrauchertäuschung und Onlinebetrug... 164
       4.2.1   Dark Patterns... 167
       4.2.2   Onlinebetrug... 169
4.3   Social Engineering.. 172
       4.3.1   Ziele und Motivation.. 173
       4.3.2   Typen und Angriffsformen.. 174
       4.3.3   Kommunikationskanäle und -medien.. 175
       4.3.4   Manipulationstechniken.. 177
       4.3.5   Prozessmodelle... 178
4.4   Prävention und Resilienz.. 181
       4.4.1   Sicherheitsprävention... 182
                4.4.1.1   Verbraucherbildung.. 182
                4.4.1.2   Betrugserkennung.. 184
       4.4.2   Digitale Resilienz... 188
                4.4.2.1   „Blaming" und „Shaming".. 188
                4.4.2.2   Coping-Ansätze... 190
4.5   Zusammenfassung.. 191
4.6   Übungen.. 191
Literatur.. 192

Die Marktwirtschaft entlastet Verbraucher:innen davon, sich selbst mit Gütern versorgen zu müssen, indem sie ihnen eine Vielzahl von Möglichkeiten bietet, Waren und Dienstleistungen zur Befriedigung ihrer Bedürfnisse zu beziehen. Gleichzeitig birgt dies eine Reihe von Gefahren, vor denen Verbraucher:innen geschützt werden müssen.

Im Laufe der Geschichte haben sich dabei die Schutzbedürftigkeit, wie auch die Schutzmaßnahmen und -gesetze vor dem Hintergrund gesellschaftlicher und technologischer Entwicklungen immer wieder gewandelt. Bereits im Mittelalter gab es erste Bestimmungen zum Schutz der Verbraucher:innen, wie zum Beispiel die Augsburger Stadtordnung aus dem 12. Jahrhundert, welche die Verwendung falscher Maße und Gewichte unter Strafe stellte. Mit zunehmender Industrialisierung wurde die Transparenz von Verbraucherinformationen immer wichtiger. In der Bundesrepublik wurde eine Reihe von Gesetzen und Verordnungen zum Schutz der Verbraucher:innen. Dazu gehört die Fertigpackungsverordnung zur Angabe der Füllmenge, das Textilkennzeichnungsgesetz zur Angabe verarbeiteter Stoffe sowie das Gesetz zu Allgemeinen Geschäftsbedingungen (AGB-Gesetz), das eingeführt wurde, um Verbraucher:innen vor einseitigen Klauseln im „Kleingedruckten" von Verträgen zu schützen.

Durch den fortschreitenden digitalen Wandel ergeben sich neue Herausforderungen für den Verbraucherschutz, die angegangen werden müssen. Dazu gehören Fragen der Datensicherheit und des Datenschutzes. Sollte der Datenschutz zunächst Bürger:innen vor dem Datenmissbrauch staatlicher Stellen schützen, so ist es heute ebenso wichtig, Verbraucher:innen die Kontrolle über ihre persönlichen Informationen im zivilen Sektor zu ermöglichen. So hinterlassen Verbraucher:innen Spuren in vielen Lebensbereichen, insbesondere im digitalen Raum. Daten sammelnde Dienste und Geräte, vor allem Smartphones, dringen immer tiefer in private Bereiche wie das Zuhause vor, das als Symbol der Privatsphäre gilt. Hierdurch steigt das Risiko, dass ihre Daten durch kommerzielle Unternehmen ausgebeutet und verwertet werden. Darüber hinaus können sensible Daten in die Hände von Kriminellen gelangen, was die Cyberkriminalität im Internet zu einem bedeutenden Problem macht.

Mit der Digitalisierung sind zudem neue Risiken der Verbrauchertäuschung und des Onlinebetrugs verbunden, da Waren und Dienstleistungen nicht mehr auf sinnliche Weise erfahrbar und physisch erlebbar sind und digitale Transaktionen und Interaktionen zunehmend im digitalen Raum stattfinden. Dies schafft neue Möglichkeiten für Täuschung und betrügerische Praktiken, gegen die Verbraucher geschützt werden müssen. Hierbei ist der Übergang zwischen Verbrauchermanipulation, Verbrauchertäuschung, Onlinebetrug und Cyberkriminalität fließend. Der Verbraucherschutz bleibt somit ein sich wandelndes und entscheidendes Anliegen, um die Rechte und Interessen der Verbraucher:innen in einer sich ständig verändernden digitalen Welt zu schützen. So schreibt z. B. das *BMUV* auf seiner Webseite: „Es gehört daher zu den Aufgaben des digitalen Verbraucherschutzes im BMUV, Fairness, Wahlfreiheit, Transparenz und die Rechte der Verbraucherinnen und Verbraucher in der digitalen Welt zu stärken" (BMUV 2023).

Als eine Einführung in den digitalen Verbraucherschutz gibt das Kapitel ein Überblick über den Datenschutz sowie verschiedene Arten von Verbrauchermanipulation und Onlinebetrug. Insbesondere wird das Social Engineering als häufigste Methode zur Verbrauchermanipulation im digitalen Raum beleuchtet.

Lernziele

Im Rahmen dieses Kapitels werden Ihnen folgende Inhalte vermittelt:

- Sie lernen die wichtigen Konzepte des Datenschutzes kennen.
- Sie lernen verschiedene Modelle zur Privatsphäre und des Datenschutzverhaltens sowie Gestaltungsprinzipien zur Umsetzung eines verbraucherfreundlichen Datenschutzes kennen.
- Sie lernen, was Cyberkriminalität, Onlinebetrug und Social Engineering sind und dass verschiedene Arten von Betrug verschiedene Problemlösungen brauchen.
- Sie lernen, dass der Fokus bei Cybersicherheit auf dem Menschen als dem schwächsten Glied liegt, welche Sicherheitsverhaltensweisen von Verbraucher:innen existieren, welche Copingmechanismen Opfer nutzen, was zu digitaler Resilienz dazugehört, welche Präventionsmaßnahmen es gibt und welche Maßnahmen zum Erkennen von Onlinebetrug existieren.

4.1 Datenschutz

Ein wesentlicher Aspekt des digitalen Verbraucherschutzes liegt im Schutz personenbezogener Daten zur Wahrung der Privatsphäre von Verbraucher:innen.

Privatsphäre versteht sich im Allgemeinen als Ort oder Zustand, an bzw. in dem der Mensch sich und sein Verhalten vor anderen Akteuren (wie Personen, Regierungen oder Unternehmen) abschirmen kann. Insbesondere Arbeiten aus den Sozial- und Rechtswissenschaften machen jedoch deutlich, dass der Begriff durchaus verschiedene Bedeutungen und Nuancen aufweist. Während sich das allgemeine Verständnis zunächst auch in vielen theoretischen Konstrukten wiederfindet (Habermas 2015; Rössler 2001; Warren und Brandeis 1890; Westin 2015), nehmen diese bei genauerer Betrachtung jedoch unterschiedliche Aspekte in den Fokus. So lässt sich der Begriff der Privatheit aus soziologischer Perspektive als Gegenpol zum Begriff Öffentlichkeit oder öffentlicher Raum abgrenzen und definiert somit Lebens- und Tätigkeitsbereiche wie das Familienleben, Freizeitaktivitäten und insbesondere das Zuhause als allgemeingültiger Bereich des privaten Lebens (Fuchs-Heinritz 2013). Neben einer räumlichen Perspektive gibt es zudem eine dezisionale sowie eine informationelle Verständnisweise von Privatheit (Rössler 2001). Erstere adressiert die Sicherung von Entscheidungs- und Handlungsspielräumen bzw. den Schutz vor Fremdbestimmung, während Letztere beim digitalen Verbraucherschutz eine wichtige Rolle spielt, weshalb sie im Folgenden näher erläutert werden soll.

Unter informationeller Privatsphäre versteht man den Anspruch auf Schutz von persönlichen Daten (Rössler 2001) und die Kontrollmöglichkeit für Individuen, Zeitpunkt, Art und Umfang, in dem persönliche Informationen mit anderen ausgetauscht und von anderen genutzt werden, zu bestimmen (Li et al. 2010). Sie stehen in enger Verbindung mit der räumlichen (oder auch physischen) Privatheit, da durch die Durchdringung digitaler Medien und Internet-of-Things(IoT)-Geräten sehr viele Daten aus dem persönlichen Umfeld von Verbraucher:innen erfasst werden können (Westin 2015). Wenn jemand persönliche Informationen offenlegt, indem er auf einer Webseite ein Nutzerkonto eröffnet oder Urlaubsfotos teilt, könnten diese Informationen an Dritte weitergeleitet werden. Die Datenverwendung und -verbreitung liegt dann außerhalb des Einflussbereichs der Nutzer:innen.

Außer in den Sozialwissenschaften ist die Privatsphäre auch in den Rechtswissenschaften ein wichtiger und festgeschriebener Begriff. Auch hier herrscht die Bedeutung vor, dass jener familiär-häusliche Bereich den Gegenpol zur Öffentlichkeit darstellt, ohne die Einwilligung der betreffenden Person anderen nicht zugänglich ist und ihr in diesem Bereich das Recht auf freie Entfaltung der Persönlichkeit einräumt. Dies ist insbesondere durch Artikel 2 Absatz 1 GG, dem Recht auf freie Entfaltung, sowie Artikel 13 GG „Unverletzlichkeit der Wohnung" und Artikel 10 GG „Post- und Fernmeldegeheimnis" geregelt, die zusätzlich den Schutzbereich für Privatsphäre festlegen.

4.1.1 Entwicklungslinien des Datenschutzes

Das moderne Verständnis des Datenschutzes ist durch den technologischen Fortschritt im Bereich der Datenverarbeitung geprägt. Während sich historisch seit der Antike vor allem die räumliche Abgrenzung zwischen privatem und öffentlichem Bereich als Definition abzeichnet (Habermas 2015), entwickelt sich seit Ende des 19. Jahrhunderts und insbesondere durch die rasante Entwicklung von Medientechnologien (allen voran die kompakter werdenden und schneller verarbeitenden Geräte in der Fotografie) auch eine Betrachtung von informationeller Privatheit immer mehr ab (Warren und Brandeis 1890; Westin 2015). Dies begann einerseits mit der Möglichkeit, von nun an Fotos von anderen Personen (und potenziell ohne deren Wissen) schneller und unkomplizierter aufzunehmen und zu verbreiten (Warren und Brandeis 1890). Andererseits vereinfachten auch die kompakteren technischen Möglichkeiten seit den 1950ern, bspw. die Erfindung der Kreditkarte, die Erfassung und Speicherung von Daten (Westin 2015). Während Westin in den 1970ern dadurch vorwiegend eine steigende Überwachung durch Behörden und Regierungen prophezeite, die zu einer Bedrohung des Individuums und seiner Privatsphäre führen würde, zeigt sich heute, dass vor allem wirtschaftliche Akteur:innen Daten – insbesondere die personenbezogenen ihrer Kund:innen – für ihre Geschäftsmodelle nutzen (Masur et al. 2018).

Mit vermehrtem Aufkommen der Erhebung von Daten zur Überwachung der Bürger:innen durch den Staat (Westin 2015) wurden auch die Stimmen seitens der Verbraucher:innen laut, in Deutschland spätestens im Zuge der geplanten Volkszählung 1983 (Wiesner 2021). Daraus folgte eine kritische Auseinandersetzung mit Privatheit, woraufhin das Bundesverfassungsgericht schließlich urteilte, dass eine solche systematische Befragung gegen das Grundgesetz verstößt, und folglich den Bürger:innen das Recht auf informationelle Selbstbestimmung einräumte (Masur et al. 2018).

In den Anfangstagen der elektronischen Datensammlung gab es kaum Regeln, Gesetze und Vorschriften zum Schutz der informationellen Privatsphäre. Die Regierung mitsamt ihren Behörden und vor allem die später gegründeten digitalen Unternehmen konnten personenbezogene Daten weitgehend uneingeschränkt erheben, sammeln und verarbeiten. Erst mit der Zeit wurde die Bevölkerung durch Aktivitäten von Initiativen wie dem Chaos Computer Club sensibilisiert, und es bildeten sich gesetzliche Vorschriften und Organisationen wie die Datenschutzaufsicht heraus, um sicherzustellen, dass staatliche Stellen und Unternehmen die Privatsphäre ihrer Kund:innen und Bürger:innen respektieren und die Datenschutzregeln einhalten (Rost 2013). Doch selbst heute noch gelingt es Unternehmen, massenhaft personenbezogene Daten zu sammeln, um sie für eigene Zwecke zu verwenden und wirtschaftlich zu vermarkten (Rost 2013).

In den 1950ern ging man in den Rechtswissenschaften insbesondere von der Sphärentheorie aus, die im Kern zwischen drei Sphären unterscheidet (Witt 2010):

Intimsphäre. Dies ist der innerste und am stärksten geschützte Bereich der Persönlichkeit. Hierzu gehören private Gedanken, Emotionen und persönliche Lebensentscheidungen. Der Intimbereich wird als „unantastbarer Kernbereich privater Lebensgestaltung" aufgefasst und unterliegt einem besonders hohen Schutz vor Eingriffen.

Privatsphäre. Die Privatsphäre umfasst persönliche Angelegenheiten, die nicht unmittelbar den Intimbereich betreffen, aber dennoch einen hohen Schutz vor Eingriffen genießen. Hierzu gehören beispielsweise die familiären Beziehungen, die Wohnung, die Kommunikation und persönliche Daten.

Individualsphäre (auch als Sozialsphäre oder Öffentlichkeitssphäre bezeichnet). Dies ist der äußerste Bereich der Persönlichkeit; er umfasst Aktivitäten und Handlungen in der Öffentlichkeit. In diesem Bereich sind Eingriffe und Regulierungen am wenigsten stark ausgeprägt, da sie weniger stark in die individuelle Freiheit eingreifen.

Dieses Verständnis erweist sich jedoch zunehmend als ungeeignet, die informationelle Selbstbestimmung im digitalen Zeitalter zu schützen. So werden Chatbots private Gedanken anvertraut oder in Cloud-basierten Diensten gespeichert; die elektronische Bildverarbeitung ermöglicht es, Emotionen auf Fotos und Videoübertragungen zu erkennen; oder durch das Smart Home werden familiäre Beziehungen und häusliche Kommunikation digital aufgezeichnet. Da die Sphären zunehmend ineinanderfließen und überlappen, ergeben sich neue Herausforderungen, bspw. in Bezug auf die Frage, wie der Kernbereich privater Lebensgestaltung sowohl vor staatlicher Kontrolle als auch vor kommerzieller Verwertung geschützt werden kann (vgl. Abb. 4.1).

Ein weiterer Aspekt betrifft die Frage, wie die Einhaltung gesetzlicher Vorschriften kontrolliert werden kann. Das Feld der Datenschutzaufsicht hat sich z. B. seit den 2000ern weiterentwickelt, sodass sich Datenschützer:innen zunehmend auch in Berater:innen- und Auditor:innen-Tätigkeiten wiederfinden. Eine weitere Verschiebung in der Perspektive des Datenschutzfokus fand auch durch die sich verbreitende Verfügbarkeit von Heim-PCs und weiteren (vernetzten) Endgeräten sowie den damit genutzten Programmen und Services (Online-Einkaufen, -Banking etc.) statt, die dazu führten, dass auch die Abwehr von Angriffen im Privaten auf die darauf enthaltenen Datenbestände, die bisher in den Bereich der Datensicherheit fallen, ebenfalls durch die Datenschutzaufsicht untersucht werden (Rost 2013).

Die stetige Verbreitung mobiler Endgeräte in der Gesellschaft und die Digitalisierung von Alltagspraktiken und Hobbys, wie das Lesen von Büchern, Urlaubsreisen, Kochen oder Freizeit mit Freund:innen, führen schließlich dazu, dass Verbraucher:innen bewusst und unbewusst Datenspuren hinterlassen. Diese lassen Rückschlüsse auf ihre Person und ihr Verhalten zu und geben damit Einblicke in ihre Privatsphäre, sei dies gewollt oder nicht. Dass zum Beispiel über soziale Medien wie Facebook, Instagram oder TikTok Nachrichten, Bilder und Videos mit entsprechenden Meta-Daten (Aufenthaltsort, Gerätedaten etc.) geteilt werden, ist weithin bekannt und sollte Nutzer:innen weitestgehend bewusst sein.

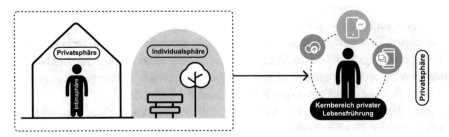

Abb. 4.1 Durch die digitale Auflösung der Sphären ergeben sich neue Herausforderungen um Kernbereiche privater Lebensgestaltung zu schützen

Alex Kuhn zeigt am Beispiel eines E-Readers, welche Rückschlüsse durch das digitale Lesen möglich werden, die mit dem lauten (Vor-)Lesen eines Buches vergleichbar sind (Kuhn 2019). Durch Reader-Analytics können neben den Interessen und Genres somit Nutzer:innen-Informationen darüber gewonnen werden, wann und wie häufig das Gerät (oder die App) zum Lesen genutzt wird, an welchen Stellen unterbrochen wird, ob Abschnitte gar übersprungen werden und welche Textstellen ggf. markiert werden. Diese können dann für Nutzungsmuster, Ableitung von Leser:innentypen, Themen/Genretrends sowie als Qualitätsindikatoren von (neuen) Autor:innen ausgewertet werden (Kuhn 2019).

Das moderne Verständnis des Datenschutzes ist dabei als Individualrecht konzipiert. Während Verbraucher:innen bei der Erfassung von personenbezogenen Daten im privaten Bereich direkte Kontrolle darüber ausüben können, welche Daten gesammelt und verarbeitet werden und somit unmittelbarer Verbraucherschutz gegeben ist, erweist sich der Schutz von Daten im öffentlichen Raum sowohl technisch als auch konzeptionell schwieriger. Hierunter fallen beispielsweise Sprachaufnahmen von Haushaltsmitgliedern oder Besucher:innen bei Verwendung von Sprachassistenten, aber auch die Veröffentlichung von Bildern, auf denen eine Person ungewollt oder unbemerkt fotografiert wurde, in den sozialen Medien. Dieser Konflikt ist auch als **Multi-Party-Privacy-Konflikt** bekannt (Salehzadeh Niksirat et al. 2021; Such und Criado 2018).

In Smart-Home-Haushalten gibt es häufig eine:n Administrator:in, der:die die entsprechenden Geräte einrichtet und verwaltet und somit auch die Nutzung durch alle Personen einsehen kann (Pins et al. 2020; Geeng und Roesner 2019) – und dies, obwohl andere Haushaltsmitglieder sich selbst trotz weniger Zugriffsrechte oder -möglichkeiten als Eigentümer der Geräte betrachten (Meng et al. 2021). Dadurch kann ein Machtgefälle innerhalb von Haushalten (oder Familien) entstehen, das durch geteilte Geräte oder offene Zugänge noch verstärkt wird (Geeng und Roesner 2019). Neben einer individuellen Selbstbestimmung sollte hierbei also auch eine kollektive Form der informationellen Selbststimmung in den Zugriffsmöglichkeiten berücksichtigt werden, bei der Betroffene mitbestimmen können, wer diese Daten für welche Zwecke nutzen darf (Stevens und Boden 2022).

Auf öffentlichen Plätzen, in öffentlichen Gebäuden, aber oftmals auch in privaten Haushalten wird darauf hingewiesen, dass Bereiche videoüberwacht werden. Weiterhin müssen bei öffentlichen Veranstaltungen die Besucher:innen und Teilnehmer:innen in der Regel im Vorfeld darin einwilligen, dass Fotos und Videoaufnahmen während der Veranstaltung gemacht und später veröffentlicht werden dürfen, auf denen sie ggf. zu erkennen sind.

Das Kunsturhebergesetz (KUG) § 22 (KunstUrhG 1907) regelt mit dem Recht am eigenen Bild in § 22, dass eine Einwilligung des Abgebildeten erforderlich ist, wenn das Bildnis veröffentlicht werden soll (Mause 2019). Ausnahmen davon sind in § 23 festgehalten, die sich beispielsweise auf Fotos beziehen, bei denen die Personen lediglich als „Beiwerk" erscheinen, wie bspw. auf Fotos mit Sehenswürdigkeiten („Panoramafreiheit") oder auf Versammlungen (KunstUrhG 1907). Diese Ausnahmen gelten jedoch nur, solange ein berechtigtes Interesse der abgebildeten Person nicht verletzt wird. Kommt es hier zu einer Verletzung, sind die strafrechtlichen Folgen in den § 33 ff. KUG geregelt.

Bei der Kenntnisnahme von Hinweisen in überwachten Bereichen oder der Einwilligung in die Erstellung und Veröffentlichung von Bildern und Videoaufnahmen kommt es im Sinne der informationellen Selbstbestimmung darauf an, ob hierbei alle wichtigen Informationen (z. B. Zweck der Datensammlung oder Aufnahme) sichtbar und in zumutbarer Weise vermittelt wurden, um Verbraucher:innen in ihrem freiwilligen und selbstbestimmten Handeln, den Bereich betreten zu wollen, zu stärken (Aldenhoff 2019).

Bei der Grenzziehung zur Wahrung von digitaler Privatsphäre lässt sich abschließend ein ständiges Wechselspiel aus Machtverhältnissen feststellen, bei dem jedoch häufig eine Asymmetrie zu Lasten der Verbraucher:innen vorliegt. Dies liegt zum einen daran, dass Unternehmen über mehr Ressourcen verfügen, um Lobbyarbeit zu betreiben und um Gesetze zu beeinflussen. Zudem sind sie in der Lage, komplexe Technologien und Praktiken zum Sammeln und Verwenden von Daten zu entwickeln und zu nutzen. Insbesondere herrscht eine Informationsasymmetrie, weil Unternehmen einen besseren Überblick darüber haben, welche Daten erhoben und wofür diese genutzt werden. Demgegenüber haben Verbraucher:innen oft begrenzte Ressourcen und eine geringere technische Expertise. Sie sind meist nicht in der Lage, die Auswirkungen von Datenpraktiken in vollem Umfang zu verstehen oder sich wirksam dagegen zu verteidigen. Ferner werden die Nutzungs- und Vertragsbedingungen meist durch die Unternehmen einseitig vorgegeben und Verbraucher:innen teilweise durch undurchsichtige Dialoggestaltung zu einer Einwilligung gedrängt.

Die Ausgestaltung von personenbezogenen Verfahren (auch zur Abwälzung von Risiken) macht mithin fraglich, inwiefern Verbraucher:innen Handlungsalternativen geboten bekommen und überhaupt selbstbestimmt handeln können (Rost 2013). Selbstbestimmung seitens der Verbraucher:innen ist nur insoweit gegeben, als er:sie entscheiden kann, ob er:sie der Datennutzung zustimmt oder nicht. Die Art der Datennutzung kann dabei aber nur selten ausgehandelt werden, sondern lediglich, ob man den Service nutzen möchte oder nicht (Aldenhoff 2019).

Gemäß der Idee der informationellen Selbstbestimmung muss eine Einwilligung aber immer freiwillig erfolgen und Kontrollmöglichkeiten für Verbraucher:innen mit sich bringen, damit Datenschutz möglich ist. Das Teilen von Inhalten in den sozialen Medien oder von Informationen beim digitalen Lesen als Eingriff in die Privatsphäre ist abschließend nie absolut bzw. als unvermeidbar zu verstehen, sondern obliegt den Nutzer:innen und ihren Handlungen, ob bzw. auf welche Art und Weise sie Produkte und Dienste nutzen.

4.1.2 Prinzipien des Datenschutzes

In der Europäischen Union basiert der Datenschutz auf grundlegenden Prinzipien, die vor allem aus den Vorgaben abgeleitet werden können, die in der **DSGVO** (Datenschutz-Grundverordnung) festgeschrieben sind. Die DSGVO, auch bekannt als GDPR (General Data Protection Regulation), ist am 25. Mai 2018 in Kraft getreten. Ihr Hauptziel ist es, die informationelle Selbstbestimmung der Bürger:innen in der EU zu stärken und zu regulieren, wann und wie personenbezogene Daten gesammelt, verarbeitet und gespeichert werden dürfen.

Die Regulierung bezieht sich nicht auf alle Daten, sondern speziell auf personenbezogene Daten. Laut Artikel 4 DSGVO sind personenbezogene Daten demnach

> [...] alle Informationen, die sich auf eine identifizierte oder identifizierbare natürliche Person
> (im Folgenden „betroffene Person") beziehen; als identifizierbar wird eine natürliche Person
> angesehen, die direkt oder indirekt, insbesondere mittels Zuordnung zu einer Kennung wie
> einem Namen, zu einer Kennnummer, zu Standortdaten, zu einer Online-Kennung oder zu
> einem oder mehreren besonderen Merkmalen, die Ausdruck der physischen, physiologischen,
> genetischen, psychischen, wirtschaftlichen, kulturellen oder sozialen Identität dieser natür-
> lichen Person sind, identifiziert werden kann;

Artikel 4 (1), DSGVO (Auszug)

Einige der grundlegenden Eckpfeiler des Datenschutzes werden durch die folgenden
Kernprinzipien dargestellt (Witt 2010):

- **Informationelle Selbstbestimmung.** Die informationelle Selbstbestimmung ist das
  Recht einer Person, selbst zu entscheiden, welche persönlichen Informationen über sie
  erfasst, verarbeitet, gespeichert und weitergegeben werden dürfen. Sie betont die individuelle Kontrolle über die eigenen persönlichen Daten. Danach dürfen Unternehmen
  und Organisationen persönliche Daten grundsätzlich nur dann sammeln und verwenden, wenn sie hierfür die ausdrückliche Zustimmung der betroffenen Person erhalten haben.
- **Prinzip des Verbots mit Erlaubnisvorbehalt.** Das Erheben, Verarbeiten oder Nutzen
  personenbezogener Daten ist im Grundsatz verboten. Dieses Verbot kann aufgehoben
  werden, wenn eine gesetzliche Grundlage bzw. ausdrückliche Genehmigung vorliegt.
  Eine solche liegt z. B. bei der freiwilligen Einwilligung durch den Betroffenen vor.
  Hierbei ist die verarbeitende Stelle dafür verantwortlich sicherzustellen, dass die Einwilligung ordnungsgemäß eingeholt und dokumentiert wird. Die Einwilligung muss
  freiwillig und informiert erfolgen und darf jederzeit widerrufen werden. Die Einwilligung darf nur auf konkrete, vorab spezifizierte Verarbeitungszwecke bezogen sein.
- **Prinzip der Transparenz.** Personenbezogene Daten müssen auf rechtmäßige Weise,
  fair und transparent verarbeitet werden. Die betroffene Person muss über die Datenverarbeitung informiert sein. Hierbei sollten die Betroffenen die Möglichkeit haben, die
  Verarbeitung ihrer Daten nachzuverfolgen. Dies bedeutet, dass sie Informationen darüber erhalten sollten, wann und wie ihre Daten verwendet werden und wer Zugriff auf
  sie hat.
- **Prinzip der Zweckbindung.** Personenbezogene Daten dürfen nur für festgelegte, eindeutige und legitime Zwecke erhoben und verarbeitet werden. Die Daten dürfen nicht
  in einer Weise weiterverarbeitet werden, die mit diesen Zwecken unvereinbar ist. Die
  Zweckbindung fördert die informationelle Selbstbestimmung, indem sie sicherstellt,
  dass die betroffene Person darüber informiert ist, wozu ihre Daten verwendet werden.
  Dies ermöglicht es der Person, die Tragweite ihrer Einwilligung besser zu verstehen
  und fundierte Entscheidungen über die Verwendung ihrer Daten zu treffen.

- **Prinzip der Datensparsamkeit.** Es dürfen nur die Daten erhoben werden, die für die Zwecke, für die sie verarbeitet werden, erforderlich sind. Die Daten müssen auf das notwendige Minimum beschränkt sein. Ferner dürfen Daten nur so lange gespeichert werden, wie es für die Zwecke, für die sie verarbeitet werden, erforderlich ist.
- **Prinzip der korrekten, sicheren Aufbewahrung.** Die Daten müssen korrekt und auf dem neuesten Stand sein. Angemessene Maßnahmen müssen ergriffen werden, um unrichtige oder unvollständige Daten zu korrigieren oder zu löschen. Ferner müssen geeignete technische und organisatorische Maßnahmen ergriffen werden, um die Daten vor unbefugtem Zugriff zu schützen.

  Ein erhöhter Schutzbedarf besteht bei Daten, die als besonders sensibel eingestuft werden und Auskunft über weltanschauliche Überzeugungen, genetische Merkmale oder das Sexualleben einer Person geben.

Die Regelungen zum Datenschutz stärken ferner die Rechte von Verbraucher:innen, Kontrolle über die Datenverarbeitung auszuüben. Hierzu gehören insbesondere folgende Verbraucherrechte:

- **Recht auf Auskunft.** Betroffene haben das Recht, von der verantwortlichen Stelle Auskunft über die Verarbeitung ihrer personenbezogenen Daten zu erhalten. Diese Informationen sollten in einer klaren und einfachen Sprache bereitgestellt werden.
- **Recht auf Löschung und Korrektur.** Betroffene haben das Recht auf Berichtigung, Löschung und Datenübertragbarkeit. Sie können Daten löschen bzw. unvollständige oder unrichtige Daten korrigieren lassen.
- **Recht auf Datenübertragbarkeit.** Betroffene haben das Recht, ihre personenbezogenen Daten in einem strukturierten, gängigen und maschinenlesbaren Format zu erhalten, um sie an eine andere Organisation zu übertragen.
- **Recht zum Widerspruch gegenüber automatisierter Entscheidung.** Betroffene haben das Recht, gegen automatisierte Entscheidungen, einschließlich Profiling, Widerspruch einzulegen. Dieses Recht ermöglicht es den Personen, menschliche Intervention in automatisierte Entscheidungen zu verlangen.

Die Schutz- und Abwehrrechte der DSGVO sind sehr allgemein gefasst und weisen einen Interpretationsspielraum auf, wenn es um die Umsetzung geht. Insbesondere steht die DSGVO im Spannungsfeld, dass einerseits die Innovationsfähigkeit der Organisationen gewahrt bzw. gefördert und damit die Umsetzung möglichst offengehalten wird. Andererseits erschwert dies die Prüfung, ob die Rechte eingehalten werden (z. B. hinsichtlich der Vollständigkeit von Informationen) oder wie Meldeverfahren zu gestalten sind, die sowohl der DSGVO als auch der Forderung der Verbraucher:innen nach Schutz der Privatsphäre Rechnung tragen (z. B. im Hinblick auf Transparenz) (Pins et al. 2022).

Ein Beispiel hierfür stellt das Prinzip der Zweckbindung dar. So schreibt die DSGVO vor, dass Daten nur für „festgelegte, eindeutige und legitime" (Artikel 5 DSGVO) Zwecke genutzt werden dürfen. Diese Zwecke müssen dabei im Vorfeld kommuniziert werden.

Studien zum verbraucherfreundlichen Datenschutz zeigen jedoch, dass die Formulierungen zur Zweckbindung in der Praxis oftmals noch vage oder aber sehr komplex gehalten sind (Alizadeh et al. 2019; Jakobi et al. 2020) und eine effektive informationelle Selbstbestimmung hierdurch nicht möglich ist (Jakobi et al. 2020).

Ein anderes Beispiel stellt das Recht auf Datenübertragbarkeit nach Artikel 20 dar. Demnach soll ein Datenexport es den Benutzer:innen ermöglichen, alle ihre Daten herunterzuladen und sie gegebenenfalls bei einer anderen Organisation zu importieren oder einfach als persönliche Sicherungskopie aufzubewahren. Jedoch sind in der Regel die maschinenlesbaren Formate von Organisation zu Organisation sehr unterschiedlich strukturiert (Cena et al. 2016), was eine generelle Verknüpfung von Daten unterschiedlicher Hersteller erschwert (Pins et al. 2021; Cena et al. 2016). Abb. 4.2 zeigt z. B., dass die Anbieter zweier Sprachassistenzsysteme die Daten im JSON-Format bzw. im CSV-Format bereitstellen. Bei der Anforderung einer Kopie der Daten kommt noch hinzu, dass die maschinenlesbaren Formate aus Laiensicht nur schwer verständlich sind (Pins et al. 2021).

```
1   // Type some code ->
2
3   "header": "Voice Assistant",
4   "title": "Spiel bitte Bayern gesagt",
5    "titleUrl": "https://www.searchengine.com /search?q=\u003dSpiel+bitte+Bayern",
6    "subtitles": [{
7    "name": "Alles klar, ich spiele Bayern von Musikdienst ab."
8   }],
9
10   "time": "2020-07-06T11:27:17.214Z",
11   "products": ["Voice Assistant"],
12    "locationInfos": [{
13    "name": "Ungefähre Gegend",
14    "url": "https://www.gpsdata.com/@?api\XYZ ",
15    "source": "Von meinem Gerät"
16   }]
17   },{
18
19   "header": "Voice Assistant",
20   "title": "rufe Hans Meier an gesagt",
21   "titleUrl": "https://www.searchengine.com/search?q=\u003drufe+Hans+Meier+an",
22   "time": "2020-07-06T13:59:50.154Z",
23   "audioFiles": ["2019-12-27_13_59_51_393_UTC.mp3"],
24   "products": ["Voice Assistant"],
25   "details": [{
26    "name": "Per Hotword gestartet"
27   }],
28
29   "locationInfos": [{
30    "name": "Ungefähre Gegend",
31    "url": "https://www.gpsdata.com/@?api\XYZ",
32    "source": "Von meinem Gerät"
```

```
22   2019-02-03T11:45:33.269Z, VA spiele that's life,3b09c69b2280a6eeec108dfbb2073cb75002adfe.wav,"Hier ist That's Life von Andr
23   2020-08-14T12:42:10.449Z," wohin ist der mond",9f5accea8c590df9314380574a5d7085a1925cc0.wav,Möchtest du die Wegbeschreibung z
24   2019-05-10T17:56:25.358Z,VA setze einen timer auf eine stunde drei und vierzig minuten und nenne ihn spätzle aufsetzen, 17fe8
25   Data Not Available,Data Not Available,1761b3c40d150866499b30d8d7edc4983f3baed1.wav,Not Applicable
26   2019-05-03T10:16:46.314Z, VA zurück,83a0f71377371fb7e846db7827e8af891a17ea4e.wav,Ich habe momentan Schwierigkeiten auf deine
27   2020-11-04T07:44:21.287Z,VA wiedergabe stoppen,ca81c10e4ea9c6e030056b83d8e0d30072393ad5.wav,Not Applicable
28   2020-11-08T13:31:49.528Z,VA spiel Radio,782bdc2e0b4d9dd3b8c10564bfec17e85c23da2c.wav,Radio aus der Audiothek.
29   Data Not Available,Data Not Available,0e061291faed7c71d25392c57b2c42173216a7ed.wav,Was möchtest du nun tun?
30   2020-11-17T15:20:29.466Z,VA wiedergabestopp,9cfb880ebd1b09a33b03a9dd63320fc9ce297a6c.wav,Not Applicable
31   2019-05-07T19:17:33.884Z,VA zeige mir rezepte mit spätzle,c00d31432e105247017e6fe9cb6a22486fdc148d.wav,"Mit spätzle könntest
```

Abb. 4.2 Formate für Sprachassistenten-Nutzungsdaten

Datenauskunft bei Sprachassistenten

Im Forschungsprojekt *CheckMyVA* wurde eine Browser-Erweiterung entwickelt, die Verbraucher:innen darin unterstützen soll, ihre (Interaktions-)Daten mit Sprachassistenten beim Hersteller anzufordern und mittels Datenvisualisierung zu verstehen, da die erhaltenen Rohdaten für Laien schwer zu verstehen waren (Abb. 4.2).

Hieran ist zu erkennen, dass Unternehmen unterschiedliche Speicherformate verwenden und ein schnelles Verstehen der Datenstruktur und ihrer inhaltlichen Bedeutung schwer möglich ist. Durch ein zusätzlich entwickeltes Dashboard werden diese Daten visuell aufbereitet, sodass Nutzende erste Muster des eigenen Verhaltens erkennen und ableiten können. Die untenstehende Abbildung zeigt dazu Ausschnitte eines Tools zur Visualisierung der Interaktionsdaten mit einem Sprachassistenten. Dieses beinhaltet unter anderem einen Zeitstrahl auf dem die einzelnen Interaktionspunkte abgebildet werden (links).

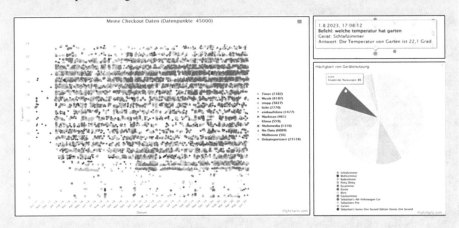

Nutzende haben dabei die Möglichkeit, auf der Basis der verwendeten Begriffe individuelle Kategorien zu bilden, die sich durch Farbkodierungen voneinander unterscheiden lassen (z. B. umfasst die Kategorie „Musik" Begriffe wie „Playlist", „Lied", „spiele" etc.). Zu jedem Datenpunkt erscheint zudem ein Infofenster, wenn Nutzende mit der Maus darüberfahren (siehe Abb. rechts oben). Weitere Elemente des Dashboards sind u. a. eine Liste mit verwendeten Begriffen und Befehlen der Nutzenden, einer Häufigkeitsverteilung der unterschiedlichen Kategorien, die Häufigkeit der Verwendung eines Geräts (siehe Abb. rechts unten) oder auch eine Heatmap, die anzeigt, an welchen Tagen und zu welcher Uhrzeit typischerweise ein Befehl verwendet wird.

Über die Projektwebseite (https://checkmyva.de/) kann die Browser-Erweiterung heruntergeladen und genutzt werden.

4.1.3   Datenschutz im staatlichen und zivilen Sektor

In modernen Gesellschaften werden personenbezogene Daten in verschiedenen Bereichen erhoben, in denen Menschen verschiedene Rollen einnehmen und in verschiedenen Abhängigkeitsverhältnissen stehen, die sich auf die informationelle Selbstbestimmung auswirken (siehe Abb. 4.3).

Hinsichtlich des Datenschutzes sind dies insbesondere der staatliche, der betriebliche und der kommerzielle Sektor, in denen der:die Einzelne jeweils in seiner:ihrer Rolle als Bürger:in, Arbeitnehmer:in und als Verbraucher:in in Erscheinung tritt.

Beim staatlichen Sektor besteht zwischen dem Staat und dem Bürger eine hierarchische Beziehung, bei der sich der Einzelne an die herrschenden Gesetze halten muss (z. B. besteht eine Meldepflicht sowie die Pflicht zur Steuererklärung). In einer liberalen Demokratie sind Bürger:innen mit einer Reihe von Rechten gegenüber dem Staat ausgestattet, wie z. B. mit dem Recht auf politische Partizipation durch Wahlen und Meinungsäußerung. Hierzu gehören sowohl Abwehrrechte von staatlicher Willkür als auch das Recht auf informationelle Selbstbestimmung und Datenschutz.

Im zivilen Bereich herrscht keine hierarchische Beziehung vor, sondern die Beziehung ist vom Prinzip der Vertragsfreiheit geprägt. In seiner:ihrer Rolle als Arbeitnehmer:in, Kund:in oder sonstigem:r Vertragspartner:in ist die Person dem Gegenüber gleichgestellt. Jedoch sind faktisch die Beziehungen durch Macht- und Informationsasymmetrien geprägt, aus denen sich spezielle Schutzbedürfnisse und Schutzrechte ergeben. So strahlen insbesondere die Rechte zum Schutz der informationellen Selbstbestimmung im staatlichen Bereich auch auf die privatrechtlich geregelten Beziehungen aus (Witt 2010).

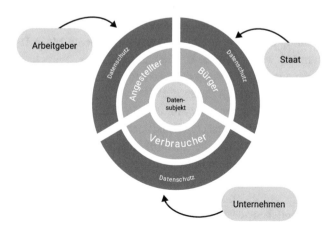

Abb. 4.3   Bereiche des Datenschutzes

4.1.3.1 Staatlicher Sektor

Im Rahmen der Erfüllung seiner staatlichen Aufgaben der Verwaltung und dem Schutz seiner Bürger:innen erhebt und verarbeitet der Staat eine breite Reihe von personenbezogenen Daten, darunter Informationen aus Melderegistern, Steuerdaten, aber auch aus der Überwachung von Orten und der Erhebung von Daten zur Kriminalitäts- und Terrorbekämpfung (Wiesner 2021). Aufgrund der historischen Erfahrungen aus der Nazi-Ära und der DDR war man in Deutschland schon früh für die Gefahr missbräuchlicher staatlicher Datennutzung sensibilisiert. Im digitalen Zeitalter wurde spätestens seit der NSA-Affäre im Jahr 2013 die breite Öffentlichkeit über die Gefahren staatlicher Überwachung informiert. Durch den Whistleblower Edward Snowden wurde bekannt, dass staatliche Behörden weltweit die elektronische Kommunikation überwachen und dies mit dem Schutz vor Angriffen und Terror begründen (Mause 2019). In liberalen Demokratien wird seit Langem darüber debattiert, wie die Rolle des Staates im Bereich des Datenschutzes gestaltet sein sollte und inwieweit er in die verschiedenen gesellschaftlichen Bereiche eingreifen darf. Dies geschieht vor dem Hintergrund der Auffassung, dass Privatsphäre buchstäblich als individuelle Privatsache betrachtet wird (Mause 2019).

In Deutschland gibt es immer wieder Bestrebungen, eine Vorratsdatenspeicherung durchzusetzen, bei der alle Telekommunikationsvorgänge (Telefon-, Handy-, und Internetverbindungen) vorsorglich, d. h. anlasslos, gespeichert werden sollen, um allgemeine Sicherheit zu gewährleisten und Terrorismus sowie Kriminalität zu bekämpfen. Dies war zeitweise möglich; so trat 2006 eine entsprechende Regelung in Kraft, die zwischenzeitlich außer Kraft gesetzt wurde und nach knapp vier Jahren zuletzt 2019 erneut wieder ausgesetzt worden ist (Wiesner 2021). Aus Sicht des Europäischen Gerichtshofes ist die flächendeckende und pauschale Speicherung von Internet- und Telefonverbindungsdaten nicht zulässig, wie es das Gericht in drei Urteilen für das Vereinigte Königreich, Frankreich und Belgien verkündete (Wiesner 2021).

In der COVID-Pandemie wurde die Diskussion, welche Datenerhebung durch den Staat legitim ist, besonders relevant. So wurden zum Schutz der allgemeinen Gesundheit (und zur Eindämmung der Verbreitung des Virus) im größeren Maße Daten erfasst, die zum Teil hochsensibel waren (wie z. B. Gesundheitsdaten), die neben Freiheitsbeeinträchtigungen durch den eingeführten Lockdown zu Zumutungen hinsichtlich der demokratischen Bürgerrechte führten (Wiesner 2021).

Aus diesem Grund bleibt aus verantwortungsvoller Perspektive abzuwägen, inwiefern eine Einschränkung von Freiheit tatsächlich und auch wirksam zu einer Reduktion von Risiken führen kann, um so das Sicherheitsbedürfnis zu befriedigen (Mainzer 2018). Dies zeigt sich auch bei dem Wunsch vieler Staaten, einen „Zweitschlüssel" zur Entschlüsselung verschlüsselter Daten (siehe Abschn. 4.4.1) zu erhalten. Experten äußerten sich hierzu jedoch kritisch, da dies nur einen weiteren möglichen Zugangspunkt für Kriminelle und Terrorist:innen ermöglichen würde und entsprechend bzw. folglich schlimmere Konsequenzen mit sich bringen würde als lediglich die fehlende Entschlüsselungsmöglichkeit durch den Staat (Abelson et al. 2015).

4.1.3.2 Ziviler Sektor

Im Zuge der aufkommenden Datenökonomie sind verschiedene Daten-Geschäftsmodelle entstanden, bei denen Unternehmen durch die Verwertung von Nutzungsdaten bessere Produkte und Services versprechen. Die gesammelten Daten sowie ihre Auswertung können in dreierlei Hinsicht verwertet werden (Stevens und Bossauer 2017):

1. zur internen Nutzung, um die Qualität bestehender Angebote zu verbessern,
2. zur Generierung neuer datengetriebener Services und
3. als Ware, die an Dritte verkauft oder mit ihnen geteilt wird.

Während für Punkt 1 insbesondere technische und funktionale Daten von Bedeutung sind, dienen Nutzungsdaten für Punkt 2 und 3 vor allem zur Erstellung von Nutzerprofilen (engl. Profiling).

Ein aktuelles Thema stellt ferner die Nutzung anonymisierter Datenbestände durch KI-Modelle dar. Bei der Anonymisierung erfolgt eine Abspaltung der Daten der betreffenden Person (bzw. der personenbezogenen Daten), sodass diese hinsichtlich des Datenschutzrechts im engeren Sinne herausfallen. Auch wenn durch die Daten nicht auf eine einzelne Person zurückgeschlossen werden kann, so können KI-Modelle trotzdem Daten verwenden, um Verbraucher:innen in Typen und Gruppen zu segmentieren (Sixt 2018). Beispielsweise können das Alter oder der Wohnort verwendet werden, um bestimmte Verhaltensweisen dieser Personengruppe vorherzusagen (z. B. hohe Zahlungsbereitschaft, Vorliebe für bestimmte Konsumgüter etc.) (Abb. 4.4).

Mühlhoff (2021) nennt deshalb durch anonymisierte Daten trainierte KI-Systeme auch Predictive Models. Dieses Modell ermöglicht die Bildung von generischen Nutzerprofilen. Im zweiten Schritt können diese generischen Modelle einer:s einzelnen Nutzer:in aufgrund der Daten zugeordnet und kategorisiert werden, die diese freigegeben hat

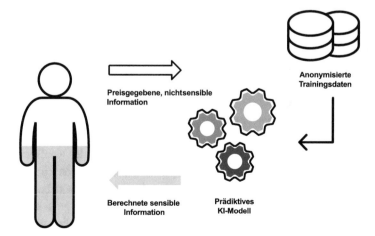

Abb. 4.4 Anonymisierte Datensätze können zum Trainieren von prädiktiven KI-Modellen genutzt werden, um sensible Informationen abzuleiten

(z. B. Browserdaten, Adressdaten, Cookie-Daten etc.). Aufgrund dieser Zusammen-
führung beider Teile können sensible Daten über die Betroffenen abgeleitet (z. B. persönliche Präferenzen, Neigungen und Wertvorstellungen) und individualisierte Angebote
(z. B. passende Werbung, Nachrichten oder Filme) präsentiert werden. Aufgrund des ver-
schleierten Zusammenhangs zwischen Datenpreisgabe und Datenverwertung wird die informationelle Selbstbestimmung für die einzelne Person erschwert. Ferner besteht die Gefahr von Gruppendiskriminierung durch Predictive Models sowie die Gefahr der Bildung
einer Filterblase. Hierbei ist zu befürchten, dass Verbraucher:innen nur noch einseitige Inhalte und Informationen erhalten oder aber in der „Echokammer" landen, wobei soziale
Kollektive nur noch mit den eigenen oder äquivalenten Meinungen konfrontiert werden.

Aufgrund der großen Nachfrage nach Kundendaten und -profilen existieren mittlerweile Unternehmen („Infomediäre"), die darauf spezialisiert sind, persönliche Daten aus
unterschiedlichen Quellen zusammenzuführen, um so noch detailliertere Profile generieren zu können (Masur et al. 2018). Hierfür kaufen sie Nutzerdaten anderer Unternehmen,
bereiten diese auf und verkaufen sie weiter.

Eine verschärfte Form des Profilings ist das **Scoring**. Hier werden wie beim Profiling
Gemeinsamkeiten aus anonymisierten Nutzerdatenbanken identifiziert und mittels Algorithmen nach festgelegten Merkmalen gewichtet. In die so entstehende Formel werden
dann konkrete personenbezogene Daten eines:einer Betroffenen eingesetzt, sodass dessen
Scorewert bestimmt werden kann (Reiter und Mehner 2016). Betrachtet man Scoring aus
der Verbraucherperspektive (Recki et al. 2023), so zeigt sich, dass hier Unklarheit darüber
herrscht, wie sich der Score zusammensetzt. Bei einem von einer Kfz-Versicherungs-App
genutzten Scoring-System, bei dem basierend auf dem Fahrverhalten Prämien berechnet
werden, zweifelten Nutzer:innen die Berechnungen an, da Faktoren wie andere Verkehrs-
teilnehmer:innen oder die geografische Lage unberücksichtigt blieben (Recki et al. 2023).
Ihre gesetzten Erwartungen wurden schließlich verletzt bzw. die Ziele der Nutzer:innen
unterschieden sich von denen des Unternehmens und den darauf basierenden Berechnungen für Prämien, was schließlich zu Machtlosigkeit seitens der Nutzer:innen
führte, die das Gefühl hatten, keinen Einfluss darauf nehmen zu können (Recki et al. 2023).

Das bekannteste Beispiel für Scoring ist das Sozialkreditsystem aus China, bei dem
Bürger:innen in Städten wie Shanghai oder Rongchen, durch bestimmte Verhaltensweisen
(wie ehrenamtliches Engagement, rechtzeitiger Zahlungen etc.) gewisse Vorteile
(z. B. Überspringen von Wartelisten, Rabatte etc.) oder aber auch Nachteile erhalten können (z. B. Wegnahme von Haustieren oder der Ausschluss aus Hotels) (Universität Oldenburg 2018).

Breite Anwendung findet das Scoring auch beim Feststellen der Kreditwürdigkeit. In
China arbeiten hierzu acht Großunternehmen zusammen, zu denen auch eine Social-
Media-Plattform zählt. Der hierbei ermittelte Bonitäts-Score beruht dabei auf der finanziellen Situation der jeweiligen Nutzer:innen, ihrem Surf- und Einkaufsverhalten, jedoch
auch ihren Online-Beziehungen (Sixt 2018). Dieser Score dient folglich nicht nur zur Bewertung der Kreditwürdigkeit, sondern eröffnet auch verbesserte Serviceleistungen oder
gar ein besseres Ranking auf Dating-Webseiten (Sixt 2018).

Auch in Deutschland wird Scoring, wenn auch in kleinerem Maße, zur Bonitätsprüfung betrieben. In Deutschland gilt die Schufa (Schutzgemeinschaft für allgemeine Kreditsicherung) als eine der bekanntesten Auskunftsbehörden. Hierüber können Unternehmen Zahlungs- und Finanzauskünfte einholen, um die Kreditwürdigkeit eines:einer (potenziellen) Kund:in zu beurteilen. Weitere Einsatzbereiche für Scoring ist zudem Klout in den USA, das die Reputation eines Menschen auf Basis der Anzahl der Freund:innen in den sozialen Medien abbildet, was im Einstellungsverfahren bzw. für Bewerbungsgespräche eingesetzt wird (Sixt 2018).

Die Berechnung des Scorewerts mitsamt der Gewichtung einzelner Faktoren bleibt in der Regel unter Verschluss, weshalb Betroffene weder potenzielle Fehler korrigieren lassen noch Zusammenhänge erkennen können. Je nach Einfluss des Scorings auf die Lebensbereiche einer Person, kann dies schließlich zu Verhaltensveränderung/-anpassung führen, um negative Konsequenzen zu vermeiden. Bis 2001 hatte so beispielsweise bereits die Anfrage einer Schufa-Auskunft negativen Einfluss auf den Schufa-Score (Hornung 2014).

Beim Profiling und Scoring beruhen die Entscheidungen somit auf Wahrscheinlichkeiten für ein bestimmtes zukünftiges Verhalten, die wiederum auf den statistischen Erfahrungswerten mit der zugeordneten Vergleichsgruppe beruhen (Taeger 2016). Auskunfteien und auch Unternehmen haben deshalb ein großes Interesse daran, auf möglichst viele Daten zugreifen zu können, um das Verhalten, die Interessen oder auch Risiken z. B. hinsichtlich der Kreditwürdigkeit einer Person bestmöglich einschätzen zu können (Sixt 2018). Durch die immer bessere Zugänglichkeit zu allgemeinen Daten haben Unternehmen und Auskunfteien hierfür gute Chancen (Diercks 2016).

Profiling wie Scoring sind jedoch riskant, wenn sie die Diskriminierung von Gruppen fördern und bspw. Aspekte wie Alter, Familienstand, Gesundheitszustand, Wohnort und Geschlecht, aber auch sexuelle oder politische Interessen in die Berechnung mit einfließen (Sixt 2018). Sie sind auch deshalb riskant, weil sie selten offenlegen, wie die Berechnungen durchgeführt werden, was ein Machtungleichgewicht erzeugt, bei dem Nutzer:innen das Gefühl der Kontrolle, Handlungsfähigkeit und Einflussnahme verlieren (Recki et al. 2023; Belz 2018; Limerick et al. 2014), da ihnen keine Alternativen (für ein besseres Verhalten) aufgezeigt werden (Recki et al. 2023).

4.1.4 Datentreuhänder

Ein Ziel der EU besteht darin, die Datenwirtschaft in Europa zu fördern. Hierzu soll die Datenweitergabe zwischen unterschiedlichen Parteien gefördert werden. Dabei liegt strukturell ein Konflikt vor, der aus den unterschiedlichen Interessen und Zielen der verschiedenen Parteien entsteht, insbesondere wenn der Datennutzer (der „Agent") die Daten nicht immer im besten Interesse des Dateninhabers (der „Principals") verwertet. Dazu soll die neue Rolle des **Datentreuhänders** bzw. **Datenintermediärs** als neutraler Vermittler geschaffen werden, um das Vertrauen zwischen Dateninhaber:innen und Datenverarbeiter:innen aufrechtzuerhalten und den Principal-Agent-Konflikt im Zusammenhang mit der Datenverarbeitung zu minimieren.

Da Verbraucher:innen beim Datenschutz meist überfordert und bei der Durchsetzung ihrer Rechte in einer schwächeren Position sind, stellen Datentreuhänder für den digitalen Verbraucherschutz einen interessanten Ansatz dar. Als unabhängige Instanzen ohne wirtschaftliches Eigeninteresse können Datentreuhänder Verbraucher:innen bei der Verwaltung ihrer Daten unterstützen (Verbraucherzentrale Bundesverband e.V. 2020).

Das übergeordnete Ziel ist dabei, die Verarbeitung und den Austausch personenbezogener Daten zu erleichtern, ohne dabei die Verbraucher:innen außen vor zu lassen und sie stattdessen in ihrer digitalen Selbstbestimmung zu fördern. Herausforderungen stellen dabei vor allem eine bisher freiwillige Teilnahme der Datennutzer:innen bzw. das Fehlen eines gesetzlichen Rahmens sowie der sichere Ausschluss konfligierender Interessen insbesondere verschiedener Datennutzer:innen dar, die den Erfolg und die Nützlichkeit jener Plattformen beeinträchtigen (Verbraucherzentrale Bundesverband e.V. 2020).

Diese Art von Datenintermediären kommt bereits in der medizinischen Forschung zum Einsatz, da es hier häufig um besonders schützenswerte Daten geht. Demnach können diese Daten zur Behandlung sowie zur Erkennung möglicher Risikofaktoren beispielsweise helfen, neue Formen der Diagnose und Therapie zu entwickeln (Blankertz und Specht 2021). Die Trägerschaft solcher Datentreuhänder sollte dabei von Institutionen übernommen werden, die die Kriterien hinsichtlich

- **präziser Treuepflichten** (z. B. Grad des Datenzugriffs, Grenzen rechtsgeschäftlicher Mandate)
- **Qualitätsansprüchen** (z. B. Datensicherheit, Qualität der Verschlüsselung) und
- **Haftungsfragen** (z. B. bei einer Datenschutzverletzung)

erfüllen können (Verbraucherzentrale Bundesverband e.V. 2020).

Eine weitere Form sind **Personal Information Management Systems (PIMS)**, auch Einwilligungsassistenten genannt. Sie sollen Verbraucher:innen dabei unterstützen, sich ihrer Rechte im Hinblick auf personenbezogene Daten bewusst zu werden und ihre damit verbundenen Interessen besser durchzusetzen. Dadurch soll ihnen mehr Kontrolle über ihre Daten ermöglicht werden (Blankertz und Specht 2021). Dazu bieten entsprechende Dienste beispielsweise die Möglichkeit, den Datenaustausch von verschiedenen Plattformen zusammenzutragen und somit eine Übersicht zu erhalten, auch über die mögliche Nutzung durch Dritte (Blankertz und Specht 2021).

Das Ziel dieser Systeme sollte es sein, die individuellen und kollektiven Bedürfnisse voranzutreiben und möglichst wenig Daten zu erheben bzw. zu speichern und dazu möglichst eng definierte Zwecke vorzugeben (Stevens und Boden 2022). Dies könnte beispielsweise durch eine vereinheitlichte Einwilligungserklärung, bereitgestellt durch den Datenintermediär, erreicht werden (Blankertz und Specht 2021). Potenziell wäre auch das Ziel, über diese Plattform die Wahrnehmung der Rechte zu delegieren, was jedoch durch die DSGVO bisweilen untersagt ist, so dass die Funktionalitäten für selbstbestimmtes Handeln noch eingeschränkt bleiben (Blankertz und Specht 2021).

Neben neutralen Instanzen sind aus Verbrauchersicht auch **parteiische Datentreuhänder** hilfreich, welche die Rolle eines Anwalts von Verbraucherinteressen übernehmen (Stevens und Boden 2022). Als Anwalt achtet der Treuhänder darauf, dass die Interessen von Verbraucher:innen gewahrt werden, verwaltet pseudonymisierte bzw. anonymisierte Personendaten und achtet darauf, dass deren Verwertung nicht gegen die Interessen von Verbraucher:innen genutzt werden, z. B., dass sie nicht zum Trainieren von Predictive Models für das Scoring oder zur Ermittlung dynamischer Preise genutzt werden (Verbraucherzentrale Bundesverband e. V. 2020).

4.1.5 Datenschutztechniken

Verbraucher:innen sollten hinsichtlich ihrer Privatsphäre geschützt und gestärkt werden, was zunehmend wichtiger zu werden scheint als lediglich die Sicherstellung ihres Rechts auf Privatsphäre. Denn Privatsphäre wird zunehmend zum Instrument, um Datenwirtschaft auszuweiten und zu legitimieren, wohingegen die Verhinderung oder Einschränkung oftmals in den Hintergrund zu rücken scheint (Djeffal 2019). Die Verantwortung wird dabei größtenteils den Verbraucher:innen zugeschrieben (Helm und Seubert 2020). Aus dem Grund befasst sich u. a. die Forschung damit, Verbraucher:innen auf die Risiken und Gefahren hinzuweisen und sie beim Selbstschutz zu stärken. Diese Unterstützung bezweckt dabei insbesondere, die informationelle Selbstbestimmung zu steigern oder den Schutz vor Cyberkriminellen zu erhöhen. Dazu werden Konzepte entwickelt und Initiativen gegründet, um Verbraucher:innen bspw. durch Schulungsangebote und Workshops zu sensibilisieren und zu qualifizieren.

4.1.5.1 Verschlüsseln und Anonymisieren

Die sichersten Daten sind die Daten, die nicht erhoben, nicht gespeichert bzw. nach ihrem Gebrauch sofort vernichtet werden. Dies ist jedoch nicht immer möglich. Um anhand von Daten jedoch nicht direkt auf die Personen, auf die sie bezogen sind, Rückschlüsse ziehen zu können, besteht die Möglichkeit, diese zu anonymisieren, zu pseudonymisieren oder zu verschlüsseln.

Verschlüsselung stellt ein wichtiges Verfahren dar, um Daten vor einem unberechtigten Zugriff zu schützen. Verschlüsselung ist vor allem durch den Einsatz im Rahmen der digitalen Kommunikation bekannt, wie beispielsweise beim Versenden von Nachrichten per E-Mail, Messenger oder auch beim Telefonieren. Sie findet zudem auch bei VPN-/ Tor-Netzwerken als Verschlüsselungsmechanismus zum Datenschutz Verwendung.

Ähnlich wie bei der „Verschlüsselung" eines Fahrrads mit einem Schloss ist ein hundertprozentiger Schutz nicht möglich, jedoch kann dieses den Zugriff oder Diebstahl erschweren. Grundsätzlich wird durch die Verschlüsselung bewirkt, dass versendete Informationen nicht bzw. nur schwer nachverfolgbar sind und nur vom Sender und Empfänger gelesen werden können (Ende-zu-Ende-Verschlüsselung). Dazu werden die Informationen durch rechnerische Verfahren unleserlich gemacht (kodiert) (Seele und Zapf 2017) oder über verschiedene Zwischenstationen beim Versenden umgeleitet, so dass ins-

besondere die IP-Adresse als Mittel zur Personenbestimmung nicht unmittelbar nachverfolgbar ist (Endres 2013). Den Schlüssel besitzen dabei im Idealfall nur Sender und Empfänger, um so die Nachricht entschlüsseln zu können (Seele und Zapf 2017).

Es kommt jedoch auch vor, dass Personen, Gruppen oder auch Communities eigene
Codes verwenden, die nur sie verstehen, und dass Nachrichten zwar öffentlich und verständlich sind, in ihrer wahren Bedeutung aber so entfremdet, dass nur Insider sie verstehen bzw. entschlüsseln können – ein Verfahren, das auch „soziale Steganografie" genannt wird (Seele und Zapf 2017).

Oftmals liegt es in der Verantwortung der Verbraucher:innen, durch die (zusätzliche)
Verwendung von Technologien, Tools und (Browser-)Plugins bestimmter Hersteller für
eine ausreichende Verschlüsselung zu sorgen (Masur et al. 2018). Dies hat verschiedene
Gründe. Auch wenn vielen Verbraucher:innen verschiedene Verschlüsselungsverfahren
bekannt sind und darüber hinaus entsprechende Technologien und Dienste angeboten werden, fehlt ihnen oftmals das technische Know-how; zudem wissen sie oft auch nicht um
die Bedeutung bzw. die sich daraus ergebenden Vorteile (Wiesner 2021). Weiterhin gehen
Lösungen zur Datenverschlüsselung zu Lasten deren Usability, sodass hier die Rufe nach
gebrauchstauglichen Technologien zum Schutz der Privatsphäre laut werden (Wiele und
Weßelmann 2017; Karaboga et al. 2014).

Zur Aufgabenbewältigung, zur statistischen Auswertung oder zum Trainieren von
KI-Modellen muss der Datenverarbeiter auf die unverschlüsselten Daten zugreifen können. Dabei ist es wichtig, zumindest datenschutzfreundliche Techniken wie die anonyme
oder zumindest pseudonyme Nutzung personenbezogener Daten zu verwenden. Der Grad
der Identifizierbarkeit hängt vom erreichten Anonymisierungsgrad ab (siehe Abb. 4.5).

Unter **Anonymisierung** versteht man dabei das Entfernen von Merkmalen, die sonst
Rückschlüsse auf eine Person zuließen und sie somit auch angreifbar oder verletzbar ma-

Abb. 4.5 Grad der Anonymisierung

chen. Einer Person ermöglicht Anonymität in öffentlichen Räumen zudem die Durchführung privater Verhaltensweisen, wenn die Person niemandem bekannt ist oder von niemanden erkannt wird. Auch im Internet werden ähnliche Vorkehrungen getroffen, um insbesondere weniger schnell erkannt zu werden, wenn auch das Aufrechterhalten von Anonymität langfristig jedoch kaum möglich ist (Masur et al. 2018).

Hierbei kann man zwischen der praktisch sicheren und der theoretisch sicheren Anonymisierung unterscheiden. Bei der praktisch sicheren Anonymisierung ist das Risiko, dass einzelne Personen re-identifiziert oder zurückverfolgt werden können, in der Praxis äußerst gering und nur mit hohem Aufwand zu erreichen. Bei der theoretisch sicheren, vollständigen Anonymisierung ist aufgrund wahrscheinlichkeits- und informationstheoretischer Prinzipien eine Re-Identifizierung einzelner Personen nur mit einer sehr kleinen, vorab definierten Wahrscheinlichkeit möglich. Zur Messung des Anonymisierungsgrades von Daten wurden in der Literatur verschiedene Maße vorgeschlagen (Petrlic et al. 2023). Ein Maß ist z. B. die **K-Anonymität**. Vereinfacht ausgedrückt bedeutet das, dass zu bestimmten Merkmalen einer Person im Datensatz k-1 Personen mit den gleichen Merkmalen existieren.

Im Prozess der **Pseudonymisierung** wird sichergestellt, dass Informationen ohne Hinzuziehung zusätzlicher Informationen nicht mehr zu einer Person zurückgeführt werden können. Dabei wird bspw. der Name durch ein Pseudonym ersetzt, zu dem Zweck, die Bestimmung des Betroffenen auszuschließen oder wesentlich zu erschweren. Dies ermöglicht jedoch die Verarbeitung der Daten bspw. zum Zwecke des Profilings in aggregierter Form.

Doch auch auf Verbraucherseite kann ein Pseudonym helfen, sich und seine Persönlichkeit zu verschleiern. Dies zeigt sich zum Beispiel bei Autor:innen, die ihre Werke unter anderen Namen publizieren (Keber 2018) oder aber einen Nutzernamen in Foren oder sozialen Netzwerken verwenden, sofern bei diesen keine Klarnamenpflicht besteht (Matzner 2018). Die Verwendung eines Pseudonyms erleichtert es einerseits, private Informationen risikofreier zu teilen, und erschwert andererseits die Auffindbarkeit des eigenen Profils (Masur et al. 2018). Der Bedarf eines privaten (Rückzugs-)Bereichs für die Meinungsbildungs- und Meinungsäußerungsfreiheit scheint somit von Bedeutung, weshalb es durch den EuGH in seiner Entscheidung zur Vorratsdatenspeicherung berücksichtigt wurde (Keber 2018).

Die Wirksamkeit einer Anonymisierung und Pseudonymisierung greift jedoch nur, sofern die Daten nicht von Personen verarbeitet werden, die im direkten Kontakt mit der Person stehen und dadurch Rückschlüsse ziehen und Verbindungen herstellen können (Masur et al. 2018).

4.1.5.2 Privacy by Design

Eine wichtige Voraussetzung beim digitalen Verbraucherschutz ist die Gestaltung und Entwicklung von sicheren und datenschutzfreundlichen Produkten und Technologien. Mit der Zunahme datensammelnder Technologien in den 1970ern wurden auch die Herausforderungen an den Datenschutz immer größer.

Dies hat schließlich zur Entwicklung von **Privacy Enhancing Technologies (PETs)** geführt, die eine vielfältige Gruppe von Technologien und Anwendungen sind, welche die Privatsphäre schützen sollen (European Network and Information Security Agency 2014). Diese Technologien reichen von Kryptografie- und Anonymisierungstechniken bis hin zu Tools und Protokollen, welche die Sammlung, Verarbeitung und den Austausch von Daten sicherer und datenschutzfreundlicher gestalten.

Daneben finden sich sogenannte Privacy Design Patterns (Hafiz 2006). Ein Beispiel ist der „Privacy by Default"-Ansatz, der besagt, dass bei Verwendung die Standardeinstellung so sein sollte, dass Nutzer:innen nur dann zusätzliche Informationen preisgeben müssen, wenn sie dies explizit wünschen. Dieses Muster der datenschutzfreundlichen Voreinstellungen hat auch Eingang in die DSGVO gefunden.

Eine Ergänzung hier stellt **Privacy by Design** dar, die sich als Gegenbewegung zur „Surveillance by Design" versteht (Davies 2010). Der Ansatz beinhaltet sieben Grundsätze zum proaktiven und wirkungsvollen Datenschutz beim Umgang mit datenverarbeitenden Technologien (Rost und Bock 2011; Cavoukian 2009). Die Grundsätze sind in Tab. 4.1 zusammengefasst.

Die Prinzipien stellen dabei keine konkreten Lösungsansätze der Gestaltung dar (Rost und Bock 2011), sondern formulieren vielmehr allgemeine Anforderungen, was es bei der Systementwicklung zu beachten gibt (European Network and Information Security Agency. 2014). Der Ansatz verfolgt dabei den Anspruch, den Privatsphärenschutz und seine Anforderungen möglichst früh und ganzheitlich im Lebenszyklus der Systementwicklung zu berücksichtigen, um später teure, aufwendige und potenziell fehlerbehaftete Nachrüstungen und Sicherheitspatches zu vermeiden.

4.1.6 Datenschutzverhalten

Neben technischen und organisatorischen Maßnahmen hängt der Datenschutz vom Verhalten der betroffenen Personen ab. Zur Erklärung des Datenschutzverhaltens sind dabei verschiedene Ansätze herangezogen worden.

Bedürfnistheoretische Erklärungsmodelle. Ein wesentliches Erklärungsmodell stellen bedürfnistheoretische Ansätze (vgl. Kap. 2) dar. Diese Ansätze beziehen sich auf die Idee, dass Privatsphäre ein grundlegendes menschliches Bedürfnis ist. Das individuelle Datenschutzverhalten entspringt hierbei dem Bedürfnis nach Privatheit bzw. ist durch die Ziele geprägt, die mit dem Schutz der Privatheit verfolgt werden.

Das Bedürfnis nach Privatsphäre erwächst aus den Funktionen der Privatsphäre und persönlicher Räume, das psychische Wohlbefinden und die mentale Gesundheit einer Person zu schützen und zu fördern. Westin (2015) unterscheidet hierbei vier Funktionen:

- **Persönliche Autonomie (personal autonomy):** Im Privaten erleben Menschen eine gesteigerte Fähigkeit, ihre eigenen Entscheidungen zu treffen und ihr Leben unabhängig von äußeren Einflüssen zu gestalten.

Tab. 4.1 Die sieben Grundsätze des Privacy by Design (PbD, nach Cavoukian 2009)

Grundsatz	Beschreibung
1. **Proaktiv, nicht reaktiv Vorbeugung nicht Abhilfe**	PbD kommt vor dem Ergebnis, nicht danach. Sie verhindert Beeinträchtigungen der Privatsphäre bevor sie eintreten. Sie gilt präventiv und beratend und adressiert somit keine Abhilfemaßnahmen zur Behebung von aufgetretenen Datenschutzverletzungen.
2. **Datenschutz als Standard-einstellung**	Wir können uns alle einer Sache gewiss sein – die Standardeinstellungen sind entscheidend! PbD soll den größtmöglichen Schutz der Privatsphäre bringen, indem sichergestellt wird, dass personenbezogene Daten automatisch in jedem IT-System und bei allen Geschäftspraktiken geschützt werden. Wenn eine Person nichts unternimmt, bleibt der Schutz ihrer Privatsphäre immer noch intakt. Einzelpersonen sind nicht gefordert, selbst etwas für den Schutz ihrer Privatsphäre zu unternehmen – der Schutz ist bereits systemimmanent, als Standardeinstellung.
3. **Der Datenschutz in das Design eingebettet**	PbD ist in das Design und die Architektur von IT-Systemen und Geschäftspraktiken eingebettet. Es wird nicht nach dem Vorfall als Add-on eingebaut. Das Ergebnis ist, dass der Datenschutz eine wesentliche Komponente der Kernfunktionalität wird. Datenschutz ist ein wesentlicher Bestandteil des Systems, ohne Abstriche bei der Funktionalität.
4. **Volle Funktionalität – eine Positivsumme, keine Nullsumme**	PbD will allen berechtigten Interessen und Zielen entgegenkommen, und zwar durch eine Positivsumme, die ein zufriedenstellendes Ergebnis für beide Seiten erzielt, und nicht durch einen veralteten Nullsummenansatz, bei dem schließlich unnötige Kompromisse erforderlich werden. Durch PbD wird die Vortäuschung falscher Dichotomien wie Datenschutz versus Sicherheit vermieden. PbD zeigt, dass es möglich ist, beides zugleich zu erreichen.
5. **Durchgängige Sicherheit – Schutz während des gesamten Lebenszyklus**	Nachdem PbD vor der Ersterfassung der Information in das System „eingebettet" wurde, erstreckt sich dessen Wirkung auf den gesamten Lebenszyklus der Daten – starke Sicherheitsmaßnahmen sind für den Datenschutz unerlässlich, und zwar von Anfang bis Ende. Dadurch wird erreicht, dass alle Daten sicher gespeichert und am Ende des Prozesses sicher und rechtzeitig vernichtet werden. So sorgt PbD „von der Wiege bis zur Bahre" durchgängig für eine sichere Datenverarbeitung.
6. **Sichtbarkeit und Transparenz – Für Offenheit sorgen**	PbD will allen Beteiligten die Sicherheit geben, dass das System unabhängig von Geschäftspraktiken oder Technologien wirklich die angekündigten Maßnahmen und Ziele verfolgt und sich einer unabhängigen Prüfung unterwirft. Seine einzelnen Komponenten und Verfahren bleiben sichtbar und transparent, und zwar gleichermaßen für Nutzer:innen und Anbieter:innen. Denken Sie daran: Vertrauen ist gut, Kontrolle ist besser.
7. **Die Wahrung der Privatsphäre der Nutzenden – Für eine nutzerzentrierte Sicherheit sorgen**	PbD erfordert vor allem von den Architekt:innen und Betreiber:innen (von IT-Systemen), dass für sie die Interessen der Einzelpersonen an erster Stelle stehen. Sie bieten Maßnahmen wie strenge datenschutzfreundliche Voreinstellungen und angemessene Benachrichtigungen an und eröffnen benutzerfreundliche Optionen. Sie sorgen für eine nutzerzentrierte Gestaltung.

- **Emotionale Freiheit (emotional release):** Das Private schafft einen Raum, Gefühle und Emotionen auszudrücken, ohne Angst vor Urteilen oder Konsequenzen haben zu müssen.
- **Selbstreflexion (self-evaluation):** Der private Raum schafft die Möglichkeit, frei über das eigene Leben und die eigenen Handlungen nachzudenken und sich selbst besser zu verstehen.
- **Kontrollierte und geschützte Kommunikation (limited and protected communication):** Die private Kommunikation schafft einen Raum, Informationen auszutauschen und zu kommunizieren, ohne dass dies von Dritten unangemessen überwacht oder beeinflusst wird.

Diese Funktionen des Privaten dienen als Instrumente, um individuelle Ziele zur Selbstverwirklichung zu erreichen (Westin 2015). Doch Westin zufolge sind genauso die Bedürfnisse nach Offenlegung, Austausch sowie Gesellschaft und Geselligkeit ein wichtiger und gleichwertiger Gegenpol.

Masur et al. (2018) nennen dazu fünf Gründe, warum Menschen ein Bedürfnis nach Austausch haben und sich anderen gegenüber selbst offenbaren:

- Soziale Anerkennung
- Aufbau und Pflege sozialer Beziehungen
- Emotionale Erleichterung
- Kontrolle und Beeinflussung des Umfelds
- Entfaltung der Identität und Persönlichkeit

Hierbei könnte der Eindruck entstehen, dass die Gründe für bzw. die Funktionen von Privatsphäre mit den Gründen für eine Selbstoffenbarung konfligieren, stattdessen ist insbesondere aus Sicht der Persönlichkeitsentwicklung dieses Wechselspiel aus privatem und öffentlichem Leben entscheidend. Nichtsdestotrotz gibt es Risiken der Selbstoffenbarung wie Ablehnung, Kontrollverlust, Integritätsverlust, Verrat, aber auch Bloßstellung (des Gegenübers) (Masur et al. 2018). Diese Risiken können jedoch auch als Konsequenz von Isolation aufgrund eines übermäßigen Privatverhaltens auftreten.

Die Grenze zwischen Privatheit und Öffentlichkeit ist jedoch nicht immer eindeutig, sondern muss kontextabhängig betrachtet werden. Ferner sind die Ziele und Bedürfnisse nach Privatheit individuell unterschiedlich und kulturell geprägt (Millham und Atkin 2018; Dogruel und Joeckel 2019).

Rational Choice Ansätze. Ein weiteres, wichtiges Erklärungsmodell zum Datenschutzverhalten von Personen sind die Rational-Choice-Theorien. Gemäß diesen Theorien handelt der Mensch auf Basis einer Kosten-Nutzen-Abwägung (vgl. Kap. 2).

Ein prominenter Vertreter dieses Ansatzes stellt die **Privacy Calculus Theory** dar, die davon ausgeht, dass bei einer Datenpreisgabe die erwarteten Vorteile und wahrgenommenen Risiken die Entscheidung von Nutzer:innen beeinflussen und entsprechend der Abwägung danach handeln (Dinev und Hart 2006).

Basierend auf der Privacy-Calculus-Theorie schlagen Krasnova und Veltri (2010) ein theoretisches Modell vor, um das Datenschutzverhalten auf sozialen Netzwerken zu erklären. In ihrem Modell argumentieren sie, dass der Hauptnutzen der Datenfreigabe bei Social-Media-Anwendungen im Genuss, in der Selbstdarstellung und in der Pflege von Beziehungen besteht. Demgegenüber stehen die Risiken und Nachteile der Datenpreisgabe, die sich in allgemeinen Datenschutzbedenken äußern. Diese Bedenken werden auch durch die wahrgenommenen möglichen Schäden und die Eintrittswahrscheinlichkeit einer Datenschutzverletzung beeinflusst.

Die Wahrnehmung der Vorteile und Risiken hängt auch von Vertrauen in die Betreiber und Anbieter der Technologie sowie vom Vertrauen in die anderen Nutzer:innen ab. Dabei gehen Krasnova und Veltri (2010) davon aus, dass das Nutzervertrauen durch die wahrgenommene Kontrolle über ihre Daten sowie das Bewusstsein über die Informationsverarbeitungspraktiken und die persönlichen Überzeugungen hinsichtlich der Effektivität der Rechtsaufsicht beeinflusst wird. Das resultierende sozialpsychologische Erklärungsmodell ist in Abb. 4.6 zusammengefasst.

Die Rational-Choice-Ansätze wurden jedoch in vielerlei Hinsicht kritisiert. Insbesondere setzt eine rationale Entscheidung voraus, dass den Betroffenen alle notwendigen Informationen zur Verfügung stehen und sie kognitiv in der Lage sind, diese zu verarbeiten. Bei der Preisgabe ihrer Daten auf einer Webseite oder beim Festlegen von Datenschutzeinstellungen müssen Verbraucher:innen beim Abwägen der Vor- und Nachteile wissen, welche Daten erhoben werden und wofür sie genau genutzt werden sollen. Ferner müssen sie sich der möglichen Risiken bewusst werden und diese in ihr Kalkül ein-

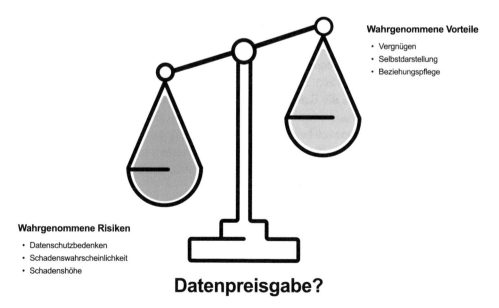

Abb. 4.6 Privacy Calculus als Erklärungsmodell des Datenschutzverhalten bei Social Media Anwendungen

beziehen. Doch es zeigt sich schon allein bei der Einwilligung in die AGBs oder Datenschutzbestimmungen eines Unternehmens digitaler Dienste, dass diese in den seltensten Fällen von Verbraucher:innen gelesen werden. Stattdessen werden sie oftmals „blind" akzeptiert, um unmittelbar und mit geringem (Lese-/Zeit-)Aufwand die gewünschten Dienste oder Produkte nutzen zu können (McDonald und Cranor 2008). Verbraucher:innen ist daher nicht genau bewusst, welche Daten dabei konkret erfasst werden, auf welche Weise sie verarbeitet werden (und von wem) und welche Risiken und Nachteile damit verbunden sind (Jakobi et al. 2020).

Verhaltensökonomische Ansätze. Aufgrund dieser Defizite der Rational-Choice-Theorien wird das Datenschutzverhalten heutzutage oft mithilfe verhaltensökonomischer Ansätze erklärt. Verhaltensökonomische Ansätze untersuchen dabei, wie kognitive und Umweltfaktoren die Entscheidungen des Einzelnen beeinflussen (vgl. Kap. 2).

Um das Verständnis für das alltägliche Datenschutzverhalten von Einzelpersonen zu verbessern, zielen verhaltensökonomische Erklärungsmodelle darauf ab, folgende Schwächen der Rational-Choice-Ansätze zu adressieren (Alessandro Acquisti und Grossklags 2007):

- Datenschutzentscheidungen werden von unvollständigen Informationen, falschen Informationen und Täuschungstaktiken beeinflusst.
- Datenschutzentscheidungen können zu einer Vielzahl von Konsequenzen führen, die Individuen kaum in ihrer Gesamtheit berücksichtigen können.
- Datenschutzentscheidungen können aufgrund verschiedener Verhaltensanomalien und kognitiver Verzerrungen (cognitive biases) von außen als nicht rational erscheinen.

Gegenüber den Rational-Choice-Ansätzen betont dabei die Verhaltensökonomie, dass die Abwägung der Vor- und Nachteile der Datenpreisgabe auf kognitiven „Kurzschlusshandlungen" (heuristic shortcuts) basiert (Ghaiumy Anaraky et al. 2021).

In kontrollierten Studien zum Privacy-Paradoxon (engl. „**Privacy Paradox**") (Norberg et al. 2007) konnte hierbei die Existenz von Verhaltensweisen nachgewiesen werden, die systematisch von denen abweichen, die von der Rational-Choice-Theorie vorhergesagt werden. Das Privacy-Paradoxon bezieht sich auf die Absichten und Einstellungen des Nutzenden darüber, persönliche oder vertrauliche Informationen preiszugeben, und das tatsächliche Verhalten in einer spezifischen Situation, in dem solche Informationen offengelegt werden (Norberg et al. 2007).

Im Rahmen des Experiments wurden die Teilnehmer:innen mit einem Marketing-Szenario konfrontiert und gebeten einzuschätzen, wie hoch ihre Bereitschaft wäre, persönliche Informationen an ein kommerzielles Unternehmen weiterzugeben. Zwölf Wochen später wurden sie dann tatsächlich darum gebeten, dieselben persönlichen Informationen an eine Person weiterzugeben, die angab, ein kommerzielles Unternehmen zu vertreten. Dabei wurde eine signifikante Diskrepanz zwischen der zuvor geäußerten Bereitschaft und dem späteren tatsächlichen Verhalten festgestellt.

Fallbeispiel Privacy Paradox

Anna ist sehr besorgt um ihre Privatsphäre im Internet. Sie liest regelmäßig Artikel über Datenskandale und versucht, ihre Online-Aktivitäten so zu gestalten, dass sie so wenig Daten wie möglich preisgeben muss. Deshalb nutzt sie auch nur wenige Apps auf ihrem Smartphone und lehnt es ab, ihre Kreditkarteninformationen online zu speichern.

Eines Tages jedoch erhält Anna eine E-Mail von einem Online-Shop, den sie regelmäßig besucht. In der E-Mail wird sie darauf hingewiesen, dass sie für den Kauf von bestimmten Produkten Punkte sammeln und diese später gegen Rabatte einlösen kann. Anna ist von dieser Idee begeistert und beschließt, sich für das Punkteprogramm anzumelden.

Selbstkontrolle

Erklären Sie das Privacy Paradox mithilfe der Verhaltensökonomie.

Die beobachtete Diskrepanz lässt sich unter anderem durch das Vorliegen von kurzfristigen Vorteilen und langfristigen Risiken erklären.

Wie zuvor beschrieben, gibt es verschiedene Motivationen für die Datenpreisgabe (wie bspw. soziale Anerkennung, Freude, monetäre Anreize etc.) um dadurch zumindest kurzfristig Vorteile zu erhalten. Dem stehen oftmals langfristige Risiken gegenüber, die bei der Entscheidung weniger stark präsent sind und berücksichtigt werden (Gerber et al. 2017; A. Acquisti und Grossklags 2005). So sind sich Verbraucher:innen z. B. abstrakt bewusst, dass bspw. preisgegebene Daten miteinander verknüpft und zur Erstellung von Nutzerprofilen verwendet werden. Die konkreten Risiken sind jedoch meist nicht greifbar und werden als komplex wahrgenommen, wohingegen die Vorteile unmittelbar erfahrbar und einschätzbar sind.

Zudem ist es aus Verbraucherperspektive fast unmöglich, in meist begrenzter Zeit alle Informationen einzuholen und zu verstehen, um potenzielle Risiken hinsichtlich der Wahrscheinlichkeit ihres Eintreffens einzustufen (A. Acquisti und Grossklags 2005). Dadurch entsteht eine Informationsasymmetrie gegenüber Produkten und Dienstleistungen, bei denen Daten offengelegt werden sollen. Dies lässt sich, bezogen auf die Entscheidungsfindung, neben unvollständigen Informationen ebenfalls durch das Bounded-Rationality-Modell (begrenzte Rationalität) erklären, wonach Entscheidungen mangels Verfügbarkeit von Zeit und Berechnungsmöglichkeit nicht gut getroffen werden können (Kokolakis 2017).

Entsprechend ist das Privacy Paradox nicht als konstant zu verstehen. Zum einen ändert sich der Kontext, bei dem man über Datenschutz reflektiert, und die Situation, in der man die tatsächliche Entscheidung trifft (Gerber et al. 2017). Zum anderen ändern sich die Schutzbedürfnisse mit der Zeit. Dies kann auf eine Veränderung im Lebensstil, eine Verschiebung in den Wertvorstellungen oder neue Möglichkeiten bei der Verwendung von Produkten und Services oder auch die Verfügbarkeit von zusätzlicher Information zur Einschätzung und Bewertung neuer Informationen zurückzuführen sein.

In der Forschung wird entsprechend vorgeschlagen, die tatsächlichen Handlungen bzw. das tatsächliche Verhalten von Verbraucher:innen zu untersuchen, da diese einen höheren Erkenntnisgewinn versprechen als die oftmals eher abstrakten Einstellungen und Absichten gegenüber dem Schutz der eigenen Privatsphäre (Kokolakis 2017).

Rationaler Fatalismus. Einen weiteren Erklärungsansatz stellt das Modell des rationalen Fatalismus (engl. rational fatalism) dar (Kerwin 2012). Dem Modell zufolge findet bei der Nutzung von Internetservices keine situative Risikoabwägung statt, bei der die Vor- und Nachteile abgewogen werden. Vielmehr werden Datenschutzüberlegungen aufgrund einer Resignation eher verdrängt, da Verbraucher:innen glauben, dass sie ohnehin keine Wahl haben, oder glauben, keine Kontrolle über die Konsequenzen oder das Ergebnis zu haben. Im Falle der Privatsphäre bezieht sich dies vor allem auf die Hilflosigkeit oder mangelnde Fähigkeit, die eigene Privatsphäre ausreichend zu schützen (Xie et al. 2019).

Folglich entsteht eine Machtasymmetrie, da die hier erwähnte Kontrolle sowie die entsprechenden Möglichkeiten erst durch den Anbieter bestimmt und ermöglicht werden. Risiken und negative Folgen werden notwendigerweise in Kauf genommen, da die Folgen unausweichlich sind bzw. Verbraucher:innen auch keine Vorteile für sich erkennen, wenn sie sich ausgiebig mit dem Thema befassen bzw. ihre Risikobereitschaft verringern würden (Xie et al. 2019).

Xie et al. (2019) erkennen fatalistische Züge hierbei auf drei Ebenen:

- **Rechtliche Ebene**, da Verbraucher:innen per se keine Eigentumsrechte über ihre persönlichen Daten besitzen und sie teilweise davon ausgehen, dass die derzeitige Rechtslage nicht umfassend genug ist, um die Privatsphäre ausreichend schützen zu können.
- **Funktionelle/technische Ebene**, da Verbraucher:innen kaum eine Wahl oder die Möglichkeit haben, um Produkte und Services vollkommen nach ihren (Privatheits-) Bedürfnissen zu nutzen oder anzupassen, wie beispielsweise eine vollständig anonyme Internetnutzung. Mithin sind sie nahezu dazu gezwungen, bestimmte Produkte und Services zu nutzen.
- **Unternehmerische Ebene**, da Verbraucher:innen wissen und davon ausgehen, dass die Unternehmen hinter den Produkten und Services ihre Daten sammeln, analysieren und Nutzerprofile erstellen und sich demgegenüber hilflos fühlen, dass die Unternehmen mithilfe ihrer verfügbaren Mittel in die Privatsphäre eindringen.

Je höher der Grad an Fatalismus ist (d. h., je eher an das Vorhandensein einer höheren Macht geglaubt wird, die das Handeln und die Konsequenzen bestimmt), desto eher geben die Leute den Risiken nach und den Versuch auf, ihre Privatsphäre zu schützen. Dies lässt sich auch in anderen Bereichen wiedererkennen, wie beispielsweise beim Führen eines gesunden Lebensstils (Xie et al. 2019; Kerwin 2012).

4.1.7 Gebrauchstauglicher Datenschutz

Die Erkenntnisse zum Datenschutzverhalten haben auch Eingang in die Gestaltung gebrauchstauglicher Sicherheitsanwendungen (engl. **Usable Privacy and Security,** kurz **UPS**) gefunden. Darüber hinaus betont dieser Forschungsbereich, dass das Datenschutzverhalten nicht allein von der Motivation der Nutzer:innen, sondern auch von der Gestaltung der Sicherheitsinfrastrukturen und der Sicherheitsmechanismen abhängt.

Basierend auf der nutzer:innen-zentrierten Gestaltung von gebrauchstauglichen Produkten und Dienstleistungen (vgl. Abschn. 6.4) sollen bei den Methoden dieses Ansatzes Aufgaben und Ziele nicht nur effektiv, effizient und zufriedenstellend erreicht werden (ISO 2018), sondern dabei auch die sicherheits- und datenschutzrelevanten Bedürfnisse mitberücksichtigt werden (Sasse et al. 2016). Gegenüber der Gestaltung gebrauchstauglicher Anwendungen weist der Bereich der gebrauchstauglichen Sicherheit eine Reihe von Besonderheiten auf. Diese fassen Garfinkel und Lipford (2014) wie folgt zusammen:

- **Unmotivierte Nutzer:innen.** Die meisten Menschen nutzen Computer nicht, um ihre Sicherheit und Privatheit zu schützen; stattdessen möchten sie E-Mails senden, Webseiten durchsuchen oder Software herunterladen und dabei Sicherheit haben, die sie schützt, während sie diese Dinge tun.
- **Abstrakte Eigenschaft.** Digitale Privatheit und Sicherheit sind abstrakte Eigenschaften, bei denen viele Schutzkonzepte für die Mehrheit der Bevölkerung fremd und nicht intuitiv sind
- **Fehlendes Feedback.** Um gefährliche Fehler zu verhindern, bedarf es eines guten Feedbacks über die Konsequenzen einer Handlung. Jedoch ist gutes Feedback für die Sicherheits- und Freiheitsverwaltung ein schwieriges Problem.
- **Geist in der Flasche.** Sobald ein Geheimnis versehentlich ungeschützt war (selbst für kurze Zeit), kann man nicht sicher sein, dass es nicht bereits preisgegeben wurde. Danach gestaltet es sich äußerst schwierig bis nahezu unmöglich, den „Geist" wieder in die „Flasche" zu bringen.

Darüber hinaus stehen Gebrauchstauglichkeit und Datenschutz häufig in einem Spannungsfeld zueinander, da ein höherer Privatsphärenschutz zu Lasten der Gebrauchstauglichkeit eines Produkts oder einer Dienstleistung gehen kann (Gerber et al. 2015).

Ein Beispiel für dieses Spannungsfeld ist der Nachrichtenaustausch per E-Mail. So besteht eine wichtige Datenschutztechnik darin, die Kommunikation zu verschlüsseln. Ein gängiges Problem ist dabei jedoch, dass E-Mail-Korrespondenz standardmäßig unverschlüsselt ist. Dadurch können sowohl der E-Mail-Anbieter als auch die beteiligten Transportstellen die E-Mails mitlesen. Dies stellt eine erhebliche Sicherheitslücke dar und erhöht das Risiko, dass vertrauliche Informationen in die falschen Hände geraten.

Deshalb wurden große Anstrengungen unternommen, um durch zusätzliche Tools wie S/MIME oder PGP (Pretty Good Privacy) Nutzer:innen beim Verschlüsseln von E-Mails zu unterstützen: Um die Effektivität solcher Tools zu bewerten, untersuchten Whitten und

Tygar (1999) die Benutzerfreundlichkeit der Verschlüsselungssoftware von PGP Version
5.0. Die Forscher führten dabei sowohl eine heuristische Evaluation als auch einen Be-
nutzertest durch und kamen zu dem Schluss, dass PGP in dieser Version für die durchschnittlichen Benutzer:innen äußerst schwierig zu verwenden war. Die meisten Benut-
zer:innen waren nicht in der Lage, die Verschlüsselung korrekt zu konfigurieren und sichere Nachrichten zu senden. Die Gründe für diese Schwierigkeiten lagen in der komplexen
Benutzeroberfläche, den unklaren Anweisungen und den fehlenden Hilfestellungen.

Neben der einfachen Bedienung von Sicherheitsmechanismen besteht ein wesentliches
Ziel des UPS-Ansatzes darin, das sicherheitsfördernde Verhalten zu motivieren. Eine Methodik besteht in der Anwendung von Nudging. Das Nudging zielt darauf ab, die Entscheidungssituation so zu gestalten, dass ein bestimmtes Verhalten nahegelegt wird, ohne
es zu erzwingen.

Im Datenschutz können Nudges auf unterschiedliche Weise das sichere Verhalten fördern. Zum Privacy-Nudging gehört z. B., datenschutzfreundliche Optionen bei einer
Dialoggestaltung hervorzuheben oder datenschutzfreundliche Einstellungen „by default"
vorauszuwählen (Cavoukian 2011). Nudging kann auch schon durch die Sortierung einer
Liste erfolgen, wenn bspw. eine Liste mit verfügbaren WLANs absteigend nach ihrer
Sicherheit sortiert dargestellt wird. Dies erhöht die Wahrscheinlichkeit, dass Verbrau-
cher:innen ein sicheres Netzwerk auswählen, da sie dazu neigen, primär die oberste Option einer Liste zu wählen (Zimmermann und Renaud 2021). Ein weiteres Beispiel für
Nudging ist es, direktes Feedback einer (unsicheren) Handlung zu geben (siehe Fallbeispiel unten).

Der Nudging-Effekt kann schließlich auch verstärkt werden, wenn Informationen
bereitgestellt werden, die zusätzliches Bewusstsein, aber auch Aufklärung vermitteln und
dadurch die Verhaltensanpassung fördern können (Sandfuchs und Kapsner 2018; Zimmermann und Renaud 2021). Diese können z. B. Vorschläge zum sicheren Verhalten sein oder
das Aufzeigen möglicher Konsequenzen, die sich durch das Eintreten einer potenziellen
Bedrohung ergeben (Jakobi et al. 2019).

4.2   Verbrauchertäuschung und Onlinebetrug

Die Verbrauchertäuschung stellt schon lange einen zentralen Begriff im Verbraucherschutz
dar. So ist z. B. in § 123 BGB geregelt, dass ein Vertragsabschluss oder eine Willens-
erklärung anfechtbar ist, wenn sie durch eine arglistige Täuschung zustande gekommen ist.

Demnach tritt eine Verbrauchertäuschung dann auf, wenn ein Unternehmen oder eine
Person absichtlich falsche, irreführende oder betrügerische Informationen bereitstellt oder
veröffentlicht hat, um Verbraucher:innen zu täuschen oder irrezuführen. Im Allgemeinen
werden folgende Tatbestände dabei als Verbrauchertäuschung gesehen:

- **Falsche oder irreführende Werbeaussagen:** Eine Werbung enthält falsche oder irreführende Informationen über ein Produkt oder eine Dienstleistung.
- **Verschweigen wichtiger Informationen:** Entscheidende Informationen werden absichtlich nicht offengelegt, um Verbraucher:innen in die Irre zu führen.
- **Irreführende Kennzeichnungen und Preisgestaltung:** Kennzeichnungen und Preise eines Produkts sind absichtlich irreführend gestaltet, um falsche Preis- oder Qualitätsvorstellungen zu erwecken.
- **Verwendung gefälschter Testimonials oder Bewertungen:** Verwendung von gefälschten Kundenbewertungen, Erfahrungsberichten oder Testimonials, um einen irreführenden, meist positiven Eindruck zu erwecken.
- **Gefälschte Marken oder irreführende Logos:** Verwendung gefälschter Marken oder Logos, um unberechtigterweise vom Image einer bekannten und angesehenen Marke zu profitieren.

Nudging zur Vergabe eines sicheren Passworts

Ein Beispiel für Nudging zeigt die folgende Abbildung, bei der es um die Vergabe eines sicheren Passworts bei der Eröffnung eines E-Mail-Postfachs geht. Links oben ist dabei ein weniger gut geeignetes Passwort zu erkennen, das durch die orangefarbige Linie signalisiert wird und links unten ein sicheres Passwort. Die Person hat jedoch in beiden Fällen die Möglichkeit, das eingegebene Passwort zu verwenden, so dass eine Wahlmöglichkeit im Sinne des Nudgings besteht. Durch weitere Hinweise und Vorschläge in der Infobox wird die Person zusätzlich darüber aufgeklärt und ermutigt, ein sicheres Passwort zu erstellen.

Fallbeispiel

Eingabemaske zur Passwortvergabe mit Hinweisen zur sicheren Passwortvergabe bei der Eröffnung eines E-Mail-Postfachs.

Der Ausdruck „Verbrauchertäuschung" ist dabei eng mit dem Begriff „Betrug" verknüpft, der ein weites Feld von Unwahrheit, Täuschung, Arglist und Unehrlichkeit abdeckt (Beals et al. 2015; Titus et al. 1995; Cross 2020b). So betont der UK Fraud Act
(2006), dass der Kern des Betrugsdelikts in der Täuschungsabsicht liegt, d. h., dass der:die
Täter:in weiß, dass die Darstellung unwahr und irreführend bzw. dazu angelegt ist, falsch
interpretiert zu werden. Hierbei reicht das Vorliegen der vorsätzlichen Täuschung aus,
selbst wenn für den Betroffenen kein direkter Schaden entstanden ist (UK Fraud Act 2006).

Bei Betrug und Verbrauchertäuschung müssen wir zwischen dem moralischen Empfinden und der rechtlichen Bewertung unterscheiden, zumal der Übergang zwischen er-
laubtem Marketing und UX-Gestaltung hin zu unlauterer Verbrauchertäuschung und kri-
minellem Onlinebetrug fließend ist.

Ein Merkmal des Betrugs und der Verbrauchertäuschung ist, dass sie absichtlich geschehen. Unabsichtliche Fehler oder Meinungsverschiedenheiten über die Qualität eines
Produkts fallen normalerweise nicht unter die Definition der Verbrauchertäuschung. Ein
weiteres Merkmal des Betrugs ist es, dass er mit der Absicht geschieht, den anderen arg-
listig zu täuschen bzw. ihm zu schaden. Diesbezüglich unterscheidet Mujkanovic (2009)
zwischen einer positiven und einer negativen Täuschung: „Eine Täuschungshandlung im
positiven Sinne läge beispielsweise bei einer liebenswerten Unaufrichtigkeit vor, wenn
ein:e Täuschende:r jemandem ein unbegründetes Kompliment machen würde mit der Absicht, dem Getäuschten eine für ihn als schön empfundene Illusion zu bereiten. Bei einer
solchen Handlung läge die Absicht des Täuschenden nicht darin, dem:der Getäuschten in
irgendeiner Weise zu schaden" (Mujkanovic 2009).

Auf den ersten Blick ist dies eine sehr spitzfindige Unterscheidung. Für die Verbraucherinformatik ist sie jedoch relevant. Zum Beispiel werden beim UX-Design und
beim digitalen Nudging gezielt Gestaltungsprinzipien angewendet, um menschliches Verhalten zu beeinflussen. Hinsichtlich der Ziele kann man beim Nudging zwei Formen unterscheiden:

- **White Nudging:** Positives Nudging bezieht sich darauf, dass Informationen oder sub-
  tile Anreize absichtlich so präsentiert werden, dass sie das Verhalten der Menschen in
  eine gewünschte Richtung lenken, aber dabei nicht notwendigerweise schädlich oder
  gegen das Interesse des Betroffenen sind; z. B. wenn Produktvergleichsportale daten-
  sparsamere Apps als Erstes anzeigen, um die Verbraucher:innen dazu zu ermutigen,
  weniger Daten von sich preiszugeben.
- **Dark Nudging:** Im Gegensatz dazu bezieht sich negatives Nudging auf die absicht-
  liche Verwendung von irreführenden oder manipulativen Techniken, um Menschen zu
  täuschen oder in die Irre zu führen, oft zum eigenen Vorteil des Unternehmens oder der
  Organisation; z. B., wenn die UX-Gestaltung die Nutzer:innen verleiten soll, mehr Informationen über sich preiszugeben.

Insgesamt zeigt sich hier, dass die Bewertung der Täuschungshandlung vom Kontext und
von der jeweiligen Intention abhängt, ob die Beeinflussung des Verbraucherverhaltens zu
dessen Wohl erfolgt oder nicht. Positive Täuschung und White Nudging können ethisch

sein, wenn sie darauf abzielen, das Wohlbefinden der Verbraucher zu fördern, während negative Täuschung und Dark Nudging in der Regel als unethisch angesehen werden, da sie die Integrität und die Rechte der Verbraucher:innen verletzen können. Ein Beispiel für solches Dark Nudging besteht in der Nutzung von sogenannten Dark Patterns.

4.2.1 Dark Patterns

Dark Patterns sind Designelemente oder -techniken, die absichtlich darauf abzielen, Verbraucher:innen in irreführender oder manipulativer Weise zu beeinflussen, Handlungen auszuführen, die nicht ihren eigentlichen Absichten entsprechen und potenziell zu ihrem Nachteil sind (Brignull 2023).

Sehr häufig werden Dark Patterns im Kontext von E-Commerce und Social Media eingesetzt, aber auch, wenn es um Datensicherheit, Privacy und Zustimmung zur Datensammlung und -verarbeitung geht (Gray et al. 2021; Gunawan et al. 2022). Potenzielle Nachteile für Verbraucher:innen sind (Mathur et al. 2021; Gunawan et al. 2022):

- Verlust von Autonomie und Kontrolle, hauptsächlich in Entscheidungsprozessen
- Finanzielle Nachteile für den Nutzenden selbst oder konkurrierende Unternehmen/ Angebote
- Erhöhte Arbeits- und kognitive Belastungen
- Verletzung der Privatsphäre

Dark Patterns waren lange nicht durch die Gesetzgebung reguliert, so dass ein regelrechter Wildwuchs von manipulativen Designs einsetzte. So entstanden unterschiedlichste Formen und Taxonomien von Dark Patterns, die eine Unterscheidung, Kategorisierung und nachhaltige Regulierung bis heute schwierig gestalten (Mathur et al. 2021). Eine der größten Herausforderungen ist die Geschwindigkeit, in der Dark Patterns entstehen und sich verbreiten. Demgegenüber steht der im Vergleich sehr langsame Prozess der Regulierung durch gesetzgebende Verfahren. Außerdem ist der transdisziplinäre Austausch in Forschung, Legislative und Wirtschaft durch die Vielzahl an Taxonomien, Patterneigenschaften, Implementierungen und Bezeichnungen erschwert (Gray et al. 2023).

Aktuelle Bemühungen in der Dark-Patterns-Forschung richten sich also nicht nur auf die weitere Untersuchung solcher Designs bezüglich ihrer Auswirkungen, sondern konzentrieren sich vermehrt auf das Schaffen einer einheitlichen Beschreibung und Klassifizierung. Eine verbreitete Klassifizierung zur Beschreibung und Erklärung von Dark Patterns stammt von Gray et al. (2018). Die Klassifizierung beschreibt fünf unterschiedliche Manipulationsstrategien:

1. **Hartnäckiges Drängen (Nagging)**: wiederholte Aufforderung, bestimmte Aktionen durchzuführen. Nutzende können solche Aufforderungen nicht final ablehnen, sondern haben nur die Option, die Aufforderungen zu einem späteren Zeitpunkt wieder angezeigt zu bekommen.

2. **Behinderung (Obstruction)**: Ein Prozess wird absichtlich schwieriger als notwendig gestaltet, um Nutzende von ihrem Vorhaben abzubringen (z. B. Kündigen eines Vertrags, Löschen eines Accounts).

3. **Verstecken (Sneaking)**: Relevante Informationen verstecken, tarnen oder die Bereitstellung verzögern (z. B. versteckte Kosten). Dadurch wird der Aufwand für den Nutzenden künstlich erhöht.

4. **Schnittstellenmanipulation (Interface Interference)**: Bedienschnittstellen werden so manipuliert, dass einige Optionen oder Aktionen anderen vorgezogen werden (z. B. Vorauswahl von Optionen in Formularen oder Cookie Bannern).

5. **Erzwungene Handlung (Forced Action)**: Nutzende müssen bestimmte Aktionen durchführen, um Zugriff auf eine Website, einen Service oder eine Funktionalität zu erhalten/behalten.

Ein verbreitetes Beispiel für das Forced-Action-Muster sind Cookie Walls bzw. Consent Walls (Gray et al. 2021). Sie erscheinen auf vielen Websites, um Nutzende aufzufordern, der Verwendung von Cookies oder anderen Tracking-Technologien zuzustimmen, bevor sie auf den Inhalt der Website zugreifen können (siehe Abb. 4.7).

Es bietet lediglich zwei Handlungsoptionen: Entweder kann der Nutzende alle Bedingungen, die in der Consent Wall aufgeführt sind, akzeptieren – hier geht es häufig um das Tracken und Zusammenführen von Interaktionen mit besagter Website und von vom Nutzenden bereitgestellte Informationen in Nutzendenprofilen – oder die Bedingungen geschlossen ablehnen. Letzteres allerdings durch Verlassen der Website.

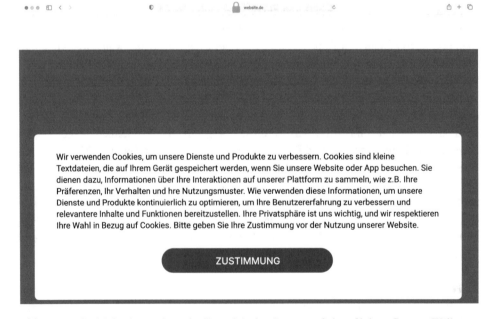

Abb. 4.7 Beispiel der Anwendung des Forced Action Pattern auf einer fiktiven Consent Wall

Consent Walls sind mittlerweile in der EU stark reguliert und in der oben beschriebenen Form durch die DSGVO verboten. So müssen Nutzende zum Beispiel einsehen und auswählen können, welche Daten gesammelt und mit welchen Drittanbietern geteilt werden – das war in der ursprünglichen Form der Consent Wall jedoch nicht möglich.

4.2.2 Onlinebetrug

Der Übergang von der arglistigen Täuschung hin zum kriminellen Betrug ist fließend. Gemeinhin handelt es sich jedoch beim Betrug oft um schwerwiegende Straftaten, während Verbrauchertäuschung sich mehr auf irreführende Praktiken bezieht, die in erster Linie zivilrechtliche Konsequenzen haben.

Durch die Digitalisierung des Alltags von Verbraucher:innen und der Zunahme des Onlinehandels sind auch die Risiken der Internetkriminalität und des Onlinebetrugs gestiegen. So weist z. B. das Bundesamt für Sicherheit in der Informationstechnik (2021) in seinem Bericht zum Digitalen Verbraucherschutz darauf hin, dass durch die Beliebtheit von Internet- und Versandhändlern sowohl die Angriffsflächen für Kriminelle zunehmen als auch die Anzahl potenzieller Opfer von Onlineattacken steigt.

Ein wesentliches Merkmal des Onlinebetrugs ist, dass er digital stattfindet bzw. bei der Durchführung auf digitale Werkzeuge und Infrastrukturen zurückgegriffen wird. So versteht Cross et al. (2014) unter Onlinebetrug betrügerische Handlungen, bei der die Betroffenen auf ein unlauteres oder irreführendes Angebot, eine Nachricht oder eine Einladung im Internet reagieren, was dazu führt, dass sie persönliche Informationen preisgeben oder finanzielle Verluste erleiden.

Durch Täuschung und Manipulationstechniken versuchen die Betrüger:innen, Zugang zu Informationen zu bekommen oder die Opfer zu Handlungen zu bewegen, die sie normalerweise nicht ausführen würden. Dies kann die Preisgabe von Passwörtern, die Nutzung unsicherer Zahlungsmethoden oder die Tätigung von Onlinekäufen auf Fakeshops sein. Ein Onlinebetrug kann dabei sowohl finanzielle als auch nicht-finanzielle Schäden oder negative Auswirkungen jeglicher Art für die Betroffenen verursachen.

Die bekannteste Form des Onlinebetrugs besteht sicherlich im Phishing, bei dem die Angreifer:innen versuchen, an sensible Informationen heranzukommen oder Empfänger:innen auf betrügerische Webseiten locken wollen.

Fallbeispiel: Phishing-E-Mail
Die folgende Abbildung zeigt eine typische Phishing-E-Mail. Der Text ist allgemein gehalten und enthält einen Link zu einem (vorgeblichen) Onlineshop, der vermutlich nur dazu dienen soll, an personenbezogene Daten zu kommen. Diese spezielle Phishing-E-Mail zu erkennen ist anhand mehrerer Merkmale möglich: Wie in der Ab-

bildung sichtbar, hat der E-Mail-Provider die E-Mail schon als Spam erkannt und markiert. Des Weiteren wird unter anderem der:die Empfänger:in der E-Mail nicht mit Namen angesprochen, auch dies kann ein Anzeichen für Phishing-E-Mails sein.

Hierbei haben sich viele bekannte Betrugsmaschen der Offline-Welt in die digitale Welt verlagert. Eine Klassifizierung gängiger Formen des Onlinebetrugs wurde von Beals et al. (2015) vorgeschlagen und von Button und Cross (2017) erweitert (vgl. Tab. 4.2).

Die Liste der Betrugsformen ist nahezu endlos und ändert sich ständig, da Betrüger:innen ständig neue Taktiken entwickeln, um Menschen zu täuschen und finanzielle oder persönliche Vorteile zu erlangen. Die fortschreitende Technologie und die Verbreitung des Internets verändern zudem die Möglichkeiten für Betrüger:innen, da sie neue Wege finden, um Opfer zu erreichen und auszunutzen.

Durch das Influencer-Marketing hat z. B. auch die Ausnutzung von Influencer-Praktiken für den Onlinebetrug zugenommen. Ein weiteres Beispiel ist das stärkere Aufkommen von Deep-Fakes durch die Verwendung generativer KI.

Die Klassifizierung der Formen des Onlinebetrugs betont dabei das Ziel und die Art des Betrugs (das „Was"), geht jedoch nicht genauer auf die Umsetzung und die eingesetzten Techniken des Betrugs ein (das „Wie"). Diese prozessorientierte Sicht auf den Onlinebetrug findet man demgegenüber in der Literatur unter dem Begriff „Social Engineering".

Tab. 4.2 Kategorien und Definitionen der verschiedenen Formen von Onlinebetrug nach Beals et al. (2015) und Button und Cross (2017)

Kategorie	Definition	Beispiele
Produkt- & Dienstleitungsbetrug	Vortäuschung, ein Produkt zu liefern oder eine Dienstleistung anzubieten, die in Wirklichkeit nicht existiert oder keinen Wert hat	• Betrieb von Fake-Shops im Internet oder Online-Marktplätzen • Anbieten von Fake-Produkten • Unberechtigte Rechnungen verschicken
Identitätsbetrug	Durch Täuschung, Hacken und Social Engineering an persönliche und/oder sensible Informationen von Opfern zu gelangen und auf Grundlage dieser Daten und Informationen weitere Straftaten zu begehen	• Mittels gefälschter E-Mails (Phishing) an vertrauliche Information gelangen • Mittels Online-Flirting an Bilder und persönliche Information der Opfer gelangen
Investitionsbetrug	Betrügerische Vortäuschung von Anlagemöglichkeiten und Investitionsgewinn über das Internet	• Gefälschte Kryptowährungsprojekte • Nicht existierende Handels- & Investitionsplattformen • Verbreitung von Ponzi- und Schneeballsystemen auf Social Media und Massen-E-Mails
Inkassobetrug	Betrügerische Aktivitäten, bei denen unrechtmäßige Forderungen oder Gebühren online erhoben werden, oft unter Strafandrohung und dem Vorwand, dass das Opfer eine offene Schuld oder Verbindlichkeit hat	• Falsche Schuldenforderungen • Gefälschte Mahnungen und Inkassobüros • Falsche Steuerbescheide und Aufforderungen, Steuern nachzuzahlen
Gewinnspiel- und Preisbetrug	Das Versprechen eines nicht existierenden Gewinns oder Preises oder eines anderen Geldsegens, der nach gering erscheinender Gegenleistung für die Zahlung ausgezahlt wird	• Gefälschte Lotterien • Erbschaften (nicht existierender) Verwandter • Gefälschte Gutscheine oder Rabattangebote • Gefälschte Gewinnbenachrichtigungen
Wohltätigkeitsbetrug	Betrügerische Aktivitäten, bei denen Personen oder Organisationen vorgeben, wohltätige Zwecke zu unterstützen oder Spenden für wohltätige Zwecke zu sammeln oder falsche Mitgliedschaften werben	• Betrügerisches Ausnutzen der Hilfsbereitschaft bei Katastrophenfällen • Spendenaufrufe für nichtexistierende Organisationen • Spenden-Phishing-Mails, bei denen bekannte Hilfsorganisationen vorgetäuscht werden

(Fortsetzung)

Tab. 4.2 (Fortsetzung)

Kategorie	Definition	Beispiele
Beziehungs- und Vertrauensbetrug	Betrügerisches Vortäuschen und Aufbauen einer persönlichen Beziehung, um das Opfer zu bestimmten Handlungen oder zur Erbringung bestimmter Leistungen zu verleiten	Aufgebautes Vertrauen ausnutzen, um das Opfer darum zu bitten, • Geschenke, Geld oder Gutscheine zu schicken • Bilder zu schicken oder sexuelle Handlungen im Internet zu vollziehen • Gefälligkeiten zu erledigen wie Pakete anzunehmen oder Geld weiterzuleiten
Beschäftigungsbetrug	Betrügerische Aktivitäten im Zusammenhang mit vermeintlichem Anbieten einer Beschäftigung oder Einkommensmöglichkeit, wobei der Wunsch nach Arbeit und Karriere ausgenutzt wird	• Gefälschte Stellenangebote auf Online-Jobplattformen • Angebote zur Heimarbeit im Internet • Fake-Webseiten von Model-Agenturen • Betrügerische Business-Coaching-Onlinekurse

4.3   Social Engineering

Die verschiedenen vorangegangenen Betrugsarten zeigen, dass Kriminelle menschliche Bedürfnisse (z. B. nach Produkten, nach Geldanlagen, nach Liebe etc.) und prosoziales Verhalten (z. B. Menschen in Not zu helfen) systematisch ausnutzen.

Dieses gezielte Ausnutzen menschlicher Bedürfnisse und Verhaltensweisen wird als „Social Engineering" (im Folgenden auch SE genannt) bezeichnet (Nohlberg 2008; Nohlberg und Kowalski 2008). Der Angreifer versucht dabei, dass Opfer durch Anreize, Mitleid oder Druck zu bestimmten Handlungen zu verleiten. Hierbei bedient der Angreifer sich oft einer falschen Identität und einer erfundenen Geschichte, um seine wahren Absichten zu verbergen und eine glaubhafte Situation vorzutäuschen (Fox 2014).

Jeder Angriff sieht anders aus und erscheint zunächst oft wie eine harmlose Alltagssituation. Dies macht es so schwer, sich gegen Social-Engineering-Angriffe zu wehren. Jedoch gibt es einige wiederkehrende Muster. Die verschiedenen Arten von Social-Engineering-Angriffen können entsprechend den in Abb. 4.8 genannten Kategorien gegliedert werden in:

- **Ziele und Motivation:** bezieht sich auf die Absichten und Beweggründe, mit denen Angreifer:innen Menschen zu täuschen oder manipulieren versuchen
- **Typen und Angriffsstrategien**: bezieht sich auf verschiedene Strategien und den Grad der Digitalisierung des Angriffs
- **Kommunikationsmedien und -kanäle:** beziehen sich auf die verschiedenen Wege und Plattformen, über die Angreifer:innen mit ihren potenziellen Opfern interagieren
- **Manipulationstechniken und Angriffstaktiken:** beziehen sich auf spezifische Taktiken und Tricks, die Angreifer:innen verwenden, um Menschen zu täuschen

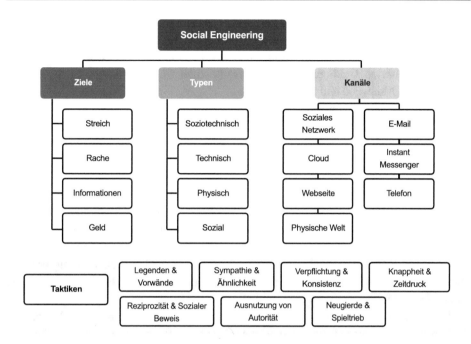

Abb. 4.8 Social-Engineering-Taxonomie (nach: Krombholz et al. 2015);

4.3.1 Ziele und Motivation

Social-Engineering-Angriffe können nach Motivation und Zielen der Angreifer:innen unterschieden werden.

In den Frühzeiten des Hackings ging es häufig einzig darum, sich selbst zu verwirklichen und sein eigenes Können bzw. die Inkompetenz des anderen unter Beweis zu stellen. Im weitesten Sinne lässt sich diese Form unter die Kategorie des **Streichs** ohne böse Absicht fassen. Teilweise wird diese Art von Attacken mit guter Absicht durchgeführt, um Sicherheitslücken aufzuzeigen (Hatfield 2019). Trotz der guten Absichten können solche Angriffe emotionale und technische Schäden beim Opfer zur Folge haben, weshalb auch ethische Abwägungen zu treffen sind (Hatfield 2019).

Eine weitere Motivation stellt **Rache** dar. Sie zielt meist auf die direkte Schädigung des Opfers oder seines Eigentums ab. Hierunter fällt u. a. der digitale Vandalismus, bei dem es z. B. darum geht, Daten des Opfers zu zerstören, seine Geräte und Anwendungen lahmzulegen oder unbrauchbar zu machen. Der:Die Angreifer:in kann auch darauf abzielen, den Ruf des Opfers zu schädigen, das Opfer zu mobben oder es in anderer Weise emotional zu schädigen. Gerade bei Unternehmen ist Rufschädigung ein beliebtes Mittel, um durch gezielte Manipulationen die eigene oder die Reputation eines:einer Konkurrent:in in eine intendierte positive oder negative Richtung zu lenken (Deges 2021).

Eine weitere wesentliche Motivation besteht darin, durch den Angriff **Geld zu verdienen** (Aldawood und Skinner 2019). Dies kann in mannigfaltiger Weise geschehen.

Beim Onlinebetrug geht es z. B. meist darum, das Opfer dazu zu bringen, Geld zu überweisen oder andere Wertgegenstände zu übertragen. Beim Identitätsdiebstahl versucht der:die Betrüger:in, sich die Zugangsdaten zu den Finanz- und Zahlungsdienstleistern zu verschaffen, um so Geld- und Vermögenswerte (meist über Umwege) zu übertragen (Ablon 2018; Aldawood und Skinner 2019).

Die Angriffe können ferner darauf abzielen, unberechtigten **Zugriff auf Systeme und Informationen** zu bekommen. Dieser Zugriff ist meist Mittel zum Zweck, um z. B. das Opfer auszuspähen, es zu erpressen, die Information zu verbrauchen und/oder den Zugang zu den Ressourcen für eigene Zwecke zu nutzen (Van de Merwe und Mouton 2017; Kumar et al. 2015).

Mit den erlangten Informationen (z. B. Firmenpatente oder Information über Verbraucher:innen) wird zunehmend versucht, vom Opfer Geld zu erpressen. Beim Ransomware-Angriff werden z. B. die Daten verschlüsselt, um für die Entschlüsselung Geld zu verlangen.

Beim Identitätsdiebstahl, aber auch beim Beziehungs- und Vertrauensbetrug versucht der:die Angreifer:in, an kompromittierende oder intime Information heranzukommen, um das Opfer hiermit zu erpressen (Cross 2020a).

In der Praxis treten häufig mehrere Motivlagen auf. So kann jemand aus Rache versuchen, komprimierende Informationen über eine andere Person zu erlangen und diese Information aus Gewinninteresse an Dritte verkaufen.

4.3.2 Typen und Angriffsformen

Die Social-Engineering-Angriffe lassen sich weiterhin nach ihrer Angriffsform klassifizieren (Mouton 2018; Mouton et al. 2016). Grob vereinfacht kann man zwischen physischen, sozialen, sozial-technischen und rein technischen Angriffsformen unterscheiden.

Physische Ansätze. Diese Kategorie bezieht sich auf Angriffe, bei denen Angreifer:innen physisch anwesend sind oder reale Interaktionen einsetzen, um sensible Informationen zu sammeln oder sich unbefugten Zugang zu verschaffen. Bei diesen Angriffen werden häufig physische Schwachstellen der Umgebung ausgenutzt. Zu den gängigen physischen Methoden gehören Müllcontainer-Tauchen (Dumpster Diving) bei dem weggeworfene Materialien, z. B. Briefe, Bankkarten und Werbung aus Mülleimern und Müllcontainern entwendet werden, um so mehr Informationen über die Zielperson zu erlangen. Eine andere Methodik ist das Über-die-Schulter-Schauen (Shoulder Surfing), um Passwörter oder PIN-Nummern auszuspähen.

Soziale Ansätze. Diese Kategorie bezieht sich auf das Social Engineering im engeren Sinne, bei dem durch Täuschung und Manipulationstechniken versucht wird, Personen dazu zu bringen, Informationen preiszugeben oder bestimmte Handlungen zu ergreifen.

Technische Ansätze. Technische Ansätze finden in erster Linie in digitalen Räumen statt und nutzen häufig das Internet als Plattform. Diese Angriffe nutzen die mit der Technologie und dem Online-Verhalten verbundenen Schwachstellen aus.

Sozio-technische Ansätze. Erfolgreiche Social-Engineering-Angriffe kombinieren oft mehrere der oben genannten Ansätze. Ein Beispiel dafür sind manipulative Phishing-E-Mails, durch die ein Keylogger auf dem Computer des Opfers installiert wird. Dieser erfasst alle Tastatureingaben. Die Angreifer:innen versuchen dann, sensible Informationen und Passwörter aus den erfassten Daten abzuleiten. Ein weiteres Beispiel ist der sogenannte Köderangriff, bei dem die Angreifer:innen mit Malware infizierte Speichermedien, wie USB-Laufwerke, an strategisch günstigen Orten platzieren, wo sie wahrscheinlich entdeckt werden.

Die verschiedenen Angriffsarten im Social Engineering besitzen jeweils eigene Vor- und Nachteile, die von Angreifer:innen abgewogen werden müssen. So können bei physischen Ansätzen z. B. Schwachstellen vor Ort ausgenutzt werden, oder es wird durch die physische Anwesenheit größerer Druck auf die Zielperson ausgeübt. Meistens vermeiden Angreifer:innen aber den direkten persönlichen Kontakt, um das Entdeckungsrisiko möglichst gering zu halten (Kumar et al. 2015). Außerdem erfordert es mehr Zeit und Aufwand, da Massenangriffe wie beim Phishing nicht möglich sind. Deshalb kennen sich in der Regel Angreifer und Opfer nicht persönlich, damit der:die Angreifer:in unerkannt bleiben kann (Fox 2014).

Die sozialen Ansätze bieten für die Kriminellen den Vorteil, dass eine breite Palette von Manipulationstechniken verwendet und menschliche Schwächen ausgenutzt werden können. Jedoch bedarf es neben sorgfältiger Vorbereitung und Kenntnissen über die Zielperson und den Kontext ausgefeilter Kommunikations- und Überzeugungsfähigkeiten.

Technisch durchgeführte Angriffe sind zu einem hohen Grad automatisierbar und daher weniger personalintensiv. Eine weitere Gefahr von online ausgeführten automatisierten Angriffen (wie Spam, Phishing oder gefälschten Shops) liegt in ihrer Skalierbarkeit. Für den:die Angreifer:in bietet diese Form des Angriffs weiterhin den Vorteil der Anonymität, was das Entdeckungsrisiko minimiert. Diese Angriffsform hängt jedoch davon ab, Schwachstellen und Lücken den digitalen Systemen und Infrastrukturen zu kennen bzw. zu entdecken. Es erfordert deshalb technische Expertise und Computerkenntnisse.

Die sozio-technischen Ansätze stellen die mächtigsten Werkzeuge der Social Engineers dar (Krombholz et al. 2015). Sie sind deshalb besonders wirkungsvoll, da sie sowohl die Schwachstellen der menschlichen Psyche als auch die Schwächen der Technologie ausnutzen, um ihre bösartigen Ziele zu erreichen. Sozio-technische Angriffe sind in der Regel aber in der Planung und Durchführung komplexer und erfordern ein tiefgehendes Verständnis sowohl technischer Sicherheitslücken als auch menschlicher Schwachstellen.

4.3.3 Kommunikationskanäle und -medien

Angreifer:innen können für ihre Angriffe unterschiedliche Kommunikationskanäle und -medien wie z. B. E-Mail, SMS, Website, Social Media usw. verwenden (Krombholz et al. 2015). Bei der Auswahl des richtigen Angriffskanals muss der Angreifer sein Ziel im Auge behalten und dabei die verschiedenen Vor- und Nachteile der einzelnen Kommunikationskanäle gegeneinander abwägen (Tab. 4.3).

Tab. 4.3 Vor- und Nachteile von Kommunikationskanälen aus Sicht der Angreifer:innen

E-Mails	**Vorteile:** E-Mail ist eine weit verbreitete Kommunikationsmethode, bei der viele potenzielle Opfer gleichzeitig erreicht werden können. Durch die E-Mail-Infrastruktur können Betrüger:innen leicht gefälschte Identitäten annehmen und gefälschte E-Mails senden. **Nachteile:** Viele E-Mail-Dienste verfügen über Spam-Filter und Sicherheitsmechanismen, die gefälschte E-Mails erkennen und blockieren können. Zudem sind die meisten Menschen inzwischen vorsichtiger gegenüber verdächtigen E-Mails und öffnen keine unbekannten Anhänge oder Links.
Instant Messenger & Soziale Netzwerke	**Vorteile:** Instant Messenger sind weitverbreitet, ermöglichen eine schnelle Kommunikation in Echtzeit, und die Betrüger:innen können direkt mit ihren Opfern interagieren. Ferner können Betrüger:innen in sozialen Netzwerken Informationen über ihre Ziele sammeln, um personalisierte Angriffe durchzuführen. Auch können Betrüger:innen durch gefälschte Identitäten in Social Media falsches Vertrauen erwecken. Des Weiteren können betrügerische Nachrichten in sozialen Netzwerken große Gruppen erreichen oder als Kommentare gepostet werden, um eine hohe Reichweite zu erzielen. **Nachteile:** Die meisten Instant-Messenger und Social-Media-Dienste erfordern eine Registrierung mit einer Telefonnummer oder E-Mail-Adresse, was die Anonymität einschränken kann. Ferner können Plattformbetreiber verdächtige Aktivitäten analysieren und Konten sperren. Auch sind Menschen zunehmend vorsichtiger bei Nachrichten von unbekannten Kontakten.
Webseite/ Cloud	**Vorteile:** Webseiten sind eine weitverbreitete Kommunikationsmethode, bei der viele potenzielle Opfer gleichzeitig erreicht werden können. Durch die Internet-Infrastruktur können Betrüger:innen mit gefälschten Identitäten leicht anonym Webseiten erstellen. Durch die Nachahmung bekannter Webseiten kann falsches Vertrauen bei den Opfern erzeugt werden. **Nachteile:** Webseiten sind passive Medien, deshalb bedarf es weiterer Strategien, um Opfer auf die Webseite zu locken. Menschen sind oft misstrauisch gegenüber unbekannten Webseiten und Links. Die meisten legitimen Webseiten verfügen über Sicherheitszertifikate, die gefälschte Seiten leichter erkennbar machen.
Telefon & Physische Kontakt	**Vorteile:** Telefonanrufe ermöglichen eine direkte, persönliche Interaktion und können überzeugender wirken als schriftliche Kommunikation. Dies gilt vor allem beim physischen Kontakt. Insbesondere können Betrüger:innen ihre Stimme verstellen oder vorgeben, andere Personen zu sein. Dies wird durch den Fortschritt im Bereich synthetischer Stimmen begünstigt. **Nachteile:** geringe Skalierbarkeit, da die massenhafte Durchführung von Telefonanrufen und insbesondere Hausbesuchen kosten- und zeitaufwendig sind. Die meisten Menschen prüfen die Identität von Anrufern und sind skeptisch gegenüber unbekannten Nummern/Menschen. Ferner besitzen Opfer durch die direkte Interaktion mehr Möglichkeiten, die Glaubwürdigkeit des Anrufers zu prüfen, und es braucht mehr Kompetenz, um eine falsche Identität am Telefon/ beim physischen Kontakt aufrechtzuerhalten. Insbesondere in der physischen Welt sind Menschen oft aufmerksamer und vorsichtiger gegenüber Fremden.

Insgesamt hängen die Erfolgsaussichten von Social Engineering von vielen Faktoren ab, einschließlich der Fähigkeiten des Betrügers und der Vorsicht der Zielpersonen. Neben der Art des Kommunikationskanals spielen des Weiteren auch die eingesetzten Manipulationstechniken eine entscheidende Rolle.

4.3.4 Manipulationstechniken

Angriffe lassen sich auch nach den eingesetzten Manipulationstechniken des Social Engineerings unterscheiden, mit denen das Opfer überzeugt wird, z. B. bestehende Sicherheitsvorschriften oder Schutzmaßnahmen zu missachten. Viele der Techniken haben ihren Ursprung im Marketing (Cialdini 2021), in der Sozialpsychologie (Baumeister und Bushman 2020), der Nudging-Theorie (Leonard 2008) oder dem „persuasive design" (Fogg 2002). Betrugstechniken missbrauchen diese Forschung zu kriminellen Zwecken, weshalb sie auch als missbräuchlich genutzte Waffen bezeichnet werden (Muscanell et al. 2014; Taib et al. 2019).

Die Liste dabei ist unerschöpflich; daher können hier nur einige grundlegende Techniken und Prinzipien vorgestellt werden:

Sympathie und Ähnlichkeit (*Liking & Similarity*)**:** Dieses Prinzip besagt, dass Personen anfälliger für den Einfluss von anderen sind, die sie mögen, mit denen sie eine gewisse Vertrautheit haben oder Ähnlichkeiten teilen, wie z. B. Geburtsort, Herkunft, Sprache, Hobbys oder andere persönliche Interessen. Ein Beispiel für diese Technik sind Phishing-E-Mails, die vorgeblich von einem:einer Freund:in oder Kolleg:in oder von jemandem mit ähnlichem Hintergrund wie der:die Empfänger:in gesendet wurden.

Knappheit und Zeitdruck (*Scarcity & Urgency*)**:** Dieses Prinzip besagt, dass Personen Gegenstände, die selten, knapp und nur kurz verfügbar sind, als wertvoller wahrnehmen. Durch die Betonung von Knappheit neigen Menschen eher dazu, ein Gefühl der Dringlichkeit zu verspüren und schnell zu handeln. Online-Betrüger:innen nutzen dieses Prinzip, wenn vermeintlich knappe Güter beworben werden, um potenzielle Opfer zu manipulieren.

Reziprozität (*Reciprocity*)**:** Dieses Prinzip besagt, dass Personen dazu neigen, sich verpflichtet zu fühlen, einen Gefallen zu erwidern, wenn ihnen jemand einen Gefallen getan hat. Betrüger:innen können z. B. dem Opfer einen besonderen Rabatt einräumen, jedoch bitten, aus Kostengründen die unsichere Bezahlmethode zu verwenden.

Sozialer Beweis (*Social Proof*)**:** Dieses Prinzip besagt, dass Personen dazu neigen, den Handlungen und Verhaltensweisen anderer zu folgen. Es handelt sich um eine mentale Heuristik, bei der Menschen beeinflusst werden, indem sie beobachten, was andere tun. Betrüger:innen nutzen dieses Prinzip, indem sie gefälschte „Likes" oder falsche Follower auf sozialen Medienplattformen erstellen oder gefälschte Bewertungen auf Online-Marktplätzen veröffentlichen.

Verpflichtung und Konsistenz (*Commitment & Consistency*)**:** Dieses Prinzip besagt, dass Personen, sobald sie eine kleine anfängliche Verpflichtung eingegangen sind, eher dazu neigen, späteren größeren Anfragen zuzustimmen. Darüber hinaus neigen Menschen dazu, durch anfängliche Erfahrung auf den allgemeinen Charakter einer Person zu schließen. Betrüger:innen nutzen dieses Prinzip, indem sie zunächst kleine Verpflichtungen von ihren Zielpersonen erhalten und eine positive erste Wirkung erzielen. Diese anfängliche Verpflichtung und positive Wirkung beeinflussen die Einstellung des potenziellen Opfers während der weiteren Interaktion.

Falsche Identitäten und Vorwände (*Impersonation & Pretexting*): Dieses Prinzip besagt, dass die Handlung einer Person vor dem Hintergrund des Kontextes gedeutet werden. Betrüger:innen geben deshalb falsche Identitäten vor, die ihnen Glaubwürdigkeit verleihen, und nutzen Vorwände, um Kontakt mit den Opfern aufzunehmen.

Ausnutzung von Autorität (*Authority*): Dieses Prinzip besagt, dass Menschen die natürliche Tendenz haben, vermeintlichen Expert:innen oder Vorgesetzten zu vertrauen und ihnen zu gehorchen. Aus dem Grund geben sich Betrüger:innen auch als Autoritätspersonen aus, um so mehr Druck auf die Zielperson aufzubauen oder sie leichter zu manipulieren.

Neugierde und Spieltrieb (*Curiosity & Playfulness*): Dieses Prinzip setzt auf den natürlichen Spieltrieb und die menschliche Neugier. Betrüger:innen missbrauchen dies, um Menschen zu Handlungen zu verleiten, die sie normalerweise nicht tun würden, z. B. auf verdächtige Links in E-Mails zu klicken oder schädliche Dateien herunterzuladen.

Die verschiedenen Manipulationsstrategien können kombiniert werden, wie z. B. das Nutzen falscher Identitäten mit dem Prinzip der Ähnlichkeit (z. B. als entfernter Verwandter auftreten) oder das Erzeugen eines Gefühls von Knappheit oder Dringlichkeit (z. B. einen Hackerangriff behaupten und die Zielperson auffordern, schnell ihr Passwort zu ändern). In ähnlicher Weise listet Manske (2000) mehrere psychosoziale Strategien auf, die zur Manipulation der Zielperson eingesetzt werden, wie z. B. die Abwälzung der Verantwortung auf die einzelne Zielperson, das Vorspiegeln eines starken moralischen Pflichtgefühls bei der Zielperson, oder ihm:ihr das Gefühl zu geben, die Kontrolle zu haben.

4.3.5 Prozessmodelle

Ein Social-Engineering-Angriff ist keine einzelne Aktion oder Angriffshandlung, sondern stellt vielmehr einen Prozess dar, der mehrere Phasen umfasst (Aldawood und Skinner 2020; Mitnick und Simon 2003). Prozessmodelle im Bereich des Social Engineerings stellen eine strukturierte Darstellung einzelner Schritte dar, die ein:e Angreifer:in oder Betrüger:in durchläuft, um Informationen zu sammeln, Personen zu manipulieren oder betrügerische Aktivitäten durchzuführen.

In der Sicherheitsforschung dienen solche Modelle dazu, das Vorgehen von Angreifer:innen zu verstehen, Schwachstellen zu identifizieren und wirksame Gegenmaßnahmen zu entwickeln. Diesbezüglich lässt sich ein Social-Engineering-Angriff in die Vorbereitungsphase, die Durchführungsphase und die Abschlussphase unterteilen (Bhagyavati 2007).

Vorbereitungsphase (engl. *pre-attack phase*). Diese Phase bezieht sich auf den ersten Abschnitt eines Angriffs. Hier wird der Angriff sorgfältig vorbereitet; es werden potenzielle Ziele identifiziert, Zielpersonen und -objekte ausgekundschaftet und Angriffsstrategien entwickelt. Die Vorbereitungsphase ist entscheidend, da sie die Grundlage für den gesamten Angriff bildet und den Erfolg des:der Angreifers:in bei der Täuschung und Manipulation seiner Ziele maßgeblich beeinflusst. Eine effektive Vorbereitung erhöht die Chancen des:der Angreifers:in, sein Ziel zu erreichen, sei es durch das Sammeln von Informationen über das Ziel, sei es durch das Erkennen von Schwachstellen oder die Auswahl geeigneter Kanäle.

Durchführungsphase (engl. *attack phase*). Diese Phase ist der kritische Moment, in dem der:die Angreifer:in seine manipulativen Fähigkeiten einsetzt, um die Zielpersonen dazu zu bringen, Handlungen auszuführen oder Informationen preiszugeben, die seinen:ihren Zielen dienen. Hierzu gilt es eine Beziehung zur Zielperson aufzubauen und Vertrauen zu schaffen. Dabei nutzt er:sie Erkenntnisse aus der Vorbereitungsphase aus, um die Zielpersonen effektiv zu beeinflussen und die angestrebten Ziele zu erreichen. Idealerweise ist die Täuschung so perfekt, dass die Zielpersonen sich der Manipulation nicht bewusst sind. Die Wirksamkeit dieser Phase bestimmt den Erfolg des gesamten Social-Engineering-Angriffs.

Nachbereitungsphase (engl. *post-attack phase*). Diese Phase wird meist vernachlässigt, jedoch ist sie von entscheidender Bedeutung, da sie es dem:der Angreifer:in ermöglicht, die erzielten Vorteile zu sichern und gleichzeitig die Wahrscheinlichkeit seiner:ihrer Entdeckung zu verringern. Eine effektive Nachbereitung kann dazu führen, dass die Identität des:die Angreifers:in verborgen bleibt und eventuelle Gegenmaßnahmen oder Untersuchungen erschwert bzw. verzögert werden. In dieser Phase gilt es, die Spuren des Angriffs zu verwischen, den erzielten Nutzen zu maximieren, den richtigen Zeitpunkt für den Abgang zu erwischen und unentdeckt zu bleiben. Die Nachbereitung dient auch der Analyse, um aus der gewonnenen Erfahrung Fehler zu vermeiden sowie Angriffstaktiken und -prozesse zu optimieren (Tab. 4.4).

In der Praxis sind die einzelnen Phasen nicht strikt voneinander getrennt, sondern greifen nahtlos ineinander. So können in der Durchführungsphase neue Gegebenheiten und Erkenntnisse auftauchen, so dass Taktiken situativ angepasst und Kanäle gewechselt werden.

So kann in der Vorbereitungsphase ein:e Angreifer:in einen Social-Engineering-Angriff gegen Social-Media-Nutzende planen, um sie auf einen Fake-Shop zu locken. In dieser Phase identifiziert der:die Angreifer:in zunächst die Follower eines bekannten Influencers als potenzielle Ziele. Er:Sie führt eine gründliche Recherche durch, indem er:sie auf öffentlich zugängliche Informationen zugreift, um mehr über die Zielpersonen und deren

Tab. 4.4 Typische Schritte und Merkmale der verschiedenen Phasen

Vorbereitung	• Angriffsformulierung • Zielsetzung und Planentwicklung • Recherche, Ausspionierung und Informationsbeschaffung • Vorbereitung, z. B. durch Analyse der gesammelten Informationen und Untersuchung soziopsychologischer Faktoren • Wahl des richtigen Kanals und Taktikauswahl
Durchführung	• Beziehungen und Vertrauen aufbauen, einschließlich Fälschung der Identität (Bezuidenhout et al. 2010) durch das Tragen einer passenden Maske und das Spielen eines passenden Charakters (Algarni und Xu 2013), • Beziehungen ausnutzen, durch die Wahl des perfekten Zeitpunkts, mentale Tricks und Überredung (Schurz 2008) unter Verwendung professioneller Fertigkeiten (Algarni und Xu 2013)
Nachbereitung	• Verwischen von Spuren • Verwerten von Informationen und Wertgegenstände in Sicherheit bringen • Hinhalten und Gegenmaßnahmen hinauszögern

Präferenzen zu erfahren. Der:Die Angreifer:in erstellt gefälschte Profile in sozialen Medien, um eine glaubwürdige Identität zu schaffen.

In der Durchführungsphase schreibt der:die Angreifende eine gefälschte Direct Message an ausgewählte Follower:innen des Influencers. In der Nachricht gibt er sich als gute:r Bekannte:r des Influencers aus und bietet an, die vom Influencer beworbenen Produkte günstig zu beschaffen. Die Nachrichten sind gut formuliert und erzeugen Druck und Dringlichkeit. Einige Follower:innen reagieren auf die Nachricht und klicken auf den beigefügten Link, da sie glauben, dass sie der Bitte eines Freundes des Influencers Folge leisten.

Nachdem der:die Angreifende die Zahlungseingänge per MoneySafe (einer unsicheren Zahlungsmethode) erhalten hat, verschwindet er:sie vorübergehend vom Radar. Er:Sie löscht die Spuren seiner gefälschten Online-Profile und verwendet Anonymisierungsdienste, um seine:ihre Identität zu verschleiern. Gleichzeitig analysiert er:sie das Verhalten der Betroffenen und sucht nach wertvollen Informationen, die er möglicherweise für zukünftige Angriffe oder für den Verkauf auf dem Schwarzmarkt nutzen kann.

In diesem Beispiel verschmelzen alle drei Phasen nahtlos miteinander. Die Vorbereitungsphase ermöglicht es dem:der Angreifenden, relevante Ziele zu identifizieren und eine glaubwürdige Identität aufzubauen. In der Angriffsphase nutzt der:die Angreifende geschickt seine:ihre gefälschte Identität und manipulative Taktiken, um die Zielperson zu bestimmten Handlungen zu verleiten. Schließlich verschwindet der:die Angreifende in der Nach-Angriffsphase, um seine:ihre Spuren zu beseitigen und den erzielten Nutzen zu bewerten. Dies verdeutlicht, wie ein Social-Engineering-Angriff durch die Koordination dieser Phasen erfolgreich durchgeführt werden kann.

Ein weiteres bekanntes Beispiel sind Spear-Phishing-E-Mails, bei der Information aus der Vorbereitungsphase zur Durchführung des Phishing-Angriffs genutzt wird.

Fallbeispiel: Spear-Phishing-E-Mail

Eine spezielle Art von Phishing-E-Mails ist das Spear-Phishing. Diese E-Mails sind, anders als allgemeine Phishing-E-Mails, schwieriger zu erkennen (siehe folgende Abbildung). Diese E-Mail ist nicht nur namentlich adressiert, sie enthält auch Informationen, die zum potenziellen Opfer passen. Das potenzielle Opfer, Michelle, hat zum Beispiel einen Account bei Sciebo und einen geteilten Ordner, der Verbraucherinformatik heißt und von der Universität Siegen verwaltet wird. Diese Informationen wurden wahrscheinlich in der Pre-Attack-Phase vom Sender der E-Mail gesammelt und in der Attack-Phase genutzt, um das Opfer anfälliger zu machen. Allerdings wurde diese E-Mail 2023 verschickt, und in der E-Mail selbst steht das Jahr 1970.

Des Weiteren ist die URL von Sciebo „Hochschulcloud.nrw". Diese Kleinigkeiten können übersehen werden, wenn man gestresst ist oder unter Zeitdruck steht. Zuletzt sieht man in der rechten oberen Ecke ein kleines Warndreieck des E-Mail-Providers, das davor warnt, dass die E-Mail Spam und nicht vertrauenswürdig sein könnte. Dies wird auch „Safety by design" genannt (Harbers et al. 2018).

4.4   Prävention und Resilienz

In der digitalen Welt ist das vollständige Vermeiden von Risiken oft nicht möglich. Stattdessen ist es entscheidend, Risiken zu erkennen und zu bewerten und entsprechende Maßnahmen zu ergreifen.

Hierbei ist das Ziel des Verbraucherschutzes, durch regulatorische und technische Maßnahmen die digitale Welt möglichst sicher für Verbraucher:innen zu gestalten. Gleichzeitig gilt es aber auch das Sicherheitsverhalten von Verbraucher:innen zu stärken. Durch ihr Verhalten und ihre Entscheidungen können sie mit zum Schutz ihrer eigenen Daten und ihrer eigenen Sicherheit beitragen (Helm und Seubert 2020). Deshalb sind ein gutes Sicherheitsverhalten und Risikomanagement im Interesse des:der Einzelnen, um potenzielle Risiken im Vorfeld zu vermeiden bzw. im Schadensfall die finanziellen und psychischen Folgen möglichst zu minimieren.

Aus diesem Grund sind der Aufbau von Sicherheitsprävention und digitale Resilienz wichtige Themen des Verbraucherschutzes. Sicherheitsprävention bezieht sich dabei auf den Schutz und die Stärkung von Verbraucher:innen, um Risiken und Bedrohungen im Vorfeld zu minimieren. Digitale Resilienz bezieht sich ferner auf die Fähigkeit von Verbraucher:innen, auf digitale Bedrohungen zu reagieren und sich von ihnen zu erholen. Dies umfasst die Entwicklung von Fertigkeiten und die Aneignung von Wissen, um digitale Herausforderungen zu bewältigen. Die Kombination von Sicherheitsprävention und digitaler Resilienz kann dazu beitragen, Verbraucher:innen besser vor digitalen Risiken zu schützen und sie in die Lage zu versetzen, mit Bedrohungen umzugehen, wenn sie auftreten.

4.4.1 Sicherheitsprävention

Sicherheitsprävention bezeichnet die systematischen Bemühungen, Gefahren und Risiken in der digitalen Welt proaktiv zu erkennen, zu verhindern oder zumindest zu minimieren. In einer zunehmend vernetzten und digitalisierten Gesellschaft ist Sicherheitsprävention von entscheidender Bedeutung, um persönliche Daten, finanzielle Vermögenswerte und die allgemeine digitale Integrität zu schützen.

Viele Maßnahmen zur digitalen Sicherheitsprävention wurden für den betrieblichen Bereich entwickelt. Im betrieblichen Kontext wird bei der Entwicklung von Schutzmaßnahmen im ersten Schritt die Verwundbarkeit einer Organisation gegenüber Cyberangriffen beziffert (Kumar et al. 2015). Anschließend werden aufgrund der Analyse der Bedrohungslage Maßnahmen entwickelt, mit denen eine Organisation versuchen kann, in den verwundbaren Einheiten ihrer Organisation Angriffe zu verhindern (Wang et al. 2021).

Dieser Ansatz zur betrieblichen Sicherheitsprävention kann teilweise auf den privaten Bereich übertragen werden, allerdings gibt es wichtige Unterschiede zu beachten.

Im betrieblichen Bereich ist die Verwundbarkeit einer Organisation gegenüber Cyberangriffen oft komplexer und umfassender, da es viele Systeme, Mitarbeitende und Daten gibt, die geschützt werden müssen. Zugleich gibt es Abteilungen und geschultes Personal, das für die Gefahrenabwehr verantwortlich ist. Ferner können Betriebe durch Schulungen und Sicherheitsvorgaben stärker Einfluss auf das Verhalten von Mitarbeitenden nehmen.

Dafür sind im privaten Bereich die Sicherheitsanforderungen oft weniger komplex, da Einzelpersonen in der Regel weniger Ressourcen und Daten verwalten als Unternehmen. Im Gegensatz zu Mitarbeitenden können Verbraucher:innen auch nicht verpflichtet werden, an Schulungen und Weiterbildungen teilzunehmen. Jedoch besteht bei Verbraucher:innen eine höhere Eigenmotivation, sich zu schützen, da sie von den Folgen und den Schäden eines Cyberangriffs unmittelbar betroffen sind.

Insgesamt lässt sich der Ansatz zur digitalen Sicherheitsprävention auf den privaten Bereich übertragen, jedoch müssen die spezifischen Bedürfnisse, Motivationen, Ressourcen und Fähigkeiten der Einzelpersonen berücksichtigt werden. Die Grundprinzipien wie die Identifizierung von Verwundbarkeiten und die Entwicklung von Schutzmaßnahmen bleiben jedoch auch im privaten Bereich wichtig, um digitale Sicherheit zu gewährleisten.

4.4.1.1 Verbraucherbildung

Ein wichtiger Ansatz zur Prävention ist die Bildung und Warnung der Verbraucher:innen über typische Angriffe, Angreifer:innen und deren manipulative Techniken (Fox 2014).

Fallbeispiel

Aufklärung eines Bankinstituts zum Thema Phishing

In der untenstehenden Abbildung sind Meldungen eines Bankinstituts zum Thema Phishing zu sehen. Diese Meldungen werden den Kund:innen zu bestimmten Zeiten angezeigt, wenn sie sich auf der Webseite oder in der App einloggen. Auf der Webseite gibt es dann auch noch die unten abgebildete Tabelle, wo

alle Warnhinweise zum Thema Phishing angezeigt werden und auch Hinweise gegeben werden, wie man Phishing erkennen (unter „Häufige Tricks") und was man
tun kann, um sich zu schützen (unter „Vertrauenswürdige Geräte"). Diese Warnhinweise sind ein typisches Beispiel, wie Sicherheitshinweise aussehen können, das
viele große Organisationen auf ihren Plattformen zur Aufklärung über Online-
betrugsmaschen nutzen.

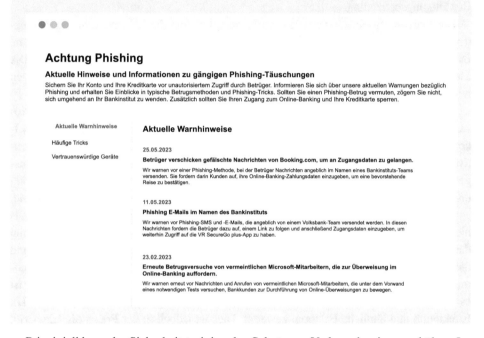

Prinzipiell kann das Sicherheitstraining den Schutz von Verbraucher:innen erhöhen. Jedoch zeigen Studien, dass die erzielte Schutzwirkung von Warnungen und Sicherheitstrainings nicht sehr hoch ist (Junger et al. 2017; Wang et al. 2021), da die vermittelten
Schutzmaßnahmen nur wirksam sind, wenn Menschen sie auch praktisch umsetzen (Jahankhani et al. 2012).

Um die Wirkung und das Sicherheitstraining zu verbessern, muss deshalb bei der Planung genau überlegt werden, worauf eine Intervention abzielen soll (z. B. Verbraucher:in-
nen zu motivieren, nicht auf Links in Phishing-E-Mails zu klicken, nur sichere Bezahl-
methoden zu verwenden etc.). Ferner gilt es Faktoren wie Motivation, Wissensstand und
Verantwortlichkeitsgefühl, aber auch soziodemografische Faktoren wie Alter und Geschlecht der adressierten Zielgruppe bei der Planung von Interventionen zu berücksichtigen. So haben z. B. Shillair et al. (2015) in einer Versuchsreihe herausgefunden, dass
das persönliche Verantwortlichkeitsgefühl einen großen Einfluss auf die Effektivität der
Interventionen hat. Allerdings haben sie auch festgestellt, dass dies allein für den Erfolg
der Intervention nicht ausreicht. Das Level an Informationen muss schließlich auch dem
Wissensstand der Teilnehmer:innen angepasst sein, um effektiv zu sein.

Eine vielgenutzte Theorie für das Planen von Sicherheitstrainings ist die **Protection Motivation Theory (PMT)** (Boehmer et al. 2015; Shillair et al. 2015). Die PMT beschreibt, wie Menschen mit Angststimuli umgehen. Angststimuli werden oft genutzt, um Menschen dazu zu bringen, ihr Verhalten zu ändern. Leider ist Angst als Stimulus nur effektiv, wenn sie nicht zu einer Lähmung führt (Norman et al. 2015). Die PMT postuliert dabei, dass sowohl äußere als auch innere Faktoren die Entstehung von zwei unterschiedlichen kognitiven Prozessen beeinflussen können: die Bedrohungseinschätzung und die Bewältigungsbedeutung.

Die **Bedrohungseinschätzung** ist ein Prozess, bei dem die Individuen interne und externe Belohnungen gegen das wahrgenommene Risiko und ihre Verwundbarkeit abwägen. Dieser Prozess führt zur Bildung einer Bedrohungseinschätzung. Mit anderen Worten: Die Menschen bewerten, wie bedrohlich eine Situation ist, indem sie die möglichen Belohnungen mit den wahrgenommenen Risiken und ihrer eigenen Verwundbarkeit abgleichen.

Die **Bewältigungsbedeutung** hingegen bezieht sich auf einen anderen kognitiven Prozess. Hierbei werden die Effektivität präventiver Maßnahmen und die individuelle Selbstkompetenz berücksichtigt. Diese Faktoren werden verwendet, um die Kosten der präventiven Maßnahmen zu bewerten und die Bewältigungsbedeutung zu ermitteln. Anders ausgedrückt: Die Menschen evaluieren, wie gut sie in der Lage sind, mit der Bedrohung umzugehen und welche Anstrengungen oder Kosten mit der Bewältigung verbunden sind.

Das bedeutet, dass die Motivation, sich zu schützen, gering bleibt, wenn das Risiko als niedrig wahrgenommen und die Verwundbarkeit als gering eingeschätzt wird oder wenn das Selbstvertrauen niedrig ist. Wird das Risiko dagegen als sehr hoch eingeschätzt und die Wirksamkeit von Schutzmaßnahmen als niedrig betrachtet, kann dies zu einer Lähmung führen, bei der keine Notwendigkeit für Schutzmaßnahmen gesehen wird. Daher ist es entscheidend, vor Interventionen zu wissen, wer die Zielgruppe ist und wie sie Risiko, Effektivität und ähnliche Faktoren bewertet. Dies ist jedoch in der Praxis oft schwierig, insbesondere bei Informationskampagnen zum digitalen Verbraucherschutz, die sich oft an große Bevölkerungsgruppen richten und es schwer ist, diese im Voraus zu testen. Es ist wichtig, das Gleichgewicht zwischen Schutz und potenziellem Schaden bei solchen Interventionen zu berücksichtigen.

Warnhinweise und die gezielte Verbraucherbildung stellen wichtige Bausteine der Prävention dar. Es ist jedoch wichtig, dass Sicherheitsinterventionen auf die Zielgruppe abgestimmt werden, um einen positiven Effekt zu erzielen. Da dies aber nicht immer gewährleistet werden kann, gilt es, die Verbraucherbildung mit anderen Präventionsmaßnahmen wie Security-By-Design und automatisierter Betrugserkennung zu kombinieren, um Verbraucher:innen effektiv zu schützen.

4.4.1.2 Betrugserkennung

Die Betrugserkennung stellt eine wichtige Schutzmaßnahme beim digitalen Verbraucherschutz dar. Als Betrugserkennung können die Maßnahmen bezeichnet werden, mit deren Hilfe Täuschungs- und Betrugsversuche identifiziert, registriert und aufgedeckt werden können (Marschall et al. 2015).

Betrugserkennung spielt inzwischen für alle digitalen Betrugsmöglichkeiten eine ausgeprägte Rolle. Häufig genutzte Methoden hierfür sind algorithmische Verfahren, die zunehmend Methoden des maschinellen Lernens (ML) verwenden und mithilfe historischer Daten trainiert werden (Mohawesh et al. 2021). Hierbei lassen sich zwei Ansätze unterscheiden: klassifikationsbasierte und Rating-basierte Verfahren.

Bei der **klassifikatorischen Betrugserkennung** versucht das ML-Modell, die Eingabedaten in eine der zwei vordefinierten Kategorien („Betrugsversuch" bzw. „Kein Betrugsversuch") einzuteilen. So kann z. B. der Spam-Filter eines E-Mail-Programms eine Mail als Phishing klassifizieren und automatisch in den Spam-Ordner verschieben. Bei der Klassifizierung können dabei zwei Arten von Fehlern auftauchen. Zum einen der **falsch positive Fehler (False Positives)**, bei dem fälschlicherweise ein Betrugsvorfall erkannt wird, obwohl es keiner ist. Die andere Art sind **falsch negative Fehler (False Negatives)**, bei denen ein Betrugsvorfall fälschlicherweise nicht erkannt wird.

Bei der **Rating-basierten Betrugserkennung** versucht das ML-Modell, das Risiko bzw. die Wahrscheinlichkeit anzugeben, dass es sich bei Eingabedaten um einen Betrugsversuch handelt. So kann z. B. die Betrugserkennung bei einem Onlineangebot der Verbraucher:in anzeigen, dass es sich mit 75-prozentiger Sicherheit um einen Betrugsversuch handelt.

Die algorithmische Betrugserkennung zum digitalen Verbraucherschutz wird insbesondere in den folgenden Bereichen genutzt:

- Erkennung betrügerischer E-Mails (Phishing-Mails)
- Erkennung betrügerischer Onlineangebote (Fake Shops/Fake Products)
- Erkennung betrügerischer Kundenbewertungen (Fake Reviews)

4.4.1.2.1 Phishing

E-Mails gehören zu den ältesten und bedeutendsten digitalen Kommunikationskanälen. Neben der gewünschten Nutzung gab es aber auch schon früh diverse Missbrauchsformen, einschließlich Massenwerbung, unerwünschten Nachrichten und auch Phishing-E-Mails. Dabei hat sich der Begriff „Spam" als Metapher für massenhafte, aufdringliche und betrügerische E-Mails etabliert, die an viele Empfänger:innen gesendet werden.

Die Erkennung betrügerischer Phishing-Angriffe per E-Mail ist deshalb meist Teil sogenannter Spam-Filter. Dies sind Mechanismen, die in E-Mail-Diensten und -Servern implementiert sind, um unerwünschte E-Mails zu erkennen und herauszufiltern. Spam kann verschiedene Formen annehmen, und es gibt verschiedene Verfahren, um Spam von legitimen E-Mails zu unterscheiden. Einige der Verfahren sind

- **Blacklist-Filterung.** Dieser Ansatz verwendet schwarze Listen von bekannten Phishing-Domains, -E-Mail-Adressen und -Inhalten. Wenn eine eingehende E-Mail oder eine Webseite auf einer solchen Liste steht, wird sie blockiert oder als verdächtig markiert.
- **Sender-Authentifizierung.** Dieser Ansatz zielt darauf ab, den Absender einer E-Mail zu identifizieren und seine Berechtigung zum Verschicken der E-Mail zu prüfen. Hierzu

wurden verschiedene Protokolle entwickelt, um die Authentifizierung und Autorisierung bei E-Mails zu ermöglichen.

- **Datenbankbasierte Filterung.** Dieser Ansatz prüft, ob in der E-Mail verdächtige Wörter, URL, Telefonnummern etc. vorkommen, die als Spam eingestuft werden können.
- **Machine-Learning-basierte Filterung.** Bei diesem Ansatz dienen bekannte oder durch generative KI erzeugte Spam- und Phishing-Mails als Trainingsdaten, um durch maschinelles Lernverfahren Spam-Filter zu trainieren.

Kommerzielle Spam-Filter benutzen meist eine Kombination verschiedener Verfahren. Hierbei kommt maschinellen Lernmethoden eine zunehmend wichtige Bedeutung zu.

Neben automatisierten Verfahren gilt es, Kompetenzen von Verbraucher:innen zu stärken, um Phishing-Angriffe zu erkennen und zu verhindern. Die Hauptziele der Verbraucherbildung werden von Franz et al. (2021) wie folgt zusammengefasst:

- **Minimierung von Aufwand und Aufdringlichkeit:** Es ist wichtig, dass Schulungs- und Aufklärungsmaßnahmen für Verbraucher:innen informativ, klar und korrekt sind. Der Aufwand muss angemessen in Bezug zur Effektivität der Maßnahme sein.
- **Unterstützung kognitiver Prozesse:** Es ist wichtig, dass Verbraucher:innen für die Merkmale sensibilisiert werden, an denen sie erkennen können, dass „etwas nicht stimmt". Hier gilt es die kognitiven Prozesse zu unterstützen, die genutzt werden, um verdächtige Aktivitäten zu erkennen.
- **Aneignung von Schutzmaßnahmen:** Es ist wichtig, dass Verbraucher:innen bei der Aneignung von Sicherheitsfunktionen sowie sicherheitsrelevanten Praktiken und Verhaltensweisen unterstützt werden.

4.4.1.2.2 Fake Shops

Betrügerische Angebote im Internet sind z. B. Fake-Produkte, d. h. gefälschte oder nachgeahmte Produkte, die oft als Imitationen von Markenprodukten oder hochwertigen Waren verkauft werden. Neben einzelnen Produkten existieren auch ganze Online-Shops, die darauf abzielen, Nutzer:innen zu täuschen oder finanziell zu schädigen. Diese sogenannten Fake-Shops bzw. Scam-Shops sind betrügerische Websites, die vorgeben, echte Produkte oder Dienstleistungen zu verkaufen, aber in Wirklichkeit betrügerisch sind.

Es gibt mehrere Ansätze zur Erkennung von Fake-Shops: Sie analysieren die Merkmale, die für das menschliche Auge kaum zu erkennen sind (Beltzung et al. 2020; Carpineto und Romano 2020; Daoud et al. 2020). Hierbei werden Informationen zu mehreren Merkmalen der Betrugserkennung herangezogen, wie z. B.:

- **Analyse der Website-URL:** Die Struktur der Website-URL wird analysiert, um verdächtige Zeichenfolgen oder Subdomains zu identifizieren.
- **Analyse des Webshop-Inhalts:** Der Inhalt der Website, einschließlich der Produktbeschreibungen und Preise, wird auf Unregelmäßigkeiten und Anomalien hin untersucht.

- **Analyse des Webshop-Aussehens:** Erstellung von Screenshots der zu prüfenden Webseiten, die mit Screenshots von bereits als betrügerisch erkannten Fake-Shops verglichen werden, um Ähnlichkeiten festzustellen.
- **Analyse des Web-Quellcodes:** Die Analyse des HTML5-Codes einer Website kann verschiedene Merkmale und Anomalien aufdecken, die auf betrügerische Absichten hinweisen können.
- **Analyse der akzeptierten Zahlungsmethoden:** Die akzeptierten Zahlungsmethoden auf der Website werden überprüft, da betrügerische Websites oft unsichere Zahlungsmethoden verwenden oder Vorauszahlungen verlangen.
- **Analyse von SSL-Zertifikaten:** Die Identifizierung von verbotenen oder risikobehafteten Anbietern auf SSL-Zertifikaten wird verwendet, um verdächtige Domains zu erkennen.
- **Analyse der Preisgestaltung:** Die Preise werden z. B. mit den Durchschnittspreisen für ähnliche Produkte oder Dienstleistungen auf anderen vertrauenswürdigen Websites verglichen. Signifikante Abweichungen können dabei auf betrügerische Absichten hinweisen.

Die Ansätze bieten eine hohe Genauigkeit bei der Identifizierung von Fake-Shops, jedoch besteht immer die Gefahr von sowohl falsch positiven als auch falsch negativen Fehlern. Des Weiteren ist die Betrugserkennung für die Nutzenden nur dann nützlich, wenn sie einen Warnhinweis richtig einordnen können und das Risiko erkennen.

Neben algorithmischen Analysemöglichkeiten gibt es auch spezielle Webseiten, wo Nutzende beliebige URLs, die sie als unsicher betrachten, eingeben können. Auf der Webseite wird ihnen dann angezeigt, ob es sich bei der URL um eine bekannte betrügerische Webseite handelt oder nicht (Beltzung et al. 2020).

4.4.1.2.3 Fake Reviews

Gefälschte Bewertungen oder Rezensionen (auch Fake Reviews oder Opinion Spam) sind unwahre bzw. manipulierte Bewertungen. Sie dienen dazu, in täuschender Absicht den Ruf eines Produkts, einer Dienstleistung, eines Unternehmens oder einer Plattform zu beeinflussen. In der Regel werden gefälschte Bewertungen in drei verschiedene Arten unterteilt: unwahre Bewertungen, Bewertungen zu bestimmten Marken und Nicht-Bewertungen (Jindal et al. 2010; Vidanagama et al. 2020).

Zur Erkennung gefälschter Rezensionen werden maschinelle Lernmethoden vor allem wegen ihrer Skalierbarkeit angewandt und auch, um Merkmale und Muster zu detektieren, die für das Auge der Nutzenden nicht leicht zu erkennen sind (Hussain et al. 2019; Ren und Ji 2019). Bei der Erkennung von gefälschten Bewertungen ziehen die verschiedenen Verfahren unter anderem folgende Merkmale und Kategorien heran:

- **Sprachliche Merkmale.** Auffälligkeiten bei der Verwendung von Adverbien, Adjektiven und Verben in den Bewertungen, die Wortanzahl, die Zeichenzahl, die Anzahl der Sätze, die Aussagekraft des Reviews, die Stimmung des Reviews (z. B. extrem positiv oder extrem negativ) etc.

- **Reviewerbezogene Merkmale.** Auffälligkeiten der Aktivität des:r Reviewer:innen, Anzahl verfasster Bewertungen, Art und Umfang des sozialen Netzwerks des:r Reviewer:innen, Anzahl der Fotos, die der:die Reviewer hochgeladen hat etc.
- **Metadaten-bezogene Merkmale.** Existenz von Duplikaten (d. h. Reviews, die gleich bzw. zu anderen sehr ähnlich sind), Abweichung der Bewertung vom Durchschnitt, Anzahl von Reviews insgesamt bzw. Anzahl der von anderen als nützlich eingestuften Reviews etc.
- **Zeitliche Merkmale.** Auffälligkeiten im zeitlichen Muster, in dem die Bewertungen erstellt wurden, wie z. B. ungewöhnlich viele in kurzer Zeit, Zeitpunkt der Erstellung des Reviews etc.
- **Produktbezogene Merkmale.** Auffälligkeiten im Preis des Produkts, der Produktbeschreibung etc.

Die Verfahren zur automatisierten Fake-Review-Erkennung werden vor allem von Onlineplattformen verwendet. Es gibt auch Webseiten wie ReviewMeta.com, FakeSpot.com oder TheReviewIndex.com, die Verbraucher:innen nutzen können, falls sie sich über zweifelhafte Bewertungen informieren wollen. Diese Webseiten sind jedoch vom Einkaufsprozess abgekoppelt und bedeuten für die Verbraucher:innen einen zusätzlichen Aufwand. Einige dieser Anbieter haben deshalb auch ein Browser-Plugin entwickelt, um Verbraucher:innen während des Online-Shoppens über fragwürdige Anbieter und manipulierte Bewertungen zu informieren. Ein aktueller Forschungszweig im Bereich erklärbare KI untersucht hierbei verschiedene Visualisierungskonzepte, wie eine Analyse der algorithmischen Betrugserkennung transparent, verständlich und vertrauenswürdig angezeigt werden kann (Mohawesh et al. 2021; Mukherjee 2015; Oh und Park 2021).

4.4.2 Digitale Resilienz

Trotz aller Präventionsmaßnahmen werden Verbraucher:innen immer wieder Opfer von Onlinebetrug und Cybercrime-Attacken. Den Zustand bzw. Prozess, wie Opfer ihre jeweilige Situation erleben, wird auch als Viktimisierung bezeichnet (Ybarra et al. 2012). In der Regel erzeugt die Viktimisierung eine stressvolle Situation, die vom Opfer irgendwie bewältigt werden muss – und zwar sowohl praktisch als auch psychisch. Deshalb gilt es, die Robustheit und Widerstandsfähigkeit von Verbraucher:innen gegenüber digitalen Bedrohungen zu stärken. Hierzu muss die Fähigkeit einer Person gefördert werden, auf einen Angriff richtig zu reagieren, die Viktimisierung zu bewältigen, sich zu erholen und sich ggf. an eine neue Situation anzupassen.

4.4.2.1 „Blaming" und „Shaming"

Neben dem Schaden, der durch den:die Angreifer:in verursacht wurde, ist die Viktimisierung für das Opfer meist auch durch die Stigmatisierung durch andere (engl. „blaming") und die eigene Scham (engl. „shaming"), etwas falsch gemacht zu haben, belastend.

Es gibt Belege dafür, dass die Meldequote bei Online-Vorfällen sogar noch niedriger ist als bei Betrug in einer Offline-Umgebung (Smith und Budd 2009). Die Gründe für die

Nichtmeldung, das Gefühl der Scham und der Schuld, ein Opfer zu sein, und die Angst vor der Reaktion anderer sind einige der größten Herausforderungen für die Opfer. Ein weiteres häufiges Problem in diesem Zusammenhang ist das Gefühl, dumm gewesen zu sein (Button und Cross 2017) oder nicht zu wissen, wo man sich Hilfe holen kann.

Leider erleben viele Opfer auch ein zusätzliches Trauma durch ihre Familie, Freund:innen und das Strafrechtssystem im Allgemeinen (Button und Cross 2017). Außerdem wird gerade den Opfern von Onlinebetrug sehr oft eine Mitschuld gegeben. Dies verschlimmert den bereits erlittenen Schaden zusätzlich auch noch auf der persönlichen Ebene. Solche Reaktionen können nicht nur von der Öffentlichkeit, sondern auch von den offiziellen Stellen kommen, die sich eigentlich um die Opfer kümmern sollten (Button und Cross 2017).

Des Weiteren kann es dazu kommen, dass dem Opfer explizit und implizit eine gewisse Schuld für seine Viktimisierung zugeschrieben wird (Burgess et al. 2013). So kommuniziert eine Präventionskampagne mit dem Slogan „Du kannst dich schützen" implizit, dass die Opfer Maßnahmen hätten ergreifen können, um ihre Viktimisierung zu verhindern. Genau solche Aussagen können Schuldzuweisungen und Schamgefühle beim Opfer verstärken.

Fallbeispiel: Blaming und Shaming von Opfern

Luisa K. (Studentin, 22 Jahre) aus Dortmund hat im Juli mehrere neue Kleidungsstücke auf ihrer Lieblingswebseite gekauft und diese mit PayPal bezahlt. Die Produkte sind in zwei Paketen angekommen, und sie hat nicht weiter darüber nachgedacht. Im August bekommt Luisa K. eine E-Mail von PayPal.com, in der gesagt wird, sie müsse noch einen Teil einer Rechnung vom Juli begleichen. In der E-Mail ist ein Link hinterlegt, um zur Zahlung zu gelangen. Da ihre Klamotten in zwei Paketen angekommen sind und der offene Teil der Rechnung mit dem Inhalt des zweiten Pakets übereinstimmen könnte, klickt sie auf den Link.

Das PayPal-Fenster öffnet sich, und sie meldet sich mit Passwort und Nutzernamen an. Jetzt sieht sie, dass die Rechnung schon bezahlt ist und dass die E-Mail nur eine Erinnerung ist „für den Fall, dass man noch nicht bezahlt haben sollte". Sie loggt sich aus und denkt sich nichts weiter dabei. Ein paar Tage später werden 200 € von PayPal von ihrem Konto abgebucht. Luisa K. setzt sich mit PayPal in Verbindung und bemerkt, dass sie auf einen Betrug hereingefallen ist. Sie sperrt alle Transaktionen und setzt sich mit ihrer Bank in Verbindung. Leider lässt sich die Transaktion nicht rückgängig machen.

Am nächsten Tag spricht sie mit ihrer Familie über den Vorfall. Während ihre Mutter sagt, sie solle zur Polizei gehen, meint ihr Bruder, dass die Polizei nicht nur nichts tun kann, sondern Luisa K. auslachen werde, da sie auf eine Phishing-E-Mail hereingefallen und selber schuld sei, da sie „so dumm ist, auf einen Link in einer E-Mail zu klicken".

Luisa K. fühlt sich schrecklich dumm und weiß nicht, was sie tun soll und an wen sie sich wenden kann. Schließlich fängt sie an, sich zurückzuziehen, löscht ihre Online-Accounts und geht nicht mehr im Internet einkaufen.

4.4.2.2 Coping-Ansätze

Ein wichtiger Aspekt der digitalen Resilienz ist die Fähigkeit der Stressbewältigung im Falle einer Viktimisierung. Im Englischen wird dies auch als Coping bezeichnet und beschreibt die fortdauernde Auseinandersetzung mit der Situation, um das Gefühl von Stabilität und Sicherheit wiederzuerlangen (Blum et al. 2012). Dies umfasst die emotionale, kognitive und praktische Reaktion, um die stressvolle Situation zu bewältigen, zu tolerieren, zu mildern oder sie zu vermeiden (Lazarus und Launier 1981).

Es umfasst zusätzlich nicht nur den aktiven Umgang mit der Situation, sondern auch passives Verhalten, das der Tolerierung, Milderung oder dem Aushalten der Situation dient. Coping wird hierbei als eine aktive Widerstandskraft gegen stressvolle und aufreibende Situationen verstanden (Endler und Parker 1994). Neben einer mentalen Stärke stellt das finanzielle, soziale und kulturelle Kapital einer Person eine wichtige Ressource zur Bewältigung der Situation dar (Blum et al. 2012).

In der Literatur werden dabei häufig drei verschiedene Copingstrategien unterschieden (Lazarus und Folkman 1984; Stevens et al. 2023):

Problemorientiertes Coping. Diese Strategie setzt auf die aktive Auseinandersetzung mit einem Problem oder einer belastenden Situation, um die Bedrohung zu bewältigen. Sie zielt darauf ab, die Bedrohung zu verändern, sei es durch Einflussnahme auf die Umgebung, auf sich selbst oder auf beides. Dies kann auch in der Vermeidung von stressigen Situationen bestehen, z. B. durch Ablenkung, soziale Zerstreuung, aber auch Vermeidung sozialer Interaktionen. Es gibt aber auch Formen des Copings, die genau umgekehrt die aktive Konfrontation mit der Situation suchen und aktiv Unterstützung annehmen, um mit dem Stress umzugehen.

Ein wichtiger Aspekt des problemorientierten Copings besteht darin, neue Sicherheitsmaßnahmen zu erlernen. In diesem Zusammenhang überlegt die betroffene Person normalerweise, wie groß die Bedrohung ist und ob es sich lohnt, Maßnahmen zur Abwehr zu ergreifen. Deshalb sind in der Regel Personen, die direkt oder indirekt einen Cyberangriff erlebt haben, offener dafür, sich mit Präventionsmaßnahmen auseinanderzusetzen (siehe Abschn. 4.4.1). Wenn es jedoch keine geeigneten Gegenmaßnahmen gibt oder die Bedrohung als unvermeidlich eingestuft wird, kann es zu emotionsorientiertem Coping kommen.

Emotionsorientiertes Coping. Diese Strategie zielt auf die innere Verarbeitung von Emotionen, die in stressigen Situationen auftreten z. B. Angst, Wut, Scham, aber auch Wunschdenken. Die Emotionsregulierung findet meist unbewusst statt. Das emotionale Coping wird häufig durch das Gefühl ausgelöst, die Kontrolle über die Situation zu verlieren und von den eigenen Emotionen überwältigt zu werden. Dies geschieht besonders dann, wenn die Bedrohung als unvermeidlich wahrgenommen wird, entweder weil die ergriffenen Maßnahmen nicht effektiv sind oder weil das Opfer sich nicht in der Lage fühlt, diese umzusetzen.

Eine Form der Stressbewältigung, die auf den ersten Blick irrational erscheinen mag, besteht darin, unangenehme Gefühle zu verdrängen bzw. zu rechtfertigen. Indem das Opfer beispielsweise die Schuld bei sich selbst sucht, erlangt es eine gewisse Kontrolle, da es sich nicht als passives Opfer, sondern als aktive Person sieht, die grundsätzlich die Situation hätte vermeiden können.

Bedeutungstiftendes Coping. Bei dieser dritten Form bemühen sich die betroffenen Personen, ihre Situation in einen umfassenderen Kontext zu stellen, um einen Sinn oder etwas Positives darin zu finden. Ein Beispiel dafür beschreiben Blum et al. (2012): Eine Frau wurde mit der Tatsache konfrontiert, dass ihre Schwester an Brustkrebs erkrankt war. Um besser mit dieser Situation umzugehen, entschied sich die Frau, eine Wohltätigkeitsstiftung zu gründen. Auf diese Weise konnte sie zumindest einen Sinn im Tod ihrer Schwester finden.

Diese Erkenntnisse zur Psychologie der Stressbewältigung helfen besser zu verstehen, wie Opfer psychologisch und emotional mit den Folgen ihrer Viktimisierung umgehen. Insbesondere zeigt dieser Forschungszweig, dass Cybercrime und Onlinebetrug nicht ein technisches Problem bzw. nur finanzielle Verluste verursachen, sondern auch erheblichen Stress und emotionale Belastung bei den Betroffenen hervorrufen können (Green et al. 2010). Dieses erweiterte Verständnis ist von großer Bedeutung, da es ermöglicht, geeignete Unterstützungsangebote für Opfer zu entwickeln. Diese Angebote sollten nicht nur materielle Hilfe und praktische Maßnahmen zur Schadensbegrenzung umfassen, sondern auch psychologische Unterstützung bieten, um den Opfern bei der Bewältigung des emotionalen Stresses zu helfen. Insgesamt trägt die Berücksichtigung der psychologischen Aspekte der Viktimisierung dazu bei, Opfern von Onlinebetrug ganzheitlichere Unterstützung zukommen zu lassen.

4.5   Zusammenfassung

Dieses Kapitel hat gezeigt, dass Verbraucher:innen Spuren in nahezu allen Bereichen und Lebensräumen hinterlassen. Besonders der stetig wachsende digitale Lebensraum ist voll von Informationen und Daten. Durch die Allgegenwärtigkeit datensammelnder Dienste und Geräte, wie das Smartphone, durchdringen diese immer tiefer auch die analogen Bereiche des Lebens. Das Kapitel hat Auswirkungen auf Privatsphäre durch diese Datensammlung untersucht, sowie die resultierenden Gefahren für Cyberkriminalität. Es wurden Wege aufgezeigt, wie Verbraucher:innen sensibilisiert und befähigt werden können, um sich selbst, ihre Privatsphäre und ihre Daten zu schützen. Außerdem haben wir einen Überblick darüber gegeben, welche Arten von Cyberkriminalität es gibt und was darunter verstanden wird. Hierbei wurde auf Verbraucherschutz, Privatsphäre, und die verschiedenen Arten des Onlinebetrugs eingegangen. Nicht zuletzt gab das Kapitel einen Einblick in die „Digitale Resilienz" von Verbraucher:innen sowie verschiedenen Präventions- und Bewältigungsstrategien, die Opfer verwenden.

4.6   Übungen

1. Begriff Privatsphäre: Was versteht man unter Privatsphäre im Allgemeinen und unter informationeller Privatheit im Speziellen?
2. Privacy by Design: Was sind die Grundsätze des Privacy-by-Design-Ansatzes? Beschreiben Sie diese kurz und erklären Sie, wie sie sich von den Methoden der Privacy Enhancing Technologies unterscheiden.
3. Verbraucherrechte und DSGVO: Was sind die vier zentralen Verbraucherrechte, die in der DSGVO festgeschrieben sind? Beschreiben Sie diese kurz.

4. Risiken Datenmissbrauch: Was sind Risiken beim digitalen Verbraucherschutz? Nennen Sie bitte fünf mögliche Risikofaktoren und beschreiben Sie diese kurz. Veranschaulichen Sie diese außerdem anhand von Beispielen aus dem Alltag.

5. Datenschutz Dritter und Unbeteiligter: Welche Herausforderungen bestehen beim Schutz der Privatsphäre von Dritten (Besuchern, Haushaltsmitgliedern, Unbeteiligte)? Welche Rechte stehen ihnen zur Verfügung?

6. Onlinebetrug: Was sind die 8 Kategorien von Onlinebetrug, und wie werden sie definiert?

7. Onlinebetrug: Warum gibt es keine All-in-one-Musterlösung für den Umgang mit Onlinebetrug?

8. Erkennung von Onlinebetrug: Welche Möglichkeiten neben technisch-algorithmischen Möglichkeiten gibt es, um „Fake Shops" zu erkennen?

9. Social Engineering: Was genau versteht man unter Social Engineering, und wie unterscheidet es sich von klassischen Onlinebetrugsarten?

10. Verbraucherschutz: Was wird unter „Victim Blaming" verstanden? Was unter „Shaming"?

11. Nennen und erläutern Sie drei Ziele von Social Engineering.

12. Nennen und erläutern Sie drei typische Methoden des Copings.

Literatur

Abelson, Harold, Ross Anderson, Steven M. Bellovin, Josh Benaloh, Matt Blaze, Whitfield Diffie, John Gilmore, et al. 2015. „Keys under doormats: Mandating insecurity by requiring government access to all data and communications". *Journal of Cybersecurity*: tyv009. https://doi.org/10.1093/cybsec/tyv009.

Ablon, Lillian. 2018. „Data thieves". *The motivations of cyber threat actors and their use and monetization of stolen data*. Aussage vor dem House Financial Services Committee, Subcommittee on Terrorism and Illicit Finance, am 15. März 2018.

Acquisti, Alessandro, und Jens Grossklags. 2005. Privacy and rationality in individual decision making. *IEEE Security and Privacy Magazine* 3(1): 26–33. https://doi.org/10.1109/MSP.2005.22.

Acquisti, Alessandro, und Jens Grossklags. 2007. What can behavioral economics teach us about privacy. *Digital Privacy: Theory, Technologies and Practices* 18:363–377.

Aldawood, Hussain, und Geoffrey Skinner. 2019. A taxonomy for social engineering attacks via personal devices. *International Journal of Computer Applications* 975:8887.

———. 2020. An advanced taxonomy for social engineering attacks. *International Journal of Computer Applications* 177(30): 1–11.

Aldenhoff, Christian. 2019. „Legitimation von Datenverarbeitung via AGB? Wider eine Verlagerung von datenschutzrechtlichen Abwägungen in das Vertragsrecht". In *Digitalität und Privatheit*, Christian Aldenhoff, Lukas Edeler, Martin Hennig, Jakob Kelsch, Lea Raabe, und Felix Sobala, 37–62. Bielefeld: transcript Verlag. https://doi.org/10.14361/9783839446614-004.

Algarni, Abdullah, und Yue Xu. 2013. Social engineering in social networking sites: Phase-based and source-based models. In *International Journal of E-Education, e-Business, e-Management and e-Learning*, Bd. 3, 456–462. International Association of Computer Science and Information Technology (IACSIT). https://eprints.qut.edu.au/220650/. Zugegriffen am 03.04.2023.

Alizadeh, Fatemeh, Timo Jakobi, Jens Boldt, und Gunnar Stevens. 2019. „GDPR-reality check on the right to access data: Claiming and investigating personally identifiable data from companies".

In *Proceedings of Mensch Und Computer 2019 on – MuC'19*, 811–814. Hamburg: ACM Press. https://doi.org/10.1145/3340764.3344913.

Baumeister, Roy F., und Brad J. Bushman. 2020. *Social psychology and human nature*. Cengage Learning. Belmont, CA: Thomson Higher Education.

Beals, Michaela, Martha Deevy, Debbie Deem, Keith Anderson, und Robert Anguizola. 2015. „Framework for a taxonomy of fraud", Financial Fraud Research Center, S.40.

Beltzung, L., A. Lindley, O. Dinica, N. Hermann, und R. Lindner. 2020. „Real-time detection of fake-shops through machine learning". In *2020 IEEE International Conference on Big Data (Big Data)*, 2254–2263. https://doi.org/10.1109/BigData50022.2020.9378204.

Belz, J. 2018. „*Verbraucher-Scoring: Repräsentativbefragung zur Akzeptanz und Kenntnis über (neuartige) Scoring-Methoden*". *Repräsentativbefragung*. Berlin: Sachverständigenrat für Verbraucherfragen beim Bundesministerium der Justiz und für Verbraucherschutz. https://www.infas.de/publikationen/verbraucher-scoring-repraesentativbefragung-zur-akzeptanz-und-kenntnis-ueber-neuartige-scoring-methoden/. Zugegriffen am 03.04.2023.

Bezuidenhout, Monique, Francois Mouton, und H. S. Venter. 2010. „Social engineering attack detection model: SEADM". *2010 Information Security for South Africa*: 1–8. https://doi.org/10.1109/ISSA.2010.5588500.

Bhagyavati, B. 2007. „Social engineering". Chapter. In *Cyber warfare and cyber terrorism*. IGI Global. https://doi.org/10.4018/978-1-59140-991-5.ch023.

Blankertz, Aline, und Louisa Specht. 2021. „Wie eine Regulierung für Datentreuhänder aussehen sollte". Policy-Brief. Juli. Berlin: Stiftung Neue Verantwortung e.V. https://www.stiftung-nv.de/sites/default/files/regulierung_fuer_datentreuhaender.pdf. Zugegriffen am 14.02.2022.

Blum, S., M. Brow, und R. Silver. 2012. „Coping". In *Encyclopedia of human behavior*, Hrsg. Vilayanur S. Ramachandran, Bd. 2, 596–601. Elsevier. https://books.google.nl/books?hl=nl&lr=&id=yA-SuxMCuhKkC&oi=fnd&pg=PT218&dq=ramachandran+encyclopedia&ots=7nI39WAy7n&sig=WPdK9qd7uxJPQ9Pn0vGagCHc2Ks&redir_esc=y#v=onepage&q=ramachandran%20encyclopedia&f=false. Zugegriffen am 03.04.2023.

BMUV. 2023. „Digitaler Verbraucherschutz". Bundesministerium für Umwelt, Naturschutz, nukleare Sicherheit und Verbraucherschutz. 2023. https://www.bmuv.de/WS6914. Zugegriffen am 03.04.2023.

Boehmer, Jan, Robert LaRose, Nora Rifon, Saleem Alhabash, und Shelia Cotten. 2015. Determinants of online safety behaviour: Towards an intervention strategy for college students. *Behaviour & Information Technology* 34(10): 1022–1035. https://doi.org/10.1080/0144929X.2015.1028448.

Brignull, Harry. 2023. *Deceptive patterns: Exposing the tricks tech companies use to control you*. Testimonium Ltd.

Bundesamt für Sicherheit in der Informationstechnik. 2021. „Bericht zum Digitalen Verbraucherschutz 2020". Bundesamt für Sicherheit in der Informationstechnik (BSI).

Burgess, A., C. Regehr, und A. Roberts. 2013. *Victimology theories and applications*, 2. Aufl. Burlington: Jones and Bartlett Learning.

Button, Mark, und Cassandra Cross. 2017. *Cyber frauds, scams and their victims*. London: Routledge. https://doi.org/10.4324/9781315679877.

Carpineto, Claudio, und Giovanni Romano. 2020. An experimental study of automatic detection and measurement of counterfeit in brand search results. *ACM Transactions on the Web* 14(2): 1–35. https://doi.org/10.1145/3378443.

Cavoukian, Ann. 2009. „The 7 foundational principles". https://www.ipc.on.ca/wp-content/uploads/resources/7foundationalprinciples.pdf. Zugegriffen am 03.04.2023.

———. 2011. „Privacy by Design – Die 7 Grundprinzipien". Ontario. Https://web.archive.org/web/20130617053037/; https://www.privacybydesign.ca/content/uploads/2009/08/7foundational principles-german.pdf. Wayback Machine. http://www.privacybydesign.ca/content/uploads/2009/08/7foundationalprinciples-german.pdf. Zugegriffen am 03.04.2023.

Cena, Federica, Silvia Likavec, Amon Rapp, und Alessandro Marcengo. 2016. „An ontology for quantified self: Capturing the concepts behind the numbers". In *Proceedings of the 2016 ACM international joint conference on pervasive and ubiquitous computing: Adjunct*, 602–4. Heidelberg: ACM. https://doi.org/10.1145/2968219.2968329.

Cialdini, Robert B. 2021. *Influence, new and expanded: The psychology of persuasion*. HarperCollins.

Cross, Cassandra. 2020a. Romance Fraud. In *The Palgrave handbook of international cybercrime and cyberdeviance*, Hrsg. Thomas J. Holt und Adam M. Bossler, 917–937. Cham: Springer International Publishing. https://doi.org/10.1007/978-3-319-78440-3_41.

———. 2020b. 'Oh, we can't actually do anything about that': The problematic nature of jurisdiction for online fraud victims. *Criminology & Criminal Justice* 20(3): 358–375. https://doi.org/10.1177/1748895819835910.

Cross, Cassandra, Russell G. Smith, und Kelly Richards. 2014. Challenges of responding to online fraud victimisation in Australia. *Trends and Issues in Crime and Criminal Justice* 474:1.

Daoud, Eduard, Vu Dang, Hung Nguyen, und Martin Gaedke. 2020. Improving fake product detection using AI-based technology. In *Proceedings of the 18th international conference on E-society (ES 2020)*, 119–125. IADIS Press. https://doi.org/10.33965/es2020_202005L015.

Davies, B. 2010. „Why privacy by design is the next crucial step for privacy protection". https://www.semanticscholar.org/paper/Why-Privacy-by-Design-is-the-next-crucial-step-for-Davies/7ffc32552027757110ad60b3ae701148b702f706. Zugegriffen am 03.04.2023.

Deges, Frank. 2021. Juristische Aspekte der Artikulation und Publikation von Bewertungen. In *Bewertungssysteme im E-Commerce: Mit authentischen Kundenbewertungen Reputation und Umsatz steigern*, Hrsg. Frank Deges, 121–143. Wiesbaden: Springer Fachmedien. https://doi.org/10.1007/978-3-658-34493-1_4.

Diercks, Nina. 2016. Big Data-Analysen & Scoring in der (HR-)Praxis. *PinG Privacy in Germany* 1:11. https://doi.org/10.37307/j.2196-9817.2016.01.11.

Dinev, Tamara, und Paul Hart. 2006. An extended privacy calculus model for e-commerce transactions. *Information Systems Research* 17(1): 61–80.

Djeffal, Christian. 2019. ‚Privatheit 4.0' im Spiegel von Recht und künstlicher Intelligenz. Das Recht als (Re)aktion und der status activus technicus. In *Privatsphäre 4.0, Eine Neuverortung des Privaten im Zeitalter der Digitalisierung*, 177–197. https://doi.org/10.1007/978-3-476-04860-8_11.

Dogruel, Leyla, und Sven Joeckel. 2019. Risk perception and privacy regulation preferences from a cross-cultural perspective. A qualitative study among German and U.S. smartphone users. *International Journal of Communication* 13(0): 20.

Endler, Norman S., und James D. A. Parker. 1994. Assessment of multidimensional coping: Task, emotion, and avoidance strategies. *Psychological Assessment* 6(1): 50.

Endres, Johannes. 2013. „Dienste und Software zum Verbergen der IP-Adresse". *c't Security 2013*, Juli, 120–22.

European Network and Information Security Agency. 2014. *Privacy and data protection by design: From policy to engineering*. LU: Publications Office. https://data.europa.eu/doi/10.2824/38623. Zugegriffen am 03.04.2023.

Fogg, B. J. 2002. Persuasive technology: Using computers to change what we think and do. *Ubiquity* 2002(December): 2. https://doi.org/10.1145/764008.763957.

Fox, Dirk. 2014. Social Engineering im Online-Banking und E-Commerce. *Datenschutz und Datensicherheit – DuD* 38(5): 325–328.

Franz, Anjuli, Verena Zimmermann, Gregor Albrecht, Katrin Hartwig, Christian Reuter, Alexander Benlian, und Joachim Vogt. 2021. „SoK: Still plenty of Phish in the sea – A taxonomy of user-oriented phishing interventions and avenues for future research". In Seventeenth Symposium on Usable Privacy and Security (SOUPS 2021), S. 339–358.

Fuchs-Heinritz, Werner, Hrsg. 2013. *Lexikon zur Soziologie*, 5., überarb. Aufl. 2011. Wiesbaden: Springer VS.

Garfinkel, Simson, und Heather Richter Lipford. 2014. *Usable security: History, themes, and challenges*, Synthesis lectures on information security, privacy and trust 11. San Rafael: Morgan & Claypool Publishers.

Geeng, Christine, und Franziska Roesner. 2019. „Who's in control?: Interactions in multi-user smart homes". In *Proceedings of the 2019 CHI conference on human factors in computing systems – CHI '19*, 1–13. Glasgow: ACM Press. https://doi.org/10.1145/3290605.3300498.

Gerber, Paul, Melanie Volkamer, und Karen Renaud. 2015. Usability versus privacy instead of usable privacy: Google's balancing act between usability and privacy. *ACM SIGCAS Computers and Society* 45(1): 16–21. https://doi.org/10.1145/2738210.2738214.

Gerber, Paul, Melanie Volkamer, und Nina Gerber. 2017. Das Privacy-Paradoxon – Ein Erklärungsversuch und Handlungsempfehlungen. In *Dialogmarketing Perspektiven 2016/2017*, Hrsg. DDV Deutscher Dialogmarketing Verband e.V., 139–167. Wiesbaden: Springer Fachmedien. https://doi.org/10.1007/978-3-658-16835-3_8.

Ghaiumy Anaraky, Reza, Kaileigh Angela Byrne, Pamela J. Wisniewski, Xinru Page, und Bart Knijnenburg. 2021. „To disclose or not to disclose: Examining the privacy decision-making processes of older vs. younger adults". In *Proceedings of the 2021 CHI conference on human factors in computing systems*, 1–14. Yokohama, Japan: ACM. https://doi.org/10.1145/3411764.3445204.

Gray, Colin M., Yubo Kou, Bryan Battles, Joseph Hoggatt, und Austin L. Toombs. 2018. The dark (patterns) side of UX Design. In *Proceedings of the 2018 CHI conference on human factors in computing systems*, 1–14. Montreal: ACM. https://doi.org/10.1145/3173574.3174108.

Gray, Colin M., Cristiana Santos, Nataliia Bielova, Michael Toth, und Damian Clifford. 2021. Dark patterns and the legal requirements of consent banners: An interaction criticism perspective. In *Proceedings of the 2021 CHI conference on human factors in computing systems*, 1–18. Yokohama: ACM. https://doi.org/10.1145/3411764.3445779.

Gray, Colin M., Cristiana Santos, und Nataliia Bielova. 2023. Towards a preliminary ontology of dark patterns knowledge. In *Extended abstracts of the 2023 CHI conference on human factors in computing systems*, 1–9. Hamburg: ACM. https://doi.org/10.1145/3544549.3585676.

Green, Diane L., Jung Jin Choi, und Michael N. Kane. 2010. Coping strategies for victims of crime: Effects of the use of emotion-focused, problem-focused, and avoidance-oriented coping. *Journal of Human Behavior in the Social Environment* 20(6): 732–743.

Gunawan, Johanna, Cristiana Santos, und Irene Kamara. 2022. Redress for dark patterns privacy harms? A case study on consent interactions. In *Proceedings of the 2022 symposium on computer science and law*, 181–194. Washington: ACM. https://doi.org/10.1145/3511265.3550448.

Habermas, Jürgen. 2015. *Strukturwandel der Öffentlichkeit: Untersuchungen zu einer Kategorie der bürgerlichen Gesellschaft; mit einem Vorwort zur Neuauflage 1990*, Suhrkamp-Taschenbuch Wissenschaft 891, 14. Aufl. Frankfurt a. M.: Suhrkamp.

Hafiz, Munawar. 2006. A collection of privacy design patterns. In *Proceedings of the 2006 conference on pattern languages of programs*, 1–13. Portland: ACM. https://doi.org/10.1145/1415472.1415481.

Harbers, Maaike, Mortaza Bargh, Ronald Pool, Jasper Van Berkel, Susan Van den Braak, und Sunil Choenni. 2018. *A conceptual framework for addressing IoT threats: Challenges in meeting challenges*. http://hdl.handle.net/10125/50166. Zugegriffen am 03.04.2023.

Hatfield, Joseph M. 2019. Virtuous human hacking: The ethics of social engineering in penetration-testing. *Computers & Security* 83(Juni): 354–366. https://doi.org/10.1016/j.cose.2019.02.012.

Helm, Paula, und Sandra Seubert. 2020. Normative paradoxes of privacy: Literacy and choice in platform societies. *Surveillance and Society* 18(2): 185–198. https://doi.org/10.24908/ss.v18i2.13356.

Hornung, Gerrit. 2014. „Datenverarbeitung der Mächtigen bleibt intransparent". *Legal Tribune Online* (blog). https://www.lto.de/recht/hintergruende/h/bgh-urteil-vizr15613-schufa-scoring-ermittlung-kreditwuerdigkeit-algorithmus-geschaeftsgeheimnis-auskunft/. Zugegriffen am 29.01.2014.

Hussain, Naveed, Hamid Turab Mirza, Ghulam Rasool, Ibrar Hussain, und Mohammad Kaleem. 2019. Spam review detection techniques: A systematic literature review. *Applied Sciences* 9(5): 987. https://doi.org/10.3390/app9050987.

ISO. 2018. „DIN EN ISO 9241-11:2018-11, Ergonomie der Mensch-System-Interaktion – Teil 11: Gebrauchstauglichkeit: Begriffe und Konzepte". Beuth Verlag GmbH. https://doi.org/10.31030/2757945.

Jahankhani, Hossein, Thulasirajh Jayaraveendran, und William Kapuku-Bwabw. 2012. Improved awareness on fake websites and detecting techniques. In *Global security, safety and sustainability & e-democracy*. Lecture notes of the institute for computer sciences, social informatics and telecommunications engineering, Hrsg. Christos K. Georgiadis, Hamid Jahankhani, Elias Pimenidis, Rabih Bashroush, und Ameer Al-Nemrat, 271–279. Berlin: Springer. https://doi.org/10.1007/978-3-642-33448-1_36.

Jakobi, Timo, Sameer Patil, Dave Randall, Gunnar Stevens, und Volker Wulf. 2019. It is about what they could do with the data: A user perspective on privacy in smart metering. *ACM Transactions on Computer-Human Interaction (TOCHI)* 26(1): 1–44.

Jakobi, Timo, Gunnar Stevens, Maximilian von Grafenstein, Dominik Pins, und Alexander Boden. 2020. User-friendly formulation of data processing purposes of voice assistants: A user perspective on the principle of purpose limitation. In *Proceedings of the Conference on Mensch Und Computer*, 361–372. Magdeburg: ACM. https://doi.org/10.1145/3404983.3405588.

Jindal, Nitin, Bing Liu, und Ee-Peng Lim. 2010. Finding unusual review patterns using unexpected rules. In *Proceedings of the 19th ACM international conference on information and knowledge management–CIKM'10*, Bd. 1549. Toronto: ACM Press. https://doi.org/10.1145/1871437.1871669.

Junger, Marianne, Lorena Montoya, und F.-J. Overink. 2017. Priming and warnings are not effective to prevent social engineering attacks. *Computers in Human Behavior* 66:75–87.

Karaboga, Murat, Philipp K. Masur, Tobias Matzner, Cornelia Mothes, Maxi Nebel, Carsten Ochs, Philip Schütz, und Hervais Simo Fhom. 2014. „Selbstdatenschutz". White Paper. Forum Privatheit und selbstbestimmtes Leben in der digitalen Welt. Karlsruhe: Forum Privatheit. https://www.sit.fraunhofer.de/fileadmin/dokumente/studien_und_technical_reports/White_Paper_Selbstdatenschutz_Forum_Privatheit.pdf?_=1421924480. Zugegriffen am 03.04.2023.

Keber, Tobias O. 2018. Stützen der Informationsgesellschaft – zur Rolle von Datenschutz und Datensicherheit im Mediensystem. In *Privatheit in der digitalen Gesellschaft*, Hrsg. Steffen Burk, Martin Hennig, Benjamin Heurich, Tatiana Klepikova, Miriam Piegsa, Manuela Sixt, und Erik Trost, 261–288. Berlin: Duncker & Humblot.

Kerwin, Jason T. 2012. „"Rational fatalism": Non-monotonic choices in response to risk". *Working Paper*, Nr. WGAPE Spring 2012: 70.

Kokolakis, Spyros. 2017. Privacy attitudes and privacy behaviour: A review of current research on the privacy paradox phenomenon. *Computers & Security* 64(Januar): 122–134. https://doi.org/10.1016/j.cose.2015.07.002.

Krasnova, Hanna, und Natasha F. Veltri. 2010. Privacy calculus on social networking sites: Explorative evidence from Germany and USA. In *2010 43rd Hawaii international conference on system sciences*, 1–10. IEEE.

Krombholz, Katharina, Heidelinde Hobel, Markus Huber, und Edgar Weippl. 2015. Advanced social engineering attacks. *Journal of Information Security and Applications* 22:113–122.

Kuhn, Axel. 2019. Reader Analytics: Vom privaten zum öffentlichen Lesen? In *Digitalität und Privatheit*, Hrsg. Christian Aldenhoff, Lukas Edeler, Martin Hennig, Jakob Kelsch, Lea Raabe, und Felix Sobala, 263–282. Bielefeld: transcript Verlag. https://doi.org/10.14361/9783839446614-014.

Kumar, Anshul, Mansi Chaudhary, und Nagresh Kumar. 2015. Social engineering threats and awareness: A survey. *European Journal of Advances in Engineering and Technology* 2(11): 15–19.

KunstUrhG. 1907. *Gesetz betreffend das Urheberrecht an Werken der bildenden Künste und der Photographie. KunstUrhG.* https://www.gesetze-im-internet.de/kunsturhg/index.html. Zugegriffen am 03.04.2023.

Lazarus, Richard S., und Susan Folkman. 1984. *Stress, appraisal, and coping.* New York, NY: Springer

Lazarus, Richard S., und Raymond Launier. 1981. Stressbezogene Transaktionen zwischen Person und Umwelt. In *Stress: Theorien, Untersuchungen, Maßnahmen. Bern:* Huber 213:259.

Leonard, Thomas C. 2008. Richard H. Thaler, Cass R. Sunstein, Nudge: Improving decisions about health, wealth, and happiness. *Constitutional Political Economy* 19(4): 356–360. https://doi.org/10.1007/s10602-008-9056-2.

Li, Ming, Wenjing Lou, und Kui Ren. 2010. Data security and privacy in wireless body area networks. *IEEE Wireless Communications* 17(1): 51–58. https://doi.org/10.1109/MWC.2010.5416350.

Limerick, Hannah, David Coyle, und James W. Moore. 2014. The experience of agency in human-computer interactions: A review. *Frontiers in Human Neuroscience* 8(August). https://doi.org/10.3389/fnhum.2014.00643.

Mainzer, Klaus. 2018. Digitale Würde? Sensoren, Roboter und Big Data zwischen Selbstorganisation und Selbstbestimmung. In *Privatheit in der digitalen Gesellschaft.* Duncker & Humblot. https://mediatum.ub.tum.de/node?id=1481122. Zugegriffen am 05.08.2023.

Manske, Kurt. 2000. An introduction to social engineering. *Information Systems Security* 9(5): 1–7. https://doi.org/10.1201/1086/43312.9.5.20001112/31378.10.

Marschall, Timm, David Morawitzky, Marco Reutter, Raphaele Schwartz, und Henning Baars. 2015. „Netzwerkanalysen für die Betrugserkennung im Online-Handel". *Wirtschaftsinformatik Proceedings 2015*, März. https://aisel.aisnet.org/wi2015/124

Masur, Philipp K., Doris Teutsch, und Tobias Dienlin. 2018. Privatheit in der Online-Kommunikation. In *Handbuch Online-Kommunikation*, Hrsg. Wolfgang Schweiger und Klaus Beck, 1–29. Wiesbaden: Springer Fachmedien. https://doi.org/10.1007/978-3-658-18017-1_16-1.

Mathur, Arunesh, Mihir Kshirsagar, und Jonathan Mayer. 2021. What makes a dark pattern … dark?: Design attributes, normative considerations, and measurement methods. In *Proceedings of the 2021 CHI conference on human factors in computing systems*, 1–18. Yokohama: ACM. https://doi.org/10.1145/3411764.3445610.

Matzner, Tobias. 2018. Der Wert informationeller Privatheit jenseits von Autonomie. In *Privatheit in der digitalen Gesellschaft*, Hrsg. Steffej Burk, Martin Hennig, Benjamin Heurich, Tatiana Klepikova, Miriam Piegsa, Manuela Sixt, und Erik Trost, 75–94. Berlin: Duncker & Humblot.

Mause, Karsten. 2019. „Schutz der (digitalen) Privatsphäre als Staatsaufgabe? Eine politökonomische Analyse". https://doi.org/10.25969/MEDIAREP/13277.

McDonald, Aleecia M., und Lorrie Faith Cranor. 2008. The cost of reading privacy policies. *A Journal of Law and Policy for the Information Society 4(3): 540–565.*

Meng, Nicole, Dilara Keküllüoğlu, und Kami Vaniea. 2021. Owning and sharing: Privacy perceptions of smart speaker users. *Proceedings of the ACM on Human-Computer Interaction* 5(CSCW1): 1–29. https://doi.org/10.1145/3449119.

Millham, Mary Helen, und David Atkin. 2018. Managing the virtual boundaries: Online social networks, disclosure, and privacy behaviors. *New Media & Society* 20(1): 50–67. https://doi.org/10.1177/1461444816654465.

Mitnick, Kevin D., und William L. Simon. 2003. *The art of deception: Controlling the human element of security.* Indianapolis, Ind.: John Wiley & Sons.

Mohawesh, Rami, Xu Shuxiang, Son N. Tran, Robert Ollington, Matthew Springer, Yaser Jararweh, und Sumbal Maqsood. 2021. Fake reviews detection: A survey. *IEEE Access* 9:65771–65802. https://doi.org/10.1109/ACCESS.2021.3075573.

Mouton, Francois. 2018. *Social engineering attack detection model*. University of Pretoria (South Africa) ProQuest Dissertations Publishing, 2018. 30709891.

Mouton, Francois, Louise Leenen, und Hein S. Venter. 2016. Social engineering attack examples, templates and scenarios. *Computers & Security* 59:186–209.

Mühlhoff, Rainer. 2021. Predictive privacy: Towards an applied ethics of data analytics. *Ethics and Information Technology* 23(4): 675–690.

Mujkanovic, Samir. 2009. *Kreditkartenbetrug aus soziologischer Sicht: Erscheinungsformen, Trends und Ursachen*. diplom.de. https://books.google.com/books?hl=de&lr=&id=JSlrAQAAQ-BAJ&oi=fnd&pg=PA6&dq=T%C3%A4uschenden++nicht+darin,+dem+Get%C3%A4uscht-en+in+irgendeiner+Weise+zu+schaden&ots=WEXiGP0txc&sig=z46eJfQ1LhycChSUegHi-Py6YT00. Zugegriffen am 05.08.2023.

Mukherjee, Arjun. 2015. Detecting deceptive opinion spam using linguistics, behavioral and statistical modeling. In *Proceedings of the 53rd annual meeting of the association for computational linguistics and the 7th international joint conference on natural language processing: Tutorial abstracts*, 21–22. Beijing: Association for Computational Linguistics. https://doi.org/10.3115/v1/P15-5007.

Muscanell, Nicole L., Rosanna E. Guadagno, und Shannon Murphy. 2014. Weapons of influence misused: A social influence analysis of why people fall prey to internet scams. *Social and Personality Psychology Compass* 8(7): 388–396.

Niksirat, Salehzadeh, Evanne Anthoine-Milhomme Kavous, Samuel Randin, Kévin Huguenin, und Mauro Cherubini. 2021. 'I thought you were okay': Participatory design with young adults to fight multiparty privacy conflicts in online social networks. In *Designing Interactive Systems Conference 2021*, 104–124. Virtual Event: ACM. https://doi.org/10.1145/3461778.3462040.

Nohlberg, Marcus. 2008. „Securing information assets: Understanding, measuring and protecting against social engineering attacks". PhD Thesis, Institutionen för data-och systemvetenskap.

Nohlberg, Marcus, und Stewart Kowalski. 2008. „The cycle of deception: A model of social engineering attacks, defenses and victims". In: Proceedings of the Second International Symposium on Human Aspects of Information Security and Assurance (HAISA 2008), S. 1–11

Norberg, Patricia A., Daniel R. Horne, und David A. Horne. 2007. The privacy paradox: Personal information disclosure intentions versus behaviors. *Journal of Consumer Affairs* 41(1): 100–126. https://doi.org/10.1111/j.1745-6606.2006.00070.x.

Norman, Paul, Henk Boer, und Erwin R. Seydel. 2015. Protection motivation theory. In *Predicting and changing health behaviour: Research and practice with social cognition models*, Hrsg. Mark von Conner und Paul Norman, 81–126. Maidenhead: Open University Press.

Oh, Yu Won, und Chong Hyun Park. 2021. Machine cleaning of online opinion spam: Developing a machine-learning algorithm for detecting deceptive comments. *American Behavioral Scientist* 65(2): 389–403. https://doi.org/10.1177/0002764219878238.

Petrlic, Ronald, Christoph Sorge, und Wolfgang Ziebarth. 2023. Einführung in den Technischen Datenschutz. In *Datenschutz: Einführung in technischen Datenschutz, Datenschutzrecht und angewandte Kryptographie*, 9–27. Wiesbaden: Springer.

Pins, Dominik, Alexander Boden, Britta Essing, und Gunnar Stevens. 2020. ‚Miss Understandable': A study on how users appropriate voice assistants and deal with misunderstandings. In *MuC '20: Proceedings of the Conference on Mensch und Computer*, 349–359. Magdeburg: Association for Computing Machinery. https://doi.org/10.1145/3404983.3405511.

Pins, Dominik, Timo Jakobi, Alexander Boden, Fatemeh Alizadeh, und Volker Wulf. 2021. Alexa, we need to talk: A data literacy approach on voice assistants. In *Designing interactive systems conference 2021*. DIS '21, 495–507. New York: Association for Computing Machinery. https://doi.org/10.1145/3461778.3462001.

Pins, Dominik, Timo Jakobi, Gunnar Stevens, Fatemeh Alizadeh, und Jana Krüger. 2022. Finding, getting and understanding: The user journey for the GDPR'S right to access. *Behaviour & Information Technology* 41(10): 2174–2200. https://doi.org/10.1080/0144929X.2022.2074894.

Recki, Lena, Margarita Esau-Held, Dennis Lawo, und Gunnar Stevens. 2023. AI said, she said – How users perceive consumer scoring in practice. In *Mensch Und Computer 2023*, 149–160. Rapperswil: ACM. https://doi.org/10.1145/3603555.3603562.

Reiter, Julius, und Olaf Mehner. 2016. Scoring-Verfahren. Datenschutzrechtliche Grenzen und praktische Schwierigkeiten. In *Tagungsband Herbstakademie 2016*, Hrsg. Jürgen Taeger, 453–468. Edewecht.

Ren, Yafeng, und Donghong Ji. 2019. Learning to detect deceptive opinion spam: A survey. *IEEE Access* 7:42934–42945. https://doi.org/10.1109/ACCESS.2019.2908495.

Rössler, Beate. 2001. *Der Wert des Privaten*, Suhrkamp Taschenbuch Wissenschaft 1530, 1. Aufl. Frankfurt a. M.: Suhrkamp.

Rost, Martin. 2013. Zur Soziologie des Datenschutzes. *Datenschutz und Datensicherheit – DuD* 37(2): 85–91. https://doi.org/10.1007/s11623-013-0023-3.

Rost, Martin, und Kirsten Bock. 2011. Privacy by Design und die Neuen Schutzziele: Grundsätze, Ziele und Anforderungen. *Datenschutz und Datensicherheit – DuD* 35(1): 30–35. https://doi.org/10.1007/s11623-011-0009-y.

Sandfuchs, Barbara, und Andreas Kapsner. 2018. Privacy nudges. In *Privatheit in der digitalen Gesellschaft*, Hrsg. Steffen Burk, Martin Hennig, Benjamin Heurich, Tatiana Klepikova, Miriam Piegsa, Manuela Sixt, und Kai Erik Trost, Bd. 10, 319–338. Duncker & Humblot. http://www.jstor.org/stable/j.ctv1q69v1n.17. Zugegriffen am 05.08.2023.

Sasse, M. Angela, Matthew Smith, Cormac Herley, Heather Lipford, und Kami Vaniea. 2016. Debunking security-usability trade-off myths. *IEEE Security and Privacy* 14(5): 33–39. https://doi.org/10.1109/MSP.2016.110.

Schurz, G. 2008. Patterns of abduction. *Synthese* 164(2): 201–234. https://doi.org/10.1007/s11229-007-9223-4.

Seele, Peter, und Chr. Lucas Zapf. 2017. *Die Rückseite der Cloud*. Berlin, Heidelberg: Springer. https://doi.org/10.1007/978-3-662-54758-8.

Shillair, Ruth, Shelia R. Cotten, Hsin-Yi Sandy Tsai, Saleem Alhabash, Robert LaRose, und Nora J. Rifon. 2015. Online safety begins with you and me: Convincing internet users to protect themselves. *Computers in Human Behavior* 48(Juli): 199–207. https://doi.org/10.1016/j.chb.2015.01.046.

Sixt, Manuela. 2018. Scoring. Implikationen für Individuum und Gesellschaft. In *Privatheit in der digitalen Gesellschaft*, Hrsg. Steffej Burk, Martin Hennig, Benjamin Heurich, Tatiana Klepikova, Miriam Piegsa, Manuela Sixt, und Erik Trost. Berlin: Duncker & Humblot.

Smith, Russell G., und Carolyn Budd. 2009. Consumer fraud in Australia: Costs, rates and awareness of the risks in 2008. *Trends and Issues in Crime and Criminal Justice/Australian Institute of Criminology* 382:1–6. https://doi.org/10.3316/agispt.20095363.

Stevens, und Paul Bossauer. 2017. Dealing with personal data in the age of big data economies. *Zeitschrift Für Geistiges Eigentum* 9(3): 266. https://doi.org/10.1628/186723717X15069451170856.

Stevens, Gunnar, und Alexander Boden. 2022. „Warum wir parteiische Datentreuhänder brauchen", In *Zu treuen Händen (Vortragsreihe)*, Verbraucherzentrale NRW e.V.. https://www.verbraucherforschung.nrw/sites/default/files/2022-02/zth-06-stevens-boden-warum-wir-parteiische-datentreuhaender-brauchen.pdf. Zugegriffen am 05.06.2023.

Stevens, Gunnar, Alexander Boden, Fatemeh Alizadeh, Timo Jakobi, Michelle Walther, und Jana Krüger. 2023. Wie gehen Verbraucher:innen mit Onlinebetrug um? – Eine Literaturübersicht. In *Handbuch Cyberkriminologie 2*. Cyberkriminologie – Theorien, Methoden, Erscheinungsformen, Hrsg. Thomas-Gabriel Rüdiger und P. Saskia Bayerl, 533–554. Wiesbaden: Springer Fachmedien. https://doi.org/10.1007/978-3-658-35442-8_42.

Such, Jose M., und Natalia Criado. 2018. Multiparty privacy in social media. *Communications of the ACM* 61(8): 74–81. https://doi.org/10.1145/3208039.

Taeger, Jürgen. 2016. Scoring in Deutschland nach der EU-Datenschutzgrundverordnung. *Zeitschrift für Rechtspolitik* 49(3): 72–75.

Taib, Ronnie, Yu Kun, Shlomo Berkovsky, Mark Wiggins, und Piers Bayl-Smith. 2019. Social engineering and organisational dependencies in phishing attacks. In: *IFIP conference on human-computer interaction*, 564–584. Springer.

Titus, Richard M., Fred Heinzelmann, und John M. Boyle. 1995. Victimization of persons by fraud. *Crime & Delinquency* 41(1): 54–72. https://doi.org/10.1177/0011128795041001004.

UK Fraud Act. 2006. „Fraud Act 2006". Text. Statute Law Database. 2006. https://www.legislation.gov.uk/ukpga/2006/35/contents. Zugegriffen am 05.08.2023.

Universität Oldenburg. 2018. „Social Scoring". Gehalten auf der Informatik und Gesellschaft 2018/19 Social Scoring. http://www.informatik.uni-oldenburg.de/~iug18/soc/China.html#fn1. Zugegriffen am 05.08.2023.

Van de Merwe, Johan, und Francois Mouton. 2017. Mapping the anatomy of social engineering attacks to the systems engineering life cycle. In *Proceedings of the eleventh international symposium on human aspects of information security & assurance (HAISA 2017)*. CSCAN.

Verbraucherzentrale Bundesverband e.V. 2020. „Neue Datenintermediäre – Anforderungen des vzbv an ‚Personal Information Management Systems' (PIMS) und Datentreuhänder". Positionspapier. Berlin. https://www.vzbv.de/sites/default/files/downloads/2020/09/17/20-09-15_vzbv-positionspapier_datenintermediaere.pdf. Zugegriffen am 05.08.2023.

Vidanagama, Dushyanthi U., Thushari P. Silva, und Asoka S. Karunananda. 2020. Deceptive consumer review detection: A survey. *Artificial Intelligence Review* 53(2): 1323–1352. https://doi.org/10.1007/s10462-019-09697-5.

Wang, Zuoguang, Hongsong Zhu, und Limin Sun. 2021. Social engineering in cybersecurity: Effect mechanisms, human vulnerabilities and attack methods. *IEEE Access* 9:11895–11910. https://doi.org/10.1109/ACCESS.2021.3051633.

Warren, Samuel D., und Louis D. Brandeis. 1890. The right to privacy. *Harvard Law Review* 4(5): 193–220. https://doi.org/10.2307/1321160.

Westin, Alan Furman. 2015. *Privacy and freedom*. New York: IG Publishing.

Whitten, Alma, und J. Doug Tygar. 1999. Why Johnny can't encrypt: A usability evaluation of PGP 5.0. *USENIX security symposium* 348:169–184.

Wiele, Johannes, und Bettina Weßelmann. 2017. Anonymität als soziokulturelle Inszenierung. In *Informationelle Selbstbestimmung im digitalen Wandel*, Hrsg. Michael Friedewald, Jörn Lamla, und Alexander Roßnagel, 109–130. Wiesbaden: Springer Fachmedien. https://doi.org/10.1007/978-3-658-17662-4_8.

Wiesner, Barbara. 2021. *Private Daten: Unsere Spuren in der digitalen Welt*, Digitale Gesellschaft, Bd. 35, 1. Aufl. Bielefeld: transcript Verlag. https://doi.org/10.14361/9783839456057.

Witt, Bernhard C. 2010. *Datenschutz kompakt und verständlich*. Wiesbaden: Vieweg+Teubner Verlag.

Xie, Wenjing, Amy Fowler-Dawson, und Anita Tvauri. 2019. Revealing the relationship between rational fatalism and the online privacy paradox. *Behaviour & Information Technology* 38(7): 742–759. https://doi.org/10.1080/0144929X.2018.1552717.

Ybarra, Michele L., Danah Boyd, Josephine D. Korchmaros, und Jay (Koby) Oppenheim. 2012. Defining and measuring cyberbullying within the larger context of bullying victimization. *Journal of Adolescent Health* 51(1): 53–58. https://doi.org/10.1016/j.jadohealth.2011.12.031.

Zimmermann, Verena, und Karen Renaud. 2021. The nudge puzzle: Matching nudge interventions to cybersecurity decisions. *ACM Transactions on Computer-Human Interaction* 28(1): 1–45. https://doi.org/10.1145/3429888.

Digitale Verantwortung

5

Lena Recki, Kalvin Kroth, Veronika Krauß, Lena Klöckner, Christina Pakusch, Paul Bossauer, Lukas Böhm, Felix Peters, Ariane Stöbitsch und Alexander Boden

Inhaltsverzeichnis

5.1	Ethik und Fairness in der Verbraucherinformatik	205
5.2	Grundlagen von Ethik und Moralphilosophie	207
5.3	Fairness als Kernwert digitaler Systeme	210
	5.3.1 Grundlegende Herausforderungen	211
	5.3.2 Dimensionen von Fairness	213
5.4	Umsetzung digitaler Ethik	216
	5.4.1 Der Faktor Mensch in der Systemgestaltung	217
	5.4.2 Erkenntnisse aus technischer Perspektive	220
5.5	Werkzeuge für die Gestaltung ethischer Systeme	222
	5.5.1 Leitlinien der EU	223
	5.5.2 Ethics Canvas	224
	5.5.3 MEESTAR-Methode	227
	5.5.4 ELSI Co-Design	230

Ergänzende Information Die elektronische Version dieses Kapitels enthält Zusatzmaterial, auf das über folgenden Link zugegriffen werden kann [https://doi.org/10.1007/978-3-662-68706-2_5].

L. Recki · K. Kroth (✉) · L. Klöckner · C. Pakusch · P. Bossauer · L. Böhm · F. Peters · A. Stöbitsch · A. Boden
Hochschule Bonn-Rhein-Sieg, Institut für Verbraucherinformatik, Sankt Augustin, Deutschland

V. Krauß
Lehrstuhl Wirtschaftsinformatik, insb. IT-Sicherheit, Universität Siegen, Siegen, Deutschland

5.6   Der Begriff der Nachhaltigkeit – die drei Säulen 232
      5.6.1   Ökologische Nachhaltigkeit 233
      5.6.2   Ökonomische Nachhaltigkeit 233
      5.6.3   Soziale Nachhaltigkeit 233
      5.6.4   Zentrale Handlungsfelder 234
      5.6.5   Nachhaltiger Konsum 234
5.7   Nutzen statt Besitzen – Sharing Economy 236
      5.7.1   Merkmale der Sharing Economy 237
      5.7.2   Unterschiedliche Sektoren der Sharing Economy 237
5.8   Shared Mobility 239
      5.8.1   Vehicle Sharing 240
              5.8.1.1   Carsharing 240
              5.8.1.2   Bikesharing 241
              5.8.1.3   Scootersharing 242
      5.8.2   Ridesharing 243
      5.8.3   Delivery Sharing 244
      5.8.4   Erweiterung von Shared Mobility durch den Einsatz von Informations- und
              Kommunikationstechnologien (IKTs) 245
              5.8.4.1   Mobility as a Service 246
              5.8.4.2   Einsatz von Machine-Learning-Methoden 246
              5.8.4.3   Verwendung der Blockchain-Technologie 247
      5.8.5   Auswirkungen von Shared Mobility auf die Nachhaltigkeit 248
5.9   Zusammenfassung 250
5.10 Übungen 252
Literatur 252

Mit der fortschreitenden Verankerung (autonomer) digitaler Systeme im alltäglichen Leben nehmen diese zunehmend Einfluss auf Entscheidungen, Gesetzgebung, Verhalten und Werte einer sich in ständigem Wandel befindlichen Gesellschaft. So haben sich mit der Digitalisierung des Konsums auch die Konsumgewohnheiten und -möglichkeiten verändert (s. Kap. 1). Dies hat nicht nur Auswirkungen auf Marktbeziehungen und Machtverteilung (s. Kap. 3) oder auf Aspekte wie Privatsphäre und IT-Sicherheit der Verbraucher:innen (s. Kap. 4), sondern verändert auch grundlegend die Strukturen unserer Gesellschaft. Die damit einhergehenden Veränderungen haben folglich direkte Auswirkungen auf das Leben der Menschen, was im Bereich der Technikfolgenabschätzung bzw. der angewandten Informatik unter dem Stichwort ELSI (Ethical, Legal and Social Implications of Technology) diskutiert wird (Boden et al. 2021). Dieses Kapitel wird daher im Folgenden Ethik und Fairness im Kontext der Verbraucherinformatik vorstellen. Dabei werden neben grundlegenden Begriffen auch Umsetzungsformen vorgestellt, wie sich die ELSI-Implikationen von Verbraucher:innen gestalterisch adressieren lassen. Hier wird insbesondere auf den Aspekt automatisierter Entscheidungen eingegangen, denen Verbraucher:innen zunehmend in ihrem Alltag ausgesetzt sind.

Jedoch hat sich das gesamtgesellschaftliche Bewusstsein in den letzten Jahren nicht nur in Bezug auf künstliche Intelligenz und automatisierte Entscheidungen stark gewandelt. Insbesondere die Besorgnis über ökologische Auswirkungen hat zugenommen und zu einem gesteigerten Nachhaltigkeitstrend unter Verbraucher:innen geführt. Während sich der Begriff der Nachhaltigkeit ursprünglich nur auf seinen ökologischen Aspekt konzentrierte (Atkinson 2000; Rees 2002), wird Nachhaltigkeit heute überwiegend als mehrseitiges Konzept verstanden, das die drei Dimensionen ökologische, ökonomische und soziale Nachhaltigkeit umfasst und stets als wechselseitig zu betrachten ist (Elkington 1998). Demnach ist eine Gesellschaft sozial nachhaltig, wenn es eine globale Verteilungsgerechtigkeit gibt. Diese Verteilungsgerechtigkeit soll zum einen intergenerational strukturiert sein, also die Bedürfnisse der heutigen Generation genauso berücksichtigen wie die Bedürfnisse kommender Generationen; zum anderen soll sie intragenerationale Verhältnisse berücksichtigen, also eine Verteilungsgerechtigkeit zwischen Armen und Reichen herstellen (Littig und Grießler 2004). Nach einer grundlegenden Einführung in das Thema werden diese Aspekte in diesem Kapitel anhand des Beispielbereichs „Sharing Economy" allgemein sowie des spezifischen Anwendungsfeldes Shared Mobility vertieft.

Lernziele
Im Rahmen dieses Kapitels werden Ihnen folgende Inhalte vermittelt:

- Sie sollen grundlegend verstehen, wie uns ethische Fragestellungen bei der Auseinandersetzung mit neuen Technologien tangieren und wo die Berührungspunkte sind.
- Sie kennen ausgewählte Methoden, die sie bei der verantwortungsvollen Technikgestaltung und Entwicklung anwenden können.
- Sie sollen den Begriff der Nachhaltigkeit sowie die drei Säulen der Nachhaltigkeit verstehen.
- Sie sollen verstehen, wie Konsum aussehen müsste, damit die drei Säulen der Nachhaltigkeit berücksichtigt werden können.
- Sie sollen unterschiedliche Bereiche der Sharing Economy kennen lernen und kritisch hinterfragen können, inwiefern diese tatsächlich zu einem nachhaltigeren Konsum beitragen können.

5.1 Ethik und Fairness in der Verbraucherinformatik

Da Technologie zunehmend in unseren Alltag integriert wird und die Gesellschaft samt ihren Entscheidungen und Normen entsprechend beeinflusst, ist eine ethische Auseinandersetzung mit der Frage, was Technologie können darf und soll, obligatorisch. Ein prominentes Beispiel und theoretisches Gedankenexperiment zur Diskussion solcher Aspekte befasst sich mit der Handlungsweise eines autonomen Fahrzeugs im Falle eines unvermeidbaren Unfalls. Himmelreich (2018) beschreibt in einer Variante des sogenannten *Trolley-Problems* ein autonomes Fahrzeug, das in einen Tunnel fährt. Plötzlich kreuzt ein:e Passant:in seinen Weg. Da ein Unfall unvermeidbar ist, bieten sich dem Algorithmus des Fahrzeugs zwei mögliche Lösungen: Entweder erfasst das Fahrzeug die Person auf der Fahrbahn und tötet sie dabei, oder das Fahrzeug vermeidet einen Aufprall, indem es in die Tunnelwand schwenkt. Letzteres gefährdet oder tötet die Insassen des Fahrzeugs. Was wäre nun die korrekte Entscheidung? Wie würde es sich auf die Entscheidung auswirken, wenn die Person auf der Fahrbahn ein Elternteil mit Kleinkind wäre, das Auto aber mit einer Person im Alter von 89 Jahren besetzt ist? Welche (rechtlichen) Konsequenzen hat die vom Fahrzeug getroffene Entscheidung auf Überlebende? Wer haftet für die Entscheidung des Algorithmus? Ist der Ausgang eines solchen Unfalls anders zu bewerten, weil das Fahrzeug nicht von einem Menschen geführt wurde?

Das Trolley-Problem (in abgewandelter Form oben und in Abb. 5.1 beschrieben) ist eine verständliche Annäherung an die Frage, wie Technologie unseren Alltag beeinflussen kann und darf und welche Rolle sie in der Gesellschaft einnehmen soll. Allerdings vernachlässigt dieses Beispiel weitaus subtilere Folgen digitaler Systeme für den Menschen als Individuum und die Gesellschaft als Ganzes, da nicht immer die körperliche Unversehrtheit auf dem Spiel steht:

So können zum Beispiel auch automatisierte Einstellungsverfahren, die automatisierte Vergabe von Mietverträgen und die gesetzliche Überwachung zur Strafverfolgung und Strafverhinderung (Najibi 2020) schwerwiegende Folgen für Verbraucher:innen haben. Weitere diskriminierende oder rassistische Folgen automatisierter Bilderkennungsalgorithmen traten 2015 in Erscheinung. Damals stellte ein Softwareentwickler fest, dass der Algorithmus zum automatisierten Markieren und Labeln von Bildern in der App *Google Photos* seinen schwarzen Freund als „Gorilla" erkannt und entsprechend abgelegt hatte (Metz 2021). Obwohl die Debatte um rassistische und voreingenommene Algorithmen zu diesem Zeitpunkt nicht neu war, hat dieses Ereignis gezeigt, dass auch große Softwarefirmen wie Google mit entsprechenden Problemen ihrer Algorithmen zu kämpfen haben. Ein weiteres Beispiel ist die Existenz sogenannter *Dark Patterns*, also bewusst und strategisch eingesetzter Designlösungen zur Manipulation von Nutzenden oder Kund:innen eines (digitalen) Service, der zu deren Nachteil führt (siehe Kap. 4). Es gibt aber auch Systeme, die bewusst zu aus gesellschaftlicher Sicht ethischem Verhalten führen sollen.

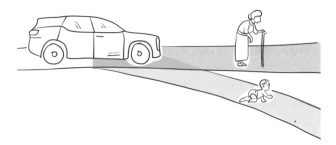

Abb. 5.1 Eine andere Variante des Trolley-Problems: Wer soll in diesem Szenario den größten Schaden nehmen? Die Insassen des Fahrzeugs, das Kleinkind, oder die alte Dame? Wie rechtfertigen wir die Konsequenzen dieser Entscheidung?

Diese könnten jedoch den:die Nutzende:n als Individuum in seiner:ihrer Entscheidungsfreiheit manipulieren und gegebenenfalls einschränken (z. B. White Pattern, Nudging).
Letztlich müssen wir uns also die Frage stellen, wie weit Technologie gehen darf und soll
und wer im Falle negativer oder ungewollter Auswirkungen haftbar ist.

Betrachtet man nun die Beziehung zwischen Menschen und Technologie, eröffnen sich
drei theoretische Perspektiven: Die *instrumentalistische Perspektive* beschreibt
Technologie als ein willen- und zielloses Mittel zum Zweck – also als ein neutrales Werkzeug, das durch den Gebrauch einen Menschen bei der Durchführung von Handlungen
unterstützt (Fernandez 2021). In diesem Fall wäre der Mensch alleinig für (un-)ethische
Folgen verantwortlich, die durch den Einsatz von Technologie auftreten. Im Gegensatz
dazu versteht die *deterministische Perspektive* Technologie als eigenständige Entität, die
durch ihre Existenz (und Handlungen) Einfluss auf Menschen, technologischen Fortschritt
und Gesellschaften nehmen kann und – in ihrer extremsten Form – die Menschheit unter-
wirft oder gar vernichtet (Fernandez 2021). Die *interaktionistische Perspektive* geht hingegen von einem Wechselspiel von gesellschaftlichen und technischen Einflüssen aus, die
sich gegenseitig formen und beeinflussen (Orlikowski 2000).

In diesem Sinne versteht auch die *Mediation Theory* Technologie als Medium, durch
das wir unsere Umwelt erleben und formen (Verbeek 2015). Dadurch beeinflusst sie unser
Handeln, unsere Wahrnehmung, unsere Gesellschaft und unsere Interaktionen mit der
Umwelt und anderen Mitmenschen. Laut Cennydd Bowles war Technologie also „niemals
neutral; sie ist sozial, politisch und moralische Auswirkungen sind schmerzhaft deutlich
geworden" (Bowles 2018). Deshalb widmet sich dieses Kapitel der genaueren Betrachtung
von ethischen und moralischen Fragestellungen der Mensch-Technik-Interaktion im Allgemeinen und spezifisch mit dem Anwendungsfall der Verbraucherinformatik. Ein besonderer Schwerpunkt liegt hierbei auf dem Kernwert *Fairness* im Bezug auf Technologien sowie deren Auswirkung, Entwicklung und Bewertung.

Gemäß der Mediation Theory führen das alltägliche Leben und die Interaktion mit Technik und intelligenten Systemen unweigerlich auch zu einem Wandel unserer Alltagspraktiken
(siehe Kap. 2). Dabei formt die Entwicklung der Technik den Menschen in seiner Wahrnehmung von sich selbst, aber auch von seiner Umwelt. Im gleichen Zug müssen demnach
auch die ethischen Vorstellungen, Normen und Werte der Gesellschaft bei der Entwicklung
von Technik berücksichtigt werden. In diesem Kapitel definieren wir die wichtigsten Grundlagen und Begriffe in diesem Spannungsfeld. Außerdem erläutern und diskutieren wir
Wechselwirkungen und -beziehungen zwischen den verschiedenen Konzepten.

5.2 Grundlagen von Ethik und Moralphilosophie

Ethik wird als eine Disziplin der Philosophie auch Sittenlehre oder Moralphilosophie genannt (Duden 2023). Als solche befasst sie sich – vereinfacht ausgedrückt – mit der Frage,
ob unser oder das Handeln Dritter gemessen an gesellschaftlichen Wertekriterien *gut* oder
schlecht, *richtig* oder *falsch*, *moralisch* oder *unmoralisch* ist (Lillie 2020). Um solche

Bewertungen jedoch anstellen zu können, benötigt man ein dafür geeignetes Wertesystem. Im Allgemeinen werden diese Werte und entsprechende Verhaltensregeln in ihrer Gesamtheit als Moral oder Moralsystem bezeichnet. Ethik ist also „das Studium der Moral" (Tavani 2015) oder „die Praktik, über solche Werte, deren Ursprung und deren Anwendung zu reflektieren" (Bowles 2018). Obwohl heute Moral und Ethik oft synonym verwendet werden (Bowles 2018), gibt es also durchaus Unterschiede (Tavani 2015).

Betrachtet man ein Moralsystem nun genauer, stellt man fest, dass es nicht nur einen Leitfaden zum Zusammenleben darstellt, der Schaden abwenden und das Aufblühen der Gesellschaft ermöglichen soll (Tavani 2015). Es ist auch ein System, das allen Betroffenen bekannt und damit sowohl *öffentlich* als auch *informell* ist. Ein solches System ist also nicht bis ins kleinste Detail festgeschrieben und dadurch in einigen Fällen uneindeutig (Gert 2006). Das führt dazu, dass moralische Fragestellungen selten eine einzige korrekte Antwort haben und zur Lösung eines Konflikts Verhandlungen und/oder das Eingehen von Kompromissen erfordern (Gert 2006) – insbesondere auch deshalb, weil Menschen sich Technik aneignen und sie mitunter ganz anders benutzen, als die Gestalter dies beabsichtigt hatten (Dourish 2003; Draxler et al. 2012). Sofern eine (temporäre) eindeutige Bewertung einer solcher Fragestellung notwendig ist und selbige eine entsprechende Tragweite hat, greift in der Praxis zum Beispiel die Gesetzgebung ein, um Entscheidungen oder moralische Prinzipien herzuleiten, zu begründen und daraus Konsequenzen abzuleiten. In diesem Kontext häufig diskutierte Fragestellungen ohne eindeutige moralische Auflösung sind die aktive Sterbehilfe oder Recht und Unrecht von Abtreibung.

Beispiel zur Technikaneignung
Der Begriff der Aneignung beschreibt, dass Technik nicht immer so genutzt wird, wie es vom Designer oder Hersteller vorgesehen ist. Stattdessen handelt es sich bei der Technikaneignung (engl. *appropriation*) um einen sozialen Prozess, bei dem Menschen Technik in ihr Leben integrieren und entsprechende Nutzungspraktiken kennenlernen bzw. entwickeln. Dabei werden technische Werkzeuge z. B. nach individuellen Präferenzen konfiguriert, aber mitunter auch angepasst (engl. *tayloring*) bzw. zweckentfremdet (Draxler et al. 2012). Statt von einem Technikdeterminismus auszugehen, bei der z. B. eine „richtig" gestaltete Software bestimmte vorher geplante Effekte in einer Organisation oder einem Privathaushalt hat, schaut die Aneignungsperspektive daher eher auf die gegenseitige Beeinflussung von Technik und Umwelt, die sich erst nach der Einführung beobachten lässt.

Aneignung lässt sich gut am Beispiel der E-Mail verdeutlichen. So wurde die E-Mail als digitales Pendant zum papierbasierten Brief oder Telegramm entwickelt. Dabei waren die Entwickler von dem großen Erfolg der Technologie überrascht, die maßgeblich zur Verbreitung des Internets beigetragen hat. Das lag unter anderem

auch daran, dass E-Mail von den Nutzer:innen für viel weitreichendere Anwendungsfälle genutzt wird als eigentlich vorgesehen: So nutzen Anwender:innen E-Mails
nicht nur zur Kommunikation, sondern auch als Dateiablage/Backup für wichtige
Dokumente sowie als To-Do-Liste und Projektmanagement-Tool (Dabbish und
Kraut 2006). Dabei gibt es sehr unterschiedliche Formen der Aneignung durch die
Nutzer:innen, die bei der Gestaltung nicht im Voraus vollständig antizipiert und ge-
plant werden konnten, die aus einer ethischen Perspektive jedoch wichtig werden
können. So stellt E-Mail beispielsweise durch die zentrale Bedeutung und das hohe
Aufkommen einen großen Stressfaktor für Mitarbeitende in Organisationen dar,
z. B. durch Spam oder weil das Management, Filtern und Nachhalten der Nachrichten aufwendiger ist.

Selbstreflexion

Überlegen Sie sich ein Beispiel für Technikaneignung aus dem Kontext der Verbraucherinformatik, wie etwa die Nutzung von Instant Messengers für die Organisation von privaten Partys und das Teilen von Fotos im Nachgang davon.

- Welche Aspekte davon erscheinen Ihnen im Vergleich zu E-Mail relevant? Welche Unterschiede lassen sich ggf. beobachten?
- Welche gesellschaftlichen Folgen könnten sich aus der Aneignung der Technik
  ergeben, die nicht bei der Gestaltung der Technik intendiert bzw. vorher-
  gesehen wurden?
- Was bedeutet die Sichtweise, dass sich gesellschaftliche Folgen von Technik
  nicht vollständig im Rahmen der Gestaltung vorhersehen lassen, für die Entwicklung von Technik?

Tavani führt zusätzlich zur Gesetzgebung auch noch Religion und Philosophie als mögliche Quelle für moralische Prinzipien und die Begründung entsprechender Konsequenzen
an (Tavani 2015) (siehe Abb. 5.2).

In diesem Rahmen unterscheidet Tavani auch zwischen *Verhaltensregeln* und
Evaluationsprinzipien: Erstere umfassen Direktiven oder soziale Grundsätze als hand-
lungsleitende Regeln, Letztere dienen als bewertende Standards zur Begründung von Verhaltensregeln (Tavani 2015). Die Notwendigkeit dieser Unterscheidung wird in folgendem
Beispiel klar:

Sowohl nach den Zehn Geboten der christlichen Religion als auch nach der deutschen
Gesetzgebung ist Mord ein unmoralisches Vergehen. Würde man Mord nun nach beiden
Wertesystemen beurteilen und eine entsprechende, in diesem Beispiel stark vereinfachte
Begründung für das Vorliegen eines Vergehens liefern, könnte das entsprechend so
aussehen:

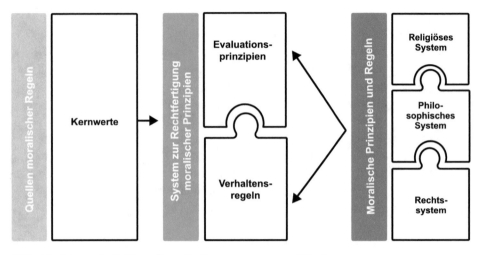

Abb. 5.2 Schematische Darstellung der Komponenten eines Moralsystems

Zehn Gebote
- Verhaltensregel: Mord ist ein Vergehen.
- Evaluation: Die Handlung widerspricht der göttlichen Anweisung (5. Gebot).

Gesetzgebung
- Verhaltensregel: Mord ist ein Vergehen.
- Evaluation: Die Handlung verletzt die aktuelle Gesetzeslage (Artikel 2 Deutsches Grundgesetz; Strafgesetzbuch § 211 Mord).

Als Quelle solcher moralischen Regeln und Prinzipien dienen sogenannte *Kernwerte*, allerdings ist sich die Literatur über die konkrete Zusammensetzung eben dieser uneins. Zahlreiche Definitionen von Moral, Ethik und ethischem Verhalten nennen aber zum Beispiel Fairness, Verantwortung, Aufgabe („duty"), Verpflichtung („obligation"), Respekt und Persönlichkeit (Falbe et al. 2020).

5.3 Fairness als Kernwert digitaler Systeme

Fairness. Im Allgemeinen wird Fairness als philosophisches Konzept (oder als Kernwert von Ethik) betrachtet, welches das Zusammenleben nach ethischen Maßstäben einrichten soll (Dimitriou und Schweiger 2015). Diese ethischen Maßstäbe können unabhängig davon gelten, welche Regeln beispielsweise per Gesetz und Rechtsordnungen definiert sind. Vielmehr orientiert sich Fairness an gesellschaftlichen Regeln, die fortan von der Gesellschaft geprägt werden. Ein Beispiel: Ein:e Spieler:in verletzt sich beim Fußballspielen, woraufhin die gegnerische Mannschaft den Ball ins Aus spielt. Nach der Verletzungspause wirft die Mannschaft des:der verletzten Spieler:in mit dem Einwurf der gegnerischen Mannschaft wieder den Ball zu (laut offiziellen Fußballregeln muss die Mannschaft dies nicht tun, macht es aber aus Fairplay-Gedanken). Während es im Sport vermeintlich oft noch leichtfällt, „Fairplay-Regeln" zu definieren, ist es in der Praxis oft schwierig, die Grenze zwischen moralisch richtigem Handeln und moralisch falschem Handeln zu definieren. Wenn wir den Begriff Fairness weiterhin als moralisches Konzept betrachten, wird er häufiger in Anlehnung an den Gerechtigkeitsbegriff nach John Rawls genutzt, der definiert: *„... ein gesellschaftlicher Zustand ist dann gerecht, wenn er fair ist."* (Rawls 2005)

5.3.1 Grundlegende Herausforderungen

Mensch versus Maschine. In unserer Gesellschaft herrscht zum Teil ein ambivalentes Bild, welche Entscheidungen von Menschen und welche von Maschinen getroffen werden dürfen. Aber es gibt eine Tendenz, dass algorithmische Entscheidungen und menschliche Entscheidungen bei Aufgaben, die eher technischer Natur sind, als gleich fair betrachtet werden, während bei Aufgaben, die ein hohes Maß an menschlichen Fähigkeiten erfordert, auch die menschliche Entscheidung als fairer beurteilt wird (Lee 2018). Illustrieren lassen sich diese menschlichen Fähigkeiten an Aufgaben, die eher subjektive Kriterien zur Bewertung heranziehen, wie beispielsweise die Benotung einer Kunstarbeit. Technische Fähigkeiten sind im Gegenzug eher objektiver Natur wie beispielsweise die theoretische Führerscheinprüfung. Technik wird demnach oft die Fähigkeit abgesprochen, Artefakte selbstständig zu produzieren und selbst zu bewerten. Dies zeigt sich aktuell auch im Beispiel generativer KI wie Dall-E oder ChatGPT, deren Ausgaben derzeit als nicht urheberrechtlich geschützt gelten. Während das menschliche Individuum, wie im Kunstbeispiel die lehrende Person, ein eigenes Gütesystem entwickelt, um eine Arbeit zu bewerten, fehlt diese Fähigkeit nach Laienansicht Technik oftmals.

Eine weitere Begründung ist, dass sich Mensch und Maschine nicht auf Augenhöhe begegnen. Während es Konsens ist, dass Menschen Fehler zugestanden werden, so gilt dies bei Algorithmen weniger, und Fehler von Algorithmen gehen mit einem stärkeren Vertrauensverlust einher (Dietvorst et al. 2015). Das kann in der Praxis so weit gehen, dass Menschen sogar eher den Entscheidungen von Menschen als denen von Software vertrauen, auch wenn der Algorithmus nachweislich bessere Entscheidungen treffen kann (Castelo et al. 2019).

Das Problem der **Algorithm Aversion**: Das Phänomen, dass Nutzer:innen bereits eine voreingenommene und ablehnende Einstellung gegenüber technischen Systemen und Algorithmen besitzen, heißt auch Algorithm Aversion (Filiz et al. 2021). Die Hintergründe für die grundsätzliche Abneigung werden in fünf Ursachen eingeordnet: falsche Erwartungen, fehlende Entscheidungskontrolle, fehlende Anreize, Intuition und widersprüchliche Auffassungen von Rationalität (Burton et al. 2020) (Tab. 5.1).

Wie zunächst angeführt, sind die Maßstäbe, mit denen wir Fairness messen, nicht auf einen einheitlichen Konsens zu bringen. So sehen wir uns mit grundsätzlichen Problematiken konfrontiert, deren Entstehung nicht zwangsweise mit Technik zu tun hat (Abb. 5.3).

Tab. 5.1 Ursachen und Lösungen von Algorithm Aversion

Thema	Ursache	Lösung
Falsche Erwartungshaltung	Die Erwartungshaltung an Menschen und Algorithmus unterliegt unterschiedlichen Standards und begegnet sich nicht auf Augenhöhe, daher ergeben sich falsche Erwartungen an die Fähigkeiten.	Kompetenzaufbau und Wissen darüber, wie ein System funktioniert. Menschliche Entscheidungsträger:innen müssen Fort-/Weiterbildung im Bezug auf automatisierte Systeme erhalten.
Fehlende Entscheidungskontrolle	Die Verantwortung wird an Systeme übergeben, obgleich sie nicht durchgängig verstanden werden. Nicht nur die Autonomie der Entscheidung wird abgegeben, auch physiologische Bedürfnisse wie Autonomie, Agency, und Control gehen verloren.	Human-in-the-loop: Der Mensch muss in den Prozess weiterhin eingebunden werden und die Möglichkeit haben, einzugreifen bzw. Prozesse zu beeinflussen.
Fehlende Anreize	Automatisierte Entscheidungen einzuführen kostet Nutzer:innen eine Extramotivation, da sie vom Individuum erfordert, seine Komfortzone zu verlassen und die Berufung auf die bis dahin geltenden Normen nicht funktioniert.	Es müssen Motivationsanreize geschaffen werden, um das Verhalten, soziale Normen und Muster zu verändern. Die Akzeptanz funktioniert auch über Anerkennung, dass die Umstellung Zeit und Ressourcen kostet.
Kognitive Intuition	Menschen variieren in ihren Entscheidungen und hören auf ihr Bauchgefühl – unflexible Eigenschaften und normative Entscheidungen von Algorithmen stehen in Konflikt mit menschlichen „Bauchgefühl"-Entscheidungen.	Menschliche Intuition muss im Designprozess berücksichtigt werden, kognitive Prozesse dürfen nicht parallel laufen, sondern müssen gemeinsam interagieren.
Auffassung von Rationalität	Menschen und Algorithmen bewerten und analysieren aus der gleichen Umgebung oft nicht die gleichen Informationen und haben unterschiedliche Auffassungen über eine richtige Entscheidung.	Algorithmen müssen die Unsicherheitsperspektive menschlicher Nutzerinnen in der realen Umgebung berücksichtigen.

Abb. 5.3 Grafische Darstellung der Gerechtigkeitsproblematiken

Gleichbehandlung und Gleichberechtigung. Die vorab angesprochene Entstehung von Gerechtigkeitsproblematiken lässt sich durch die englischen Begriffe „equality" (Gleichbehandlung) und „equity" (Gleichberechtigung) verdeutlichen. Während wir bei Gleichbehandlung alle Menschen „gleich" behandeln würden und nicht aktiv eingreifen, könnte das dazu führen, dass der Nachteil, den beispielsweise ethische Minderheiten oder People of Colour in Entscheidungssitzungen haben, nicht ausgeglichen wird. Um den Nachteilsausgleich zu adressieren und Gleichberechtigung zu schaffen, müssen wir als Menschen aktiv in die Entscheidung der Systeme eingreifen. Die Schwierigkeit liegt darin, dass wir einem der Wege folgen müssen und Gleichbehandlung und Gleichberechtigung nicht zusammen funktionieren. Ein populäres und vieldiskutiertes Beispiel hierzu ist die Frauenquote. Im Kontext von Fairness finden wir Hinweise darauf, dass diese Fairness oft mit Gerechtigkeit (Kasinidou et al. 2021), wie bereits beschrieben, gleichgesetzt wird, weshalb wir das Prinzip der Gleichberechtigung auch als Maßstab für faire Algorithmen ansetzen.

Wahrnehmung von Fairness. Allerdings muss an dieser Stelle darauf hingewiesen werden, dass die Wahrnehmung von Fairness durch den Menschen kompliziert und nuanciert sein kann. So fand eine Studie heraus, dass verschiedene Interessengruppen unterschiedliche Vorstellungen von Fairness bei demselben algorithmischen System haben können (Lee 2018). Auch spielen demografische Hintergründe und der Wissensstand wie **Algorithmic Literacy** eine relevante Rolle bei der Beurteilung von Fairness (Pierson 2017).

5.3.2 Dimensionen von Fairness

Nicht nur die grundlegende Einstellung und Vorstellung von Fairnessprinzipien bei demselben automatisierten System ist zu hinterfragen. Auch bilden sich eigene **mentale Modelle** der Verbraucher:innen zur Funktionsweise von Systemen, unabhängig davon, wie sie

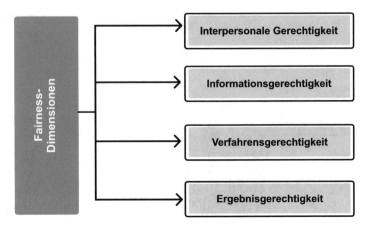

Abb. 5.4 Fairnessprinzipien

beispielsweise technisch umgesetzt werden. Die Ursache hierfür ist, dass nicht alle Funktionsweisen, die hinter einem technischen System liegen, für Nutzende transparent und verständlich dargestellt werden (können). So kann die technische Komplexität in Erklärungen dazu führen, dass Laien den Prozess oder die Entscheidung eines Systems nicht verstehen und daher eigene Urteile zur Bewertung bilden. Allgegenwärtig sind diese mentalen Modelle in der Forschung **zu explainable AI (xAI)**, die versucht, zum einen auf technischer Seite Systeme erklärbar zu machen und auf der anderen Seite ein Verständnis für die Ergebnisse und Verfahren von Systemen aufzubauen, um das Vertrauen der Menschen zu stärken und die den Entscheidungen des Systems zugrunde liegenden Ursachen aufzudecken (Ehsan et al. 2022; Adhikari et al. 2022). In diesem Zusammenhang wird Fairness häufiger mit den Gerechtigkeitsdimensionen nach John Greenberg genannt, dessen Modell seinen Ursprung in der Arbeits- und Organisationspsychologie hat (Greenberg 1987) (Abb. 5.4).

Im Zuge von automatisierten Systemen werden insbesondere die Auswirkungen von Erklärungen auf **Interpersonale Gerechtigkeit, Informationsgerechtigkeit, Verfahrensgerechtigkeit und Ergebnisgerechtigkeit** untersucht.

Interpersonale Gerechtigkeit. Diese Dimension beschreibt den Grad, mit dem der Mensch, der einer Entscheidung ausgesetzt ist, mit Respekt und Würde behandelt wird (Tyler und Bies 1971). In diesem Kontext wird auch vom zwischenmenschlichen Umgang in der Entscheidungsfindung gesprochen. Besonders interessant ist diese Dimension vor dem Hintergrund der Diskussion, ob Algorithmen und Techniksysteme als Entscheidungsträger überhaupt die Fähigkeit besitzen können, dem Menschen in dieser sozialen Interaktion Respekt und Würde entgegenzubringen (Narayanan et al. 2023). Im Vergleich zu menschlichen Entscheidungsträgern herrscht an dieser Stelle ein größerer Konsens darüber, dass Entscheidungen von KI-Systemen als weniger interpersonell fair wahrgenommen werden (Narayanan et al. 2023).

Informationsgerechtigkeit. Informationsgerechtigkeit bezieht sich auf die faire und gerechte Verteilung von Informationen, die sich im Kontext von automatisierten Entscheidungen zudem auch auf die Beurteilung dieser Informationen beziehen. Die Problematik der Informationsgerechtigkeit zeigt sich hierbei durch den unterschiedlichen Wissensstand, den die Gesellschaft in Bezug auf Technik besitzt und mit den vorhandenen Informationen beurteilen kann, welche Systeme und Eigenschaften aus ihrer Sicht fair sind. So können bei Gleichverteilung von Informationen einzelne Personen nicht gerecht behandelt werden, weil sie diese Informationen aufgrund der Komplexität nicht verstehen. Daher müssen Erklärungen auch auf die verschiedenen Bedürfnisse des Individuums angepasst werden, um Informationsgerechtigkeit herzustellen (Binns et al. 2018; Colquitt und Rodell 2015).

Verfahrensgerechtigkeit. Verfahrensgerechtigkeit beschäftigt sich mit der Fairness und der Logik hinter den algorithmischen Entscheidungssystemen (Binns et al. 2018). Ergebnisse aus der sozialwissenschaftlichen Forschung zeigen, dass beispielsweise eine Beteiligung der Nutzer:innen am Prozess zu einer größeren Akzeptanz der Ergebnisse führen kann (Greenberg und Folger 1983). Insbesondere wirkt sich das Verfahren positiv auf die Wahrnehmung des Outputs aus (Lind und Earley 1992; van den Bos et al. 1997). Sofern Verbraucher:innen keine Information über das Ergebnisse anderer besitzen und den Durst nach sozialer Vergleichbarkeit nicht bedienen können, verlassen sie sich auf das Verfahren, um sich ein Fairnessurteil zu bilden. Dies offenbart jedoch mehrere Probleme: Zum einen kann nicht jeder Prozess vollständig sichtbar gemacht werden; denn für Unternehmen könnte es beispielsweise ein zu großes Risiko bergen, ihre Systeme dem Wettbewerb zu offenbaren. Außerdem müssen wir die unterschiedlichen Wahrnehmungsperspektiven adressieren: zum einen die subjektive Wahrnehmung mit der moralischen Frage, ob es angemessen ist, dass eine Variable X in einem Verfahren/Prozess genutzt wird; zum anderen die objektive Wahrnehmung mit der Frage, ob eine Variable X auch wirklich das misst, was sie messen soll, und für die Entscheidung ursächlich ist (Grgic-Hlaca et al. 2018).

Ergebnisgerechtigkeit. Ergebnisgerechtigkeit versucht im Kontext von automatisierten Entscheidungen, die Auswirkungen gleichmäßig und gerecht auf alle Betroffenen zu verteilen, unabhängig von ihren persönlichen Merkmalen. Jedoch handelt der Mensch bei der Bewertung von Ergebnisgerechtigkeit oftmals egoistisch. Beispielsweise zeigt eine Studie, dass Teilnehmer:innen, die ein nicht favorisiertes Ergebnis erhielten, ein System auch weniger fair bewerteten, als diejenigen Teilnehmer:innen, die mit ihrem Ergebnis zufrieden waren (Grgic-Hlaca et al. 2018). Auch ist es ein Problem, dass oftmals keine Möglichkeit der Vergleichbarkeit gegeben ist, da Ergebnisse von anderen, wie im Kreditbeispiel angeführt, nicht gegeben sind.

Beispiel zur individuellen Wahrnehmung von Fairness
In den USA wird in einigen Bundesstaaten ein Programm mit dem Akronym COMPAS (Correctional Offender Management Profiling for Alternative Sanctions) zur Beurteilung der Rückfallwahrscheinlichkeit von Straftäter:innen eingesetzt. Diese

Informationen und Risikobeurteilungen sollen beispielsweise Richter:innen helfen zu beurteilen, ob Straftäter:innen aufgrund ihrer geringen Wahrscheinlichkeit, wieder eine Straftat zu begehen, eine frühzeitige Haftentlassung erhalten (Räz 2022). Neben dem sensiblen Anwendungskontext stellt sich grundsätzlich die Frage, auf welcher Basis das Modell die Rückfallwahrscheinlichkeit berechnet. Hierzu gibt es eine Vielzahl von Studien, die auf bereits in diesem Kapitel beschriebene Problematiken aufmerksam machen. Neben der unterschiedlichen Fehlerrate für schwarze und weiße Menschen ist nicht klar, wie die bis zu 137 Variablen im Modell zusammenhängen. Jedoch fließen in die Berechnung nicht nur eigene Vorstrafen, sondern auch beispielsweise die Kriminalhistorie von Familienmitgliedern wie Eltern oder Geschwistern oder die Erkenntnisse zu sozialen Bindungen, Wohnort- oder Beschäftigungswechseln ein.

Selbstreflexion:

Überlegen Sie anhand des Beispiels COMPAS, warum es wichtig ist, Fairnessproblematiken vor der Nutzung zu diskutieren.

- Welche Aspekte scheinen Ihnen besonders relevant zu sein? Wie ordnen Sie Ihre Aspekte in die vier Fairnessdimensionen ein?
- Welche gesellschaftlichen Folgen könnten sich ergeben, wenn Fairness wie im Rahmen des Beispiels COMPAS nicht diskutiert wird?
- Überlegen Sie sich Beispiele aus Ihrem Alltag, auf die sich Ihre Überlegungen übertragen lassen.

In der Forschung werden die Wechselwirkungen zwischen den Gerechtigkeitsdimensionen vielseitig diskutiert, denn alle sind für die Bildung von Fairness-Heuristiken bedeutsam. Keine vollständige Einigkeit herrscht darüber, ob die Verteilungsgerechtigkeit (van den Bos et al. 1997) oder die Verfahrensgerechtigkeit (Lind und Earley 1992) bei der Beurteilung der Fairness mehr Gewicht hat. In Konsequenz lässt sich aber sagen, dass die Herstellung von Fairness in einer Gerechtigkeitsdimension nicht automatisch zu Fairness in den anderen Gerechtigkeitsdimensionen führt. So können Verbrauchende beispielsweise identische Ergebnisse aufgrund der Verfahren, die zu ihnen geführt haben, als ungerecht empfinden, während selbst ungünstige Ergebnisse aufgrund der beteiligten Verfahren als gerecht empfunden werden können (Lee et al. 2019).

5.4 Umsetzung digitaler Ethik

Die Umsetzung digitaler Ethik umfasst alle Berührungspunkte, die wir täglich mit Technologie und deren Auswirkungen haben. Durch die Verwendung von Technologie interagieren wir direkt oder indirekt mit anderen Menschen und unserer Umwelt (Verbeek 2015) – entsprechend wird digitale Ethik zur Ethik des alltäglichen Lebens, auch weil

Technologie ungewollte und unabschätzbare Folgen haben kann. Diese können zum Beispiel auftreten, wenn Systeme angeeignet werden oder wenn sie wissentlich oder unwissentlich fehlbedient oder anderweitig zweckentfremdet werden (siehe obiges Beispiel zur Technikaneignung). Dadurch können für den Designer unvorhergesehene Wechselwirkungen mit anderen Technologien und Systemen auftreten oder Schwachstellen in Systemen absichtlich zum Nachteil Dritter ausgenutzt werden. Genauso gut kann es aber sein, dass eine Technologie absichtlich unmoralisch entworfen und umgesetzt wird. Dark Patterns werden zum Beispiel im Regelfall bewusst eingesetzt, um an Nutzerdaten zu gelangen oder Kaufentscheidungen zu beeinflussen (Gray et al. 2018). In einer extremen Form basieren ganze Firmen auf moralisch kritisch zu betrachtenden Geschäftsmodellen, zum Beispiel in Form von Überwachungskapitalismus (Zuboff 2020). Solche Businessmodelle sehen das gezielte Sammeln, Auswerten und Anbieten von Nutzerdaten und Profilen zu Marketingzwecken vor, weshalb angebotene Services und Produkte für diese Zwecke optimiert werden (siehe Kap. 4).

Die folgenden Kapitel beschäftigen sich mit der Umsetzung von digitaler Ethik aus zwei Perspektiven: Abschn. 5.4.1 beschreibt eine menschzentrierte Perspektive, die das Spannungsfeld Nutzer:innen, Designer:innen und Firmen diskutiert. Abschn. 5.4.2 hingegen nimmt eine technische Perspektive als ergänzenden Ansatz zur Umsetzung von Ethik in Technologie ein.

5.4.1 Der Faktor Mensch in der Systemgestaltung

Wie bereits beschrieben, gestaltet sich die Frage, wer nun ausschlaggebend für (un-)ethische Technologie verantwortlich ist und wie man bessere Systeme schaffen kann, in der Realität durch die Vielzahl an Faktoren und involvierten Interessengruppen komplex. Aktuelle Diskurse fordern zum Beispiel, dass Designer:innen als direkte Gestalter:innen von Technologie eine besondere Verantwortung obliegt, da „Design (…) angewandte Ethik" ist (Bowles 2018) – oder zumindest das Potenzial dazu hat. Deshalb müssten Entwickler:innen und Designer:innen in ihrem kritischen Denken nachdrücklicher geschult und so befähigt werden, ethische Konfliktpotenziale besser zu erkennen und entsprechende Maßnahmen rechtzeitig bereits im Designprozess zu ergreifen (Gray et al. 2018). Hierfür müsse die Designcommunity als Gemeinschaft aber „Standards für sich selbst setzen" (Narayanan et al. 2020) auch um „umständliche Regulierungen zu verhindern und weil es das Richtige ist" (Narayanan et al. 2020).

Dennoch ist nicht zu vernachlässigen, dass Designer:innen durch ein Angestelltenverhältnis möglicherweise nicht die Freiheit haben, ihre moralischen Grundsätze frei in ihrer Arbeit zu äußern und auszuleben (Gray und Chivukula 2019; Krauß et al. 2023). Entsprechend wird Produkt- und Servicedesign auch maßgeblich von Firmenpolitik und Businessmodellen beeinflusst, auf die ein:e Designer:in nur bedingt einwirken kann. Folglich muss nicht nur (wirtschaftliches) Design als Disziplin eine Form der Emanzipation auf mehreren Ebenen durchlaufen, die bei der grundlegenden Firmenphilosophie beginnt und auch die Einstellungskriterien für neue Mitarbeitende mit einschließt (Krauß et al. 2023).

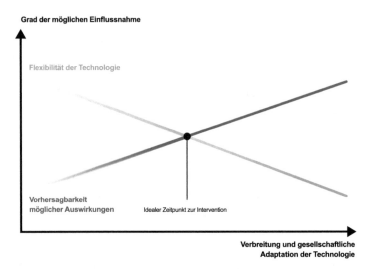

Abb. 5.5 Das Collingridge-Dilemma: Anfangs ist der Einfluss neuer Technologien auf das Individuum und die Gesellschaft schwer abzuschätzen. Später sinken aber die Möglichkeiten der Einflussnahme, da eine Technologie bereits etabliert ist.

Auch der Gesetzgebung obliegt eine gewisse Verantwortung, regulatorisch in unmoralische Konzern- und Marktgefüge einzugreifen sowie daraus hervorgehende Praktiken zu unterbinden und zu ahnden. Gesetzliche Regulatorien sind jedoch häufig langsam im Vergleich zur technologischen Entwicklung am Markt. Das kann dazu führen, dass gesellschaftlich unmoralische Praktiken bereits in Systemen etabliert und dadurch nur noch schwer zu regulieren sind. Eine Möglichkeit der vorbeugenden Intervention eröffnet sich durch die Verwendung spekulativerer Ansätze, wie zum Beispiel im Bereich der Technikfolgenabschätzung, die den Einfluss von Technologie auf die Gesellschaft auf Basis möglichst detaillierter Analysen und Beobachtungen des Marktgeschehens, potenzieller Anwendungsgebiete und Stakeholder einzuschätzen versuchen (Matthews et al. 2019). Diese Ansätze unterliegen jedoch dem Collingridge-Dilemma (Collingridge 1982) (siehe Abb. 5.5).

Das Collingridge-Dilemma beschreibt, dass sich die Vorhersage der gesellschaftlichen Auswirkungen einer noch nicht weitverbreiteten Technologie als zu spekulativ erweisen kann. Es kann aber auch zu spät oder zu schwierig sein, die Auswirkungen der Technologie zu beeinflussen, abzumildern oder ihr entgegenzuwirken, wenn sie erst einmal etabliert ist (Kudina und Verbeek 2018).

Beispiel zum Collingridge-Dilemma
Dark Patterns sind bestimmte Designaspekte einer Benutzerschnittstelle, die Anwender:innen zu Handlungen verleiten sollen, die deren eigentliche Motivation untergräbt (siehe Kap. 4). Ein bekanntes Dark Pattern, das unter anderem auch von Amazon eingesetzt wurde, ist das *Roach Motel* (Brignull et al. 2023) – ein

Pattern, das Prozesse so verschachtelt, dass ein eigentlich einfacher Vorgang für Endanwender:innen unübersichtlich und sehr nervenaufreibend wird und diese dadurch die Motivation für das Durchlaufen des Vorgangs verlieren sollen. Zum Beispiel hatte Amazon zeitweise den Löschvorgang des eigenen Accounts hinter mehreren Menüebenen und Bestätigungslinks versteckt. Endanwender:innen, die diesen Prozess dennoch bis zum Ende durchlaufen haben, mussten am Ende feststellen, dass sie ihren eigenen Account gar nicht selbstständig löschen können. Die endgültige Löschung erfolgte nur nach einer Kontaktaufnahme mit dem Kundenservice.

Als Dark Patterns erstmalig in der Literatur beschrieben wurden, waren diese schon sehr weitverbreitet und bei vielen Web-Service-Anbietern fest in Gestaltungspraktiken und Businessmodellen verankert (Gray et al. 2018). Eine Regulierung gestaltet sich aufgrund der zahlreichen Ausprägungen und einer unklaren Definition und Klassifizierung (Gray et al. 2018) dieser Gestaltungspraktiken nach wie vor schwierig (Mathur und Mayer 2021), auch weil es zu immer neuen Ausprägungen von Dark Patterns kommt und diese mittlerweile auch in anderen Technologien und Endanwendungen etabliert sind. Aus diesem Grund versucht die Forschungsgemeinschaft der Ausweitung solcher Designpraktiken auf entstehende Technologien, zum Beispiel in erweiterten Realitäten und künstlicher Intelligenz, zuvorzukommen und untersucht mithilfe spekulativer Ansätze mögliche Auswirkungen von Dark Patterns auf die Gesellschaft. Diese Ansätze könnten jedoch zur Überregulierung der Technologie und damit zu verminderter Innovation führen, da sie Anwendungsfälle oder Funktionen unterbinden wollen, bevor diese überhaupt entwickelt werden können.

Selbstreflexion:

Überlegen Sie, welche Bespiele für das Collingridge-Dilemma Sie aus Ihrem Alltag kennen. Denken Sie dabei auch an aktuelle Beispiele aus dem Anwendungsbereich, zum Beispiel Social Media.

- Welche Technologien oder Anwendungen können betroffen sein?
- Welche waren es in der Vergangenheit?
- Fällt Ihnen eine Technologie oder Anwendung ein, die überreguliert wurde oder zum Zeitpunkt ihrer Regulierung bereits sehr weitverbreitet war?
- Was wäre rückblickend betrachtet ein besserer Ansatz zur Regulierung betroffener Technologien oder Anwendungen gewesen?

Für Technologien gibt es bereits verschiedene Designansätze, die deren Entwicklung unter Berücksichtigung ethischer Kernwerte ermöglichen sollen. Diese folgen zum einen dem Ansatz einer ganzheitlicheren Betrachtung des System- und Nutzungskontextes und den potenziellen Veränderungen, die das neue System herbeiführen könnte. Entsprechende Designansätze sind zum Beispiel Participatory Design oder Co-Design (siehe Kap. 6), in denen Nutzer:innen des zu entwickelnden Systems selbst zu Designer:innen werden und selbiges aktiv mitgestalten. Jedoch zeigen sich ethische, rechtliche und soziale Implikationen (ELSI) „oft erst in der Aneignung von Technologien in der Praxis und lassen sich nicht vollständig technisch auflösen" (Boden et al. 2021). Entsprechend endet Design also nicht mit der finalen Gestaltung und Entwicklung eines Produkts, sondern geht darüber hinaus (Kimbell 2011). Folglich sind auch Anwender:innen im Umfang ihrer Fähigkeiten in gewisser Art und Weise für den ethischen Gebrauch von Technologie im Alltag mit verantwortlich, und das vollständige Entmündigen von Nutzenden ist durchaus auch kritisch zu betrachten.

5.4.2 Erkenntnisse aus technischer Perspektive

Biased Reality: Die Basis von vielen technischen Systemen sind (Trainings-)Daten. Doch sind die Datensätze zunächst nur eine Darstellung der Realität, die dann von einem System genutzt werden, um beispielsweise Zusammenhänge zu analysieren oder Prognosen zu treffen. Dabei stoßen wir auf die Problematik, dass bereits unsere Realität nicht frei von Diskriminierung und strukturellem Rassismus ist. Wenn wir nun diese Datensätze aus der Realität auf unsere Systeme übertragen, übertragen wir auch unsere bereits bestehenden gesellschaftlichen Probleme. Das Phänomen der „**Biased Reality**" lässt sich durch die folgenden Beispiele (siehe Abb. 5.6) verdeutlichen:

Eine Gesichtserkennungssoftware soll erkennen, wer potenziell einen Mord begehen wird. Aus den ursprünglichen Daten lässt sich ablesen, dass 96 % der Morde von Männern begangen werden. Nun werden insgesamt 100 Personen von der Software als potenzielle

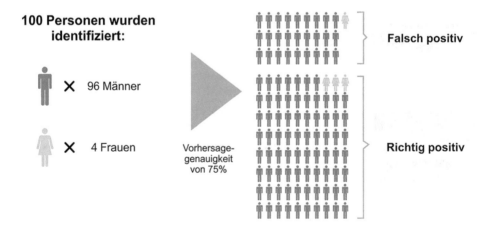

Abb. 5.6 Ein Beispiel für das Phänomen der Biased Reality

Mörder:innen identifiziert. 96 Männer und 40 Frauen. Die Vorhersagegenauigkeit beträgt 75 %, was wiederum dazu führt, dass mehr Männer als Frauen falsch positiv als potenzielle Mörder:innen identifiziert werden. Das hat aber nichts mit dem Algorithmus zu tun, sondern spiegelt im Wesentlichen die zugrunde liegende Datenbasis sowie die statistischen Wahrscheinlichkeiten wider (Fry 2018).

Mathematische Fairness/Maßstäbe/Vorgaben: Um der Problematik der Biased Reality entgegenzuwirken, gibt es eine Vielzahl von mathematischen Fairnessmaßstäben, die ihre Anwendung finden. Dabei geht es insbesondere darum, Fairness durch statistische Lösungen zu schaffen. Die Metriken lassen sich in Pre-Processing, In-Processing und Post-Processing unterscheiden (Weerts 2021; Joos und Meding 2022; Castelnovo et al. 2021).

Pre-Processing: Diese Techniken versuchen, Daten im Vorfeld der aktiven Nutzung zu transformieren, um Diskriminierung durch Daten zu minimieren.

In-Processing: Diese Techniken modifizieren Datensätze im Lernprozess des Systems durch Änderungen von Bedingungen und Auferlegung von Beschränkungen.

Post-Processing: Diese Technik kommt insbesondere zur Anwendung, wenn das genaue Lernmodell nur als Black-Box zur Verfügung steht. So müssen die Ergebnisse geprüft und ihnen möglicherweise neue Bedingungen auferlegt werden.

Neben der zeitlichen Einordnung der mathematischen Lösungen möchten wir im Folgenden ausgewählte konkrete Metriken und ihre Unterschiede vorstellen. Diese Metriken werden kontinuierlich durch neue Forschungsarbeiten erweitert; es geht daher in der folgenden Übersicht nicht um eine Vollständigkeit der Metriken, sondern vielmehr um eine erste Einordnung und um die Herausforderungen, die uns bei mathematischer Fairness begegnen. Um die Unterschiede der Metriken deutlich zu machen, nutzen wir das Fallbeispiel der Kreditvergabe.

1. Gruppenbasierte Metriken: Wie der Name bereits vermuten lässt, fokussieren gruppenbasierte Metriken das Ziel, eine Gruppe als Ganzes und ein Individuum als Teil einer Gruppe nicht zu diskriminieren. Ein Kriterium ist hier die gleiche Ergebnisverteilung für Gruppen („demographic parity"). Im Kreditbeispiel würde das bedeuten, dass zwei Gruppen (A & B) betrachtet und in beiden Gruppen Personen in gleichen Teilen als kreditwürdig eingeteilt werden. Als Resultat bekommen 20 % in beiden Gruppen den Kredit. Eine Erweiterung dieses Ansatzes ist die „conditional parity", bei der eine zusätzliche Kontrollvariable zu den Gruppen hinzugefügt wird, wie beispielsweise die vorherige Zuverlässigkeit bei der Zurückzahlung von Kreditraten. Während sich die vorangegangen Metriken auf die Unabhängigkeit („independence") und die Ergebnisverteilung konzentrierten, gibt es eine weitere Gruppe von gruppenbasierten Metriken, die auf die Trennung („separation") und auf die Chancengleichheit („equality of odds") und Fehlerraten fokussiert. Dabei ist die Bedingung dieser Metrik, dass die korrekten Vorhersagen für beide Untergruppen (A&B) gleich sind und die gleiche Anzahl an False Positives und

False Negatives für beide Untergruppen gleich sein müssen. Vorteil der gruppenbasierten Metriken ist sicherlich auf der einen Seite, dass wir Gruppen im Gesamten gleichbehandeln, jedoch ist die Kritik, dass das Problem der Biased Reality verstärkt werden kann und wir sensible Untergruppen wie das Alter oder das Geschlecht erst einmal definieren müssen.

2. **Individualbasierte Metriken:** Die individuellen Fairness-Metriken fokussieren das einzelne Individuum und vergleichen individuelle Datensätze und Output-Ergebnisse. Das Prinzip hier heißt, dass ähnliche Personen auch ähnliche Ergebnisse erzielen müssen. Sind beispielsweise die Inputdaten von zwei Personen im Rahmen einer Kreditprüfung sehr ähnlich, aber der Output (Person A erhält den Kredit, und Person B erhält den Kredit nicht) unterschiedlich, so wäre die Entscheidung möglicherweise unfair. Jedoch gilt es an dieser Stelle erst einmal zu definieren, in welcher Form sich Person A und Person B ähnlich sind, welche Merkmale sich möglicherweise unterscheiden und wie diese zu bewerten sind.

3. **Kausalbasierte Fairness:** Nicht alle Kriterien können auch mathematisch erfasst werden, daher hinterfragt die Counterfactual-Fairness-Metrik die Kausalketten und die Mechanismen, wie Daten erzeugt werden. So würde nach diesem Prinzip beispielsweise erst die Frage beantwortet werden, wie die Kreditentscheidung aussehen würde, wenn Person A ein anderes Geschlecht hätte? Sie versucht daher mit Expertenwissen zunächst eine zufällige Struktur zur Beantwortung des Problems wie der Kreditvergabe zu finden. Damit wird jedoch auch der Nachteil dieser Methodik sichtbar: Sie ist weniger robust und mehr subjektiver Natur.

Das Debiasing von Datensätzen ist demnach ein wichtiger Ansatz, um sicherzustellen, dass resultierende Daten und Ergebnisse keinen strukturellen Rassismus aufweisen. Dies gestaltet sich jedoch insbesondere bei solchen Daten als anspruchsvoll, bei denen die Verarbeitung sensibler Informationen erforderlich ist. In solchen Fällen ist es oft notwendig, dass wichtige Entscheidungen während der Entwicklung von technischen Systemen getroffen werden, da sich gesellschaftliche Regeln diesbezüglich erst etablieren müssen.

5.5   Werkzeuge für die Gestaltung ethischer Systeme

Aus den vorherigen Kapiteln lässt sich verdeutlichen, dass ethisches Design und Technikgestaltung eine Herausforderung sind, bei der es bei einigen Konflikten nicht immer eine klare Lösung gibt. Weiterhin lässt sich die ethische Bewertung von Technologiegestaltung nicht einfach auf andere Anwendungsbereiche übertragen und erfordert somit die systematische Bewertung des Einzelfalls mit den betroffenen Interessengruppen. Die folgenden vier Leitlinien und Methoden stehen dabei exemplarisch für eine Vielzahl von Umsetzungsmöglichkeiten, wie die Verbraucherinformatik ethische Fragestellungen in der Technikgestaltung zu berücksichtigen versucht.

5.5.1 Leitlinien der EU

Zunächst betrachten wir die Umsetzung von ethischen Leitlinien der Europäischen Union (EU), die unter dem Namen Assessment List for Trustworthy AI (ALTAI) (AI HLEG 2020) veröffentlicht ist. In dieser Hinsicht hat die EU Ethikleitlinien für intelligente Systeme publiziert, mit denen ethische Prinzipien erfüllt werden sollen und die als Grundsätze für die Gestaltung von Technik von Unternehmen Anwendung finden sollen (Abb. 5.7).

Das Fundament hierzu bilden die vier ethischen Grundsätze:

- **Achtung der menschlichen Autonomie:** Der Mensch muss die Möglichkeit haben, vollständig über sich selbst bestimmen zu können, und Systeme sollen nur dazu dienen, die Fähigkeiten des Menschen zu stärken bzw. diese zu ergänzen und nicht zu ersetzen.
- **Schadensverhütung:** Zur Schadensverhütung zählt insbesondere die geistige und körperliche Unversehrtheit und der Schutz der Menschenwürde, der durch KI-Systeme kein Schaden zugefügt werden darf.
- **Fairness:** Fairness als ethischer Grundsatz hat hier zwei Dimensionen. Die substanzielle Dimension soll Menschen vor unfairer Besserstellung bzw. Diskriminierung schützen, während die verfahrenstechnische Dimension Menschen die Möglichkeit bieten soll, sich gegen Entscheidungen von KI-Systemen zu wehren.
- **Erklärbarkeit:** Dieser Grundsatz beschäftigt sich damit, Vertrauen zu schaffen und zu gewährleisten, dass Prozesse transparent sind. Insbesondere muss der Zweck von Systemen kommuniziert und den betroffenen Menschen verständlich erklärt werden.

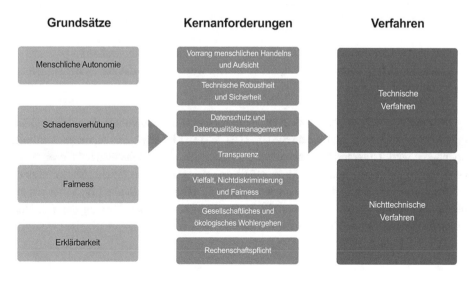

Abb. 5.7 Die Leitlinien vertrauenswürdiger KI in Anlehnung an die Hochrangige Expertengruppe für künstliche Intelligenz

Tab. 5.2 Die sieben Kernanforderungen an vertrauenswürdige Systeme

Kernanforderung	Aspekte der Anforderung
Vorrang menschlichen Handelns und menschlicher Aufsicht	Grundrechte, Vorrang menschlichen Handelns und menschlicher Aufsicht über rein automatisierte Entscheidungen
Technische Robustheit und Sicherheit	Widerstandsfähigkeit gegen Angriffe und Sicherheitsverletzungen, Auffangplanung und allgemeine Sicherheit, Präzision, Zuverlässigkeit und Reproduzierbarkeit
Datenschutz und Datenqualitätsmanagement	Achtung der Privatsphäre, Qualität und Integrität der Daten sowie Datenzugriff
Transparenz	Nachverfolgbarkeit, Erklärbarkeit und Kommunikation
Vielfalt, Nichtdiskriminierung und Fairness	Vermeidung unfairer Verzerrungen, Zugänglichkeit und universelles Design sowie Beteiligung der Interessenträger
Gesellschaftliches Wohlergehen und ökologisches Wohlergehen	Nachhaltigkeit und Umweltschutz, soziale Auswirkungen, Gesellschaft und Demokratie
Rechenschaftspflicht	Nachprüfbarkeit, Minimierung und Meldung von negativen Auswirkungen, Kompromisse und Rechtsbehelfe

Um diese Grundsätze zu verwirklichen, gibt es weiterhin sieben definierte Kernanforderungen an vertrauenswürdige Systeme (Tab. 5.2):

Um diese Anforderungen zu erfüllen, wird eine Bewertungsliste für vertrauenswürdige KI beschrieben, die einen einfachen Zugang zu diesen sieben Anforderungen für Entwickler:innen und Anwender:innen bieten soll. Die Bewertungsliste enthält dabei praktische Fragestellungen, die berücksichtigt werden müssen, wie beispielsweise:

- Verbessert oder erweitert das KI-System die menschlichen Fähigkeiten?
- Haben Sie den Schaden bewertet, der entstehen würde, wenn das KI-System ungenaue Vorhersagen machen würde?

Insgesamt besitzt die Checkliste über 75 Fragen und bietet den Vorteil, dass sich ein künftiger Rechtsrahmen für intelligente Systeme (AI Act) (AI HLEG 2020) an diesen Leitlinien orientieren wird. Unternehmen haben so die Möglichkeit, sich bereits jetzt auf diesen vorzubereiten und sicherzustellen, dass sie die möglichen Vorgaben aus rechtlicher Sicht umsetzen.

Zusammenfassend lässt sich festhalten, dass *ALTAI* eine Möglichkeit für Unternehmen bietet, technische Innovationen und KI-Systeme unter Berücksichtigung der Ethikleitlinien der Europäischen Union zu hinterfragen.

5.5.2   Ethics Canvas

Die Methode des Ethics Canvas ist eine Brainstorming-Methode, die an den Business-Model-Canvas-Ansatz von Osterwalder und Pigneuer angelehnt ist (Osterwalder und Pigneur 2011). Beide Ansätze verfolgen das Ziel, Geschäftsmodelle auf Basis von defi-

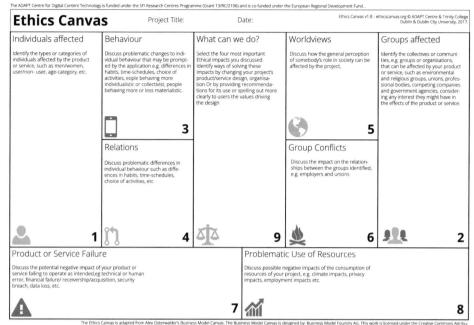

Abb. 5.8 Die Methode des Ethics Canvas und seine Bausteine. Lizensiert als CC-BY-SA 3.0 Business Model Foundry AG (https://www.ethicscanvas.org/)

nierten Themenblöcken zu diskutieren. Während beim Business Model Canvas die Visualisierung und Strukturierung des eigenen Geschäftsmodells im Fokus steht, fokussiert der Ethics Canvas (Lewis et al. 2018) die ethischen Aspekte der Technologiegestaltung. Die Methode bietet die Möglichkeit, sich ein erstes Bild über die moralischen Aspekte von Systemen zu verschaffen und dabei in den gemeinsamen Austausch mit den betroffenen Interessengruppen zu kommen. Betroffene Interessengruppen können in diesem Fall beispielsweise zukünftige Nutzer:innen, politische Akteur:innen, oder Entwickler:innen sein. Dabei profitiert die Methode davon, die unterschiedlichen Perspektiven der Akteur:innen auf einen Anwendungskontext zu beleuchten und zu zeigen, welche normativen Urteile, Werte und Vorstellungen der beteiligten Personen bei der Entwicklung zugrunde gelegt werden. Der Ethics Canvas nähert sich über neun Themenblöcke (s. Abb. 5.8) drei zentralen Fragestellungen.

(1) **Wer?** *Welche Individuen und welche Personengruppen sind von der Technik betroffen?*

Individuen: *Wer kann ein System, das Produkt oder den Service nutzen? Gibt es beispielsweise verschiedene Altersgruppen, Geschlechter, vulnerable Personen? Nicht immer ist nur der:die tatsächliche Nutzende betroffen, auch Personen in seinem:ihrem Umfeld können betroffen sein.*

   Gruppen: *Welche Gruppen sind von einem System betroffen? Wer ist an der Systementwicklung beteiligt? Welche Interessengruppen gibt es? Beispielsweise können Unternehmen*

mit wirtschaftlichem Erfolgsinteresse hier Unternehmen ohne wirtschaftliches Erfolgs-
interesse gegenüberstehen.

(2) **Wie?** *In welcher Form sind Individuen und Personengruppen von der Technik be-*
troffen? Zu der zweiten Frage gehören die Themenblöcke Verhalten und Beziehungen
auf der Mikroebene, Weltansichten und Gruppenkonflikte auf der Makroebene und
Produktfehler und Ressourcennutzung auf der nicht-menschlichen Ebene. Die Mikro-
ebene beschäftigt sich mit Auswirkungen auf das alltägliche Leben von Verbrau-
cher:innen, die ein System nutzen oder sich in dessen Umgebung befinden. Die Makro-
ebene beschäftigt sich mit den Auswirkungen auf das Kollektiv und die sozialen Struk-
turen. Dabei können sie sich auf politische Strukturen oder auf kulturelle Wertesysteme
beziehen. Weiterhin gibt es Auswirkungen, die nicht durch die Wertevorstellungen der
menschlichen Akteur:innen entstehen, jedoch den Menschen in seinem Leben mit der
Technik beeinflussen, wie beispielsweise durch Systemfehler des Produktes.

*   **Verhalten:** *Wie verändert sich das Verhalten von Individuen durch das Produkt oder*
den Service? Können Auswirkungen auf die Gewohnheiten, Zeitpläne oder Aktivitäten
eintreten?
*   **Beziehungen:** *Wie verändern sich die Beziehungen zwischen den Individuen aufgrund*
der neuen Technologie? Welche Beziehungen ändern sich wie genau?
*   **Weltansichten:** *Wie beeinflussen Weltansichten von Menschen die Entwicklung eines*
Produkts oder einer Technologie? Haben ihre Vorstellungen von Zusammenleben, Kon-
sum, Arbeit oder sonstigen Elementen Einfluss auf die Gestaltung und Entwicklung?
*   **Interessenkonflikte:** *Welche Gruppenkonflikte können entstehen, und wie beeinflussen*
diese die Technologie? Können beispielsweise einzelne Personengruppen von der Techno-
logie ausgeschlossen werden?
*   **Fehler:** *Welche potenziellen negativen Auswirkungen und Konsequenzen hat der Aus-*
fall einer Technologie? Was passiert bei technischen oder sicherheitsrelevanten Fehlern?
*   **Ressourcen:** *Die problematische Nutzung von Ressourcen bezieht sich insbesondere*
auf den Konsum unserer Gesellschaft. Dabei werden „allgemeinere" Elemente wie die
Folgen für das Klima, Energienutzung oder Finanzstrukturen diskutiert.

(3) **Was?** *Was können wir tun, um diese Problematiken und Konflikte zu adressieren und*
zu lösen? Zu der dritten Ebene gehört die Diskussion der Auswirkungen der im Vor-
feld identifizierten Konflikte.

*   *Zunächst steht hier eine Reflexion der im Vorfeld analysierten Themenblöcke an, um*
weiterhin die aus Sicht der diskutierenden Gruppe größten ethischen Konflikte einer
Technologie oder eines Systems zu identifizieren. Sofern diese identifiziert sind, sollen
Lösungsvorschläge entwickelt werden, die Unternehmen oder Organisationen bei der
Gestaltung der Technologie berücksichtigen sollen. Was können wir in Bezug auf die ethi-
schen Auswirkungen tun? Welche müssen gelöst werden?

Zusammenfassend kann man festhalten, dass der Ethics Canvas eine intuitive Methode ist, die es ermöglicht, die ethischen Auswirkungen partizipativ mit allen Interessengruppen zu diskutieren, ohne ein explizites Vorwissen vorauszusetzen.

5.5.3 MEESTAR-Methode

Die MEESTAR-Methode (Modell zur ethischen Evaluation sozio-technischer Arrangements) fokussiert, wie der Name bereits verrät, die partizipative **Evaluation** der Konsequenzen von Technologie. Sie fußt auf einem vom BMBF geförderten Projekt aus dem Jahr 2012 mit dem Zweck, Konfliktpotenziale des Einsatzes altersgerechter Assistenzsysteme zu identifizieren und Lösungsansätze zu finden. Die von Manzeschke et al. (Manzeschke et al. 2013) entwickelte Methode kann jedoch als Werkzeug für weitere Anwendungskontexte genutzt werden und bietet somit die Möglichkeit, Technik ethisch zu evaluieren.

Das Modell besteht aus drei Achsen (**Dimensionen, Perspektiven und Bewertungssensibilität**), die in interdisziplinären Workshops bewertet werden. Alle **Dimensionen** können angepasst werden und wurden ursprünglich im Kontext von Assistenzsystemen für ältere Menschen entwickelt, die wir im Folgenden als Beispiel ebenfalls zur Erklärung nutzen.

Fürsorge: Die Fürsorge fokussiert insbesondere die Fürsorge für weitere Personen. Diese können möglicherweise bedürftig sein, weil sie aufgrund ihres Alters oder einer Behinderung nicht (mehr) in der Lage sind, Aktivitäten in ihrem Alltag allein durchzuführen. Sie sind demnach auf die Fürsorge anderer Personen angewiesen, die möglicherweise durch technische Assistenzsysteme ersetzt wird. Dabei wird jedoch die zwischenmenschliche Beziehung angetastet, und es stellt sich die Frage nach dem Ausmaß der technologischen Unterstützung. Gleichzeitig sollte die Frage nach dem Grad der Abhängigkeit gestellt werden.

Selbstbestimmung: Selbstbestimmung wird häufiger mit dem Begriff der Autonomie gleichgesetzt und bezieht sich auf die Handlungs- und Entscheidungsfreiheit von Individuen. Insbesondere im Kontext von Inklusion hat die Selbstbestimmung einen hohen Stellenwert in Deutschland und ist im Grundgesetz verankert. Die Förderung von Selbstbestimmung kann beispielsweise durch den Einsatz von Technologien gestärkt werden, denn durch Assistenzsysteme sind beispielsweise blinde Menschen in der Lage, mehr Dinge selbstständig zu erledigen (z. B: Screenreader). Dies wiederum kann auch im Konflikt zu Fürsorge stehen, da zwischenmenschliche Beziehungen sich verändern und die direkte persönliche Unterstützung durch andere Personen reduziert wird.

Sicherheit: Sicherheit kann als Zustand der Gefahrenbewältigung unter bestimmten Bedingungen wie beispielsweise der Zeit oder Umgebung beschrieben werden. Dabei kann Sicherheit nicht von einem Individuum vollständig allein hergestellt werden, sondern ist vielmehr das Resultat von sozialer Interaktion, wie Menschen miteinander umgehen (Heesen 2014). Im Grunde sollen technische Systeme die Gefahrenbewältigung unterstützen und Schutz vor Schaden bringen, beispielsweise die Erinnerung an die

Einnahme von Medikamenten oder ein Alarmknopf für ältere Menschen, der automatisch Notfallsignale aussenden kann. Jedoch kann zwischen objektiver Sicherheit und subjektivem Sicherheitsgefühl unterschieden werden, das auch den möglichen Konflikt dieser Dimension beleuchtet. Was passiert, wenn beispielsweise das subjektive Sicherheitsgefühl zwar erhöht wird, jedoch objektiv ein System nicht mehr Sicherheit bringt? Weiterhin kann es passieren, dass sich Menschen aufgrund dessen auf Technik verlassen und möglicherweise eigene Fähigkeiten verlernen (Manzeschke et al. 2013).

Gerechtigkeit: Die Dimension der Gerechtigkeit beschreibt im MEESTAR-Modell insbesondere den Zugang zur Technik und damit die soziale Gerechtigkeit. Zum einen kann es gerecht sein, dass Verbraucher:innen selbst entscheiden, wie viele Ressourcen sie aufbringen wollen, um sich ein Assistenzsystem zu kaufen. Ein solches Marktmodell ist aber oft nicht solidarisch, und so kann Gerechtigkeit auch mit dem Prinzip der Bedürftigkeit verankert werden. Demnach stellt sich hier die Frage, ob jene Verbraucher:innen, denen ein finanzieller Zugang nicht möglich ist, die finanziellen Mittel zur Verfügung gestellt werden müssen. Beispielsweise stellt sich die Frage, ob es nur gerecht ist, wenn sich jeder die Technik leisten kann. Dabei können ökonomische Interessen im Konflikt mit den Interessen von Unternehmen stehen (Koch 2014a).

Privatheit: Privatheit beschäftigt sich mit selbstgesetzten privaten Lebensbereichen, deren Grenzen zu schützen sind. Nach dieser Deutung sind alle Lebensbereiche privat, zu denen ein Individuum nicht ohne Zustimmung Zugang gewährt (Koch 2014b). Diese Grenzen gelten gleichwohl als Garantie der individuellen Freiheit und Autonomie. Im Kontext von digitalen Systemen wird Privatheit auch öfter mit digitalen und privaten Daten aufgeführt, da sie oft auf der Erhebung und Verwertung personenbezogener Daten fußen. Daher gilt es die unterschiedlichen Grenzen von Privatheit zu diskutieren und Lösungen für deren Schutz anzubieten.

Teilhabe: Teilhabe bezieht sich auf den Zugang zur Gesellschaft, der es ermöglicht, mit anderen Menschen zusammenzuleben und Rechte, Dienstleistungen, Güter in Anspruch zu nehmen. Essenziell für das menschliche Individuum wird der Begriff der Teilhabe auch in Diskussionen über die Inklusion und Integration von Menschen mit Behinderung geführt. Dabei darf kein Mensch von diesen Rechten, Gütern und dem Zugang hierzu ausgeschlossen werden, und es muss berücksichtigt werden, ob wir mit Assistenzsystemen möglicherweise Menschen Teilhabe ermöglichen und in welcher Form wir diese Teilhabe beispielsweise durch altersgerechte Assistenzsysteme anstreben oder sogar verhindern.

Selbstverständnis: Selbstverständnis ist ein subjektiver Bewertungszustand der eigenen Person und die Art und Weise der eigenen Wahrnehmung. Dem steht der objektive Zustand der eigenen Person gegenüber, der davon abweichen kann. Beispielsweise ist die Frage, wann jemand vor dem Gesetz als „blind" gilt, von vielen Faktoren abhängig, die der subjektiven Selbstwahrnehmung widersprechen können. Die individuelle Perspektive und Wahrnehmung sind bei der Entwicklung von technologischen Assistenzsystemen vonnöten, um die Bedürfnisse angemessen unterstützen zu können und sich nicht nur an formalen Faktoren zu orientieren.

Die **Perspektiven** bieten die Möglichkeit, die Dimensionen nicht nur unter Berücksichtigung der Auswirkungen auf das Individuum zu bewerten, sondern vielmehr auch die gesellschaftliche und organisatorische Verantwortung zu diskutieren.

- **Individuelle** Perspektive: Diese Ebene beschäftigt sich mit den Auswirkungen auf das Individuum, das von dem Assistenzsystem betroffen ist. Im Beispiel der Dimension Privatsphäre könnte es passieren, dass ein Individuum private Daten wie den Standort nicht teilen möchte, diese Information aber für bestimmte Funktionen notwendig ist.
- **Institutionelle** Perspektive: Diese Ebene beschäftigt sich mit der Verantwortung von Organisationen und Unternehmen, denn insbesondere diese müssen ihre Handlungen rechtfertigen. Im Beispiel der Dimension Privatsphäre könnte es aus Sicht des Unternehmens passieren, dass personenbezogene Daten notwendig sind, um die Sicherheit von Betroffenen zu gewährleisten, diese Daten aber nicht verfügbar sind.
- **Gesellschaftliche** Perspektive: Diese Ebene betrifft insbesondere die Auswirkungen auf die gesamte Gesellschaft, deren Verantwortung damit auch bei politischen Akteur:innen liegt. Im Beispiel der Dimension Privatsphäre könnte der Konflikt der Regulierung von personenbezogenen Daten eine Rolle spielen, so dass beispielsweise eine unerlaubte Nutzung (Überwachungsstaat) durch nicht-autorisierte Personen erfolgt.

Die **Bewertungsmatrix** wird in vier Stufen (s. Abb. 5.9) eingeteilt und soll eine Einschätzung liefern, bei welchen Systemen welche ethischen Probleme auftreten und wie

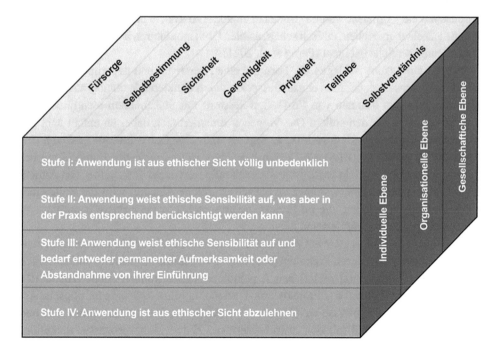

Abb. 5.9 Die MEESTAR-Methode in Anlehnung an Manzeschke et al. (2013). Lizensiert als CC-BY-SA 4.0 (https://dl.gi.de/server/api/core/bitstreams/8bd1c152-7de9-4487-a422-c5dd66ecfcc0/content)

diese zu bewerten sind. Die erste Stufe beinhaltet dabei Anwendungen und Konflikte, die aus ethischer Sicht unbedenklich sind, während die Stufe 4 Anwendungen und Konflikte aus ethischer Sicht so kritisch betrachtet, dass sie abzulehnen sind. Zunächst sind also die Ebenen und relevante Fragestellungen innerhalb dieser Ebenen zu definieren. Im Anschluss sollen die Situationen, Fragen und Konflikte aus unterschiedlicher Betrachtungsweise (die Perspektiven) mithilfe der Bewertungsmatrix bewertet werden, so dass sich ein Bild darüber ergibt, wie eine Anwendung und ihre Funktionen zu regulieren sind.

Zusammenfassend kann man festhalten, dass die MEESTAR-Methode es ermöglicht, die Bewertung und Evaluation von ethischen Konflikten und Auswirkungen aus unterschiedlichen Perspektiven zu betrachten.

5.5.4   ELSI Co-Design

Diese Methode wurde im Rahmen der Kriseninformatik entwickelt, um sicherzustellen, dass ethische, rechtliche und soziale Aspekte (ELSI) bereits frühzeitig in die Entwicklung von IT-Systemen einbezogen werden. Diese werden zudem gleichrangig mit funktionalen und weiteren technischen und regulatorischen Anforderungen behandelt. Dadurch soll vermieden werden, dass unerwünschte Nebeneffekte auftreten, die sich mitunter erst bei der späteren Nutzung im Einsatz zeigen, wenn das Design bereits abgeschlossen wurde. Ethische Aspekte sollen vielmehr möglichst frühzeitig sichtbar und zum Gegenstand von Aushandlungsprozessen mit Stakeholdern (wie Entwicklern, Rettungskräften, Zivilgesellschaft etc.) gemacht werden (Boden et al. 2021; Al-Akkad et al. 2014). Obwohl der Ansatz aus einer speziellen, ethisch sehr sensiblen Domäne stammt, ist er auch für weitere Anwendungsbereiche geeignet (Perng et al. 2021).

Für die Umsetzung schlagen die Forscher einen iterativen und experimentellen Entwicklungsprozess vor, bei dem ethische Aspekte durch flankierende ethnografische Feldforschung bzw. im Rahmen von Co-Design-Sessions mit Stakeholdern identifiziert und sichtbar gemacht werden sollen. Das Vorgehen orientiert sich dabei an einem Mix aus klassischen Co-Design-Methoden (s. a. Kap. 6) und „Disclosive Ethics"-Ansätzen (Introna 2005), wobei das ELSI Co-Design besonders frühzeitig in der Entwicklung angewendet wird. Da es nicht realistisch erscheint, alle relevanten Stakeholder von Anfang an tief mit einzubeziehen (wie etwa zivilgesellschaftliche Akteure) wird die Rolle einer Ethik-Fachperson etabliert, die im Projekt die entsprechende Perspektive einnimmt und Abstimmungsprozesse initiiert und leitet.

Dabei liegt der Fokus stets auf Aushandlungsprozessen, die im Zusammenspiel zwischen Menschen bzw. deren Praktiken (s. a. Kap. 2), Technikentwicklung und ethischen Aspekten wie Werten und rechtlichen Aspekten entstehen können (siehe Abb. 5.10). Diese werden im Rahmen des Projekts immer wieder auf ihre Relevanz für ethische Aspekte wie mögliche Einflüsse auf Würde, Menschlichkeit, Solidarität, Autonomie und Inklusion überprüft und mit den Stakeholdern des Entwicklungsprozesses diskutiert.

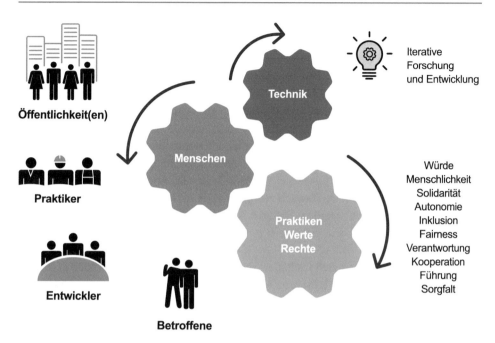

Öffentlichkeit(en)

Praktiker

Entwickler

Betroffene

Technik

Menschen

Praktiken
Werte
Rechte

Iterative
Forschung
und Entwicklung

Würde
Menschlichkeit
Solidarität
Autonomie
Inklusion
Fairness
Verantwortung
Kooperation
Führung
Sorgfalt

Abb. 5.10 ELSI-Co-Design als iterativer, experimenteller Forschungs- und Entwicklungsprozess

Dazu wurden im Rahmen der Forschung verschiedene Werkzeuge mit ethischen Aspekten und Maßnahmen identifiziert, die im Rahmen des ELSI Co-Designs thematisiert werden können.[1]

In Anlehnung an gängige Vorgehensweisen bei der Technikgestaltung folgt die Umsetzung des ELSI Co-Designs einem Dreischritt aus empirischen Vorstudien und Co-Design-Sessions (in der Regel unter aktiver Einbeziehung von Anwender:innen), dem Durchführen von spezifischen ELSI-Workshops mit Stakeholdern sowie der Untersuchung von Aneignungseffekten bei der praktischen Anwendung im Feld bzw. im Labor.

Phase I: Hier werden vor allem die entsprechenden Rollen etabliert sowie Werkzeuge für die Umsetzung eingerichtet. So hat sich in der Praxis etwa die Nutzung von Wiki-Systemen bewährt, um die gefundenen ethischen Aspekte zu dokumentieren. Des Weiteren werden in dieser Phase Stakeholder identifiziert und kontaktiert sowie bestehende Nutzungspraktiken, Werkzeuge und Infrastrukturen identifiziert und dokumentiert. Falls nicht alle Stakeholder zu einem Dialog bereit sind, müssen ggf. Experten oder Repräsentanten gefunden werden.

Phase II: In dieser Phase finden die Technikentwicklung sowie vertiefende Domänenanalysen statt, die immer wieder durch Ethik-Workshops mit den in Phase I identifizierten Stakeholdern sowie auch den Entwickler:innen im Projekt durchgeführt werden. Hier

---

[1] Siehe https://www.isitethical.org/tools/, Zugriff am 23.09.2023.

haben sich etwa Formate wie Zukunftswerkstätten, Design Fictions, aber auch erste Prototyp-Tests als hilfreich erwiesen. Die dabei identifizierten Themen und möglichen ethischen Probleme werden dokumentiert und wiederum an die Entwickler:innen zurückgespielt, damit diese auf sie reagieren und entsprechende Maßnahmen zur Behebung implementieren können. Dabei auftretende Ziel- und Interessenkonflikte können nicht immer vollständig aufgelöst werden, sie werden so aber immerhin sichtbar gemacht und dokumentiert.

Phase III: In der letzten Phase werden die identifizierten Ethikaspekte im Rahmen der Projektevaluation nochmals geprüft. Hier soll einerseits sichergestellt werden, dass die in Phase II durchgeführten Anpassungen erfolgreich waren. Andererseits sollen auch die zuvor identifizierten ethischen Aspekte nochmals verfeinert und mit Blick auf weitere Aneignungseffekte überprüft werden. Dadurch sollen die ethischen Auswirkungen der entwickelten Technologie sowie die bereits getroffenen Gegenmaßnahmen transparent gemacht werden.

Zusammenfassend lässt sich festhalten, dass die ELSI-Co-Design-Methode es ermöglicht, die Aushandlung von ethischen Aspekten bereits während der Entwicklung von Technologie vorzunehmen.

Nachdem das Thema Ethik und Fairness nun abschließend umrissen wurde, soll im folgenden Abschnitt auf den Themenbereich Nachhaltigkeit im Kontext der Verbraucherinformatik eingegangen werden.

5.6   Der Begriff der Nachhaltigkeit – die drei Säulen

Die Weltkommission für Umwelt und Entwicklung (WCED) definiert nachhaltige Entwicklung als eine Entwicklung, welche „die Bedürfnisse der gegenwärtigen Generation befriedigt, ohne die Fähigkeit zukünftiger Generationen zu gefährden, ihre eigenen Bedürfnisse zu befriedigen" (Brundtland 1987). Nach dieser oft zitierten Definition haben heutige Generationen eine besondere Verantwortung gegenüber zukünftigen Generationen (Kloepffer 2008). Ziel einer nachhaltigen Entwicklung ist es, die Lebensgrundlage aller Menschen in der Gegenwart und in der Zukunft zu sichern (Dillard et al. 2008). Während sich der Begriff der Nachhaltigkeit ursprünglich nur auf seinen ökologischen Aspekt konzentrierte (Atkinson 2000; Rees 2002), wird Nachhaltigkeit heute überwiegend als mehrseitiges Konzept verstanden, das die drei Dimensionen ökologische, ökonomische und soziale Nachhaltigkeit umfasst und stets als wechselseitig betrachtet wird (Elkington 1998). Demnach kann Nachhaltigkeit langfristig nur erreicht werden, wenn neben ökologischen Aspekten auch ökonomische und soziale Aspekte berücksichtigt werden, da sich diese drei Dimensionen nicht gegenseitig ausschließen, sondern voneinander abhängig sind und sich gegenseitig beeinflussen (United Nations General Assembly 2005). Daher gilt auch umgekehrt, dass ökonomische und soziale Nachhaltigkeit nur auf Basis von ökologischer Nachhaltigkeit existieren kann.

5.6.1 Ökologische Nachhaltigkeit

Ökologische Nachhaltigkeit bezieht sich auf eine Lebensweise oder wirtschaftliches Handeln, das die Natur oder die natürlichen Ressourcen des Lebens nur in dem Maße beansprucht, in dem sie sich regenerieren können. Im Hinblick auf ökologisch nachhaltiges Wirtschaften unterscheidet die Literatur zwischen dem produktionsorientierten Ansatz und dem konsumorientierten Ansatz (Clark 2007; Nash 2009). Produktionsorientierte Konzepte verfolgen das Ziel eines geringen Ressourcenverbrauchs, der durch eine effizientere Nutzung von Energie und Rohstoffen bei der Produktion von Gütern oder Dienstleistungen erreicht werden soll (O'Brien 1999; Veleva und Ellenbecker 2001). Der konsumorientierte Ansatz hingegen berücksichtigt unterdessen das Konsumverhalten und insbesondere Rebound-Effekte (Hertwich 2005; Tukker et al. 2008). Diese Rebound-Effekte treten auf, wenn innovative Technologien, die eigentlich das Potenzial haben, die Effizienz von Ressourcen zu steigern, in einer Weise verwendet werden, die zu einem erhöhten Verbrauch von Ressourcen führt (Saunders 1992; Binswanger 2001). Rebound-Effekte werden insbesondere durch sinkende Preise infolge einer effizienteren Produktion ausgelöst, die zu einer erhöhten Nachfrage durch Verbraucher:innen führen.

5.6.2 Ökonomische Nachhaltigkeit

Ökonomische Nachhaltigkeit bezieht sich auf die Fähigkeit eines wirtschaftlichen Systems, langfristig funktionsfähig zu bleiben, während gleichzeitig die Auswirkungen auf die Umwelt und die Gesellschaft berücksichtigt werden. Dies umfasst Maßnahmen, die ökonomisches Wachstum, Stabilität und Wohlstand fördern, ohne dabei natürliche Ressourcen zu erschöpfen oder soziale Ungleichheiten zu schaffen. Hierzu zählen unter anderem ein fairer Handel und faire Arbeitspraktiken in Unternehmen sowie ein auf Nachhaltigkeit ausgelegtes Ressourcenmanagement. Auch die Förderung von Innovationen und die Entwicklung nachhaltiger Technologien können zur wirtschaftlichen Nachhaltigkeit beitragen. Technologien, welche die Energieeffizienz fördern, Abfälle reduzieren und die Ressourcennutzung verbessern, sind für die langfristige wirtschaftliche Lebensfähigkeit von entscheidender Bedeutung (Brundtland 1987; Hansen et al. 2011).

5.6.3 Soziale Nachhaltigkeit

Eine Gesellschaft ist sozial nachhaltig, wenn es eine globale Verteilungsgerechtigkeit gibt. Diese Verteilungsgerechtigkeit soll zum einen intergenerational strukturiert sein, also die Bedürfnisse der heutigen Generation genauso berücksichtigen wie die Bedürfnisse kommender Generationen; zum anderen soll sie intragenerationale Verhältnisse berücksichtigen, also eine Verteilungsgerechtigkeit zwischen den Armen und den Reichen herstellen (Littig und Grießler 2004). Dazu gehören neben der Armutsbekämpfung und der Sicherung der menschlichen Grundbedürfnisse auch ein fairer Zugang zu Chancen und Bildung, die gerechte Verteilung von Ressourcen unabhängig von Generation, Status und Ort sowie die Gleichberechtigung der Geschlechter. Soziale Nachhaltigkeit umfasst darüber hinaus den Einfluss von Unternehmen auf Menschen und Gesellschaft. Unternehmen handeln sozial, wenn sie sichere Arbeitsbedingungen und ein Gehalt bieten, das die Lebenshaltungskosten ihrer Mitarbeitenden deckt (Kropp 2019).

5.6.4 Zentrale Handlungsfelder

Für viele Institutionen und Akteur:innen ist die Idee der nachhaltigen Entwicklung mittlerweile zum Modell für politisches, ökonomisches und ökologisches Handeln geworden. Im Jahr 2001 hat die Bundesregierung den Rat für Nachhaltige Entwicklung berufen. Im Rahmen der im April 2002 verabschiedeten Nachhaltigkeitsstrategie „Perspektiven für Deutschland" wurden drei Handlungsfelder definiert, in denen Aktivitäten als besonders notwendig erachtet werden: „Klimaschutz und Energiepolitik", „Umwelt, Ernährung und Gesundheit" sowie „Umweltverträgliche Mobilität" (Die Bundesregierung 2002).

Hier wird deutlich, dass insbesondere der Bereich der Mobilität ein wichtiges Element einer nachhaltigen Entwicklung darstellt. Die CO_2-Emissionen im Verkehrssektor stellen eine große Belastung für die Umwelt und zugleich eine Bedrohung für die menschliche Gesundheit dar (Kennedy 2002; Krzyzanowski et al. 2005). Gleichzeitig ist Mobilität auch eine zentrale Voraussetzung für die wirtschaftliche und gesellschaftliche Entwicklung moderner Industrie- und Dienstleistungsgesellschaften. Das starke Wachstum der Verkehrsdienstleistungen und die damit verbundenen Umweltauswirkungen des Verkehrs stellen eine Herausforderung für die Akteure auf allen Ebenen dar. Nach dem oben beschriebenen Verständnis von Nachhaltigkeit handelt die Gesellschaft sowohl in der Vergangenheit als auch in der Gegenwart nicht nachhaltig. Dies zeigt sich in der Luftverschmutzung, den CO_2-Emissionen und der Lärmbelästigung durch den Verkehr, Gesundheitsprobleme der Anwohner:innen, Flächenprobleme in Innenstädten durch geparkte und fahrende Autos sowie Versiegelung, Bodenschäden und Fragmentierung der Landschaft durch Straßen.

5.6.5 Nachhaltiger Konsum

Durch den Konsum unterschiedlicher materieller und immaterieller Güter können Konsument:innen ihre individuellen Bedürfnisse befriedigen. Hierbei ist jedoch zu beachten, dass dieser Konsum nicht nur einen Einfluss auf die ökonomische und soziale Situation der Konsument:innen hat, sondern ebenso auf den Zustand ihrer Umwelt. Welches Ausmaß die Folgen eines ungeregelten Konsums annehmen können, sieht man bereits heute, wenn man beispielsweise die aktuelle Entwicklung des Klimawandels, das Artensterben

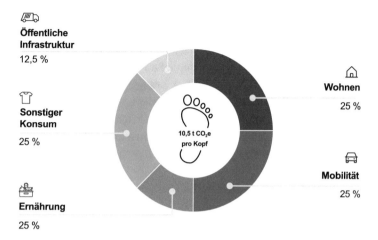

Abb. 5.11 CO_2-Fußabdruck pro Kopf in Deutschland (Umweltbundesamt 2023c). Lizensiert als CC 4.0 (https://www.bmuv.de/fileadmin/Daten_BMU/Bilder_Infografiken/co2_fussabdruck_deutschland.jpg)

bei Tieren und Pflanzen sowie die Vergiftung von Böden und Gewässern betrachtet (Umweltbundesamt 2023a; Krapf und Wehlau 2009).

So lag laut Veröffentlichungen des deutschen Umweltbundesamtes im Jahr 2019 der summierte Verbrauch an Rohstoffen im Bereich Konsum bei rund 16 t pro Kopf. Hinzu kommt, dass die Haushalte allein rund ein Viertel des gesamten Verbrauchs an Energie ausmachten. Darüber hinaus liegt der summierte CO_2-Fußabdruck pro Person in Deutschland aktuell bei 10,5 t pro Jahr. Dieser setzt sich zusammen aus den Bereichen Wohnen, Strom, Mobilität, Ernährung, Nutzung öffentlicher Infrastruktur und dem sonstigen Konsum, wobei insbesondere die Bereiche Wohnen, Mobilität und sonstiger Konsum besonders ins Gewicht fallen (siehe Abb. 5.11) (Umweltbundesamt 2023b).

Auch wenn der Aspekt der Attribuierung des CO_2-Ausstoßes auf der Seite von Konsument:innen statt den produzierenden Unternehmen kritisch gesehen werden kann, wird deutlich, welches Potenzial zur Verringerung der Umweltbelastung im Konsumverhalten eines jeden Individuums liegt. Hier gewinnt der Begriff des nachhaltigen Konsums zunehmend an Bedeutung. Dieser Begriff wird definiert als ein Konsumverhalten, das es sowohl heutigen als auch nachfolgenden Generationen ermöglicht, ihre jeweiligen Bedürfnisse zu befriedigen, und gleichzeitig die Belastbarkeitsgrenzen des Planeten berücksichtigt.

In der Praxis wird jedoch oft beobachtet, dass Einzelpersonen mit der Einhaltung nachhaltiger Verhaltensmuster überfordert sind. Dies kann unter anderem daran liegen, dass unser alltägliches individuelles Konsumverhalten als Ergebnis sozialer Aushandlungsprozesse in normativen und strukturellen Rahmenbedingungen verankert ist. Nachhaltiger Konsum liegt demnach nicht nur in der Hand des Individuums. Vielmehr handelt es sich um ein umfassendes Handlungsfeld, das einer integrierten Strategie zur Unterstützung nachhaltigen Verhaltens von Politik, Unternehmen, Gesellschaft und Individuum bedarf. So wurde 2002 die deutsche Nachhaltigkeitsstrategie veröffentlicht, die sich auf die Erreichung diverser Nachhaltigkeitsziele fokussiert und seitdem fortlaufend weiterentwickelt wird. Im Rahmen dieser Nachhaltigkeitsstrategie werden sechs relevante Transformations-bereiche definiert, die in Zukunft von der Nachhaltigkeitspolitik der Bundesregierung in Angriff genommen werden sollen. Neben Bereichen wie der sozialen Gerechtigkeit, der Energiewende und nachhaltigen Agrar- und Ernährungssystemen ist auch die Etablierung einer Kreislaufwirtschaft Bestandteil der Nachhaltigkeitsstrategie (BMUV 2022). Der Begriff Kreislaufwirtschaft beschreibt hierbei ein Wirtschaftssystem, bei dem Ressourcen möglichst lange genutzt werden sollen, bevor sie entsorgt werden. Dies wird beispiels-weise durch eine Wiederverwertung oder eine geteilte Nutzung von Ressourcen ermög-licht (Holzinger 2020).

Digitale Technik wird vor dem Hintergrund der gesellschaftlichen Transformation hin zu mehr Nachhaltigkeit im Konsumbereich zwiespältig diskutiert (Kannengießer 2022). Einerseits bietet sie große Potenziale für die effiziente Organisation der Gesellschaft als Hilfsmittel für aktuelle Herausforderungen und die Verbraucherbildung (Ehsan et al. 2022). Auf der anderen Seite kann sie durch ihren eigenen Ressourcenbedarf sowie andere Effekte wie Dark Patterns und Fake News selbst als Teil des Nachhaltigkeitsproblems be-trachtet werden. Die Verbraucherinformatik vertritt daher die Position, dass technische In-novationen nur dann erfolgreich zum Thema Nachhaltigkeit beitragen können, wenn die gesellschaftlichen Aneignungs- und Nebeneffekte (siehe oben) angemessen in die sozio-technische Gestaltung mit einbezogen werden (Liegl et al. 2016).

Dies soll im Folgenden anhand des im Bereich des nachhaltigen Konsums zentralen Themas der Sharing Economy dargestellt werden.

5.7   Nutzen statt Besitzen – Sharing Economy

Die Idee des gemeinschaftlichen Konsums, oft bezeichnet durch Ausdrücke wie „Nutzen statt Besitzen", „Collaborative Consumption" oder „Sharing", hat in jüngster Zeit Ver-breitung unter Teilen der Bevölkerung, Unternehmen und staatlichen Organisationen ge-halten. Diese Begriffe stehen für alltägliche Handlungsweisen, die darauf abzielen, ver-schiedene Produkte und Dienstleistungen gemeinschaftlich zu nutzen, anstatt sie individu-ell zu besitzen (Baedeker et al. 2018).

Basierend auf dieser Idee des Gemeinschaftskonsums hat sich die Sharing Economy (auch „Shareconomy" oder „Share Economy" genannt) entwickelt. Die Sharing Economy wird von Richter et al. als ein ökonomisches Modell beschrieben, das mithilfe von Infor-mations- und Kommunikationstechnologien (IKT) das Teilen von sowohl digitalen als auch physischen Gütern ermöglicht (Richter et al. 2015). Anders als bei herkömmlichen Geschäftsmodellen wird der Nachfrager hierbei nicht zum Eigentümer des nachgefragten Gutes. Vielmehr liegt der Fokus dieses Sammelbegriffs auf einer geteilten, temporären Nutzung von Gütern. Vorteile des somit erzielten Gemeinschaftskonsums sind unter ande-rem eine höhere Auslastung von Ressourcen und damit einhergehend eine Schonung der Umwelt. Außerdem erhalten Interessengruppen Zugriff auf Güter, die unter anderen Be-dingungen gegebenenfalls finanziell nicht erschwinglich wären (Shaheen et al. 1998). Die

Idee, Güter zu teilen, statt sie zu verkaufen, existiert bereits seit langer Zeit. Neu an dem Konzept der Sharing Economy ist die Einbeziehung von digitalen Technologien in das Geschäftsmodell (Busch et al. 2018). So findet man typischerweise Unternehmen vor, die eine digitale Plattform, meist in Form einer App, bereitstellen. Über diese können die Kunden Transaktionen tätigen oder benötigte Informationen über vorliegende Güter erhalten und somit binnen Sekunden Nutzungsrechte an einem geteilten Gut erwerben.

5.7.1 Merkmale der Sharing Economy

Laut dem Bundesministerium für Wirtschaft und Energie hat das Interesse an der Sharing Economy in Deutschland seit dem Jahr 2013 stark zugenommen, sodass sich im Laufe der Zeit ein breitgefächerter Wirtschaftsbereich daraus entwickeln konnte. Trotz der steigenden Beliebtheit und weiten Verbreitung gibt es jedoch immer noch keine einheitliche Definition für den Begriff der Sharing Economy (Busch et al. 2018). Es lassen sich jedoch folgende Kernelemente bezüglich der Geschäftsmodelle feststellen:

* Die Sharing Economy zielt auf eine sequenzielle, mehrfache Nutzung von Gütern ab. Eine Eigentumsübertragung gibt es hingegen nicht. Stattdessen findet eine temporäre Übertragung von Nutzungsrechten statt, wobei dies häufig im Austausch gegen eine Bezahlung geschieht.
* Informations- und Kommunikationstechnologien stellen einen zentralen Bestandteil der Sharing Economy dar. Die gesamte Transaktion, sprich: die Suche nach dem Gut, dessen Buchung oder Reservierung, sowie die Zahlung finden online statt. Dazu werden vom Sharing-Unternehmen meist entsprechende Plattformen in Form von Apps oder entsprechenden Internetseiten zur Verfügung gestellt. Sharing-Plattformen können als mehrseitige Märkte beschrieben werden. Das Sharing-Unternehmen dient hierbei als Intermediär, der die Nutzer:innengruppe der Nachfrager:innen und die Nutzer:innengruppe der Anbieter:innen über die bereitgestellte Online-Plattform zusammenführt.
* Die Nachfrager sind Endkonsument:innen. Hier unterscheidet man zwischen Peer-to-Peer (P2P)- und Business-to-Consumer (B2C)-Modellen. Bei P2P-Modellen ist sowohl der:die Anbieter:in des Gutes als auch der:die Nachfrager:in eine Privatperson. Das Sharing-Unternehmen fungiert hier nur als Intermediär, der beide Marktseiten zusammenführt. Bei B2C-Modellen stellt das Sharing-Unternehmen selbst die zu teilenden Güter zur Verfügung (Busch et al. 2018).

5.7.2 Unterschiedliche Sektoren der Sharing Economy

Die Sharing Economy hat in den letzten Jahren ein enormes Wachstum erfahren. Dies wurde insbesondere durch die zunehmende Verfügbarkeit des Internets sowie durch die wachsenden digitalen Geschäftsmodelle begünstigt (Ganapati und Reddick 2018). So haben sich im Laufe der Jahre unterschiedliche Sektoren herausgebildet. Zu diesen zählen beispielsweise die Sektoren Unterkunft, Alltagsgegenstände und Mobilität.

Im Bereich Unterkunft werden Immobilien für eine geteilte Nutzung angeboten. Existierende Angebote stellen beispielsweise Büroräume für gewerbliche Zwecke temporär zur Verfügung. Man spricht hierbei auch von sogenannten Shared Offices. Für Unternehmen birgt dieses Geschäftsmodell das Potenzial erheblicher Einsparungen im Bereich des Facility Managements, da hohe Fixkosten für die traditionelle Miete von Immobilien umgangen werden können. Andere Angebote stellen private Zimmer, Apartments oder ganze Häuser für Wohnzwecke zur Verfügung. Bedeutsam für die Abgrenzung zur traditionellen Miete ist stets die Tatsache, dass die Wohneinheiten nur temporär für kurze Zeitabschnitte bereitgestellt werden, beispielsweise an einzelnen Wochenenden, an denen der eigentliche Inhaber des Wohnraums diesen selbst nicht nutzt. Man spricht in diesem Kontext auch von Homesharing (Busch et al. 2018).

Im Bereich Alltagsgegenstände existieren Geschäftsmodelle, die sich auf eine geteilte Nutzung von Konsumgütern des privaten Umfelds beziehen. Merkmal dieser Alltagsgegenstände ist, dass sie beim eigentlichen Besitzer des Gutes zwar zur generellen Nutzung zur Verfügung stehen, aber nicht gebraucht oder verwendet werden. Hierzu zählen beispielsweise Kleider, Spielzeug, Werkzeuge oder Elektrogeräte. Der:die Besitzer:in bietet anderen Privatpersonen die Verwendung dieser Gebrauchsgegenstände für einen befristeten Zeitraum an.

Einen weiteren sehr verbreiteten Bereich der Sharing Economy stellen Medien- und Unterhaltungsplattformen dar. Bekannte Plattformen sind SoundCloud, eine Plattform zum Teilen von Musik, YouTube als größte Videoplattform, Castbox zum Teilen von Podcasts und viele mehr. Diese Plattformen zeichnen sich häufig durch ein Freemium-Geschäftsmodell aus (Clement et al. 2019), das einen kostenlosen Basisdienst und Premium-Funktionen bietet, die es z. B. ermöglichen, Inhalte herunterzuladen und offline anzuhören.

Zugehörig zum Mobilitätssektor beschreibt Shared Mobility die geteilte Nutzung von Fahrzeugen unterschiedlicher Art. Seit dem Aufkommen der ersten Projekte bereits in den 1940er-Jahren (s.u.) hat sich mittlerweile, ermöglicht durch die Digitalisierung, eine Vielzahl an unterschiedlichen Shared-Mobility-Modellen entwickelt (Shaheen et al. 1998). Alle diese Modelle fokussieren auf einen Gemeinschaftskonsum von Fahrzeugen. Welche Fahrzeuge auf welche Art und Weise dabei geteilt werden, unterscheidet sich jedoch von Modell zu Modell. In der Literatur werden drei Kategorien von Shared Mobility unterschieden, die sich wiederum in Unterkategorien einteilen lassen. Die erste Kategorie wird als Vehicle Sharing bezeichnet. Hierbei werden den Konsument:innen der Angebote Fahrzeuge zur alleinigen Nutzung zur Verfügung gestellt, so dass diese ihre Mobilitätsbedürfnisse decken können, ohne ein eigenes Auto besitzen zu müssen. Die zweite Kategorie wird als Ridesharing bezeichnet. Hierbei wird nicht das Fahrzeug als solches geteilt. Sharing-Gegenstand bei diesen Modellen sind Fahrten. Das bedeutet, dass Konsument:innen zu Mitfahrer:innen von privaten oder kommerziellen Fahrten werden. Die dritte Kategorie beschreibt Modelle, bei denen Privatpersonen als Lieferant:innen für andere Personen aktiv werden können. Oftmals handelt es sich bei den Liefergegenständen um Essen, das Privatpersonen beispielsweise bei einem Restaurant oder einem Lebensmittelgeschäft bestellen und sich dann von anderen Privatpersonen mit dem Fahrrad, mit dem Auto oder zu Fuß liefern lassen (Shaheen et al. 2016).

Durch den Gemeinschaftskonsum soll neben der oben bereits erwähnten Schonung vorliegender Ressourcen noch eine Vielzahl weiterer positiver Effekte für die Nachhaltigkeit erzielt werden. Dabei ist anzumerken, dass es auch kritische Sichtweisen auf die Nachhaltigkeit der Sharing Economy gibt (siehe Kap. 1). Da dem Sektor Mobilität eine besonders hohe Bedeutung für einen nachhaltigen Konsum zugeschrieben wird, soll im folgenden Kapitel das Phänomen der Shared Mobility genauer betrachtet werden.

Fallbeispiel: Allgegenwärtigkeit der Share Economy

Markus begeistert sich für das Konzept einer geteilten Nutzung von Gütern und überlegt, in welchen Lebensbereichen er selbst schon Nutzer von Angeboten der Sharing Economy ist: Während seines letzten Urlaubs in Italien hat er auf ein Hotel verzichtet und sich stattdessen ein Apartment über Airbnb gemietet. Das war viel günstiger und zudem auch besser ausgestattet. Zudem braucht Markus kaum noch sein eigenes Auto, seitdem er entdeckt hat, dass direkt neben seiner Wohnung eine Nextbike-Station steht. Hier kann er sich bequem jeden Morgen ein Fahrrad leihen und damit zur Hochschule fahren.

Selbstkontrolle:

Überlegen Sie, ob es in Ihrem Alltag ebenfalls bereits Bereiche gibt, in denen Sie die Möglichkeiten der Sharing Economy nutzen. In diesem Unterkapitel haben Sie bereits einen Einblick in einige Sektoren bekommen. Doch es gibt noch weitere, die hier nicht erwähnt wurden. Fallen Ihnen weitere Sektoren ein?

5.8 Shared Mobility

Aufgrund der zunehmenden Urbanisierung und den damit einhergehenden steigenden Anforderungen an die Infrastruktur kämpfen Städte verstärkt mit verkehrsbezogenen Problemen. Immer häufiger kommt es zu Überlastungen des Straßenverkehrs sowie des öffentlichen Personennahverkehrs. Daraus resultieren häufige Staus, eine Einschränkung der Mobilität und ein allgemeiner Mangel an Parkplätzen. Begleitet werden diese Probleme durch eine erhöhte Schadstoffemission, die nicht mehr mit heutigen Umweltanforderungen an eine Optimierung der Energieeffizienz und den Klimaschutz in Einklang zu bringen ist (Schmidt und Hellali-Milani 2016). Daher gewinnt der Begriff der Mobilitätswende zunehmend an Bedeutung. Interessengruppen aus Politik, Forschung und Wirtschaft verfolgen hierbei die Zukunftsvision neuer Mobilitätsmuster, unter denen Menschen ihre Bedürfnisse nach Mobilität einfacher und nachhaltiger befriedigen können. Vor diesem Hintergrund werden unter anderem neue Mobilitätstechnologien erforscht (Hagebölling und Josipovic 2018). Eine besonders vielversprechende Technologie hierbei ist Shared Mobility. Verfügbare Angebote existieren in unterschiedlichen Ausprägungen.

5.8.1 Vehicle Sharing

Innerhalb des Vehicle Sharing erhält der:die Nutzer:in temporär den alleinigen Zugriff auf ein Fahrzeug (S. Shaheen et al. 2020). Er:Sie hat somit die Möglichkeit, seine:ihre Mobilitätsbedürfnisse flexibel zu decken, ohne dabei ein eigenes Fahrzeug besitzen zu müssen. Um die Nutzungsrechte zu erhalten, muss das Fahrzeug vorher gebucht werden. Je nach Modell und Anbieter kann diese Buchung über das Telefon, das Internet oder entsprechende Apps auf dem Smartphone erfolgen. Je nachdem, welches Fahrzeug geteilt wird, lässt sich Vehicle Sharing in weitere Unterkategorien aufteilen, namentlich Carsharing, Bikesharing und Scootersharing (Abb. 5.12).

5.8.1.1 Carsharing

Beim Carsharing haben Nutzer:innen die Möglichkeit, Fahrzeuge aus einer Pkw-Flotte temporär zu nutzen (Shaheen et al. 2016). Anbieter von Carsharing sind meistens kommerziell orientierte Unternehmen. In Deutschland gibt es aber auch eine Vielzahl an Genossenschaften und Vereinen, die Fahrzeuge für den Gemeinschaftskonsum in ihrer Kommune zur Verfügung stellen (Nehrke 2016). Angebote finden sich sowohl im urbanen als auch im ländlichen Raum. Je nach Anbieter sind die zur Verfügung gestellten Pkw-Flotten unterschiedlich aufgebaut. So sind vom Kleinstwagen bis hin zum Transporter fast alle Fahrzeugklassen vertreten. Da der Aspekt der Nachhaltigkeit im Bereich der Shared Mobility eine große Rolle spielt, konzentrieren sich viele Anbieter zudem auf Elektroautos.

Das erste Carsharing-Projekt gab es bereits im Jahr 1946 in Zürich (Schweiz). Motiviert durch die hohen Kosten, die der Besitz eines eigenen Autos mit sich trägt, sollte durch das Projekt auch solchen Personen der Zugriff auf ein Auto ermöglicht werden, die sich keinen eigenen Pkw leisten konnten (Shaheen et al. 1998). Neben den mindernden Auswirkungen auf die Umweltbelastung sind diese monetären Aspekte auch heute noch

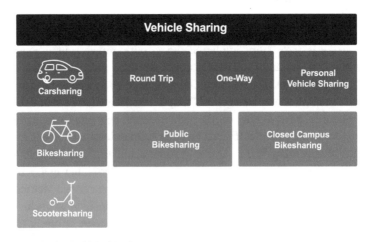

Abb. 5.12 Formen des Vehicle Sharing

ein Argument für die Nutzung von Carsharing-Angeboten. Weitere Vorteile von Carsharing liegen in einer allgemeinen Entlastung des Straßenverkehrs und der geförderten Anwendung von multimodalen Strategien.

Bestehende Angebote können weiter unterteilt werden in „Roundtrip"- und „One-way"-Varianten. Beim Roundtrip-Carsharing stehen die Fahrzeuge an fest definierten Standorten. Durch die Buchung erhält der:die Nutzer:in ein temporäres Nutzungsrecht. Nachdem das Auto genutzt wurde, muss es wieder an denselben Standort zurückgebracht werden (S. Shaheen et al. 2016). Diese Variante besteht schon seit geraumer Zeit, sodass bereits vielzählige Studien durchgeführt werden konnten, welche die ökonomischen und ökologischen Auswirkungen des Roundtrip-Carsharings untersuchen. Der Bundesverband Carsharing beispielsweise hat 2019 eine Studie veröffentlicht, die zeigt, dass Haushalte, die Roundtrip-Carsharing-Angebote nutzen, dazu tendieren, ihr eigenes Auto zu verkaufen (Bundesverband CarSharing e.V. 2019).

Bei One-way-Modellen hingegen können Nutzer:innen das Auto an einer Stelle abholen und ihre Fahrt an einer anderen Stelle beenden. In der flexibelsten Form spricht man von Freefloating-Carsharing. Dabei gibt es keine festen Stationen, an denen die Autos abgeholt und abgestellt werden müssen, stattdessen wird vom Anbieter ein Gebiet definiert (oftmals das gesamte Stadtgebiet, in dem das Angebot Gültigkeit hat). Innerhalb dieses Gebietes können die Benutzer:innen das Auto an jeder beliebigen Stelle abstellen und ihre Fahrt beenden. Im Vergleich zum Roundtrip-Carsharing ermöglicht diese Variante eine wesentlich flexiblere Art der Fortbewegung und ist deswegen insbesondere in urbanen Gebieten beliebt und weitverbreitet.

Neben Carsharing-Modellen, bei denen die Flotte durch ein Unternehmen bereitgestellt wird, gibt es noch diverse Arten, bei denen Privatpersonen ihr Fahrzeug zur Verfügung stellen. Hier spricht man auch von „Personal Vehicle Sharing". In der reinsten Form fungiert das Unternehmen hier nur als Intermediär, der Nutzer:innen eine entsprechende Plattform anbietet, auf der Anbieter:innen und Nachfrager:innen zusammenkommen können.

Daneben gibt es noch einige Nischenmodelle wie das Hybrid P2P-traditional Carsharing, bei dem Unternehmen sowohl ihre eigene Flotte zur Verfügung stellen als auch P2P-Sharing ermöglichen. Ein weiteres Beispiel ist das Fractional-Ownership-Modell, bei dem mehrere Personen ein partielles Nutzungsrecht an einem Auto erhalten, indem sie einen Teil der Kosten tragen (Shaheen et al. 2016).

5.8.1.2 Bikesharing

Die zweite Unterkategorie des Vehicle Sharing wird als Bikesharing bezeichnet. Hier haben Nutzer:innen Zugriff auf eine Fahrzeugflotte, die aus Fahrrädern besteht. Anbieter sind überwiegend Unternehmen oder auch Stadtwerke. Oftmals bestehen auch Kooperationen zwischen beiden. Angebote finden sich hauptsächlich in urbanen Gebieten. Einige Anbieter fokussieren neben herkömmlichen Fahrrädern auf elektromotorisierte Räder, die auch als Pedelecs bezeichnet werden (Monheim et al. 2012).

Das erste Bikesharing Projekt wurde 1965 in Amsterdam ins Leben gerufen und bestand aus 50 Fahrrädern, die der Öffentlichkeit zugänglich gemacht wurden. Dieses und viele weitere Projekte scheiterten jedoch aufgrund des Fehlens geeigneter Technologien, welche die Fahrräder vor Diebstahl und Vandalismus schützen. Durch technische Fortschritte im Bereich der Informationsverarbeitung und Datenübertragung konnten viele dieser Probleme weitestgehend behoben werden, was zu einer weiten Verbreitung von Bikesharing in Europa, Amerika und Asien führte (Shaheen et al. 2010).

Ähnlich wie beim Carsharing wird auch hier zwischen Freefloating-Modellen und stationsbasierten Modellen unterschieden. Eine Besonderheit von Bikesharing ist das Konzept des Bicycle-Redistribution-Systems. Demnach gibt es Anbieter, welche die Fahrräder ihrer Flotte in regelmäßigen Abständen einsammeln und dann, je nach festgestelltem oder prognostiziertem Bedarf, innerhalb des Angebotgebietes verteilen. Somit soll eine optimale Allokation der Fahrzeuge erreicht werden, so dass die Nutzung der Fahrräder gefördert wird und eine möglichst hohe Auslastung der Flotte erreicht werden kann. Konkret kann solch ein Redistributionssystem durch einen Lkw realisiert werden, der nachts die Fahrräder einsammelt und an entsprechenden Stellen innerhalb der Freefloating-Zone wieder abstellt.

In der Literatur wird Bikesharing zusätzlich noch in drei Unterkategorien unterteilt: Public Bikesharing, Closed Campus Bikesharing und P2P-Bikesharing. Während Public Bikesharing Angebote bezeichnet, deren Flotten für die gesamte Öffentlichkeit zur Verfügung gestellt werden, bezeichnet Closed Campus Bikesharing solche Angebote, die nur bestimmten Personenkreisen zugänglich sind. In den meisten Fälle werden solche Angebote von Hochschulen oder Universitäten geführt und sollen ausschließlich den Studierenden zur Verfügung stehen. Die dritte Unterkategorie, das P2P-Bikesharing, bezeichnet Sharing-Modelle, in denen sowohl die Gruppe der Anbieter:innen als auch die Gruppe der Nutzer:innen aus Privatpersonen besteht (Shaheen et al. 2016).

5.8.1.3 Scootersharing

Die jüngste Form des Vehicle Sharing wird als Scootersharing bezeichnet und beschreibt Angebote, die eine Flotte aus Scootern zur Verfügung stellen. Der Begriff Scooter umfasst zwei Arten von Fahrzeugen. Zum einen sind hier E-Scooter gemeint. Solche Fahrzeuge werden im Stehen bedient und mit einem Elektromotor betrieben. Zum anderen gibt es auch Scooter, die im Sitzen bedient werden. In der Literatur werden diese Fahrzeuge auch Moped-Style-Scooter genannt (Shaheen et al. 2020).

Beide Fahrzeugarten bieten eine agile Fortbewegungsmöglichkeit und benötigen nur wenig Platz zum Parken. Zudem können E-Scooter teilweise auch zusammengeklappt werden und sind somit auch in öffentlichen Verkehrsmitteln wie Bus und Bahn transportierbar (Krauss et al. 2020). Daher stellen sie insbesondere in urbanen Gebieten ein beliebtes Fortbewegungsmittel dar.

Auch hier wird wieder zwischen stationsbasierten Modellen und Freefloating-Modellen unterschieden. Überwiegend findet man jedoch Angebote vor, bei denen die Scooter nach dem Freefloating-Konzept überall im Geschäftsgebiet abgestellt werden können.

5.8.2 Ridesharing

Teilen sich mehrere Personen während der Fahrt ein und dasselbe Fahrzeug, so spricht man von Ridesharing. Konsument:innen solcher Angebote werden zu Fahrgästen und können somit ihr Reiseziel erreichen, ohne selbst ein Fahrzeug besitzen oder fahren zu müssen. Die Rolle des:der Fahrer:in kann hierbei durch Vertreter:innen unterschiedlicher Interessengruppen eingenommen werden. So gibt es Angebote, bei denen auch die Fahrer:innen Privatpersonen sein können, die ihre eigenen Reisekosten senken oder Geld verdienen wollen. Ridesharing lässt sich weiter unterteilen in traditionelles Ridesharing, On-Demand Ride Services und Microtransits (Shaheen et al. 2016) (Abb. 5.13).

Beim traditionellen Ridesharing teilt sich eine Gruppe von Personen ein Auto (Carpooling) oder einen Van (Vanpooling), um die jeweiligen Bedürfnisse nach Mobilität zu decken. Grundvoraussetzung hierfür ist, dass die Teilnehmenden, Fahrer:innen und Fahrgäste, entweder das gleiche Reiseziel haben oder dass sich die individuellen Reiseziele wirtschaftlich mit einer gemeinsamen Fahrt abdecken lassen.

Diese Form des Gemeinschaftskonsums meint jedoch nicht nur kommerzielle Shared-Mobility-Modelle. Auch eine Gruppe von Familienmitgliedern, Nachbar:innen oder Arbeitskolleg:innen, die sich privat eine Fahrt teilen, kann theoretisch als eine Form von Ridesharing betrachtet werden. Man spricht in diesem Kontext von „Acquaintance-based Ridesharing". Im Gegensatz dazu meint „Organized-based Ridesharing" kommerzielle Angebote, bei denen Unternehmen das Car- oder Vanpooling organisieren. Nutzer:innen haben hierbei die Möglichkeit, sich über das Internet an solchen Angeboten zu beteiligen.

On-Demand Ride Services zeichnen sich dadurch aus, dass Fahrten von potenziellen Fahrgästen mehr oder weniger kurzfristig angefragt werden können. Häufig existieren solche Ridesourcing-Modelle in Form von zweiseitigen Märkten, bestehend aus der Teilnehmer:innengruppe der Fahrer:innen auf der einen Seite und der Gruppe der Fahrgäste auf

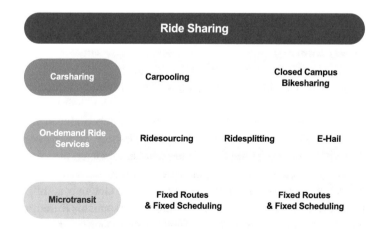

Abb. 5.13 Formen des Ridesharings

der anderen Seite. Unternehmen übernehmen hier die Rolle der Intermediäre und bieten Internetseiten oder Apps an, die als gemeinsame Plattformen dienen und auf denen beide Interessengruppen zusammenfinden können (Chan und Shaheen 2012).

Häufig findet man in diesem Kontext auch Dienstleistungen, die auf bestimmte Bevölkerungsgruppen zugeschnitten sind. So gibt es in den USA beispielsweise Angebote, die sich auf Fahrten für ältere Menschen und Personen mit körperlichen Einschränkungen fokussieren. Die Fahrzeuge sind hierbei so ausgestattet, dass auch Rollstuhlfahrer:innen mitgenommen werden können. Zusätzlich sind die Fahrer:innen meistens geschulte Fachkräfte für den Umgang mit pflegebedürftigen Interessengruppen (Shaheen et al. 2016).

Teilen sich mehrere Fahrgäste ein Fahrzeug und die Gebühren für die Fahrt, so spricht man in diesem Kontext von Ridesplitting. Dabei werden die Anfragen mehrerer Nutzer:innen dynamisch gebündelt, so dass Nachfrager:innen mit ähnlichen Reisezielen in Echtzeit dem:der gleichen Fahrer:in zugeordnet werden können. Dadurch kann die Anzahl an benötigten Fahrzeugen weiter reduziert werden, zugleich können Fahrer:innen ihre Arbeitszeit effektiver nutzen, während die Bedürfnisse der Kund:innen flexibler erfüllt werden können (Furuhata et al. 2013).

Eine dritte Form wird als E-Hail-Service bezeichnet. Hier bieten Taxi-Unternehmen ihre Dienste über das Internet oder Apps an, so dass Kund:innen flexibel von diesen Gebrauch machen können. Microtransit-Modelle sind ähnlich aufgebaut wie öffentliche Transitdienste, verbinden diese aber mit den Möglichkeiten einer flexiblen Routenplanung und/oder einer flexiblen Fahrplangestaltung, gesteuert über den Bedarf potenzieller Fahrgäste. Über das Internet oder entsprechende Apps können Nutzer:innen Fahrten buchen und, je nach Anbieter, darüber hinaus eigene Haltestellen vorschlagen. Anders als bei öffentlichen Verkehrsmitteln wie Bus oder Bahn werden die gefahrenen Strecken dynamisch an die Wünsche der Kund:innen angepasst. Der Grad der Dynamik und der Entscheidungsfreiheit variiert jedoch von Angebot zu Angebot, so dass unterschiedliche Modelle wie Fixed Routes and Fixed Scheduling Microtransits oder Flexible Routes and On-Demand-Scheduling-Angebote entstanden sind (Shaheen et al. 2020).

5.8.3 Delivery Sharing

Die letzte Kategorie beschreibt ein relativ junges Shared-Mobility-Konzept und umfasst Geschäftsmodelle, die sich auf die Auslieferung von Gütern wie beispielsweise Lebensmitteln fokussieren. Solche Courier Network Services bestehen aktuell in zwei unterschiedlichen Formen. Die erste Variante wird als P2P Delivery Services bezeichnet und besteht in Form von zweiseitigen Märkten. Unternehmen fungieren hier, ähnlich wie bei Ridesourcing-Modellen, als Intermediäre, die eine Plattform zur Verfügung stellen. Auf dieser können Privatpersonen die Lieferung von bestimmten Gütern beauftragen. Die Aufträge können von Privatpersonen angenommen werden, die somit als Kurier:innen fungieren und eine entsprechende monetäre Entlohnung für ihre Dienste erhalten. Dabei kann jede:r Kurier:in selbst entscheiden, ob er:sie die Ware mit dem Auto, dem Fahrrad oder sogar zu Fuß ausliefert (Shaheen et al. 2020).

Ein Beispiel für solch einen P2P-Delivery-Service ist das US-amerikanische Unternehmen DoorDash. Das Unternehmen wirbt damit, dass Kund:innen Fertiggerichte aus einer Vielzahl von Restaurants aus über 4000 Städten in den USA, Kanada und Australien bestellen können. Die Bestellaufträge werden von Privatpersonen, sogenannten Dashern, angenommen und ausgeliefert. Jeder, der über ein eigenes Fahrzeug und die entsprechende DoorDash-App verfügt, kann ein:e Kurier:in werden und bestimmt somit selbst über seine:ihre Arbeitszeiten und seinen:ihren Arbeitsort („DoorDash" 2023).

Die zweite Variante der Courier Network Services beschreibt Ridesharing-Modelle, die sich neben dem Transport von Fahrgästen auch auf die Auslieferung von bestellten Gütern fokussieren. Diese Kombination wird als Paired On-Demand Passenger Ride and Courier Services bezeichnet. In den meisten Fällen gibt es für die Einstellung und Erfüllung von Lieferaufträgen eine eigene, separate Plattform. So hat das Unternehmen Uber beispielsweise eine App, auf der Reisende sich wie bei herkömmlichen On-Demand Ride Services ein Fahrzeug rufen können. Für Kund:innen, die hingegen Fertiggerichte aus einem Restaurant bestellen wollen, gibt es die App Uber Eats (Shaheen et al. 2020).

> **Fallbeispiel: Shared-Mobility-Angebote in Köln**
> Insbesondere in urbanen Regionen erfreuen sich die Angebote einer geteilten Fahrzeugnutzung zunehmender Beliebtheit. In Köln beispielsweise gibt es mittlerweile eine Vielzahl von Anbietern, die ihre Flotten für eine geteilte Nutzung bereitstellen. Insbesondere Scootersharing-Angebote sind hierbei stark vertreten.
> **Selbstkontrolle:**
> Gibt es in Ihrem Wohnort Shared-Mobility-Angebote? Wenn ja, welche und wie viele? Versuchen Sie, die jeweiligen Angebote einem der oben beschriebenen Modelle der geteilten Fahrzeugnutzung zuzuordnen.

5.8.4 Erweiterung von Shared Mobility durch den Einsatz von Informations- und Kommunikationstechnologien (IKTs)

Wie bereits erwähnt, stellt die Verwendung von IKTs ein zentrales Merkmal der Shared Mobility dar. So werden entsprechende Angebote über eine Online-Plattform, in Form einer Smartphone-App oder über eine Internetseite bereitgestellt. Darüber hinaus sind Sharing-Fahrzeuge zumeist mit Sensoren ausgestattet. Gemäß des Konzepts des Internet of Things (IoT) können dadurch kontinuierlich Zustandsdaten wie beispielsweise die geografische Position, der Batteriezustand oder der aktuelle Betriebszustand eines jeden Fahrzeugs abgerufen werden. Diese Daten können im Anschluss dazu genutzt werden, die Angebotsqualität auf unterschiedliche Weise zu erhöhen. Nachfolgend sollen einige Erweiterungsmöglichkeiten beschrieben werden, die durch den Einsatz ausgewählter IKTs ermöglicht werden.

5.8.4.1 Mobility as a Service

Mobility as a Service (MaaS) beschreibt ein relativ junges Konzept, das verschiedene Transportmittel zu einem auf den Anwendenden maßgeschneiderten Mobilitätspaket zusammenschnürt. Im Fokus stehen hierbei geteilte Fortbewegungsmittel wie der ÖPNV, Ridesharing- und Vehicle-Sharing-Angebote (Hensher 2020). MaaS-Anbieter bündeln hierbei vorliegende Mobilitätsangebote und bieten ihrer Kundschaft eine nahezu nahtlose Kombination aller Verkehrsträger an. Die Dienstleistungen werden hierbei über eine Smartphone-App bereitgestellt. Um auf den Dienst zuzugreifen, werden die Reisenden gebeten, sich zu registrieren oder ein Konto einzurichten sowie ein monatliches Abonnement abzuschließen. Ergänzt wird dieses Leistungsbündel durch weitere Dienstleistungen im Bereich der Mobilität, darunter beispielsweise eine intermodale bzw. multimodale Routenplanung, Buchungsdienste und Bezahlungsmöglichkeiten.

Voraussetzung für die Aggregation möglichst vieler unterschiedlicher Mobilitätsangebote ist die Bereitstellung entsprechender Schnittstellen durch die jeweiligen Mobilitätsanbieter. MaaS-Anbieter können über diese Schnittstellen Angebotsdaten abgreifen und in die eigene App integrieren, wobei hier unterschiedliche Integrationslevel denkbar sind. So können Angebote beispielsweise auf einer rein informatorischen Ebene eingebunden werden. Der Nutzen steigt für den:die Anwender:innen, wenn Angebote tiefenintegriert werden, sodass diese über die entsprechende MaaS-App direkt gebucht werden können. Wichtig bei der Bereitstellung der Daten durch die Anbieter ist hierbei stets, dass die Angebotsdaten entsprechend einem in der Branche verbreiteten Datenstandard wiedergegeben werden. Bezüglich der Mobilität lassen sich unterschiedliche Standards identifizieren, die sich insbesondere in Amerika, nach und nach jedoch auch in Europa zunehmend etablieren. Hierzu zählen beispielsweise die General Bikeshare Feed Specification (GBFS) und die Mobility Data Specification (MDS) (Open Mobility Foundation 2022; North American Bikeshare Association 2021).

5.8.4.2 Einsatz von Machine-Learning-Methoden

Darüber hinaus können Angebotsdaten über längere Zeiträume gesammelt und ausgewertet werden. Die dadurch entstehenden historischen Datensätze können beispielsweise dazu verwendet werden, bestehende Angebote weiter zu optimieren. Werden Fahrzeugpositionen und das Nutzer:innenverhalten einzelner Angebote beispielsweise über einen längeren Zeitraum gesammelt und ausgewertet, so lassen sich anhand historischer Daten Machine Learning-Modelle darauf trainieren, auch zukünftige Zustände bezüglich des Bedarfs an Fahrzeugen innerhalb eines Geschäftsgebietes vorherzusagen. Diese Informationen können anschließend von Betreibern entsprechender Angebote dazu genutzt werden, Fahrzeuge im Rahmen von Redistributionssystemen so zu verteilen, dass sie besser auf die Bedürfnisse der Kund:innen zugeschnitten sind (Kostic et al. 2021).

Besonders wirksam werden diese datengetriebenen Auswertungen, wenn sie im Rahmen von Kooperationen zwischen unterschiedlichen entscheidungsrelevanten Akteuren geteilt und nutzbar gemacht werden. Im Rahmen staatlich geförderter Mobilitätsprojekte wird in Deutschland daran gearbeitet, Shared-Mobility-Daten mit ÖPNV- und Umgebungsdaten zu einer standardisierten Entscheidungsgrundlage zusammenzuführen und beispielsweise über ein Dashboard nutzbar zu machen. Solche Dashboards können Entscheidungsträger:innen in Städten und Kommunen als Cockpit dienen, das als zentraler Datenzugang fungiert und nötige Analysewerkzeuge bietet. So kann eine datengetriebene Entscheidungsfindung zur Planung der Gesamtmobilität ermöglicht werden, was letzten Endes in einer Optimierung des lokalen Mobilitätsangebots sowie der Nachhaltigkeit vorliegender Angebote münden kann.

5.8.4.3 Verwendung der Blockchain-Technologie

Eine Blockchain lässt sich definieren als eine Form von Datenbank, deren grundlegende Funktion es ist, Transaktionen, wie beispielsweise Buchungsinformationen, zu speichern und sie zu Blöcken zu gruppieren. Diese Blöcke sind untereinander verknüpft und bilden eine fortlaufende Datensequenz. Die Verknüpfung ist hierbei so gestaltet, dass Blöcke nicht manipuliert werden können. Darüber hinaus wird die Blockchain nicht auf einem zentralen Server gespeichert, sondern durch die Teilnehmer:innen eines verteilten Rechnernetzes verwaltet (Condos et al. 2016). Hieraus ergeben sich Eigenschaften, welche die Blockchain-Technologie zu einer attraktiven Grundlage für unterschiedliche Anwendungen machen. Zu diesen Eigenschaften zählt zum einen die Dezentralität der Blockchain. Diese Eigenschaft stellt eine potenzielle Lösung für fehlende Shared-Mobility-Plattformen im ländlichen Raum dar (Bossauer et al. 2020).

Obwohl ein hoher Bedarf an Mobilitätsangeboten wie der Shared Mobility, insbesondere im ländlichen Raum, besteht, ist eine mangelnde Wirtschaftlichkeit ein Hindernis für die Etablierung solcher Dienste. Für einen wirtschaftlichen Betrieb ist es notwendig, dass die Sharing-Fahrzeuge ausreichend ausgelastet sind, so dass der Umsatz die Kosten des Betriebs einer entsprechenden Sharing-Plattform deckt. In dichter besiedelten Regionen ist es einfacher, höhere Auslastungsraten zu erreichen, weshalb größere Städte auch für Shared-Mobility-Anbieter attraktiver sind. Eine mögliche Lösung für das Angebot von Shared-Mobility-Dienstleistungen trotz fehlender Wirtschaftlichkeit wäre, dass lokale öffentliche Einrichtungen die Shared-Mobility-Dienstleistung selbst anbieten. Die Hürden für den Betrieb einer Plattform für Shared-Mobility-Dienstleistungen sind jedoch hoch, da Städten und Gemeinden oft das technische Know-how oder das Geld für die Bereitstellung und Wartung einer entsprechenden Sharing-Plattform fehlt.

Die Blockchain-Technologie stellt eine mögliche Lösung für diese Probleme dar, indem der Informations- und Wertetransfer, der im Rahmen der geteilten Fahrzeugnutzung entsteht, sicher und dezentral organisiert wird und somit viele Funktionen traditioneller Intermediäre obsolet werden. Eine Blockchain könnte als Bestandteil einer lokalen Infrastruktur dabei helfen, die Übertragung von Informationen und Werten auf sichere und dezentrale Weise zu organisieren und viele der Funktionen traditioneller Vermittler, wie z. B. die Buchung von Transaktionen, zu automatisieren. Somit könnten die Hürden für die Anbieter verringert werden, wodurch ein Bottom-up-Wachstum der geteilten Mobilitätsdienste ermöglicht würde.

Anzumerken ist hierbei, dass solch eine auf der Blockchain basierende Sharing-Plattform zum jetzigen Zeitpunkt noch nicht existiert. Es wurden jedoch bereits entsprechende Konzepte und Proof-of-Concepts erarbeitet. So lässt sich der gesamte

Buchungsprozess mit allen Teilprozessen (Buchung, Vergabe von Zugriffsrechten, Bezahlung, Bewertung etc.) theoretisch komplett über die Funktionalitäten einer Blockchain abdecken. Zur Durchführung dieser Teilprozesse eignen sich sogenannte Smart Contracts. Diese ermöglichen die Integration von Bedingungen in Form von Codes innerhalb der einzelnen Transaktionen. Auf diese Weise können bestimmte Ereignisse durch Transaktionen ausgelöst und Nutzungsrechte elektronisch vergeben werden. Smart Contracts werden als eine wegweisende Technologie angesehen, die dank der Blockchain zahlreiche neue Anwendungsfelder in der Praxis eröffnet (Bossauer et al. 2020).

5.8.5 Auswirkungen von Shared Mobility auf die Nachhaltigkeit

Trotz des Vorhandenseins der vielen unterschiedlichen Formen der Shared Mobility sind Angebote noch nicht flächendeckend in Deutschland verbreitet und Nutzerzahlen zudem relativ gering. So weisen beispielsweise die Carsharing-Angebote in Deutschland im Jahr 2023 im Vergleich zur Gesamtbevölkerung noch immer keinen hohen Nutzungsanteil auf. Während zu Beginn des Jahres 2023 in Deutschland über 60 Mio. Autos zugelassen waren, gab es lediglich knapp 4,5 Mio. Carsharing-Nutzer:innen (Kraftfahrt-Bundesamt 2023; Bundesverband CarSharing e.V. 2023). Neben dem Mangel an Carsharing-Angeboten außerhalb von Großstädten mit gut ausgebauten öffentlichen Verkehrssystemen mangelt es dem Carsharing im Vergleich zum privaten Pkw zusätzlich an Flexibilität und sofortiger Verfügbarkeit, was einer breiten Akzeptanz entgegensteht (Sanchez 2016). Ähnliches lässt sich auch für andere Formen der Shared Mobility festhalten.

Aufgrund der geringen Verbreitung und Akzeptanz der Angebote einer geteilten Fahrzeugnutzung lassen sich zum jetzigen Zeitpunkt die Effekte auf die Nachhaltigkeit nur schwer quantifizieren. Im Rahmen vergangener wissenschaftlicher Bestrebungen konnten dennoch einige positive Auswirkungen auf das Mobilitätsverhalten der Bevölkerung festgestellt werden.

So haben beispielsweise Studien des Bundesverbands CarSharing die verkehrsentlastende Wirkung von stationsbasiertem Carsharing in Berlin untersucht. Es stellte sich heraus, dass die Nutzung solcher Angebote eine hohe Entlastung für den lokalen Verkehr zur Folge hat. Der Grund dafür liegt in der Tatsache, dass viele Haushalte, welche die lokal verfügbaren Sharing-Angebote nutzen, ihren eigenen Pkw verkaufen und ausschließlich die Fahrzeuge der Carsharing-Anbieter verwenden. Hinzu kommt, dass stationsbasiertes Carsharing die Wahrscheinlichkeit verringert, dass Haushalte sich neue Autos zulegen. So konnte festgestellt werden, dass ein Sharing-Auto bis zu neun private Pkw ersetzen kann. Dadurch kommt es zu einer Reduzierung der Gesamtanzahl an genutzten Fahrzeugen, was wiederum eine entlastende Wirkung auf den Verkehr hat und dementsprechend auch die Umweltbelastung senken kann (Nehrke 2016).

Darüber hinaus wird davon ausgegangen, dass Shared Mobility zu einer positiven Verschiebung des Modal Splits führen kann. Der Begriff „Modal Split" beschreibt hierbei die Verteilung der Verkehrsmittelwahl oder des Verkehrsmittelanteils auf verschiedene Transportarten in einer bestimmten Region, Stadt oder Land. Betrachtet man die Verteilung für Deutschland im Jahr 2020, so fällt auf, dass der motorisierte Individualverkehr (MIV) mit über 80 % einen Großteil des Modal Splits ausmacht (Bundesministerium für Digitales und Verkehr 2022). Der Umweltverbund, also alle nachhaltigen Fortbewegungsmodi wie beispielsweise Fußverkehr, Fahrradverkehr und ÖPNV, machen summiert hingegen lediglich knapp 18 % aus. Dadurch kommt es zu einer Überlastung des Straßennetzes in stark urbanisierten Gebieten sowie zu erhöhten Schadstoffemissionen lokaler und auch globaler Natur (Umweltbundesamt 2023a).

Expert:innen gehen davon aus, dass insbesondere Scootersharing wie auch Bikesharing eine mögliche Lösung für das sogenannte Erste-und-letzte-Meile-Problem des öffentlichen Personennahverkehrs (ÖPNV) darstellen kann (Nigro et al. 2022). Gemeint ist hierbei die Überbrückung der Distanz zwischen dem eigentlichen Start (bzw. Endpunkt) einer Reise und der nächstgelegenen Haltestelle. Es wird davon ausgegangen, dass diese Distanz für viele Bürger:innen ein Hindernis darstellt, den ÖPNV zu nutzen (Kåresdotter et al. 2022). Shared Mobility birgt hierbei das Potenzial, die Überbrückung dieser Distanz zu vereinfachen und somit zu einer Verschiebung des Modal Splits zugunsten des ÖPNV für ein nachhaltigeres Mobilitätsverhalten zu führen (Abb. 5.14).

Neben den oben beschriebenen Auswirkungen von Shared Mobility auf die ökologische bzw. ökonomische Dimension des Nachhaltigkeitsmodells wird zudem davon ausgegangen, dass insbesondere die unterschiedlichen Formen des Ridesharings einen positiven Aspekt auf die soziale Nachhaltigkeit haben können. Betrachtet man beispielsweise die vorherrschenden Mobilitätsverhältnisse zwischen urbanen und ländlichen Regionen in Deutschland, so fällt auf, dass die Chancen auf Mobilität keinesfalls gerecht verteilt sind. In der Literatur spricht man dort von ländlicher Mobilitätsarmut, wo eine schlechte Anbindung an Haltestellen des ÖPNV, unpassende Linienführungen, schlechte Taktungen sowie schlechte Bedingungen für Fuß- und Radverkehr herrschen. Besitzen Bewohner:innen ländlicher Regionen kein eigenes Auto, kann es hier zu einem Ausschluss von der sozialen Teilhabe kommen (Klaas und Kaas Elias 2020).

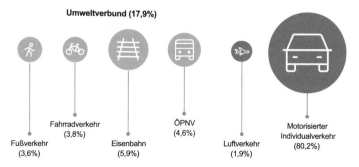

Abb. 5.14 Modal Split in Deutschland für das Jahr 2020

Damit Verteilungsgerechtigkeit erzeugt werden kann, bedarf es eines Ausbaus der verfügbaren Mobilitätsinfrastruktur. Hier kommen unterschiedliche Ridesharing-Angebote ins Spiel. Ridesharing-Angebote in Form von öffentlich zugänglichen Mitnahmesystemen, bei denen freie Plätze im privaten Pkw Dritten zur Verfügung gestellt werden, können helfen, die Lücken in der bestehenden Infrastruktur zu schließen. Darüber hinaus können On-Demand Ride Services in Form von Bürgerbussen oder Rufbussen zu einer sozial gerechten Verteilung von Mobilität beitragen. Hierbei handelt es sich um Buslinien, die vor allem in ländlichen Bereichen mit schwachem Linienangebot bzw. zu schwachen Verkehrszeiten eingesetzt werden. Fahrten werden nur durchgeführt, wenn im Vorfeld ein Fahrtwunsch angemeldet wurde. Der Zustieg erfolgt an einer definierten Haltestelle, der Ausstieg jedoch ist dabei nicht an eine bestimmte Haltestelle gebunden, sondern kann an jedem beliebigen Ort innerhalb des Bediengebietes erfolgen, sofern dieser Ort vom Bus angefahren werden kann.

Die (erwarteten) positiven Auswirkungen der Shared Mobility lassen sich also wie folgt zusammenfassen:

- Reduzierung der Anzahl an Autos pro Haushalt
- Reduzierung der mit dem Auto zurückgelegten Distanz
- Entlastung des Straßennetzes und Verringerung von Staus
- Verringerung der CO_2-Emissionen
- Verschiebung des Modal Splits weg vom MIV hin zum Umweltverbund
- Unterstützung bei der Herstellung einer sozialen Verteilungsgerechtigkeit bezüglich Mobilität zwischen Stadt und Land

Im Rahmen der Nachhaltigkeitsbetrachtung ist jedoch stets zu bedenken, dass Shared Mobility nicht ziellos eingesetzt werden darf. Eine Veröffentlichung des Fraunhofer- Instituts[2] beispielsweise betonen, dass Angebote einer geteilten Fahrzeugnutzung von Städten reguliert werden müssen. Werden Angebote ziellos zugelassen, kann dies beispielsweise zu einer unzureichenden Auslastung der Fahrzeuge und einer Erhöhung der Personen- und Fahrzeugkilometer führen, was letztendlich in eine Erhöhung der CO_2-Emissionen mündet (Rebound-Effekte). Werden Angebote hingegen intelligent reguliert und mit dem ÖPNV kombiniert, so kann es laut der Untersuchung bis 2050 zu einer Verringerung des CO_2-Austoßes von bis zu 37 % kommen.

5.9 Zusammenfassung

Dieses Kapitel hat die ethischen Aspekte von Technikentwicklung umrissen. Dabei wurden vor allem mögliche Implikationen von Technik auf den Ebenen Individuum, Organisation und Gesellschaft, sowie die Herausforderungen, Technik unter Berücksichtigung

---

[2] https://publica-rest.fraunhofer.de/server/api/core/bitstreams/da32aede-b997-4a1e-b114-28b66e53d09d/content, Zugriff am 03.05.2024.

von ethischen Problemen zu entwickeln, dargestellt, sowie entsprechende Lösungsansätze umrissen. Ein besonders drängender Aspekt dabei ist das Ziel des nachhaltigen Konsums. Die Weltkommission für Umwelt und Entwicklung definiert nachhaltige Entwicklung als Befriedigung der aktuellen Bedürfnisse ohne Beeinträchtigung künftiger Generationen (Brundtland 1987). Nachhaltigkeit umfasst ökologische, ökonomische und soziale Aspekte, wobei alle drei Dimensionen miteinander verknüpft sind. Ökologische Nachhaltigkeit zielt auf die regenerative Nutzung natürlicher Ressourcen ab (Elkington 1998). Ökonomische Nachhaltigkeit betont die langfristige Wirtschaftsfähigkeit unter Berücksichtigung von Umwelt und Gesellschaft. Soziale Nachhaltigkeit strebt die Gerechtigkeit zwischen Generationen und sozialen Gruppen an. Zentrale Handlungsfelder für nachhaltige Entwicklung sind Klimaschutz, Energiepolitik, Umwelt, Ernährung, Gesundheit und umweltverträgliche Mobilität. Ebenfalls von Bedeutung ist die Förderung einer Kreislaufwirtschaft in Deutschland, bei der Güter möglichst lange gebraucht, repariert und geteilt werden.

Hier gewinnt der Begriff der Sharing Economy an Bedeutung. Gemeint sind Geschäftsmodelle, die auf einen gemeinschaftlichen Konsum von materiellen und immateriellen Gütern ausgelegt sind (Busch et al. 2018). Insbesondere eine geteilte Nutzung von Fahrzeugen erfreut sich in den letzten Jahren großer Beliebtheit. Unter dem Begriff der Shared Mobility werden hierbei unterschiedliche Konzepte einer geteilten Fahrzeugnutzung vereint. Beim Vehicle Sharing erhalten Nutzer:innen über entsprechende Sharing-Plattformen temporäre Nutzungsrechte an einzelnen Fahrzeugen und können so ihre Bedürfnisse nach Mobilität befriedigen, ohne ein eigenes Auto oder Fahrrad oder einen eigenen Scooter besitzen zu müssen. Ridesharing umfasst gemeinsame Fahrten, bei denen mehrere Personen sich ein Fahrzeug teilen, entweder für ähnliche Reiseziele im traditionellen Ridesharing, durch kurzfristige Anfragen in On-Demand Ride Services oder das dynamische Bündeln von Anfragen im Ridesplitting (S. Shaheen et al. 2016).

Die Verwendung von IKTs spielt über sämtliche Formen der Shared Mobility hinweg eine zentrale Rolle. Sie stellt zum einen die Basis für Sharing-Plattformen dar, auf der Anbieter:innen und Nachfrager:innen entsprechender Sharing-Angebote zusammenkommen. Darüber hinaus gibt es viele Ansätze, durch die Verwendung ausgewählter Technologien bestehende Sharing-Angebote zu erweitern (Einsatz von Machine Learning und Blockchain-Technologie) oder ergänzende Dienste anzubieten (MaaS) (Bossauer et al. 2020; Kostic et al. 2021; Hensher 2020).

Trotz des Vorhandenseins vieler unterschiedlicher Formen der geteilten Fahrzeugnutzung handelt es sich um ein noch junges Konzept, das noch nicht flächendeckend in Deutschland verbreitet ist. Tatsächliche Auswirkungen auf die Nachhaltigkeit können daher nur begrenzt untersucht werden. Bereits jetzt gibt es jedoch Studien, die belegen, dass ein regulierter Einsatz von Shared Mobility dazu führen kann, CO_2-Emissionen zu verringern, lokale Straßennetze zu entlasten und die bestehende Mobilitätsarmut im ländlichen Raum zu verringern.

5.10   Übungen

1. Beschreiben Sie das Trolley-Problem im Zusammenhang mit autonomen Systemen. Warum ist es wichtig, solche Diskussionen zu führen?
2. Warum sind Antworten auf ethische Fragestellungen im Alltag schwer zu finden? Wie werden solche Entscheidungen in der Realität gefällt? Nennen Sie ein Beispiel.
3. Nennen und erklären Sie die drei Perspektiven auf die Beziehung zwischen Menschen und Technologie.
4. Nennen und beschreiben Sie die fünf Problematiken des Phänomens „Algorithm Aversion" anhand eines ausgewählten Beispiels.
5. Nennen und beschreiben Sie die Fairness-Dimensionen. Warum ist es wichtig, sowohl das Zusammenspiel der Dimensionen als auch die individuelle Perspektive zu betrachten?
6. Welche Werkzeuge zur Umsetzung digitaler Fragestellungen kennen Sie jetzt, und wie grenzen sich diese voneinander ab?
7. Nennen und beschreiben Sie die drei Säulen der Nachhaltigkeit und erläutern Sie, auf welche Weise Shared Mobility das Potenzial hat, jede dieser Dimension positiv zu beeinflussen.
8. Im Laufe der Jahre haben sich innerhalb der Sharing Economy unterschiedliche Sektoren herausgebildet. In diesem Kapitel wurden einige dieser Sektoren genannt. Hierbei handelt es sich jedoch nicht um eine vollständige Aufzählung. Nennen und beschreiben Sie weitere Wirtschaftsbereiche, in denen materielle und immaterielle Güter für eine geteilte Nutzung bereitgestellt werden können.
9. Nennen Sie drei in Deutschland verfügbare Shared-Mobility-Angebote und beschreiben Sie das zugrunde liegende Geschäftsmodell. Ordnen Sie die Angebote einem der aufgeführten Sharing-Modelle zu, die in Kap. 3 definiert wurden.
10. Beschreiben Sie, inwiefern Informations- und Kommunikationstechnologien einen zentralen Bestandteil der Share Economy darstellen. Erläutern Sie, wie sich bestehende Shared-Mobility-Konzepte durch IKT ergänzen lassen.

Literatur

„DoorDash". 2023. Food delivery & takeout – From restaurants near you. 2023. https://www.doordash.com/. Zugegriffen am 17.02.2023.

Adhikari, Ajaya, Edwin Wenink, Jasper Van Der Waa, Cornelis Bouter, und Stephan Raaijmakers. 2022. Towards FAIR explainable AI: A standardized ontology for mapping XAI solutions to use cases, explanations, and AI systems. In *Proceedings of the 15th international conference on PErvasive Technologies Related to Assistive environments (PETRA '22)*, 562–568. https://doi.org/10.1145/3529190.3535693.

AI HLEG. 2020. „Assessment List for Trustworthy Artificial Intelligence (ALTAI) for self-assessment" https://digital-strategy.ec.europa.eu/en/library/assessment-list-trustworthy-artificial-intelligence-altai-self-assessment. Zugegriffen am 20.02.2023.

Al-Akkad, Amro, Leonardo Ramirez, Alexander Boden, Dave Randall, und Andreas Zimmermann. 2014. Help beacons: Design and evaluation of an ad-hoc lightweight S.O.S. system for smartphones. *Conference on Human Factors in Computing Systems – Proceedings*: 1485–1494. https://doi.org/10.1145/2556288.2557002.

Atkinson, Giles. 2000. Measuring corporate sustainability. *Journal of Environmental Planning and Management* 43(2): 235–252. https://doi.org/10.1080/09640560010694.

Baedeker, Carolin, Katrin Bienge, Paul Suski, und Philipp Themann. 2018. Sharing Economy: eine nachhaltige Konsumalternative? *Geographische Rundschau* 70:22–28. https://epub.wupperinst.org/frontdoor/deliver/index/docId/7174/file/7174_Baedeker.pdf

Binns, Reuben, Max Van Kleek, Michael Veale, Ulrik Lyngs, Jun Zhao, und Nigel Shadbolt. 2018. It's reducing a human being to a percentage. In *Proceedings of the 2018 CHI conference on human factors in computing systems*, Hrsg. Regan Mandryk, Mark Hancock, Mark Perry, und Anna Cox, 1–14. New York: ACM. https://doi.org/10.1145/3173574.3173951.

Binswanger, Mathias. 2001. Technological progress and sustainable development: What about the rebound effect? *Ecological Economics* 36(1): 119–132. https://doi.org/10.1016/S0921-8009(00)00214-7.

BMUV. 2022. „Deutsche Nachhaltigkeitsstrategie". Bundesministerium für Umwelt, Naturschutz, nukleare Sicherheit und Verbraucherschutz. 2022. https://www.bmuv.de/WS893. Zugegriffen am 10.07.2023.

Boden, Alexander, Michael Liegl, und Monika Büscher. 2021. Ethische, rechtliche und soziale Implikationen (ELSI). *Sicherheitskritische Mensch-Computer-Interaktion*: 185–205. https://doi.org/10.1007/978-3-658-32795-8_9.

van den Bos, Kees, E. Allan Lind, Riël Vermunt, und Henk A. M. Wilke. 1997. How do I judge my outcome when I do not know the outcome of others? The psychology of the fair process effect. *Journal of personality and social psychology* 72(5): 1034–1046. https://doi.org/10.1037//0022-3514.72.5.1034.

Bossauer, Paul, Lukas Böhm, und Christina Pakusch. 2020. „Decentralized shared mobility – Bringing peer-to-peer carsharing to rural areas. Potentials of blockchain technology for peer-to-peer carsharing". In *ICT4S 2020 – 7th international conference on ICT for sustainability*. https://www.researchgate.net/publication/343236104_Decentralized_Shared_Mobility_-Bringing_Peer-to-_Peer_Carsharing_to_Rural_Areas_Potentials_of_Blockchain_Technology_for_Peer-to-Peer_Carsharing.

Bowles, Cennydd. 2018. *Future ethics*. United Kingdom: NowNext Ltd.

Brignull, H., M. Leiser, C. Santos, und K. Doshi. 2023. „Deceptive patterns – User interfaces designed to trick you". https://www.deceptive.design/ Zugegriffen am 28.03.2023.

Brundtland, Gro Harlem. 1987. „Report of the world commission on environment and development: Our common future towards sustainable development 2. Part II. Common challenges. 4: Population and human resources".

Bundesministerium für Digitales und Verkehr. 2022. „Verkehr in Zahlen 2022/2023". https://www.dlr.de/vf. Zugegriffen am 12.07.2023.

Bundesverband CarSharing e.V. 2019. „Entlastungsleistung von stationsbasiertem CarSharing und Homezone-CarSharing in Berlin | bcs Bundesverband CarSharing e.V." https://www.carsharing.de/alles-ueber-carsharing/studien/entlastungsleistung-stationsbasiertem-carsharing-homezone-carsharing. Zugegriffen am 12.07.2023.

———. 2023. „Aktuelle Zahlen und Fakten zum CarSharing in Deutschland ". https://carsharing.de/alles-ueber-carsharing/carsharing-zahlen/aktuelle-zahlen-daten-zum-carsharing-deutschland. Zugegriffen am 19.07.2023.

Burton, Jason W., Mari Klara Stein, und Tina Blegind Jensen. 2020. A systematic review of algorithm aversion in augmented decision making. *Journal of Behavioral Decision Making* 33(2): 220–239. https://doi.org/10.1002/BDM.2155.

Busch, Christopher, Vera Demary, Barbara Engels, Justus Haucap, Christiane Kehder, Ina Loebert, und Christian Rusche. 2018. „Sharing Economy im Wirtschaftsraum Deutschland". *Bundesministerium für Wirtschaft und Energie (BMWi) (Hrsg.), Institut der deutschen Wirtschaft Köln e. V. und DICE Consult GmbH.* www.bmwi.de

Castelnovo, Alessandro, Riccardo Crupi, Greta Greco, Daniele Regoli, Ilaria Giuseppina Penco, und Andrea Claudio Cosentini. 2021. A clarification of the nuances in the fairness metrics landscape. *Scientific Reports* 12(1). https://doi.org/10.1038/s41598-022-07939-1.

Castelo, Noah, Maarten W. Bos, und Donald R. Lehmann. 2019. Task-dependent algorithm aversion. *Journal of Marketing Research* 56(5): 809–825. https://doi.org/10.1177/0022243719851788.

Chan, Nelson D., und Susan A. Shaheen. 2012. Ridesharing in North America: Past, present, and future. *Transport Reviews* 32(1): 93–112. https://doi.org/10.1080/01441647.2011.621557.

Clark, Garrette. 2007. Evolution of the global sustainable consumption and production policy and the United Nations Environment Programme's (UNEP) supporting activities. *Journal of Cleaner Production* 15(6): 492–498. https://doi.org/10.1016/J.JCLEPRO.2006.05.017.

Clement, Reiner, Dirk Schreiber, Paul Bossauer, und Christina Pakusch. 2019. *Internet-Ökonomie.* Internet-Ökonomie. Berlin/Heidelberg: Springer. https://doi.org/10.1007/978-3-662-59829-0.

Collingridge, David. 1982. *The social control of technology.* Cambridge University Press. https://doi.org/10.2307/1960465.

Colquitt, Jason A., und Jessica B. Rodell. 2015. Measuring justice and fairness. In *Oxford library of psychology. The Oxford handbook of justice in the workplace*, Hrsg. R. S. Cropanzano und M. L. Ambrose, 187–202. Oxford University Press. https://doi.org/10.1093/OXFORDHB/9780199981410.013.8.

Condos, James, William Sorrell, und Susan Donegan. 2016. „Blockchain technology". *Opportunities and risks.*

Dabbish, Laura A., und Robert E. Kraut. 2006. Email overload at work. In *Proceedings of the 2006 20th anniversary conference on computer supported cooperative work*, 431–440. New York: ACM. https://doi.org/10.1145/1180875.1180941.

Die Bundesregierung. 2002. „Perspektiven für Deutschland – Unser Strategie für eine nachhaltige Entwicklung". https://www.nachhaltigkeit.info/media/1326188329phpYJ8KrU.pdf. Zugegriffen am 02.08.2023.

Dietvorst, Berkeley J., Joseph P. Simmons, und Cade Massey. 2015. Algorithm aversion: People erroneously avoid algorithms after seeing them err. *Journal of Experimental Psychology: General* 144(1): 114–126. https://doi.org/10.1037/xge0000033.

Dillard, Jesse, Veronica Dujon, und Mary C. King. 2008. Understanding the social dimension of sustainability. *Understanding the Social Dimension of Sustainability*: 1–300. https://doi.org/10.4324/9780203892978.

Dimitriou, Minas, und Gottfried Schweiger. 2015. *Fairness und Fairplay. Eine interdisziplinäre Annäherung.* https://doi.org/10.1007/978-3-658-08675-6_1.

Dourish, Paul. (2003). The Appropriation of Interactive Technologies: Some Lessons from Placeless Documents. *Computer Supported Cooperative Work (CSCW)* 12:465–490. https://doi.org/10.1023/A:1026149119426.

Draxler, Sebastian, Gunnar Stevens, Martin Stein, Alexander Boden, und David Randall. 2012. Supporting the social context of technology appropriation. In *Proceedings of the SIGCHI conference on human factors in computing systems*, 2835–2844. New York: ACM. https://doi.org/10.1145/2207676.2208687.

Duden. 2023. *Ethik Bedeutung.* Cornelsen Verlag GmbH. https://www.duden.de/rechtschreibung/Ethik.

Ehsan, Upol, Q. Vera Liao, Samir Passi, Mark O. Riedl, und Hal Daume. 2022. „Seamful XAI: Operationalizing seamful design in explainable AI", November. http://arxiv.org/abs/2211.06753

Elkington, John. 1998. Cannibals with forks: The triple bottom line of sustainability. *New Society Publishers*: 37–51. https://books.google.com/books/about/Cannibals_with_Forks.html?hl=de&id=dIJAbIM7XNcC.

Falbe, Trine, Kim Andersen, und Martin Michael Frederiksen. 2020. *Ethical design Handbook*. Freiburg: Smashing Media AG.

Fernandez, Luke. 2021. Teaching students how to frame human-computer interactions using instrumentalism, technological determinism, and a quadrant learning activity. *Frontiers in Computer Science* 3(Dezember). https://doi.org/10.3389/fcomp.2021.771731.

Filiz, Ibrahim, Jan René Judek, Marco Lorenz, und Markus Spiwoks. 2021. Reducing algorithm aversion through experience. *Journal of Behavioral and Experimental Finance* 31(September): 100524. https://doi.org/10.1016/J.JBEF.2021.100524.

Fry, Hannah. 2018. *Hello world: How to be human in the age of the machine*. New York City: Doubleday.

Furuhata, Masabumi, Maged Dessouky, Fernando Ordóñez, Marc Etienne Brunet, Xiaoqing Wang, und Sven Koenig. 2013. Ridesharing: The state-of-the-art and future directions. *Transportation Research Part B: Methodological* 57(November): 28–46. https://doi.org/10.1016/J.TRB.2013.08.012.

Ganapati, Sukumar, und Christopher G. Reddick. 2018. Prospects and challenges of sharing economy for the public sector. *Government Information Quarterly* 35(1): 77–87. https://doi.org/10.1016/J.GIQ.2018.01.001.

Gert, Bernard. 2006. *Common morality: Deciding what to do. Common morality: Deciding what to do*. Oxford University Press. https://doi.org/10.1093/0195173716.001.0001/ACPROF-9780195173710.

Gray, Colin M., und Shruthi Sai Chivukula. 2019. Ethical mediation in UX practice. In *Proceedings of the 2019 CHI conference on human factors in computing systems*, 1–11. New York: ACM. https://doi.org/10.1145/3290605.3300408.

Gray, Colin M., Yubo Kou, Bryan Battles, Joseph Hoggatt, und Austin L. Toombs. 2018. The dark (patterns) side of UX design. In *Proceedings of the 2018 CHI conference on human factors in computing systems*, 1–14. New York: ACM. https://doi.org/10.1145/3173574.3174108.

Greenberg, Jerald. 1987. A taxonomy of organizational justice theories. *The Academy of Management Review* 12(1): 9. https://doi.org/10.2307/257990.

Greenberg, Jerald, und Robert Folger. 1983. In *Procedural justice, participation, and the fair process effect in groups and organizations*, Hrsg. Paul B. Paulus, 235–256. Basic Group Processes. https://doi.org/10.1007/978-1-4612-5578-9_10.

Grgic-Hlaca, Nina, Elissa M. Redmiles, Krishna P. Gummadi, und Adrian Weller. 2018. Human perceptions of fairness in algorithmic decision making. In *Proceedings of the 2018 World Wide Web Conference on World Wide Web – WWW '18*, Hrsg. Pierre-Antoine Champin, Fabien Gandon, Mounia Lalmas, und Panagiotis G. Ipeirotis, 903–912. New York: ACM Press. https://doi.org/10.1145/3178876.3186138.

Hagebölling, Lothar, und Neven Josipovic. 2018. *Herausforderung Mobilitätswende: Ansätze in Politik, Wirtschaft und Wissenschaft. Herausforderung Mobilitätswende*. Berliner Wissenschafts-Verlag. https://doi.org/10.35998/9783830540076.

Hansen, Erik G., Friedrich Grosse-Dunker, und Ralf Reichwald. 2011. Sustainability innovation cube – A framework to evaluate sustainability-oriented innovations. 13(4): 683–713. https://doi.org/10.1142/S1363919609002479.

Heesen, Jessica. 2014. Sicherheit, Macht und Ethik. In *Sicherheitsethik*, 75–90. Wiesbaden: Springer Fachmedien. https://doi.org/10.1007/978-3-658-03203-6_4.

Hensher, David A. 2020. What might Covid-19 mean for mobility as a service (MaaS)? *Transport Reviews* 40(5): 551–556. https://doi.org/10.1080/01441647.2020.1770487.

Hertwich, Edgar G. 2005. Consumption and the rebound effect: An industrial ecology perspective. *Journal of Industrial Ecology* 9(1–2): 85–98. https://doi.org/10.1162/1088198054084635.

Himmelreich, Johannes. 2018. Never mind the trolley: The ethics of autonomous vehicles in mundane situations. *Ethical Theory and Moral Practice* 21(3): 669–684. https://doi.org/10.1007/s10677-018-9896-4.

Holzinger, Hans. 2020. Mehr Effizienz allein reicht nicht. *Kreislaufwirtschaft in der EU*: 195–216. https://doi.org/10.1007/978-3-658-27379-8_13.

Introna, Lucas D. 2005. Disclosive ethics and information technology: Disclosing facial recognition systems. *Ethics and Information Technology* 7(2): 75–86. https://doi.org/10.1007/S10676-005-4583-2.

Joos, Daniel, und Kristof Meding. 2022. „Anforderungen bei der Einführung und Entwicklung von KI zur Gewährleistung von Fairness und Diskriminierungsfreiheit". *Datenschutz und Datensicherheit – DuD 2022 46:6* 46(6): 376–380. https://doi.org/10.1007/S11623-022-1623-6.

Kannengießer, Sigrid. 2022. *Digitale Medien und Nachhaltigkeit: Medienpraktiken für ein gutes Leben*. Wiesbaden: Springer Fachmedien Wiesbaden.

Kåresdotter, Elisie, Jessica Page, Ulla Mörtberg, Helena Näsström, und Zahra Kalantari. 2022. First mile/last mile problems in smart and sustainable cities: A case study in Stockholm County. *Journal of Urban Technology* 29(2): 115–137. https://doi.org/10.1080/10630732.2022.2033949.

Kasinidou, Maria, Styliani Kleanthous, Plnar Barlas, und Jahna Otterbacher. 2021. „,I agree with the decision, but they didn't deserve this': Future developers' perception of fairness in algorithmic decisions". *FAccT 2021 – Proceedings of the 2021 ACM Conference on Fairness, Accountability, and Transparency*, März, 690–700. https://doi.org/10.1145/3442188.3445931.

Kennedy, Christopher A. 2002. A comparison of the sustainability of public and private transportation systems: Study of the Greater Toronto Area. *Transportation* 29(4): 459–493. https://doi.org/10.1023/A:1016302913909/METRICS.

Kimbell, Lucy. 2011. Rethinking design thinking: Part I. *Design and Culture* 3(3): 285–306. https://doi.org/10.2752/175470811X13071166525216.

Klaas, Katharina, und Alexander Kaas Elias. 2020. „VCD-Fact Sheet: Die Verkehrswende ist sozial gerecht!". https://www.vcd.org/soziale-aspekte-verkehrswende. Zugegriffen am 12.07.2023.

Kloepffer, Walter. 2008. Life cycle sustainability assessment of products (with comments by Helias A. Udo de Haes, p. 95). *International Journal of Life Cycle Assessment* 13(2): 89–95. https://doi.org/10.1065/LCA2008.02.376/METRICS.

Koch, Heiner. 2014a. Gerechtigkeit. In *Sicherheitsethik*, Hrsg. Regina Ammicht Quinn, 145–156. Wiesbaden: Springer Fachmedien. https://doi.org/10.1007/978-3-658-03203-6_9.

———. 2014b. Privatheit. In *SicherheitsethikHrsg. Regina Ammicht Quinn*, 125–133. Wiesbaden: Springer Fachmedien. https://doi.org/10.1007/978-3-658-03203-6_7.

Kostic, Bojan, Mathilde Pryds Loft, Filipe Rodrigues, und Stanislav S. Borysov. 2021. Deep survival modelling for shared mobility. *Transportation Research Part C: Emerging Technologies* 128(Juli): 103213. https://doi.org/10.1016/J.TRC.2021.103213.

Kraftfahrt-Bundesamt. 2023. „Pressemitteilung Nr. 08/2023". www.kba.de. Zugegriffen am 01.08.2023.

Krapf, Hanna, und Diana Wehlau. 2009. „Klimawandel, Preisentwicklung und Konsum – Konsumenten zwischen steigendem Umweltbewusstsein und sinkenden ökonomischen Handlungsspielräumen". *artec-paper*, Nr. 161. https://www.ssoar.info/ssoar/handle/document/21951.

Krauss, Konstantin, Aline Scherrer, Uta Burghard, Johannes Schuler, Axel Michael Burger, Claus Doll, Konstantin Krauss, et al. 2020. „Sharing Economy in der Mobilität: Potenzielle Nutzung und Akzeptanz geteilter Mobilitätsdienste in urbanen Räumen in Deutschland". *Working Papers „Sustainability and Innovation" von Fraunhofer Institute for Systems and Innovation Research (ISI)*. https://EconPapers.repec.org/RePEc:zbw:fisisi:s062020.

Krauß, Veronika, Jenny Berkholz, Lena Recki, und Alexander Boden. 2023. Beyond well-intentioned: An HCI students' ethical assessment of their own XR designs. *IEEE International Symposium on Mixed and Augmented Reality (ISMAR)*. https://doi.org/10.1109/ISMAR59233.2023.00020.

Kropp, Ariane. 2019. *Die Dimensionen der Nachhaltigkeit*, 11–12. Wiesbaden: Springer Gabler. https://doi.org/10.1007/978-3-658-23072-2_4.

Krzyzanowski, Michal, Birgit Kuna-Dibbert, und Jürgen Schneider. 2005. „Health effects of transport-related air pollution". www.euro.who.int

Kudina, Olya, und Peter Paul Verbeek. 2018. „Ethics from within: Google glass, the Collingridge dilemma, and the mediated value of privacy". 44 (2): 291–314. https://doi.org/10.1177/0162243918793711.

Lee, Min Kyung. 2018. Understanding perception of algorithmic decisions: Fairness, trust, and emotion in response to algorithmic management. *Big Data & Society* 5(1): 205395171875668. https://doi.org/10.1177/2053951718756684.

Lee, Min Kyung, Anuraag Jain, Hea Jin Cha, Shashank Ojha, und Daniel Kusbit. 2019. „Procedural justice in algorithmic fairness". *Proceedings of the ACM on Human-Computer Interaction* 3 (CSCW): 1–26. https://doi.org/10.1145/3359284.

Lewis, David, Wessel Reijers, und Harshvardhan Pandit. 2018. *The ethics canvas*. Dublin.

Liegl, Michael, Alexander Boden, Monika Büscher, Rachel Oliphant, und Xaroula Kerasidou. 2016. Designing for ethical innovation: A case study on ELSI co-design in emergency. *International Journal of Human-Computer Studies*: 9580–9595. https://doi.org/10.1016/j.ijhcs.2016.04.003.

Lillie, William. 2020. *An introduction to ethics*. Routledge. https://doi.org/10.4324/9781003036111.

Lind, E. Allan, und P. Christopher Earley. 1992. Procedural justice and culture. *International Journal of Psychology* 27(2): 227–242. https://doi.org/10.1080/00207599208246877.

Littig, Beate, und Erich Grießler. 2004. „Soziale Nachhaltigkeit". *Bundeskammer für Arbeiter und Angestellte, Wien*. http://www.akwien.at/UmweltVerkehr/.

Manzeschke, Arne, Karsten Weber, Elisabeth Rother, und Heiner Fangerau. 2013. *Ethische Fragen im Bereich Altersgerechter Assistenzsysteme*. Berlin: VDI/VDE. https://opus4.kobv.de/opus4-UBICO/frontdoor/index/index/docId/8949.

Mathur, Arunesh, und Jonathan Mayer. 2021. „What makes a dark pattern … dark? design attributes, normative considerations, and measurement methods". *Conference on Human Factors in Computing Systems – Proceedings*, Mai. https://doi.org/10.1145/3411764.3445610.

Matthews, Nicholas E., Laurence Stamford, und Philip Shapira. 2019. Aligning sustainability assessment with responsible research and innovation: Towards a framework for constructive sustainability assessment. *Sustainable Production and Consumption* 20(Oktober): 58–73. https://doi.org/10.1016/J.SPC.2019.05.002.

Metz, Cade. 2021. „Who is making sure the A.I. machines aren't racist?" *The New York Times*, 2021. https://www.nytimes.com/2021/03/15/technology/artificial-intelligence-google-bias.html#:~:text=About%20six%20years%20ago%2C%20A.I.,egregiously%20biased%20against%20Black%20peopl.

Monheim, Heiner, Christian Muschwitz, Johannes Reimann, und Matthias Streng. 2012. *Fahrradverleihsysteme in Deutschland Relevanz, Potenziale und Zukunft öffentlicher Leihfahrräder*. Köln: ksv-verlag.

Najibi, Alex. 2020. „Racial discrimination in face recognition technology". *Special edition on science policy and social justice – Harvard University*, 2020. https://sitn.hms.harvard.edu/flash/2020/racial-discrimination-in-face-recognition-technology/.

Narayanan, Arvind, Arunesh Mathur, Marshini Chetty, und Mihir Kshirsagar. 2020. Dark patterns: Past, present, and future. *Queue* 18(2): 67–92. https://doi.org/10.1145/3400899.3400901.

Narayanan, Devesh, Mahak Nagpal, Jack McGuire, Shane Schweitzer, und David De Cremer. 2023. Fairness perceptions of artificial intelligence: A review and path forward. *International Journal of Human – Computer Interaction*. https://doi.org/10.1080/10447318.2023.2210890.

Nash, Hazel Ann. 2009. The European Commission's sustainable consumption and production and sustainable industrial policy action plan. *Journal of Cleaner Production* 17(4): 496–498. https://doi.org/10.1016/J.JCLEPRO.2008.08.020.

Nehrke, Gunnar. 2016. „Wirkung verschiedener CarSharing-Varianten auf Verkehr und Mobilitäts-verhalten, CarSharing fact sheet Nr. 3". *Bundesverband CarSharing e. V.*

Nigro, Marialisa, Marisdea Castiglione, Fabio Maria Colasanti, Rosita De Vincentis, Carlo Liberto, Gaetano Valenti, und Antonio Comi. 2022. Investigating potential electric micromobility demand in the city of Rome, Italy. *Transportation Research Procedia* 62(Januar): 401–407. https://doi.org/10.1016/J.TRPRO.2022.02.050.

North American Bikeshare Association. 2021. „Data Good Practices for Municipalities: Understanding the General Bikeshare Feed Specification (GBFS)". 2021.

O'Brien, Christopher. 1999. Sustainable production – A new paradigm for a new millennium. *International Journal of Production Economics* 60–61(April): 1–7. https://doi.org/10.1016/S0925-5273(98)00126-1.

Open Mobility Foundation. 2022. „About MDS ". 2022. https://www.openmobilityfoundation.org/about-mds/. Zugegriffen am 10.07.2023.

Orlikowski, Wanda J. 2000. Using Technology and Constituting Structures: A Practice Lens for Studying Technology in Organizations. *Organization Science* 11(4): 404–428. https://doi.org/10.1287/orsc.11.4.404.14600.

Osterwalder, Yves, und Alexander Pigneur. 2011. *Business model generation*. Frankfurt a. M.: Campus Verlag.

Perng, Sung-Yueh, Monika Büscher, und Luke Moffat. 2021. „Consuming disaster data: Is IT ethical?" Hrsg. Alexander Boden und Timo Jakobi. *Tagungsband des Forum Verbraucherinformatik 2021*, Dezember, 1–22. https://doi.org/10.18418/978-3-96043-095-7_06.

Pierson, Emma. 2017. „Demographics and discussion influence views on algorithmic fairness", preprint arXiv:1712.09124.

Rawls, John. 2005. *A theory of justice*. Harvard University Press. https://doi.org/10.2307/J.CTVJF9Z6V.

Räz, Tim. 2022. COMPAS: On a pathbreaking debate on algorithmic risk assessment. *Forensische Psychiatrie, Psychologie, Kriminologie* 16(4): 300–306. https://doi.org/10.1007/S11757-022-00741-9/METRICS.

Rees, William E. 2002. An ecological economics perspective on sustainability and prospects for ending poverty. *Population and Environment* 24(1): 15–46. https://doi.org/10.1023/A:1020125725915/METRICS.

Richter, Chris, Sascha Kraus, und Pasi Syrjä. 2015. The shareconomy as a precursor for digital entrepreneurship business models. *International Journal of Entrepreneurship and Small Business* 25(1): 18–35. https://doi.org/10.1504/IJESB.2015.068773.

Sanchez, Alvan-Bidal Timothy. 2016. „Car sharing as an alternative to car ownership: Opportunities for carsharing organizations and low-income communities". https://doi.org/10.15781/T2K649V2T.

Saunders, Harty D. 1992. The Khazzoom-Brookes postulate and neoclassical growth. *The Energy Journal* 13(Number 4): 131–148. https://EconPapers.repec.org/RePEc:aen:journl:1992v13-04-a07.

Schmidt, J. Alexander, und Sonja Hellali-Milani. 2016. Herausforderung für die Stadtplanung: Mobilität findet Stadt – Neue intermodale urbane Mobilität mit neuen Nutzer- und Nutzungsansprüchen. In *Elektrofahrzeuge für die Städte von morgen*, 19–25. Wiesbaden: Springer Fachmedien. https://doi.org/10.1007/978-3-658-08458-5_2.

Shaheen, Susan A., Stacey Guzman, und Hua Zhang. 2010. Bikesharing in Europe, the Americas, and Asia. *Transportation Research Record: Journal of the Transportation Research Board* 2143(1): 159–167. https://doi.org/10.3141/2143-20.

Shaheen, Susan, Daniel Sperling, und Conrad Wagner. 1998. Carsharing in Europe and North America: Past, present, and future. *Transportation Quarterly* 52(3)

Shaheen, Susan, Apaar Bansal, Nelson Chan, und Adam Cohen. 2016. Mobility and the sharing economy industry developments and early understanding of impacts. *Transport Policy*.

Shaheen, Susan, Adam Cohen, Nelson Chan, und Apaar Bansal. 2020. Sharing strategies: Carsharing, shared micromobility (bikesharing and scooter sharing), transportation network companies, microtransit, and other innovative mobility modes. *Transportation, Land Use, and Environmental Planning*: 237–262. https://doi.org/10.1016/B978-0-12-815167-9.00013-X.

Tavani, Herman T. 2015. *Ethics and technology: Controversies, questions, and strategies for ethical computing*, 5. Aufl. Hoboken/New Jersey: Wiley.

Tukker, Arnold, Sophie Emmert, Martin Charter, Carlo Vezzoli, Eivind Sto, Maj Munch Andersen, Theo Geerken, Ursula Tischner, und Saadi Lahlou. 2008. Fostering change to sustainable consumption and production: An evidence based view. *Journal of Cleaner Production* 16(11): 1218–1225. https://doi.org/10.1016/J.JCLEPRO.2007.08.015.

Tyler, Tom R., und Robert J. Bies. 1971. Beyond formal procedures: The interpersonal context of procedural justice. *Psychology Library Editions: Social Psychology* 6(Januar): 77–98. https://doi.org/10.4324/9781315728377-4/IMPACT-LAYOFFS-SURVIVORS-ORGANIZATIONAL-JUSTICE-PERSPECTIVE-JOEL-BROCKNER-JERALD-GREENBERG.

Umweltbundesamt. 2023a. „Emissionen des Verkehrs ". 2023. https://www.umweltbundesamt.de/daten/verkehr/emissionen-des-verkehrs#verkehr-belastet-luft-und-klima-minderungsziele-der-bundesregierung. Zugegriffen am 10.08.2023.

———. 2023b. „Handlungsfeld Biologische Vielfalt |". 2023. https://www.umweltbundesamt.de/themen/klima-energie/klimafolgen-anpassung/folgen-des-klimawandels/klimafolgen-deutschland/klimafolgen-handlungsfeld-biologische-vielfalt#veranderung-der-lange-der-vegetationsperiode-und-der-phanologie. Zugegriffen am 04.08.2023.

———. 2023c. „Konsum und Umwelt: Zentrale Handlungsfelder | Umweltbundesamt". 2023. https://www.umweltbundesamt.de/themen/wirtschaft-konsum/konsum-umwelt-zentrale-handlungsfelder#engagement. Zugegriffen am 04.08.2023.

United Nations General Assembly. 2005. „70/1. Transforming our world: The 2030 Agenda for Sustainable Development Preamble".

Veleva, Vesela, und Michael Ellenbecker. 2001. Indicators of sustainable production: Framework and methodology. *Journal of Cleaner Production* 9(6): 519–549. https://doi.org/10.1016/S0959-6526(01)00010-5.

Verbeek, Peter-Paul. 2015. Beyond interaction: A short introduction to mediation theory. *Interactions* 22(3): 26–31. https://doi.org/10.1145/2751314.

Weerts, Hilde J. P. 2021. „An introduction to algorithmic fairness", Mai. https://arxiv.org/abs/2105.05595v1.

Zuboff, Shoshana. 2020. *Das Zeitalter des Überwachungskapitalismus*. Übersetzung. Frankfurt/New York: Schmid, Bernhard, Campus Verlag.

Digitale Gestaltung

6

Margarita Esau-Held, Veronika Krauß und Britta Essing

Inhaltsverzeichnis

6.1 Gestaltungsansätze 263
6.2 Vorherrschende Gestaltungsansätze 264
    6.2.1 Interaction Design 264
    6.2.2 Design Thinking, Double Diamond und ISO 9241-210 265
6.3 Design im Kontext der Softwareartefaktgestaltung 269
    6.3.1 Designmethoden 270
    6.3.2 Werkzeuge (Tools) 271
    6.3.3 Design Guidelines 271
    6.3.4 Prototyping und Prototypen 272
6.4 Nutzer:innenzentrierte Kriterien und Ziele von Gestaltungansätzen (Usability, UX) 274
    6.4.1 Usability und (digitale) Ergonomie 275
    6.4.2 User Experience 278
6.5 Soziale Praktiken und Partizipation als Gestaltungsmittelpunkt 280
    6.5.1 Soziale Praktiken und Interaktion als Designmaterial 280
    6.5.2 Participatory Design – soziale Partizipation als Designer:in 281

Ergänzende Information Die elektronische Version dieses Kapitels enthält Zusatzmaterial, auf das über folgenden Link zugegriffen werden kann [https://doi.org/10.1007/978-3-662-68706-2_6].

M. Esau-Held (✉) · V. Krauß
Lehrstuhl Wirtschaftsinformatik, insb. IT-Sicherheit, Universität Siegen, Siegen, Deutschland

B. Essing
Hochschule Bonn-Rhein-Sieg, Institut für Management, Sankt Augustin, Deutschland

6.6   Explorative Designansätze und neue Technologien 284
    6.6.1   Design Case Study I – Technologiegetriebene Entwicklung einer Trainings-
    software im medizinischen Umfeld 285
        6.6.1.1   Vorgehensweise mit dem Gestaltungsziel abstimmen 285
        6.6.1.2   Designprozess spezifizieren und Methoden anwenden 287
    6.6.2   Design Case Study II – Practice-based Prototyping für Sprachassistenz-
    systeme 289
        6.6.2.1   Vorgehensweise mit dem Gestaltungsziel abstimmen 289
        6.6.2.2   Designprozess spezifizieren und Methoden anwenden 290
6.7   Zusammenfassung 294
6.8   Übungen 295
Literatur 295

Design und die Gestaltung digitaler Systeme und Services haben eine lange Tradition, und in den letzten Jahrzehnten gab es viele Bemühungen, das Feld mit seinen unterschiedlichen Disziplinen und Vorgehensweisen zu strukturieren und zu definieren. Daraus gingen viele verschiedene Gestaltungsansätze hervor, also Vorgehensweisen, Denkweisen und Philosophien, die wir im nächsten Abschnitt näher erläutern werden. Die Gestaltung von digitalen Produkten und Services in der Verbraucherinformatik, häufig auch Interaktionsdesign genannt, basiert auf Ansätzen, die den Menschen in seinen Grund- und Informationsbedürfnissen, seiner Interaktion mit der Umgebung und anderen Mitmenschen sowie Technologien in den Mittelpunkt stellen (Preece et al. 2015; Cooper et al. 2014). Da digitale Systeme immer in bestehende gesellschaftliche, soziale oder geschäftliche Gefüge und Abläufe integriert werden müssen, ist für deren Gestaltung ein „Verständnis geschäftlicher, technischer und fachlicher Möglichkeiten, Anforderungen, und Beschränkungen" (Cooper et al. 2014) notwendig. Im Gegensatz zu traditionellen Designdisziplinen steht beim Interaktionsdesign das „design of behavior" (Cooper et al. 2014), also die Analyse und Gestaltung von wechselseitigem Verhalten, im Vordergrund.

Mittlerweile sind Technologie und digitale Services aus unserem Alltag nur noch schwer wegzudenken und mit uns vernetzte Systeme allgegenwärtig (siehe Kap. 1). Trotzdem kommt es noch vor, dass ein starker Fokus auf digitaler und technologischer Innovation zu technischen Produkten führt, an die sich der Mensch anzupassen hat. Solche Systeme lassen sich nur schwer in unseren Alltag integrieren, da sie nicht zu unseren Gewohnheiten und Routinen passen: Wir als potenzielle Nutzer:innen erkennen durch erzwungene Abläufe keinen Mehrwert, sondern empfinden die neue Technologie, das Produkt oder den Service als Bürde, die entsprechende Interaktion als Aufwand, überflüssig oder sogar hinderlich. Konsequenterweise lehnen wir das Produkt ab.

Um solche Situationen zu verhindern, sollte der Mensch in seinen Rollen als Verbraucher:in und als Nutzer:in von digitalen Produkten und Services entsprechend rechtzeitig berücksichtigt und in den Entwicklungsprozess eingebunden werden, um entsprechende Verhaltensweisen mit denen des Systems abzustimmen. Dieser Ansatz zur Technikgestaltung hat viele Namen, zum Beispiel menschenzentriert, nutzer:innenzentriert oder auch „user-centered". Ähnlich vielfältig sind die daraus entstandenen Designprozesse, Werkzeuge und Methoden, die wir im nachfolgenden Unterkapitel genauer betrachten werden. Eines verbindet alle diese Ansätze aber nach wie vor: Die nutzer:innenzentrierten Ansätze zur Gestaltung von Interaktivität und Systemabläufen tragen maßgeblich zur Technologieakzeptanz bei. Der (generelle) Gestaltungsprozess selbst ist ein iteratives und konstantes Abwägen einer möglichen technischen Umsetzung und menschlicher Bedürfnisse und Anforderungen.

Ergänzend zu den oben genannten mensch- oder nutzer:innenzentrierten Ansätzen gibt es zum Beispiel auch technikzentrierte Ansätze, die sich mit der Innovation und Erforschung technologischer Grenzen und Machbarkeitsstudien befassen. Auch diese Ansätze sind valide, haben aber andere Anwendungsfälle und -ziele. Wir konzentrieren uns in diesem Kapitel ausschließlich auf menschenzentrierte Gestaltungsansätze, also solche, die den Menschen ins Zentrum von Innovation und Technikgestaltung stellen und dadurch eine nahtlose Integration in menschliche Gewohnheiten, Denkweisen und Abläufe erreichen wollen. Hierzu stellen wir exemplarisch zwei Design Case Studies vor, die auf einer empirischen Grundlage die Praktiken der Menschen erforschen, um im nächsten Schritt explorativ neue Technologien zu gestalten, die den Menschen in seinem alltäglichen Handeln und Denken unterstützen sollen. In den nächsten Unterkapiteln werden wir jedoch zunächst näher auf Unterschiede zwischen entsprechenden Gestaltungsansätzen und -vorgehen eingehen sowie zum Verständnis benötigte Begriffe, Rollen und Methoden erläutern.

Lernziele

Im Rahmen dieses Kapitels werden Ihnen folgende Inhalte vermittelt:

- Sie erhalten einen Überblick über valide Gestaltungsansätze, die unterschiedlichen Normungsansätzen folgen.
- Sie werden sensibilisiert für technologiegetriebene und menschzentrierte Systementwicklung, bei der die Rolle des Designs und der Designer:innen im Kontext der Software-Artefaktgestaltung erläutert werden.
- Sie erhalten einen Einblick in das Vorgehen, um die Konsumpraktiken der Verbraucher:innen in den Gestaltungsmittelpunkt zu rücken

---

6.1 Gestaltungsansätze

Menschzentriertes Interaktionsdesign hat, wie bereits erwähnt, viele verschiedene Strömungen und zugrunde liegende Philosophien. Oberflächlich betrachtet wirken sie aufgrund der gleichen Zielsetzung und ähnlicher Vorgehensweisen sowie der Verwendung gleicher Methoden auch wenig differenziert: Da Designprojekte häufig komplex und gerade am Anfang schwer zu durchdringen sind und das zu lösende Problem nicht immer klar ist, liegt allen menschzentrierten Gestaltungsansätzen eine iterative Vorgehensweise zugrunde. Diese Vorgehensweise strebt an, ein Problem in kleine Teilprobleme herunterzubrechen, weiter zu definieren und zu verstehen und möglichst strukturiert und zielgerichtet im Einklang mit technischen Limitationen und Potenzialen, Nutzungs-anforderungen und kontextuellen Gegebenheiten zu lösen.

Wie bereits angedeutet, werden Designansätze und deren Philosophien in Prozess-modellen festgehalten, die bei der entsprechenden Strukturierung und Dokumentation von Vorgehensweisen, Arbeitspakten und Projektabschnitten helfen sollen. Hierbei geht es letztlich nicht um eine strikte Einhaltung von vorab definierten hierarchischen Strukturen. Stattdessen zielt diese Formalisierung darauf ab, ein bestimmtes Problem zu umreißen und zu erfassen, gegebenenfalls neu zu definieren und vor allem funktionierende und an-gemessene Lösungen zu finden (Lawson 2006; Rosson und Carroll 2002; Shneiderman et al. 2016; Cooper et al. 2014). Ein gewisses Maß an Standards und Normierungen hilft jedoch, sich für eine grundsätzliche Gestaltungsrichtung zu entscheiden und sich im Team bzw. mit den betroffenen Stakeholdern abzustimmen sowie anfallende Aktivitäten ziel-gerichtet zu koordinieren. Die Flexibilität erlaubt einen kreativen und sinngerichteten Um-gang mit aufkommenden und unerwarteten Herausforderungen oder sich als falsch heraus-stellenden Annahmen. Anstatt Arbeiten nach Vorschrift erlaubt es diese semistrukturierte Vorgehensweise, passgenaue Lösungen zu entwickeln, und lässt Raum für Innovationen und einen flexiblen Umgang mit unerwarteten Ereignissen.

Trotz dieser grundlegenden Gemeinsamkeiten unterscheiden sich die verschiedenen menschzentrierten Gestaltungsansätze im Detail, zum Beispiel darin, wie eng Nutzer:in-nen in den Gestaltungsprozess eingebunden werden, ob Abläufe und Designphasen nor-miert sind, wie viele dieser Designphasen es im dokumentierten Designprozess gibt oder auch für wen eine Technologie gestaltet werden soll. Prinzipiell muss man auch davon ausgehen, dass Designprojekte aufgrund einzubindender Nutzer:innen- und Stakeholder-gruppen, Anwendungsgebiete, Arbeitsabläufe und entsprechender bestehender Strukturen und Prozesse individuell sind. Das bedeutet, dass es nicht die perfekte Vorgehensweise geben kann, sondern Designprozesse, Methoden und Werkzeuge projektabhängig aus-gewählt werden sollten. In der Regel werden Designprozesse aber durch eine bestehende Unternehmenskultur und Struktur schon vorgegeben, da sie sich zum Beispiel einfacher mit bestehenden Softwareentwicklungsprozessen vereinbaren lassen, sie weniger zeit-lichen und monetären Aufwand bedeuten oder einfach das Entwickler- und Designteam sehr erfahren mit einem bestimmten Ansatz ist. Dennoch sind all diese Ansätze valide und ihre Auswahl und Passfähigkeit auf Designprojekte kontextabhängig.

6.2 Vorherrschende Gestaltungsansätze

6.2.1 Interaction Design

Im Fokus des Interaktionsdesigns steht die Gestaltung digitaler Produkte und Services. Im Vergleich zu traditionellen Designdisziplinen interessiert sich diese Gestaltungsdisziplin insbesondere für das Verstehen und Gestalten von menschlichem und technischem Verhalten (Cooper et al. 2014). Diese Erkenntnisse fließen in den Gestaltungsraum für interaktive digitale Produkte, Umgebungen, Systeme und Dienstleistungen ein und stellen den Menschen in den Mittelpunkt der Gestaltungsentscheidungen (Auernhammer et al. 2022). Die im nächsten Abschnitt genannten Modelle unterstützen einen strukturierten Entscheidungsprozess, der nach Lawson (Lawson 2006) einer dreidimensionalen Darstellung von Design ähnelt: „eine Verhandlung zwischen Problem und Lösung durch die drei Aktivitäten der Analyse, Synthese und Bewertung" (Lawson 2006). Entsprechend wird beim Interaktionsdesign deutlich, dass eine Linearität beim Abgleichen und Gestalten zwischen Problem- und Lösungsraum nicht vorausgesetzt werden kann. Im Gegenteil: Diese drei Aktivitäten sind miteinander verwoben und nicht in ihrer Abfolge hierarchisch geordnet. Entsprechend können Designprozesse und -aktivitäten in der Praxis sehr individuelle Ausprägungen aufweisen.

6.2.2 Design Thinking, Double Diamond und ISO 9241-210

Strukturierte Ausprägungen des Ansatzes des Interaktionsdesigns sind unter anderem Design Thinking (IDEO U 2023), Double Diamond (Cat Drew) oder das nutzer:innenzentrierte Designprozessmodell (ISO/TC 159/SC 4/WG 6 Human-centred design processes for interactive systems 2020) der ISO-Norm 9241:210.

Design Thinking in seiner heutigen Form geht auf eine Strömung der Designforschung in akademischen Kreisen zurück, die sich mit der Denk- und Handlungsweise von Designer:innen auseinandersetzt. Eine zugrunde liegende Annahme dieser Strömung ist, dass Designprobleme nicht deterministisch, sondern *wicked*, also komplex, von vielen nur teilweise bekannten Faktoren abhängig und nur schwer zu durchdringen sind (Rittel und Webber 1973; Buchanan 1992; Kimbell 2011). Lösungsversuche erfordern eine entsprechende Einbindung aller relevanten Stakeholder in den Designprozess und ein iteratives Vorgehen, um bestehende Probleme und deren Zusammenhänge möglichst gut zu verstehen und zufriedenstellende, innovative Lösungen zu finden. Buchanan argumentiert in seiner Arbeit, dass die generalisierte Form dieser designerischen Denkweise (*designerly thinking*) entsprechend nicht nur auf begreifbare Objekte, sondern auf jedwede Form von mehr oder weniger komplexen Problemen angewendet werden kann (Buchanan 1992). Entsprechend wird Design Thinking heute häufig im Kontext von Organisations- und Business-Transformationen und -Innovationen verwendet und erlangte durch die flexible, kreative Denkweise und dafür passgenaue und leicht durchzuführende Methoden Popularität (Kimbell 2011). Es gibt jedoch kein einheitliches Design-Thinking-Prozessmodell, sondern viele ähnliche, die sich durch die Anzahl der zu durchlaufenden Schritte unterscheiden. Ein häufig verwendetes ist das Design-Thinking-Modell nach IDEO (IDEO U 2023). Dieses sieht sechs aufeinanderfolgende Phasen vor, wobei jederzeit iterative Schleifen und Sprünge zwischen den Phasen möglich sind (siehe Abb. 6.1):

1. Frame a Question: Die Phase *Fragestellung* sieht das Identifizieren und Formulieren einer Forschungsfrage vor, die im Laufe des Designprozesses beantwortet werden und kreative Lösungsansätze ermöglichen soll.

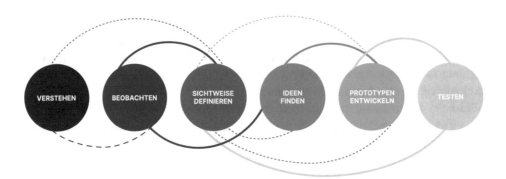

Abb. 6.1 Der Design-Thinking-Prozess basiert häufig auf sechs Phasen. Zwischen allen Phasen kann bei Bedarf gesprungen werden. Lizensiert als CC BY-SA 4.0, Valerie Schandl für WMDE (https://commons.wikimedia.org/wiki/File:Design_Thinking_Workshop_WMDE.png)

2. Gather Inspiration: In der Phase *Inspiration* rücken die tatsächlichen Bedürfnisse von Nutzer:innen und Kund:innen in den Vordergrund. Diese sollen das Designteam zu kreativen Ideen inspirieren.
3. Generate Ideas: Die Phase *Ideenfindung* hat zum Ziel, neue Lösungen zu identifizieren. Getreu dem Motto „Kill your darlings" gilt es hierbei, bahnbrechende Ideen zu entwickeln und die offensichtlichen hinten anzustellen.
4. Make Ideas Tangible: Die Phase *Prototypischer Entwurf* wird häufig auch Prototyping genannt. Ideen werden externalisiert und durch das Entwickeln anschaulicher Artefakte begreifbar, erklärbar und testbar gemacht.
5. Test to Learn: Nun gilt es, in der Phase *Evaluation* die Prototypen zu testen und anhand der Ergebnisse und des Nutzer:innen-Feedbacks zu lernen. Das Gelernte soll dann in weiteren Iterationen im Design berücksichtigt werden, um das Produkt zu verbessern.
6. Share the Story: Sobald man die richtige Lösung gefunden hat, muss diese zusammen mit ihrer Entstehungsgeschichte an Kolleg:innen, Kund:innen und Nutzer:innen weitergegeben werden. Hierzu dient die letzte Phase *Kommunikation*.

Es gibt allerdings auch viele andere Prozessmodelle, nach denen Designaktivitäten in einem Projekt von der Designherausforderung bis zum Designergebnis gestaltet und strukturiert werden können. Der Double-Diamond-Prozess (Cat Crew) – angelehnt an die zweifache „Diamanten"-ähnliche Struktur im Ablauf – wird zum Beispiel in abwechselnd divergierende und konvergierende Phasen unterteilt, die den Übergang von der Designherausforderung zu einem Ergebnis beinhalten (siehe Abb. 6.2). Dies bedeutet, dass zuerst breitaufgestellte Aktivitäten in der Nutzer:innenforschung anstehen (entdecken/discover), gefolgt von der Definition potenzieller Lösungsansätze (definieren/define), die im nächsten Schritt entwickelt (entwickeln/develop) und evaluiert bzw. vorgestellt werden (liefern/deliver).

Einer der bekanntesten Prozesse ist der normierte nutzer:innenzentrierte Designprozess nach der ISO-Norm 9241:210. Dieser besteht aus den fünf Aktivitäten 1) Planung des nutzer:innenzentrierten Prozesses, 2) Verstehen und Spezifizieren des Nutzungskontextes

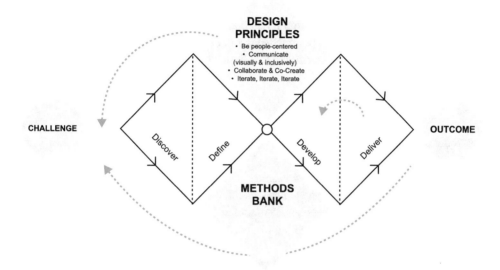

Engagement
Connecting the dots and building relationships
between different citizens, stakeholders and partners

**DESIGN
PRINCIPLES**
• Be people-centered
• Communicate
(visually & inclusively)
• Collaborate & Co-Create
• Iterate, Iterate, Iterate

CHALLENGE

Discover Define Develop Deliver

OUTCOME

**METHODS
BANK**

Leadership
Creating the conditions that allows innovation
including culture change, skills and minset.

Abb. 6.2 Der Double Diamond Design Process nach Design Council (Cat Drew 2019). Der Prozess wird sehr häufig im Design Thinking verwendet und stellt die Notwendigkeit der Ideenerweiterung und Reduktion durch Priorisierung in den Vordergrund. Lizensiert als CC-BY 4.0 Design Council (https://www.designcouncil.org.uk/our-resources/framework-for-innovation/)

3) Dokumentieren der Nutzungsanforderungen, 4) Erstellen entsprechender Designlösungen und 5) deren Evaluierung auf der Grundlage der Nutzungsanforderungen. Nach diesem Prozessmodell können Designer:innen die Aktivitäten 2 bis 5 nach Bedarf iterieren und müssen dieses Modell nicht in einer strikten Reihenfolge durchlaufen (ISO/TC 159/ SC 4/WG 6 Human-centred design processes for interactive systems 2020).

Alle diese Gestaltungsansätze eignen sich zur Entwicklung neuer und innovativer Ideen, werden jedoch in der Praxis ebenso gerne verwendet, um bestehende digitale Prozesse, Produkte oder Dienstleistungen zu evaluieren und zu optimieren. Gelegentlich werden nicht alle Phasen durchlaufen, sondern nur einzelne Aktivitäten innerhalb der einzelnen Phasen durchgeführt. Die Designer:innen verantworten häufig die Aktivitäten innerhalb der Phasen, jedoch kann es je nach Projektumfang oder Unternehmen zu Überscheidungen in Rolle und Funktion mit anderen Teammitgliedern kommen. Häufig entfällt zum Beispiel die Nutzer:innenanalyse (= User Research), die sehr zentral für ein gutes Design ist, auf andere Rollen im Projektteam. Diese werden dann nicht oder nicht nur von den eigentlichen Produktdesigner:innen durchgeführt, sondern je nach Projektmanagementmethode oder Projektteamzusammenstellung unter den Teammitgliedern aufgeteilt oder sogar ausgelagert. Ein anschauliches Beispiel hierfür ist die Rolle des Product Owner im Scrum-Prozess, der nicht notwendigerweise an der Umsetzung der Nutzungsanforderungen selbst beteiligt ist, diese aber verwaltet, pflegt, in Abstimmung mit dem Kunden priorisiert und bei Bedarf erweitert.

Wie Nutzungsanforderungen durch methodisches Vorgehen und die Verwendung von Werkzeugen umgesetzt werden, besprechen wir in den nächsten Abschnitten. Unter anderem wird dabei auf die Charakteristiken etablierter Interaktionskonzepte im 2D-Bereich eingegangen.

Iterative/inkrementelle und sequenzielle/lineare Prozessmodelle in der Produktentwicklung

Wie vorhergehend beschrieben, basieren gerade moderne Designprozessmodelle, aber auch viele agile Softwareentwicklungsmethoden auf einer iterativen Vorgehensweise. Iterativ in diesem Sinne bedeutet nichts anderes, als Tätigkeiten oder Phasen in einem Prozess (mehrfach) zu wiederholen und dadurch die Qualität des zu schaffenden Objekts oder Produkts zu erforschen, zu verstehen und kontinuierlich zu verbessern (Cockburn 2008). Alistair Cockburn bezeichnet Iterationen auch als „re-do". Eine iterative Vorgehensweise dient unter anderem dazu, aus Fehlern oder auch Erfolgen zu lernen und entsprechende Konsequenzen durch erneutes Durchlaufen von Prozessphasen in einen neuen Entwurf einfließen zu lassen. Bei den vorher beschriebenen Prozessmodellen bedeutet dies nicht, dass man immer alle Schritte innerhalb einer Iteration durchlaufen muss. So können Phasen übersprungen oder mehrfach durchlaufen werden, um Prozesse abzukürzen und Innovationen so zu beschleunigen.

Mit iterativen Vorgehensweisen lassen sich sehr gut inkrementelle Ansätze kombinieren. Ein weitverbreitetes Modell, das Iteration und Inkrementierung vorschreibt, ist zum Beispiel Scrum. Während sich Iterationen auch auf einzelne Eigenschaften eines Objekts anwenden lassen, werden Inkrementierungen besonders im Gesamtkontext eines Projekts oder Designproblems sichtbar: Im Sinne der Softwareentwicklung bezeichnet ein Inkrement oftmals eine für sich alleinstehende funktionsfähige Komponente eines komplexeren Systems oder ein Teilprodukt, das nach Fertigstellung in das Gesamtsystem integriert wird. Cockburn bezeichnet eine inkrementelle Vorgehensweise auch als „add onto" (Cockburn 2008) und stellt deren Eignung für die Verbesserung von Entwicklungsprozessen oder zur Anforderungsanpassung heraus. Auf den Designprozess angewandt bedeutet ein Inkrement also, dass ein komplexeres Designproblem in kleinere Teilprobleme heruntergebrochen wird. Diese Teilprobleme werden dann durch eine iterative Vorgehensweise unter Anwendung eines Prozessmodells gelöst und als einzelne Inkremente zu einer Gesamtlösung zusammengesetzt.

Dem stehen sequenzielle und lineare Prozessmodelle gegenüber, wie zum Beispiel das Wasserfallmodell (Benington 1983), eines der bekanntesten und ältesten Vorgehensmodelle der Softwareentwicklung. Ähnlich wie iterative Prozessmodelle besteht auch das Wasserfallmodell aus unterschiedlichen Phasen, die über die Dauer eines Projekts durchlaufen werden. Beim Wasserfallmodell sind das je nach Ausprägung die Phasen Anforderungserhebung, Entwurf, Implementierung, Überprüfung und Wartung. Anders als bei iterativen Modellen wie zum Beispiel dem Double-Diamond-Prozess werden diese Phasen aber nur genau einmal und in der vorgeschriebenen Reihenfolge (Sequenz) durchlaufen. Hierbei wird eine nachfolgende Phase erst begonnen, wenn die vorhergehende restlos abgeschlossen ist.

Selbstreflexion:

Führen Sie sich die iterativen Prozessmodelle der ISO 9241:210 und das klassische Wasserfallmodell vor Augen. Wann eignet sich eine iterative und inkrementelle Vorgehensweise besonders gut für Designprobleme? Wann sind sequenzielle Prozessmodelle wie das Wasserfallmodell vielleicht besser geeignet? Kann man das Wasserfallmodell auch iterativ und inkrementell einsetzen?

6.3 Design im Kontext der Softwareartefaktgestaltung

Als Disziplin der Informatik befasst sich die Verbraucherinformatik hauptsächlich, aber nicht ausschließlich mit der Gestaltung digitaler Artefakte und Services im interdisziplinären Kontext (siehe Kap. 2). Entsprechend müssen Designprozesse häufig in Softwareentwicklungsprozesse integriert werden. Dies kann jedoch eine Herausforderung darstellen, da Softwareentwicklung und Design nicht immer nach den gleichen Ansätzen vorgehen: Software ohne eine klare Vorstellung der Nutzenden und deren Anforderungen zu entwickeln, kann teuer sein. Deshalb stellen nutzer:innenzentrierte Designmodelle gerade zu Anfang des Projekts, wenn Anforderungen noch unsicher sind, möglichst günstige Designentwürfe (Prototypen) her. Diese sind zum Beispiel auf Papierbasis oder beschränken sich auf Skizzen – funktionsfähige Software wird erst recht spät im Prozess produziert (Ferreira et al. 2011). Im Gegensatz dazu forcieren agile Softwareentwicklungsmethoden wie Scrum von Anfang an das frühe Fertigstellen funktionsfähiger Software. Dieser scheinbare Widerspruch erfordert ein hohes Maß an Koordination zwischen Design- und Softwareentwicklungspraktiken, die häufig auf Teamebene individuell gelöst werden müssen.

Im Kontext der Softwareartefaktgestaltung sind heute immer noch Designansätze und Paradigmen relevant, die auf die Gestaltung von zweidimensionalen Anwendungen abzielen und damit einhergehend auf bewährte Interaktionskonzepte aus dem Bereich der Desktopanwendung zurückgreifen. Zu den wichtigsten Konzepten und Begrifflichkeiten zählen folgende:

- GUI – Graphical User Interface (Die Verwendung von grafischen Repräsentanten hat sich für eine nutzer:innenzentrierte Interaktion durchgesetzt. Grafische Darstellungen ermöglichen eine schnelle Wiedererkennbarkeit und das schnelle Auffinden von Funktionen.)

- WIMP – Windows, Icons, Menus, Pointing Devices (Die seit Jahrzehnten etablierten Anwendungen basieren auf grafischen Nutzerschnittstellen, welche die hier genannte Strukturierung der Bildschirmanzeige, Steuerung und Funktionseingabe ermöglichen und sicherstellen.)
- Direct Manipulation and Feedback (steht für eine direkte Beeinflussung der grafisch verfügbaren Komponenten und Elemente, die über ihre Veränderung und/oder Ergebnis der Manipulation an die Nutzer:innen eine sofortige Rückmeldung geben.)
- Desktop/folder/file (beschreiben die für die Nutzer:innen zugängliche und meist sichtbare Informationsarchitektur, die Informationen so strukturiert, dass sie schnell auffindbar und schnell abzulegen sind.)
- WYSIWYG – What you see is what you get (häufiger Begriff, der im Gegensatz zur text-basierten Interaktion über die Kommandozeile die unmittelbare visuelle Veränderung von Informationen durch Interaktion mit grafischen Elementen beschreibt. WYSIWYG wird häufig in Form von softwarebasierten und interaktiven Editoren als Gestaltungswerkzeug zur App- und Webentwicklung eingesetzt.)

Durch den technologischen Fortschritt und die Verbreitung und Adaptation neuer Hardware hat sich der Fokus auf vornehmlich visuell geprägte und zweidimensionale Anwendungen mittlerweile erweitert. Sprachassistenten, virtuelle Umgebungen, KI-basierte Applikationen und die Allgegenwärtigkeit und Interoperabilität unterschiedlicher Geräte und Systeme erfordern ganzheitlichere Designansätze, die auch jenseits von Bildschirmen und Touchscreens erfolgreich angewendet werden können. Diese Herausforderungen werden im Abschn. 6.6 näher behandelt.

Zunächst widmen wir uns Designmethoden, Werkzeugen, Guidelines und Prototyping als fundamentalen Bestandteilen der Artefaktgestaltung.

6.3.1 Designmethoden

Designmethoden sind dazu gedacht, Designaktivitäten anzuleiten, zu dokumentieren und zu beschreiben (Bodker 2021). Sie basieren meistens auf dem Wissen und der Erfahrung, die Designer:innen sich über eine lange Zeit angeeignet und angewandt haben. Häufig geht es um eine Abschätzung, welches Ergebnis erwartet werden kann und welche an den Kontext angepassten und geeigneten Methoden ausgewählt werden können. Das Ziel der Methoden besteht darin, Designaktivitäten zielgerichtet und zweckdienlich einzusetzen, um das Gesamtvorgehen zu organisieren und zu strukturieren. Zusätzlich ermöglicht der Einsatz von Methoden eine gewisse Wiederholbarkeit der Aktivitäten sowie die Sichtbarmachung der Verbindung zwischen Vorgehen und Ergebnis für andere. Neben ihrer Funktion als Strukturierungshilfe beschreiben diese auch die Anwendung von Designwerkzeugen (Bodker 2021; Ehn 1988; Mathiassen 1984). Deshalb werden Methoden häufig als präskriptive Blaupausen verstanden, die einen hierarchischen Prozess (siehe Abschn. 6.2) vorgeben und keine Abweichungen vorsehen (Gray 2016). Jedoch fußt diese Annahme darauf, dass implizites und non-verbales Wissen schwierig festzuschreiben und zu überliefern ist – dadurch kann in Methoden nur das greifbare und formalisierte Wissen externalisiert werden (Gray 2016; Bodker 2021; Stolterman et al. 2009). Damit Designmethoden tatsächlich zu den gewünschten Ergebnissen führen, brauchen Designer:innen den entsprechenden Grad an Fähigkeiten, Erfahrung und Aneignung (Gray 2016). Folglich können Methoden als Ausführung von und Werkzeuge der Designpraktiken betrachtet werden.

6.3.2 Werkzeuge (Tools)

Wie bereits erläutert, folgt Gestaltung keinem linearen Entscheidungsprozess, weshalb auch kein kausaler Zusammenhang zwischen Designaktivitäten, -nutzen und -zwecken sowie entsprechend relevanten Designwerkzeugen beschrieben werden kann (Stolterman et al. 2009). Stolterman et al. haben sich vor diesem Hintergrund mit der Designer:innen-Werkzeug-Beziehung beschäftigt und Kriterien identifiziert, nach denen Designer:innen ihre Werkzeuge auswählen. Das daraus resultierende Tool-in-Use-Modell beschreibt, dass die drei Faktoren *Zweck*, *Aktivität* und *Werkzeug* sehr eng, aber nicht hierarchisch miteinander verbunden sind und sich gegenseitig beeinflussen. Zudem unterscheiden Stolterman et al. zwei Gruppen von (digitalen) Designwerkzeugen im Hinblick auf ihre Verwendung: Die erste Gruppe an Tools dient Designer:innen zur Einordnung und Reflexion eigener Ideen, Handlungen und Herausforderungen (*tools for thinking*). Im Gegensatz dazu bilden Designwerkzeuge zur Erstellung von Ergebnissen und greifbaren Artefakten die zweite Gruppe (*tools for production*) (Stolterman et al. 2009). Allerdings ist auch diese Unterscheidung nicht eindeutig, da Designwerkzeuge je nach Designziel und Kontext unterschiedlich eingesetzt und somit auch beiden Gruppen zugeordnet werden können. Bildbearbeitungssoftware wie Adobe Photoshop ist zum Beispiel ein solches Werkzeug – Designer:innen können darin schnell ihre Ideen skizzieren, aber auch visuell ansprechende und weit entwickelte Designs erstellen, die dann exakt so im finalen Produkt eingebunden werden.

6.3.3 Design Guidelines

Im Gegensatz zu Methoden werden Design Guidelines tatsächlich als „präskriptives Gestaltungswissen" (Sein et al. 2011) gehandelt, das aus der Entwicklung und Evaluation von IT-Artefakten entstanden ist (Purao et al. 2020; Gabbard und Swan 2008). Design Guidelines werden formuliert, zusammengetragen und getestet, um vor allem „gutes Design voranzutreiben" (Johnson 2014). Sie basieren üblicherweise auf empirischer Evidenz und/oder Erfahrung (Johnson 2014), unterstützen die Formulierung von Designstandards (Cheriton 1976) und verringern den Aufwand sowohl für Entwickler:innen (Norman 1983) als auch Nutzer:innen (Cheriton 1976). Im besten Falle sollen Design Guidelines und Designprinzipien technologische Trends überdauern (Nielsen 1993) und deshalb in der menschlichen Psychologie und Wahrnehmung begründet sein (Johnson 2014). Design

Guidelines hängen deshalb maßgeblich mit der intuitiven Bedienbarkeit von Softwarearte-fakten zusammen: Diese ergibt sich aus dem, was Nutzer:innen in ihrer Vergangenheit über die Interaktion mit Systemen gelernt haben und entsprechend von ihrer Interaktion mit einer Benutzerschnittstelle erwarten. Das Betätigen eines Buttons mit der Aufschrift „Abbrechen" wird so im Regelfall mit der Unterbrechung des aktuellen Vorgangs und der Rückkehr zum vorherigen Systemzustand gleichgesetzt – unabhängig davon, ob ein sol-cher Button im Kontext eines Kaufprozesses an einem Parkscheinautomaten oder der Routenberechnung im Navigationssystem eines Fahrzeugs betätigt wird. Dies kann natür-lich nur der Fall sein, wenn das entsprechende Verhalten über eine möglichst große Anzahl von Systemen gleich implementiert und dadurch auch erwartbar wird. Solches Design-wissen wird dann häufig als Design Guideline festgeschrieben.

Korrekt angewendet erfüllen Design Guidelines also das, was Nutzer:innen unabhängig von der verwendeten Hardware von einer (digitalen) Benutzerschnittstelle erwarten. De-sign Guidelines können zum Beispiel Platzierungen bestimmter Designelemente fest-schreiben und die Ausgestaltung von interaktiven Dialogen im Fall eines Systemfehlers regulieren.

6.3.4 Prototyping und Prototypen

Prototyping ist, wie auch die Anforderungserhebung und die Evaluation, eine der funda-mentalen Aktivitäten im Designprozess, sei es nun im Industriedesign, Produktdesign oder Softwaredesign. Im Kontext des Interaktionsdesigns wird als Prototyping im Regelfall die Aktivität der Prototypenerstellung bezeichnet (Floyd 1984). Das daraus entstehende spezi-fische Objekt oder Artefakt wird als Prototyp bezeichnet (Lim und Stolterman 2008) und stellt im Regelfall eine frühe Produktversion oder bestimmte Teile davon dar.

Prototypenentwicklung kann entweder allein oder kollaborativ durchgeführt werden. Kollaborative Ansätze stützen sich häufig auch auf Interdisziplinarität, Stakeholder- und Endnutzer:inneneinbindung, um die Ungleichverteilung von Wissen abzumildern. Das ist wichtig, da Nutzer:innen den Anwendungskontext und darin auftretende Herausforderungen wesentlich besser einschätzen können als Designer:innen oder Softwareentwickler:innen – allerdings fehlt ihnen häufig das technische Wissen, das zur idealen Lösungserstellung be-nötigt wird. Diese Ungleichverteilung von Wissen wird auch als *Asymmetry of Knowledge* (Rittel 1984) bezeichnet und stellt bis heute eine große Herausforderung in der System- und Produktentwicklung dar. Entsprechende kollaborative Designansätze sind zum Beispiel partizipatives Design (auch Participatory Design) oder Co-Design.

Prototyping an sich kann auch als eigenständiger Designprozess gesehen werden. In diesem Fall kann man im Regelfall die folgenden vier Schritte beobachten (Floyd 1984):

- Auswahl der Funktionen, um festzustellen, welche (potenziellen) Eigenschaften des fi-nalen Produkts im Prototyp dargestellt werden sollen.
- Erstellung des Prototyps mit möglichst geringem Ressourcenverbrauch (z. B. Zeit, Per-sonal) – ein Prototyp sollte in diesem Sinne nie teurer sein als das fertige Produkt.

- Evaluierung des Prototyps mit dem Ziel, nächste Schritte für den übergreifenden Designprozess zu identifizieren und ggf. Design- und Entwicklungsfragen zu beantworten.
- Weiterverwendung oder Integration des Prototyps in das finale Produkt oder Entsorgung/Ersetzung, nachdem dieser seine Bestimmung erfüllt hat.

Eine besondere Prototypingstrategie stammt aus der *Lean-Startup*-Bewegung (Edison et al. 2015) und vertritt die Ansicht, dass jeder entstehende Prototyp bereits ein funktionales Artefakt sein soll, das sich mit einer Grundproblematik von Kund:innen oder Nutzer:innen auseinandersetzt, einen entsprechenden Mehrwert bietet und ein schnelles Abgreifen von entsprechendem Feedback ermöglicht. Ziel einer jeden Prototypingaktivität ist es folglich, ein *Minimum Viable Product* (MVP) zu schaffen, das eine möglichst günstige, aber funktionale Lösung für ein vorher identifiziertes Problem oder eine Idee bietet (siehe Abb. 6.3). Die entsprechende Produktidee kann so sehr schnell und kostengünstig analysiert, iteriert, verfeinert oder verworfen werden.

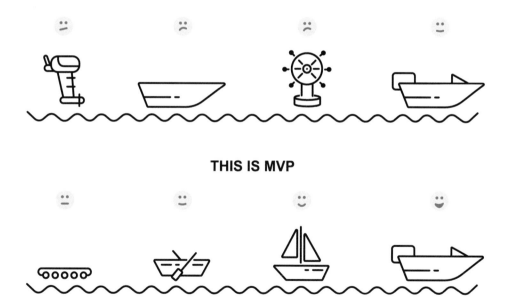

Abb. 6.3 Ein gängiges Beispiel für die Entwicklung eines MVP zeigt die schrittweise Produktentwicklung für das Kund:innenbedürfnis „Fortbewegung", in diesem Beispiel für „Fortbewegung auf dem Wasser". Beide gezeigte Entwicklungsprozesse brechen das große Designproblem in kleinere Teilbereiche herunter. Der obere Entwicklungsprozess braucht jedoch sehr lange, bevor das Grundbedürfnis der Nutzer:innen erfüllt werden und entsprechendes Feedback eingeholt werden kann, da die entwickelten Teilfragmente für sich alleinstehend nicht nutzbar sind. Anders mit dem unteren Prozess: Bereits der erste Prototyp – das Floß – erfüllt das Bedürfnis, trockenen Fußes von A nach B zu gelangen. Im weiteren Verlauf des Prozesses wird das Produkt entsprechend weiterentwickelt und auf Basis von Nutzer:innenfeedback verfeinert

Erstellung eines MVP – Fallbeispiel Dropbox

Ein oft vorgestelltes Beispiel für eine MVP-basierte Produktentwicklung aus der Praxis ist die Erfolgsgeschichte von Dropbox (Slocum 2010). Das 2007 von Drew Houston und Arash Ferdowsi als Startup gegründete Unternehmen bietet mittlerweile neben Speicherplatz in der Cloud für Privatpersonen und Unternehmen auch Dateisynchronisierung, Produktivitätstools und entsprechende Endnutzersoftware an. Da Dropbox in seiner Funktionsweise eine komplexe und fehlerfrei funktionierende Infrastruktur erfordert, war es für Drew schwierig, einen kostengünstigen Prototyp zu entwickeln. Entsprechend schwierig gestaltete sich die Suche nach Investor:innen und Betanutzer:innen: Das Alleinstellungsmerkmal der Produktidee – eine nahtlose Integration von Dateisynchronisierung, Versionierung, Up- und Download – zu erklären, ohne einen funktionierenden Prototyp vorweisen zu können, stellte sich als wenig überzeugend heraus. Deshalb erstellte Houston ein kostengünstiges vierminütiges Werbevideo in Form einer Produktdemonstration, das anschaulich die Vorzüge des Clouddienstes darstellte.

Das Video, das noch immer über die Plattform YouTube auffindbar ist, zeigt einen kurzen Installations- und Setupprozess und die Registrierung eines neuen Endgeräts. Zusätzlich erklärt Houston die Kernfunktionen von Dropbox: die nahtlose Synchronisierung von Dateien und deren Änderung auf mehreren Endgeräten, Versionierung, Filesharing, das Zusammenspiel der Webplattform mit der Desktopanwendung sowie die Effizienz des Synchronisierungsalgorithmus.

Als das Video erschien, existierte noch nichts außer der Produktidee. Dennoch trugen sich quasi über Nacht mehrere zehntausend Interessierte auf der über die im Video beworbene Website *getdropbox.com* verfügbaren Warteliste für das Betaprogramm des Clouddienstes ein (Slocum 2010).

Selbstreflexion:

Nehmen Sie die Smartphone-App, das Computer- oder Konsolenspiel oder den digitalen Service, die Sie zuletzt verwendet haben, als Beispiel. Welche Grundproblematik oder Grundfunktionalität erfüllt das Produkt? Wie könnte das MVP dazu aussehen?

6.4 Nutzer:innenzentrierte Kriterien und Ziele von Gestaltungansätzen (Usability, UX)

In diesem Teil sollen zentrale Begriffe eingeführt werden, um Gestaltung aus Nutzer:innensicht gehaltvoll bewerten und diskutieren zu können. Zusätzlich helfen diese Begriffe, perspektivisch Gestaltungsziele zu definieren und Verbesserungen bzw. Veränderungen nachvollziehbar zu machen.

6.4.1 Usability und (digitale) Ergonomie

„Ergon" (griech.) bedeutet Arbeit, Werk und „nomos" Gesetz, Regel, was zusammengesetzt die Wissenschaft der Gesetzmäßigkeit menschlicher Arbeit beschreibt. Im Sinne der Mensch-Maschine-Interaktion zielt die Ergonomie auf eine Verbesserung der Schnittstellen zwischen Mensch und Maschine ab, sei es im Sinne der Optimierung der Verwendung digitaler Werkzeuge oder der Zusammenarbeit zwischen Mensch und (intelligenten) Maschinen. In jedem Fall handelt es sich hierbei um die Analyse und Anpassung von Prozessen und Werkzeugen an den Menschen, damit eine langfristige, gesundheitsunbedenkliche und produktive Verwendung bzw. Zusammenarbeit gewährleistet ist (Grudin 2017).

Softwareergonomie oder auch Usability bezieht sich spezifisch auf die Erforschung der Gebrauchstauglichkeit und Benutzbarkeit von Softwaresystemen, traditionell vornehmlich im Arbeitskontext. Durch das Ausweiten des ursprünglich auf den Arbeitskontext beschränkten Einsatzes digitaler Systeme auf unseren privaten Alltag beschreibt Usability mittlerweile aber die allumfassende Gebrauchstauglichkeit von Software aus der Nutzer:innenperspektive.

Im Sinne der ISO 9241-11 ist ein Werkzeug in dem Ausmaß gebrauchstauglich, in dem es durch bestimmte Nutzer:innen in einem bestimmten Kontext genutzt werden kann, um bestimmte Ziele effektiv, effizient und zufriedenstellend zu erreichen.

- Effektivität – Können die Nutzenden ihre Ziele erreichen?
- Effizienz – Ist das Ziel mit möglichst geringem Aufwand zu erreichen?
- Zufriedenheit – Ist die Nutzung des Systems oder Produkts für die Nutzenden zufriedenstellend?

Bewertung der Gebrauchstauglichkeit von Werkzeugen
Usability lässt sich grundsätzlich nur vor dem Hintergrund eines bestimmten Anwendungskontextes beurteilen. Das lässt sich gut am Beispiel eines Feuerzeugs zeigen.

Ohne Kenntnis über die Aufgabe ist es nicht möglich, eine Aussage über die Usability des Werkzeugs zu treffen. Effektivität, Effizienz und Zufriedenstellung können immer nur vor dem Hintergrund einer bestimmten Aufgabe gemessen werden. Denn ob man damit einen Grill anzünden oder eine Bierflasche öffnen will, führt zu völlig unterschiedlichen Bewertungen.

Zudem muss immer auch der Kontext der Aufgabe, z. B. die Eigenschaften der Nutzer:innen des Werkzeugs, betrachtet werden.

Falls die Nutzer:innen geübt im Öffnen von Bierflaschen mit Feuerzeugen sind, werden wir feststellen, dass sie die Bierflasche mit hoher Sicherheit vollständig und genau mit dem Feuerzeug öffnen werden. Die **Effektivität** des Feuerzeugs als Werkzeug für das Öffnen von Bierflaschen wäre damit belegt.

Die **Effizienz** unseres Feuerzeugs könnte allerdings infrage gestellt werden, wenn sehr viele Bierflaschen mit dem Feuerzeug geöffnet werden müssen. Ein Kneipenwirt würde ein solches Werkzeug daher möglicherweise anders bewerten als jemand, der nur ein Bier auf seinem Balkon trinken möchte.

Die **Zufriedenheit** würde man in beiden Fällen dadurch erheben können, dass man fragt, ob die Nutzer:in das entsprechende Werkzeug anderen Nutzer:innen weiterempfehlen oder doch zur Anschaffung eines Flaschenöffners raten würde.

Selbstreflexion:

Wie würden Sie andere „Werkzeuge" für die Aufgabe „Bierflasche öffnen" aus einer Usability-Sicht bewerten, wie z. B. eine Küchenschere, ein Schweizer Taschenmesser oder einen Korkenzieher? Gehen Sie dabei jeweils auf die verschiedenen Ebenen Effektivität, Effizienz und Zufriedenstellung ein.

Allerdings ist es wichtig zu wissen, dass sich die Effizienz der Interaktion mit einem digitalen Werkzeug nicht ausschließlich über maximal geringen Aufwand im Sinne von Dialogschritten und Zeit definieren lässt.

Viel wichtiger ist die Gestaltung einer Interaktion im Sinne der sogenannten Interaktionsprinzipien der ISO 9241-110, die hier kurz genannt werden. Demnach ist eine Interaktion effizient im Sinne der Usability, wenn sie folgenden Prinzipien entspricht:

1. Aufgabenangemessenheit
2. Selbstbeschreibungsfähigkeit
3. Erwartungskonformität
4. Fehlertoleranz
5. Steuerbarkeit
6. Lernförderlichkeit
7. Nutzerbindung

Das letzte Prinzip, die Nutzerbindung, nimmt hierbei eine Sonderstellung ein. Die anderen sechs Prinzipen beziehen sich in erster Linie auf die Aufgabengestaltung an sich, während das User Engagement mehr den subjektiven und emotionalen Aspekt der Nutzung adressiert und somit auch einen wichtigen Beitrag zur Zufriedenstellung des Nutzers liefert.

Beginnen wir mit einem vereinfachten Bild menschzentrierter Gestaltungsaktivitäten, angelehnt an die ISO 9241-210 (siehe Abb. 6.4).

Bei der Entwicklung von etwas Neuem sieht der Prozess vor, dass man in der oberen linken Ecke mit der Analyse des Nutzungskontextes beginnt. Hier geht es, auch im Sinne der Verbraucherpraxeologie, darum zu verstehen, welche Aufgaben bzw. Abläufe durch das Werkzeug genau unterstützt werden sollen, welche Eigenschaften, Fähigkeiten, Routinen und Wissen die Nutzenden aufweisen und welche Bedeutungen oder auch Motivationen dahinterstehen. Aber auch Eigenschaften des Kontextes, wie das soziale und physika-

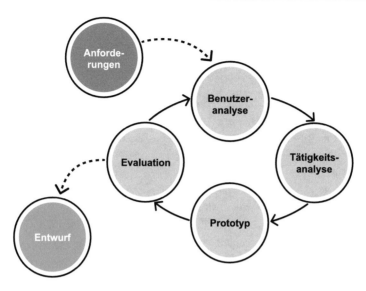

Abb. 6.4 Menschzentrierte Gestaltungsaktivitäten im Prozess

lische Umfeld, gilt es bei der Analyse mit zu berücksichtigen. Ist die Analyse des Kontextes in einem ersten Schritt nach bestem Wissen und Gewissen geschehen, werden Anforderungen an die Nutzung des Systems formuliert, denen eine Prototypengestalt gegeben werden muss. Dies ist von immenser Wichtigkeit, denn eine Liste von Anforderungen kann nicht valide durch die Nutzenden geprüft werden. Das Ergebnis der Prüfung bzw. Evaluation kann im besten Fall sein, dass man das Artefakt, den Prototypen, leicht verbessern muss, beispielsweise dadurch, dass man ein Bedienelement, das die Nutzenden im Test nicht gut als solches erkannt haben, stärker hervorhebt. Etwas aufwendiger wird es, wenn man lernt, dass man Anforderungen nicht verstanden oder nicht umgesetzt hat. Dies erfordert ggf. die Gestaltung neuer Features, die das bisherige Gesamtdesign vielleicht in stärkerem Maße beeinflussen. Am meisten Arbeit bedeutet es, wenn man ggf. ganze Aufgabenstränge oder Nutzer:innengruppen bei der Analyse übersehen hat. Wichtig ist bei dem oben beschriebenen Prozess, dass er iterativ ausgelegt ist, sodass man vom Groben bis ins Feine Schritt für Schritt vorgehen kann. Auch sind diese menschzentrierten Aktivitäten nicht als eigener Prozess zu verstehen, sondern können leicht in jeden iterativen und agilen Softwareentwicklungsprozess eingeflochten werden.

Vom Kontextszenario zur Nutzungsanforderung
Beim Usability Engineering nach ISO 9024:210 wird zunächst anhand von Interviews der Ablauf von Aufgaben untersucht, die durch das Werkzeug genau unterstützt werden sollen. Im Fall der Entwicklung einer Einkaufs-App würde man z. B. typische Nutzer:innen fragen, wie ein Wocheneinkauf normalerweise abläuft. Dabei könnten dann Kontextszenarien wie das folgende Fragment herauskommen:

(...) So kauft Frau Muster z. B. Dosenmilch an dem Tag im Vorrat ein, an dem das Angebot besteht. Dazu schaut sie sich die Papierprospekte schon eine Woche vorher an, um den Einkauf von Vorratsprodukten mit ihrer Tochter entsprechend durchführen zu können. (...)

Welche Erfordernisse würden sich daraus nun ableiten lassen? Wichtig ist hierbei, von der bestehenden Lösung „Papierprospekt" zu abstrahieren und stattdessen die Gründe für dessen Nutzung zu fokussieren. Das heißt, wir fragen uns hier nach den Zuständen, in denen sich der:die Nutzer:in befinden muss, um ein bestimmtes Ziel zu erreichen.

Erfordernis: *Der:Die Einkaufende muss wissen, wann Dosenmilch im Angebot ist, um an diesem Tag einen Vorratseinkauf tätigen zu können.*

In Falle des eben genannten Erfordernisses könnten beispielhaft zwei Nutzungsanforderungen für ein entsprechendes System benannt werden:

Nutzungsanforderungen:

- *Der:Die Nutzende muss am System erkennen können, wann Dosenmilch im Angebot ist.*
- *Der:Die Nutzende muss am System einen Vorratseinkauf auswählen können.*

Diese Nutzungsanforderungen sind bewusst technikunabhängig formuliert und lassen durch die Verwendung basaler Handlungsbegriffe (z. B. auswählen) (Meixner und Görlich 2009) maximalen Raum für Gestaltungen. Dementsprechend kann eine Liste von Nutzungsanforderungen später als Checkliste für das (prototypische) Design dienen (vgl. Abschn. 6.3.4).

Selbstreflexion:

Überlegen Sie, welche Erfordernisse und Nutzungsanforderungen sich aus dem folgenden Beispiel ableiten ließen.

Herr Muster fährt regelmäßig mit der Straßenbahn zur Arbeit. Obwohl er die benötigte Zeit von seiner Wohnungstür bis zur Haltestelle exakt kennt, verpasst er aufgrund von Unregelmäßigkeiten im Fahrplan häufig seine gewählte Verbindung. Über Verspätungen und Zugausfälle wird er im Regelfall erst direkt an der Haltestelle informiert Das führt dazu, dass Herr Muster häufig mehrere Minuten an der Haltestelle warten muss und deshalb regelmäßig mit 30 Min. Puffer aus dem Haus geht, um nicht zu spät zur Arbeit zu kommen. (...)

6.4.2   User Experience

User Experience (Design) wird häufig im Zusammenhang mit „Usability" und „User Interface Design" genannt und fälschlicherweise teils auch synonym verwendet. Jedoch handelt es sich hierbei um Teilbereiche, die zu einer (positiven) User Experience beitragen und den Interaktionsraum definieren. Rogers, Sharp & Preece (Rogers et al. 2002) definieren UX wie folgt: "User experience goals differ from the more objective usability goals in that they are concerned with how users experience an interactive product from their perspective rather than assessing how useful or productive a system is from its own perspective". Diese Definition steht im Einklang mit Donald Norman (Norman et al. 1995), der die Gestaltungsansätze und Nutzer:innenforschung rund um diesen Begriff über die Jahrzehnte stark geprägt hat.

„User Experience", im Deutschen auch Nutzer:innenerlebnis genannt, beschreibt im Regelfall den Ansatz, bei der Gestaltung von Services und Produkten neben der pragmatischen auch die hedonischen Qualitäten mit einzubeziehen und das Produkt als Konstrukt aus Artefakt und Nutzungserlebnis zu betrachten (Hassenzahl et al. 2003, 2010). Die pragmatischen Qualitäten lassen sich in Nützlichkeit und Gebrauchstauglichkeit sowie intuitive Handhabung zusammenfassen. Im Gegensatz dazu schaffen hedonische Qualitäten die Voraussetzungen für eine emotionale Bindung und Begeisterung der Kund:innen und Nutzenden, die im Einklang mit der Marke des Herstellers steht. Donald Norman als einer der Begründer des User-Experience-Designs beschreibt das Ziel folgendermaßen: „Kein Produkt ist eine Insel. Ein Produkt ist mehr als nur ein Produkt. Es ist ein zusammenhängendes, integriertes Paket von Erfahrungen. Denken Sie alle Phasen eines Produkts oder einer Dienstleistung durch – von den ersten Absichten bis zur abschließenden Reflexion, von der ersten Nutzung bis zu Hilfe, Service und Wartung. Sorgen Sie dafür, dass sie alle nahtlos zusammenarbeiten. Das ist Systemdenken" (Norman 2009). Der Konsum digitaler Produkte und Services ruft bei jeder Nutzung ein Erlebnis hervor, das durch die Umgebung und alle Beteiligten kontextualisiert wird. Dadurch wird bestimmt, wie häufig und mit welcher Akzeptanz dieses Produkt in Zukunft genutzt wird und ob es ein beständiger Begleiter des Alltags wird. Bei negativer Erfahrung kann es zu einer Nicht-Nutzung und Ablehnung des Produkts kommen (Walsh et al. 2014). Subjektive Erfahrungen spielen eine tragende Rolle bei der Beurteilung des Produkts. Sie können meist auf unterschiedliche Bedürfnisse, Fähigkeiten und Kompetenzen in Verbindung mit dem Produkt zurückgeführt werden (Schrepp et al. 2014).

Obwohl Designer:innen das Erlebnis mit dem Produkt nicht kontrollieren können, können sie über die Ausgestaltung der Produktmerkmale wie Inhalt, Präsentationsstil, Funktionalität und Interaktionsstil eine Nutzungserfahrung gestalten und somit letztlich Einfluss auf das zukünftige Produkterlebnis nehmen (Hassenzahl 2018). Zum Beispiel zeigt eine Studie die Auswirkungen von Tönen und Musik auf das Nutzungserlebnis mit einem Sprachassistenten (Esau-Held et al. 2023).

In Bezug auf Verbraucher:innen betrachten wir häufig die Nutzung eines Services oder Produkts im Kontext der Customer Journey oder Consumption Journey. Dies bedeutet, dass das Produkt nicht nur ein einziges Erlebnis umfasst, wie zum Beispiel nur den Kauf über eine Website, sondern in eine ganze Reihe von miteinander verbundenen Berührungspunkten mit einem Unternehmen oder Produkt und damit verknüpften Erlebnissen und Tätigkeiten eingebettet ist. Dementsprechend ist die UX ein Teil einer ganzen Customer Experience (CX) (Gilmore et al. 2002). Jedes Mal, wenn Verbraucher:innen mit einer Marke oder einem Unternehmen interagieren, ist daran eine Erwartungshaltung und somit ein Erlebnis geknüpft, die bzw. das konsistent und zufriedenstellend sein sollte. Beispielsweise sollten beliebte Funktionen auf der Webseite eines Supermarkts genauso in der Smartphone-App verfügbar sein und die Interaktionsmechanismen auf denselben Prinzipien beruhen. Zusätzlich sollte sich der Markenauftritt auch im Prospekt widerspiegeln. In Unternehmen werden zur Beurteilung bereits unterschiedliche Messungen herangezogen, wie beispielsweise die Abfrage, ob der:die Kund:in als Ausdruck seiner:ihrer (Un-)Zufriedenheit das Produkt weiterempfehlen würde. Wichtig ist hierbei zu unterscheiden, dass – obwohl die Webseite eine großartige UX bieten und die Conversion Rate hoch sein mag – gleichzeitig die CX innerhalb des ganzen Unternehmens, also eine pünktliche Lieferung, einfaches Retourenmanagement etc. fehlschlagen kann. Deshalb sollte die UX stets im großen Kontext einer umfassenden Journey betrachtet werden und nicht als Einzelerlebnis.

6.5 Soziale Praktiken und Partizipation als Gestaltungsmittelpunkt

Neben subjektiven Produkt- und Dienstleistungserlebnissen spielen soziale Bedeutungssysteme für die Gestaltung von Technologien und ihren Schnittstellen eine ebenso große Rolle. In Kap. 2 wurde der Zusammenhang zwischen sozialer Praxis und Konsum erläutert, um ein umfassendes Verständnis für die Motivation und Nutzung von digitalen Produkten zu schaffen und deren wechselseitigen Einfluss auf unser Verhalten darzulegen. In diesem Kapitel wiederholen wir einige der Kernpunkte der Praxeologie und betrachten diese unter dem Aspekt der Gestaltung und der Rolle der Designer:innen.

6.5.1 Soziale Praktiken und Interaktion als Designmaterial

Wie in Abschn. 6.3.2 beschrieben, ist Design Thinking (Kimbell 2011) ein verbreiteter Gestaltungsansatz, um digitale Lösungen in Produkt- oder Serviceform zu entwickeln. Allerdings wird in der Designforschung auf die erheblichen Schwachpunkte eines solchen Vorgehens aufmerksam gemacht: Kimbell kritisiert zum Beispiel, dass das Verständnis von Design Thinking in Bezug auf das, was Designer:innen denken und tun, eine mehrdeutige, übergeneralisierte, kontextlose und teilweise widersprüchliche Perspektive ist (Kimbell und Street 2009; Kimbell 2011). Insbesondere wird die individuelle Leistung der Designer:innen überbetont. Das alleinige Zuschreiben der Designleistung an Designer:innen entspricht aber laut Kimbell nicht der Realität, da auch Gestaltung eine soziale Praxis ist, in der Kontext, Artefakte und verteilte Anstrengungen von Designer:innen und den Stakeholder:innen ihrer Produkte involviert sind (z. B. (Schön 1988; Bucciarelli und Bucciarelli 1994)). Aus Sicht von Kimbell endet Design folglich nicht mit der Schaffung eines Produkts, sondern umfasst auch dessen Aneignung und Verwendung durch Nutzer:innen in Alltagssituationen (Kimbell und Street 2009; Kimbell 2011).

Entsprechend kann die Theorie der sozialen Praxis als Linse zur Einordnung und Beschreibung von Gestaltungsaktivitäten und Ergebnissen genutzt werden, um ein allumfassenderes Verständnis von Herausforderungen, Kontext und daraus abgeleiteten not-

wendigen Designaktivitäten zu erlangen. Unter der Linse der sozialen Praktik (oder Praxeologie) sind Praktiken „die alltäglichen Aktivitäten, die den größten Teil dessen
ausmachen, was die Menschen in ihrem täglichen Leben tun" (Kuijer et al. 2013). Shove
et al. legen ein Rahmenwerk vor, das auf den drei Elementen Materialien, Kompetenzen
und Bedeutungen basiert (Shove et al. 2012):

- Materialien beschreiben alle Artefakte, die zur Durchführung einer Praktik benötigt
  werden. Diese Definition schließt auch Infrastrukturen (z. B. Stromnetzwerk, Straßen),
  Objekte, Werkzeuge, Hardware und den eigenen menschlichen Körper mit ein.
- Kompetenzen beschreiben die unterschiedlichen Aspekte praktischen Wissens und
  damit einhergehendes Verständnis. Neben explizitem Wissen, das sehr einfach ver-
  schriftlicht und weitergegeben werden kann, umfassen Kompetenzen auch implizites
  Wissen – also solches, das z. B. durch Erfahrung und Intuition entsteht.
- Bedeutungen beschreiben geistige Aktivitäten, Emotionen und Motivationen, die mit
  einem in einer Praktik enthaltenen Material oder der Praktik selbst verknüpft sind.

Basierend auf diesem Rahmenwerk kann auch die Einbettung eines Produkts oder Services
in einer sozialen Praxis aufgezeigt werden, die über die eigentliche Nutzung hinausgeht. Dadurch wird ersichtlich, welche weiteren Nutzer:innen, Praktiken, Materialien, Bedeutungen
und Kompetenzen mit der Ausgangspraktik verknüpft sind. HCI-Studien verwenden Praxeologie häufig als Linse zur Analyse von Praktiken und zur Gestaltung von praktikunter-
stützenden oder -verändernden Benutzerschnittstellen und Produkten, wie z. B. im Kontext
von Nachhaltigkeit und Konsum (Lawo 2023; Shove 2003; Kuijer et al. 2013; Spurling et al.
2013). Die Gestaltung der Technologien hängt entsprechend maßgeblich von der Ausgangspraktik und dem Veränderungswunsch der betroffenen Stakeholder ab.

6.5.2   Participatory Design – soziale Partizipation als Designer:in

Participatory Design oder partizipatives Design (PD) fußt auf der aktiven und gleich-
berechtigten Beteiligung der betroffenen Menschen oder Nutzer:innengruppe an der Gestaltung der (Arbeits-)Praktik. Damit wird ein starker demokratischer Prozess verbunden,
der die Einbindung der späteren Anwender:innen und Betroffenen schon früh in die soziale und technologische Ausgestaltung von Systemen und deren Interaktionsdesign vor-
sieht (Muller 1991). Die Idee, Nutzer:innen überhaupt einzubinden, steht stark im Zusammenhang mit der Entwicklung der „*Work Activity Theory*" (Bodker 2021; Ehn 1988).
Diese hat ihre Ursprünge in Russland und Deutschland und ist eng mit der Strömung des
demokratischen Prozesses in Skandinavien 1970 verwandt. In den frühen 1990er-Jahren
wurden diese Ansätze adaptiert und in der HCI etabliert. Zu einem der bekanntesten
PD-Ansätze zählt Mullers Arbeit (Muller 1991). Eine weitere Strömung, die diesen
Designansatz geprägt hat, kam aus den USA, wo die pragmatische und ökonomische Perspektive verfolgt wurde, dass PD nicht nur zu einem besseren Produkt führen, sondern
auch die Arbeitsprozesse innerhalb von Unternehmen dauerhaft verbessern können sollte.

In Kombination mit unterschiedlichen Kreativitätstechniken stellt PD die Ideen der Nutzer:innen in den Mittelpunkt für Innovation, woraus sich die „User-driven Innovation" über die Zeit herausgebildet hat. Die Hinzunahme von Methoden und Strukturierung des Vorgehens richtet sich nach dem spezifischen Projekt.

Das Besondere an diesem Ansatz ist die unmittelbare Nähe zu sozialen Praktiken und die bewusste Vermischung der Rollen von Nutzer:innen und Designer:innen. Dabei gibt es unterschiedliche Grade und Regeln bei der Einbindung dieser beiden Gruppen. Beispielsweise bezeichnete Mumford (Mumford 1981) den Ansatz, die Ideen, Anmerkungen und Inhalte von Nutzer:innen nur in Betracht zu ziehen, sie aber nicht als elementaren Bestandteil einer Lösung zu verwenden, als „Consultative Design". Im Gegensatz dazu sieht Mumford das „Consensus Design", das Nutzer:innen die volle Bestimmungsgewalt zuschreibt, bei dem jedoch auch die Verantwortung für das finale Ergebnis geteilt wird. Diese Kategorisierung ist mit wesentlichen Fragen verbunden, nämlich:

1. Wer bekommt die Entscheidungskompetenz: Designer:innen oder Nutzer:innen?
2. An welcher Stelle ist Raum für Spontaneität, Iteration und Nutzer:innenbeteiligung?
3. Wie bereitwillig und intensiv möchten sich Nutzer:innen am Gestaltungsprozess beteiligen?

In der Umsetzung von PD können diese Fragen projektspezifisch beantwortet und als Prozessbestandteile integriert werden, in denen Überlegungen zu Arbeitsteilung, Gruppengrößen und zeitlicher Einbindung vorangestellt werden. Weitere Kritik an diesem Ansatz behandelt die Frage, wie viel Wissen benötigt wird, um qualifiziert und effektiv an so einem Prozess teilnehmen zu können. Weiterhin werden diese Perspektiven in Unternehmen häufig durch Schnittstellenpersonen ersetzt, die den Nutzer:innen möglichst nahestehen, jedoch ihre eigene Ansicht mitbringen, was nicht mit echter diverser Nutzer:innenbeteiligung gleichgesetzt werden sollte. Dies ist dem häufigen Produktionsdruck und den knappen Budgets im operativen Geschäft geschuldet. Abgesehen davon stellt sich die Frage, welche Rolle und welchen Raum zudem die Entwickler:innenperspektive einnimmt, die zusätzliche Anforderungen und Grenzen mit sich bringt. Abschließend sollte ebenfalls in Betracht gezogen werden, ob das vorliegende Problem überhaupt einer technologischen Lösung bedarf, und ob die Ursache eventuell gar nicht durch digitale Systeme behoben werden kann. PD zielt jedoch meistens auf eine technologiezentrierte Lösung und Gestaltung.

Die Demokratisierung von Innovation
Die Ursprünge von Participatory Design wurden in den 1970er-Jahren durch Skandinavien stark vorangetrieben und sind mit einem gewerkschaftlichen Hintergrund verknüpft, der die Demokratisierung des Arbeitsplatzes durch aktive Einbindung der

Arbeiterklasse in die Gestaltung von Technologie im Arbeitskontext eingefordert hat (Clement und Van den Besselaar 1993; Bannon et al. 2018): Existierende Arbeiterunionen hatten nur wenig Erfahrung mit Informationstechnologie und Automatisierung und wurden förmlich dazu gezwungen, IT-Systeme zu akzeptieren, die durch Manager entwickelt und eingeführt wurden (Spinuzzi 2005). Das führte zum einen zu einem starken Einschnitt in bestehende Arbeitsprozesse und Gewohnheiten, zum anderen aber auch zu Kontroll- und Autonomieverlust der Arbeitenden, Kündigungen und Arbeitslosigkeit durch fortschreitende Automatisierung (Spinuzzi 2005). Um dies zu verhindern und Softwareentwickler:innen und Arbeiter:innen die gemeinsame Entwicklung von IT-Systemen zu ermöglichen, entwickelten skandinavische Forscher:innen basierend auf der Work Activity Theory (Bodker 2021; Ehn 1988) und *Action Research* den PD-Ansatz (Spinuzzi 2005). Dieser erlaubte den Arbeitenden als Designer:innen aktiv am Gestaltungsprozess teilzunehmen und das Endprodukt so zu formen, dass nicht nur ihre Fähigkeiten Wertschätzung erhielten, sondern auch die Vorteile von Automatisierung und IT im Arbeitsalltag ausgenutzt werden konnten (Von Hippel 2005).

Im Lauf der Zeit gewannen IT-Systeme jedoch auch außerhalb des Arbeitskontextes immer mehr an Bedeutung und sind heute aus unserer Gesellschaft kaum mehr wegzudenken. Mit der fortschreitenden Digitalisierung unseres Alltags nimmt auch *nutzergetriebene Innovation* zu (Von Hippel 2005). Von Hippel führt dies auf zwei grundlegende Entwicklungen zurück: Zum einen erhöht die stetige Verbesserung von Computer-Hard- und Software und ihre einfacher werdende Handhabung das Innovationspotenzial für Nutzer:innen. Zum anderen erleichtert das Internet als wichtiger Kommunikationskanal den Austausch und die Kombination eigener Produktideen oder Personalisierungen existierender Produkte mit denen anderer (Von Hippel 2005). Die für Innovation benötigten Mittel werden also für Nutzende zugänglicher – allerdings, so Bjorgvinsson et al., nur für „eine kleine Elite von *Lead-Usern* oder Domänenexperten, die vom verbesserten Zugang zu Informationen und Produktionsmöglichkeiten profitieren" (Björgvinsson et al. 2010).

Die Rolle des Designers kann also – je nach Kontext – einen Wandel erfahren. Während in industriegetriebenen Innovations- und Entwicklungsprozessen trotz nutzerzentrierter Gestaltungsansätze häufig Designexpert:innen Entscheidungsträger und so für die Ausgestaltung und Entwicklung von Produkten verantwortlich sind, übernehmen in nutzergetriebenen Innovationsprozessen Endanwender:innen selbst diese Rolle.

Selbstreflexion:

Warum kann die Rolle des:der Designer:in gravierende Auswirkungen auf die Produktqualität aus Nutzer:innensicht haben? Welche speziellen Herausforderungen versucht Participatory Design in diesem Kontext zu lösen?

6.6   Explorative Designansätze und neue Technologien

Mittlerweile ist Usability Engineering als Gestaltungsansatz in Unternehmen stark verbreitet. Der Schwerpunkt liegt auf der Design-Synthese durch Integration von bereits bekannten und bewährten Lösungen. Im Gegensatz dazu existieren aber auch explorative Designansätze. Diese dienen zum Beispiel zur:

- Identifizierung und Erfüllung von bisher unbekannten oder ungelösten Kund:innen-
und Nutzer:innenbedarfen
- Ergründung technologischer Grenzen
- Identifizierung neuer Einsatzmöglichkeiten von (nicht etablierter) Technologie in (nicht
etablierten) Anwendungskontexten:
  - bekannte Technologie in einem neuen Anwendungskontext
  - neu entstehende Technologie in einem bekannten Anwendungskontext
  - neu entstehende Technologie in einem neuen Anwendungskontext

Explorative Designansätze befassen sich also großteils mit dem Unbekannten. Häufig wenden sie sich deshalb auch von etablierten Interaktions- und Darstellungsmodalitäten ab, weshalb die aus dem WIMP-Kontext bekannten Designansätze und -werkzeuge oft nicht gut oder ausreichend gut funktionieren. So folgt die Gestaltung eines Skills für einen Sprachassistenten zum Beispiel anderen Regeln als die Gestaltung einer Smartphone-App – allein durch die Abwesenheit visueller Darstellungen. Solche Technologien werden häufig auch als *Post-WIMP* bezeichnet, also Benutzerschnittstellen, die nicht mehr oder nicht ausschließlich auf den Modalitäten für Windows, Icons, Menus, und Pointern aufbauen, die wir von der Interaktion mit Computern und Smartphones kennen. Diese Art von Systemen können auch gänzlich unsichtbar sein, wie zum Beispiel ein vollautomatisiertes und sensorisch gesteuertes Smart Home, das nur über Beleuchtung und Raumtemperatur mit dem:der Nutzer:in interagiert. In diesem Zusammenhang werden auch häufig Augmented-Reality- (AR-) und Virtual-Reality- (VR-) Anwendungen genannt, da diese zumindest theoretisch nahtlos in den uns umgebenden (physischen) dreidimensionalen Raum integriert und zum Beispiel durch Gesten, Näherung und Sprache gesteuert werden – oder aber auch durch geschickte Platzierung von Inhalten oder anderen Aktionen den:die Nutzer:in selbst steuern können.

Da explorative Designansätze oft (aber nicht ausschließlich) technologiegetrieben sind, besteht die Gefahr, dass Nutzer:innen und deren Bedürfnisse durch die Begeisterung für die Technologie an sich selbiger untergeordnet werden. Das kann im Falle einer Technikdemonstration sogar notwendig sein, widerspricht aber den Grundsätzen des nutzer:innenzentrierten Designs und ist daher für eine tatsächliche Produktentwicklung oft nicht erstrebenswert.

Aufgrund der vielen Unbekannten in explorativen Designansätzen und der schwer abschätzbaren Folgen von nicht-etablierter Technologie ist es wichtig, auch die Auswirkung eines Designs jenseits der tatsächlichen Interaktion und der Interagierenden zu betrachten (Krauß et al. 2023). Gerade die letzten Jahrzehnte haben gezeigt, dass der Einsatz von

Technologie schnell ungewollte und unvorhersehbare Folgen herbeiführen kann und immer häufiger auch mehr oder weniger unbeteiligte Dritte (Bystanders) oder gar die Gesellschaft an sich in Systemdesign mit einbezogen werden müssen.

Jedoch sind diese Designansätze nicht auf die Exploration von Problemen beschränkt, sondern dienen auch der tatsächlichen Umsetzung von real erhältlichen Produkten. Man muss sich also auch die Frage stellen, ab wann sich ein Designartefakt durch die Adaptation und Integration durch Nutzer:innen in ihren Alltag der Kontrolle des Designers entzieht (Kimbell und Street 2009; Kimbell 2011) – und wer im Falle eines unvorhergesehenen negativen Ereignisses die Verantwortung trägt (siehe Kap. 5).

Im Folgenden gehen wir näher auf die Umsetzung explorativer Designansätze ein, um die Inhalte dieses Kapitels nochmals aus praktischer Sicht aufzuarbeiten und darzustellen. Die gewählten Design Case Studies im nächsten Abschnitt behandeln die Gestaltung einer Mixed-Reality-Anwendung und eines Sprachassistenzsystems als Technologien, die in den letzten Jahren stark in den Fokus von Unternehmen und Wissenschaft gerückt sind.

6.6.1 Design Case Study I – Technologiegetriebene Entwicklung einer Trainingssoftware im medizinischen Umfeld

Die Fallstudie SmartZSVA (Krauß et al. 2019; Krauß und Uzun 2020) zeigt ein Beispiel für einen technologiegetriebenen Designansatz, der sich bestmöglich an der nutzer:innenzentrierten Anwendungsgestaltung orientiert. Das dreijährige Projekt umfasste neben der Entwicklung von Einsatzmöglichkeiten von Smartglasses und Mixed-Reality-(MR-)Brillen im Kontext der zentralen Sterilgutversorgungsabteilung ZSVA (jetzt Aufbereitungseinheit für Medizinprodukte – AEMP) in Krankenhäusern auch die prototypische Entwicklung einer MR-Applikation zur Unterstützung unerfahrener Mitarbeiter:innen. Dabei wurden zahlreiche Methoden verwendet, zum Beispiel teilnehmende Beobachtungsstudien, semistrukturierte Interviews, Fokusgruppen, Storyboarding, Paper Prototyping, Wizard-of-Oz, Expertenevaluation, die Think-Aloud-Methode und genormte Usability- und UX-Fragebögen.

6.6.1.1 Vorgehensweise mit dem Gestaltungsziel abstimmen

Realweltliche Problemstellung: Die AEMP ist durch ihre zentrale und wichtige Rolle in der Gesundheitsversorgung sowie deren Berührungspunkte mit potenziell infektiösen und scharfen/spitzen Geräten eine Abteilung, die durch Arbeits- und Infektionsschutz stark reguliert ist. Durch Ermangelung digitalisierter und integrierter Prozesse in der AEMP und fehlenden Schnittstellen mit anderen organisatorischen Einheiten in Krankenhäusern (zum Beispiel der Lagerhaltung medizinischer Produkte und der OP-Planungsprozesse) stehen Mitarbeitende häufig vor organisatorischen und exekutiven Herausforderungen in ihrer täglichen Arbeit. Außerdem erfordert die Vielzahl an Aufgaben und Objekten, die Mitarbeitende zerlegen, reinigen, zusammensetzen, verpacken und sterilisieren müssen, ein hohes Maß an Konzentration: Viele Geräte, zum Beispiel Klemmen und Scheren, unterscheiden sich optisch kaum, verfügen aber über einen anderen Einsatzbereich. Ein Vertauschen dieser Werkzeuge könnte fatale Auswirkungen im Operationssaal haben, weshalb viele Arbeitsprozesse penible Dokumentationsarbeit und das strenge Einhalten von Vorschriften und Arbeitsabläufen verlangen. Andere, vergleichbare Einsatzszenarien (z. B. Logistik) haben gezeigt, dass Technologie wie MR und Smartglasses in solchen Kontexten gewinnbringend für die Unterstützung der Mitarbeitenden eingesetzt werden können.

Gestaltungsziel: Mit der fortschreitenden technologischen Entwicklung sogenannter Mixed-Reality-Headsets wird auch deren industrieller Einsatz interessanter. Diese Technologie bietet gerade im Vergleich zu herkömmlichen Desktopanwendungen viele Vorteile – zum Beispiel die In-situ-Anzeige von Informationen als digitale Überlagerung der physischen Umgebung im dreidimensionalen Raum sowie die Möglichkeit der Freihandinteraktion und -steuerung von Anwendungen durch Näherung, Spracheingabe und Eyetracking. Die AEMP stellt jedoch durch die hohe Wärme, Feuchtigkeit und Lärmbelastung sowie die generelle Sensitivität dieser Abteilung durch die Handhabung von (potenziell) infektiösen, spitzen und scharfen Werkzeugen sowie der nur langsam fortschreitenden Digitalisierung von Arbeitsprozessen eine besondere Herausforderung dar. Im Rahmen des Projekts sollen daher nicht nur lohnende Einsatzszenarien und dafür notwendige technische Schnittstellen erarbeitet, sondern der Mehrwert von MR in selbigen auch durch eine Beispielanwendung demonstriert werden.

Designansatz: Das Projekt stand vor zwei großen Herausforderungen: Erstens waren zu Beginn des Projekts dem Designteam sowohl die Arbeitsabläufe als auch die Rollen, Verantwortlichkeiten und deren Herausforderungen in der AEMP nicht ausreichend bekannt. Zudem ist die AEMP eine äußerst wichtige und sensible Einrichtung in Krankenhäusern oder bei externen Dienstleistern und verlangt dementsprechend (z. B. hohe Hygienestandards, unbequeme, laute, feuchte und warme Arbeitsumgebung) sehr robuste Hard- und Software. Zusätzlich bestand der Anspruch für die Mitarbeitenden und Stakeholder, ein Produkt bzw. einen Demonstrator mit einem tatsächlichen Mehrwert zu entwickeln, der über eine rein technische Demonstration hinausging.

Zweitens war die einzusetzende Post-WIMP-Technologie – MR-Headsets – gerade erst am Anfang ihrer Massentauglichkeit. Entsprechend gab es nur wenige Anhaltspunkte, Designwerkzeuge und Guidelines, die bei der Gestaltung und Umsetzung einer MR-Anwendung hätten unterstützen können. Zu diesem Zeitpunkt wies die Hardware noch viele ergonomische Schwachpunkte auf und war sehr anfällig für Störungen durch äußere Einflüsse. Daher war es sehr schwer, negative Einflüsse der Hardware auf die Erfahrung unserer Nutzenden mit der prototypischen Softwareanwendung herauszufiltern und entsprechend zu bewerten. Zudem folgten die grafischen Darstellungsmöglichkeiten und Elemente der verwendeten Hololens1 noch stark dem WIMP-Paradigma. So wurden zum Beispiel die Funktionalität einer Maus („point and click") auf die Blickrichtung und eine bestätigende Fingergeste abgebildet.

Folglich haben wir uns für einen nutzer:innenzentrierten Gestaltungsprozess nach der ISO Norm 9241:210 entschieden. Zum einen räumt dieser Gestaltungsansatz ausreichend Raum für die Kontextanalyse ein und ermöglicht durch schnelles und iteratives Prototyping die kostengünstige Entwicklung, Erprobung, und Weiterentwicklung von Designideen. Zum anderen eignet sich der Designprozess durch seine Normung sehr gut in sensiblen und industriellen Anwendungsfeldern.

6.6.1.2 Designprozess spezifizieren und Methoden anwenden

Zur Erhebung relevanter Anwendungsfelder wurden fünf unterschiedliche AEMP in deutschen Krankenhäusern und von Dienstleistern in das Gesamtprojekt eingebunden. Da das genaue Einsatzszenario für die Demoanwendung nicht klar war, begannen wir mit einer eingehenden Kontextanalyse in Form von teilnehmenden Beobachtungsstudien in allen Einrichtungen, verbunden mit Interviews unterschiedlicher Stakeholder, von den Angestellten bis hin zum:zur Abteilungsleiter:in der AEMP oder dem:der Geschäftsführer:in des externen Dienstleisters sowie dem Softwarezulieferer der eingesetzten AEMP-Software. Zusätzlich führten wir mit Führungskräften einen Brillen-Experience-Workshop durch, um die Technologie anhand von vorläufig identifizierten Einsatzszenarien und unterschiedlicher Hardware vorzustellen, die selbige zu evaluieren sowie Schwächen, Stärken und Herausforderungen zu erarbeiten.

Aus diesen Bemühungen ergaben sich acht Anwendungsfälle: 1) Lagerhaltung, 2) Schulung sowie dafür benötigte Inhalte und Abläufe, 3) das Packen von medizinischen Werkzeugen und Sets, 4) Fernunterstützung, 5) Nachverfolgung und ortsungebundene Anzeige von Informationen von Sets und medizinischen Werkzeugen, 6) Dokumentation von Routinekontrollen von Geräten und Prozessen, 7) das Zerlegen, das Aufstecken (auf die Reinigungsvorrichtungen) und das Wiederzusammensetzen medizinischer Werkzeuge nach der Reinigung sowie 8) die Anzeige von durch Geräte oder Priorisierung hervorgerufenen Warnungen und Statusbenachrichtigungen.

Diese Anwendungsfälle wurden dann in Gesprächen mit Führungskräften und Domänenexpert:innen anhand von deren Mehrwert und potenzieller positiver Auswirkung auf den Arbeitsalltag in der AEMP bewertet und priorisiert. Die resultierenden drei Anwendungsfälle mit dem höchsten zu erwartenden Mehrwert, nämlich Lagerhaltung, Schulung und dafür benötigte Inhalte und Abläufe, sowie das Packen von medizinischen Werkzeugen und Sets, wurden dann prototypisch in der Demonstratoranwendung umgesetzt. Hierfür wurden neben Prozessdarstellungen in Form von Ablaufdiagrammen auch Storyboards (siehe Abb. 6.5) eingesetzt, die bereits eine mögliche Implementierung gezeigt haben.

Als Vorbereitung auf die schrittweise Implementierung der Beispielanwendung nach der agilen Scrum-Methode wurden beobachtete Prozessabläufe und entsprechende Herausforderungen in Nutzer:innenanforderungen übersetzt und in Form von User Stories festgehalten. Diese User Stories wurden dann erneut nach den Prinzipien eines MVP priorisiert und implementiert. Auch erste notwendige Interaktionsmodalitäten konnten wir so erarbeiten, wie zum Beispiel, die Anwendung ohne den Einsatz der Hände bedienen zu

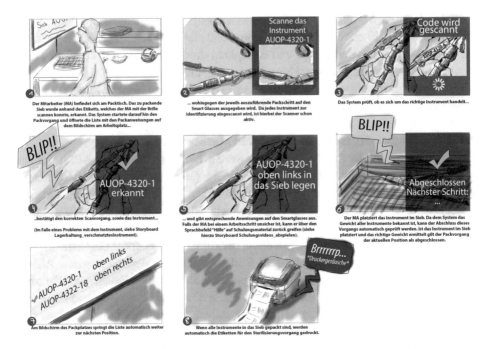

Abb. 6.5 Beispiel für ein Storyboard für den Prozessschritt des Packens von medizinischen Werkzeugen in ein Trägersieb. (Quelle: Fraunhofer FIT; all rights reserved)

können. Stattdessen wurden eine näherungsbasierte Interaktion und Steuerung über einen Fußschalter in Betracht gezogen. Andere Interaktionen folgten stark dem WIMP-Paradigma, besonders grafische Elemente, die in Fenstern dargestellt wurden und in Form von Buttons und Icons auf mögliche Interaktionen hinwiesen.

Aufgrund der schweren Erreichbarkeit der tatsächlichen Anwender:innen stützten wir unser iteratives Vorgehen hauptsächlich auf das Feedback von Domänenexpert:innen und AEMP-Führungskräften mit Personalverantwortung. Erst im letzten Schritt der Prototypvertestung wurde unser Prototyp in zwei unterschiedlichen AEMPs mit insgesamt 12 Mitarbeitenden getestet und bewertet.

Während die generelle technische Demonstration sehr gut funktionierte und auch die ausgewählten Anwendungsfälle durch die Mitarbeitenden positiv bewertet wurden, deckten diese auch einige Schwachstellen auf. Zum Beispiel äußerten unsere Studienteilnehmer:innen Bedenken in Bezug auf Autonomieverlust und damit einhergehenden Verlust von Anerkennung im sozialen Gefüge der medizinischen Einrichtung. Zudem wurde auch die Befürchtung geäußert, dass Vorgesetzte durch diese Technologie und die Art der Anwendung eine größere Kontrolle über Mitarbeitende erlangen und diese gegebenenfalls sozial isoliert werden könnten.

Dieses Feedback war wertvoll, um sich mit der negativen, unvorhergesehenen Auswirkung neuer Technologien im sozialen Umfeld zu befassen und deren Einsatz kritisch zu reflektieren.

6.6.2 Design Case Study II – Practice-based Prototyping für Sprachassistenzsysteme

Anhand dieser Fallstudie (Esau et al. 2022b) möchten wir praxisbasiertes Design näher erläutern und aufzeigen, wie dieses zu einer nutzer:innenzentrierten Gestaltung eines interaktiven Sprachassistenten beigetragen hat. Hierfür werden die verwendeten Methoden wie Contextual Inquiry, Experteninterviews, Rollenspiele, Wizard-of-Oz und Videoprototyping vorgestellt und im Kontext der Gestaltung für Sprachinteraktion beschrieben.

6.6.2.1 Vorgehensweise mit dem Gestaltungsziel abstimmen

Realweltliche Problemstellung: Viele unterschiedliche Versuche, Lebensmittelverschwendung zu vermeiden und einen bewussten Umgang mit Lebensmitteln zu fördern, scheitern. Trotz Aufklärungskampagnen oder Nudging fällt es Haushalten und deren Mitgliedern schwer, die Genießbarkeit von Lebensmitteln richtig einzuschätzen. Aus der Forschung wissen wir, dass Informationen allein nicht ausreichen, um eine dauerhafte Verhaltensänderung hervorzurufen. Ein großer Unsicherheitsfaktor bei Lebensmittelverschwendung ist die eigene Fähigkeit, Lebensmittel richtig einzuschätzen und im Entscheidungsmoment das Wissen parat zu haben.

Gestaltungsziel: In den letzten Jahren konnten wir eine zunehmende Nutzung von Sprachassistenten wie zum Beispiel Amazons Alexa beobachten (Porcheron et al. 2017a; Graesser et al. 2017; Provoost et al. 2017; Vtyurina und Fourney 2018; Murad und Munteanu 2019). Diese werden besonders häufig in der Küche aufgestellt und verwendet. Ihre Fähigkeit, überall aus dem Raum ansprechbar zu sein, Wissen schnell und gezielt abzurufen und mittels Sprachausgabe verfügbar zu machen, macht diese Technologie zu einem potenziellen Teil der Lösung (Vtyurina und Fourney 2018). Sie bieten nämlich die Möglichkeit, die „Kompetenz zum Handeln" (Gherardi 2008) der Menschen zu verbessern und so einen bewussten Umgang mit Lebensmittelressourcen zu fördern. Zusammengefasst soll ein interaktiver und sprachbasierter Guide entwickelt werden, der in Kollaboration mit dem Menschen durch Wissen und Anweisungen zu einer eigenen Erkenntnis und Entscheidung führt.

Designansatz: Aus diesen Überlegungen heraus haben wir uns am Prozess des Design Thinking orientiert und verfolgen einen Ansatz, der die sozialen (Lebensmittel-)Praktiken der Menschen in den Mittelpunkt stellt. Dies ermöglicht ein genaues Verständnis der Herausforderungen und aktuellen Lösungsansätze der Menschen, um ihnen zielgerichtet zu helfen, und gemäß ihren Ressourcen und Limitationen zu gestalten. Anstatt die Technologie in den Mittelpunkt zu stellen und diese eventuell mit weiteren Sensoren auszustatten, soll der Mensch auch in Zukunft unabhängig von der Technologie Entscheidungen treffen können.

Im Gegensatz zu WIMP-Anwendungen gibt es für die Gestaltung von Sprachassistenten nur wenige Guidelines, die zudem noch nicht durch jahrzehntelange Gestaltung von unterschiedlichen Personen, Firmen und Kulturkreisen validiert worden sind (Clark et al. 2019; Porcheron et al. 2017a; Murad und Munteanu 2019; Simpson 2020). Zusätzlich zeigen

Forschungsarbeiten aus den letzten Jahren, dass sehr häufig eine Nicht-Nutzung dieser Technologie eintritt bzw. die Interaktion mit Sprachassistenten auf sehr wenige, limitierte Anwendungsszenarien beschränkt ist. Zum einen lässt sich diese Folge auf die hohen Erwartungen an die Sprache als natürliche Interaktionsmodalität zurückführen (Cho et al. 2019; Porcheron et al. 2017a; Sciuto et al. 2018). Zum anderen bringen gesprochene Sprache als Interaktion und die dazugehörigen Plattformen und Ökosysteme sowohl konzeptionelle als auch technische Herausforderungen mit sich (Esau et al. 2022a). Frühere Forschungen zu Intelligent Personal Assistants (IPAs) und Conversational User Interfaces (CUI) (Porcheron et al. 2017a; Munteanu und Penn 2018; Murad und Munteanu 2019; Sciuto et al. 2018) haben mehrere Probleme aufgedeckt, die eine schnelle Akzeptanz behindern (Cho et al. 2019; Porcheron et al. 2017a; Sciuto et al. 2018), wie z. B. mangelnde Verarbeitung natürlicher Sprache (Grudin und Jacques 2019; Luger und Sellen 2016; Myers et al. 2018) und ein schwerwiegender Mangel an Benutzerfreundlichkeit, z. B. Kontrollverlust, fehlendes Feedback, begrenzte Auffindbarkeit u. a. (Burmester et al. 2019; Murad und Munteanu 2019; Myers et al. 2018; Porcheron et al. 2017b). Sprachbasierte User Interfaces bringen gegenüber visuell-zentrierten WIMP-Anwendungen gewisse Limitationen mit sich, die sich durch die aktuelle Umsetzung der Technologie nicht ausgleichen lassen. Zum Beispiel passen aktuelle mentale Modelle der Nutzenden, die sie aufgrund ihrer Erlebnisse in der Interaktion mit Webseiten oder Apps gesammelt haben, nicht zur Umsetzung von sprachbasierten Anwendungen und erfordern bei der Gestaltung einen Voice-first-Ansatz (Esau et al. 2022a). Daher müssen wir diese Erkenntnisse in unseren Designprozess einfließen lassen und entsprechend die Methodik auswählen. Beim Auftreten von Problemen während des spezifischen Designverlaufs sollte mit diesen offen umgegangen und entsprechend vom Plan abgewichen werden, indem Anpassungen iterativ und situationsbedingt vorgenommen werden.

6.6.2.2 Designprozess spezifizieren und Methoden anwenden

Anhand der Problemstellung und Gestaltungsidee haben wir uns für eine Vorgehensweise (siehe Abb. 6.6) entschieden, die sich zunächst intensiv mit den Bedürfnissen und aktuellen Praktiken der Nutzer:innen auseinandersetzt (1). Im nächsten Schritt fließen die erhobenen Daten in ein konzeptionelles Modell, das die Blaupause für das anstehende Prototyping (3) bereitstellt. Im Detail besteht die Prototypingphase aus vier Schritten (3a–d), unter Anwendung der in der Grafik genannten Methoden. Nach der Umsetzung wurde zudem ein Videoprototyp (4) erstellt, der innerhalb einer Interviewreihe (5) evaluiert wurde. Im Folgenden werden die Methoden und Ergebnisse der einzelnen Phasen erläutert.

(1) Verstehen der Nutzer:innen und Praktiken
   – Umfeld/Zielgruppe private Verbraucher:innen beschreiben
   – dahingehend die Anforderungserhebung aus Nutzersicht
   Dazu haben wir in 15 Haushalten kontextbezogene Untersuchungen durchgeführt und sechs Expert:innen zu ihrer Vorgehensweise bei der Bewertung der Lebensmittelqualität befragt. Wir haben Fisch als Beispiel gewählt, da es sich hierbei um ein be-

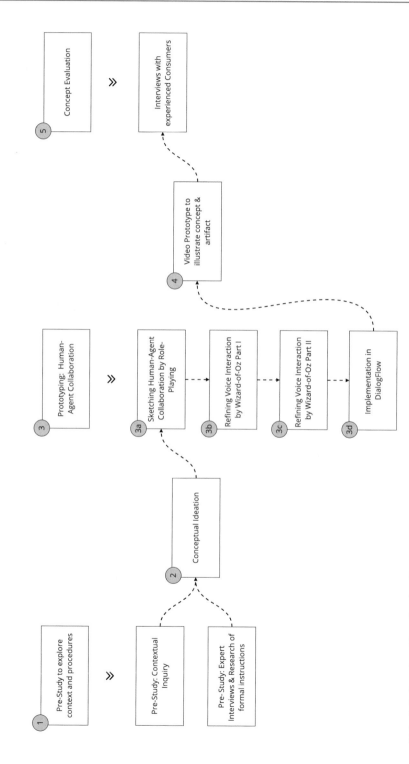

Abb. 6.6 Iteratives Vorgehen im Gestaltungsprozess des Sprachassistenten nach Ablauf einer Design Case Study (Esau et al. 2023); all rights reserved

sonders sensibles Lebensmittel handelt und für Verbraucher:innen mit den meisten Unsicherheiten verbunden ist. Darüber hinaus haben wir sechs Fischexpert:innen interviewt, um herauszufinden, wie man Verbraucher:innen anleitet und Lebensmittelkompetenz vermitteln kann. Diese Erkenntnisse haben wir in unser Design einfließen lassen. Zur Datenanalyse haben wir unter anderem die drei Elemente der Praktiken (Materialien, Kompetenzen, Bedeutungen) verwendet und das Vorgehen der Expert:innen beobachtet und notiert.

- Kompetenz: Lebensmittel bewerten und Zustand, Haltbarkeit sowie Risiko des Verzehrs beurteilen zu können, genereller Umgang mit Lebensmitteln entlang des Consumption Lifecycle (Einkaufen, Zubereiten, Lagern, Entsorgen, Planung)
- Material: Lebensmittel, Küche, Mindesthaltbarkeitsdatum, Küchenwerkzeuge, Nutzung von Medien und Technologien
- Bedeutung: Genuss, Energie, Gesundheit, Teilhabe

(2) Konzeptionierung

- Strukturierung und Einordnung der Ergebnisse anhand der Relevanz für die Gestaltung
- Entwurf eines ersten Dialogverlaufs mit den wichtigsten Entscheidungspunkten
- Erste Überlegungen zu Rolle und Verhalten des Assistenten

An dieser Stelle haben wir Nutzer:innen so weit eingebunden, dass sie maßgeblich an der Ideenentwicklung beteiligt waren. Jedoch hatten wir im Verlauf des Gestaltungsprozesses als Forscher:innen und Designer:innen entschieden, wie die folgenden Ergebnisse interpretiert werden sollen und in das Design des Sprachassistenten einfließen. Dies bedeutet auch, dass wir mit den Risiken verantwortungsvoll umgehen müssen, die aus dem Einsatz eines solchen Systems hervorgehen könnten, wie z. B. eine falsche Entscheidung hinsichtlich der Lebensmittelfrische. Unsere Ergebnisse zeigen, dass Verbraucher:innen motiviert und gewillt sind, ihre Sinne zu nutzen. Allerdings vermissen sie häufig eine entsprechende Anleitung und Unterstützung bei der Interpretation. Daher sollten wir Ratschläge geben, die über die offensichtlichen visuellen Anzeichen von Verderb hinausgehen, und klare, schnell umsetzbare Anweisungen vermitteln, die das Lernen durch Erfahrung und die Zusammenarbeit mit dem Sprachassistenten fördern. Wir müssen die Vorschriften zur Lebensmittelsicherheit im Kontext erklären und Beschreibungen verwenden, welche die graduellen Unterschiede in der Lebensmittelqualität veranschaulichen, wie z. B. „Seetang ähnlich". Außerdem zeigen unsere Ergebnisse, dass Frische oft negativ beschrieben wird, als eine Abweichung von den Erwartungen, wie etwas aussehen, schmecken und sich anfühlen muss. Der Prototyp sollte jedoch davon absehen, den Verbraucher:innen die Schuld zu geben, wenn sie entgegen der Empfehlung gehandelt haben. Stattdessen müssen wir die Anweisungen und Bewertungskategorien sorgfältig und geduldig so transparent und nachvollziehbar wie möglich erklären:

- Bestimmung des Dialogverlaufs anhand von im Lebensmittelstandard festgeschriebenen Qualitätsmerkmalen und Vorgehen der Expert:innen

- Verwendung nutzer:innengerechter Ansprache und Erklärungen
- Formalisierung und Externalisierung von Wissen durch sensorische Beschreibungen und Kriterien
- Überlassen der finalen Entscheidung beim Menschen

(3) Prototyping
- Anreichern des Dialogverlaufs durch Beispiele mittels Rollenspielen
- Verfeinern des Dialogs unter Anwendung der Wizard-of-Oz-Methodik
- Implementierung des Dialogs in Google DialogFlow

Basierend auf den vorläufigen Ergebnissen unserer Nutzer:innenstudien haben wir einen Sprachassistenten mit dem Namen „Fischer Fritz" entwickelt und implementiert. Dafür haben wir die möglichen Pfade und Ergebnisse in einem Entscheidungsbaum visualisiert und die Reihenfolge der Abfrage der wichtigsten Merkmale festgelegt. Ziel war es, so viele Fragen wie nötig und so wenige wie möglich zu implementieren. Nutzer:innen sollten effizient zu einer Entscheidung gelangen können und dabei Vertrauen in den Assistenten und ihre eigene Überprüfung der Lebensmittelfrische aufbauen. Hierfür eignen sich Rollenspiele besonders gut. Eine Person übernimmt die Rolle des:der Expert:in und die andere Person die des:der Nutzer:in. Dieses Gespräch wird im besten Falle aufgezeichnet und transkribiert, um gleichzeitig Dialogbeispiele zu sammeln, die als abwechslungsreiche Bausteine im späteren Produkt verwendet werden können. Zudem bietet es sich hier stark an, mit tatsächlichen potenziellen Nutzer:innen zusammenzuarbeiten, um die Validität und Qualität der Empfehlungen und Interaktionsabläufe mit dem Sprachassistenten zu erhöhen. Eine einfache Umsetzung könnte beispielsweise sein, mit den genannten Personen zu telefonieren und Szenen nachzustellen.

Wizard-of-Oz ist eine Methode, die es bereits seit den 1970er-Jahren gibt, um die Intelligenz von Maschinen zu simulieren, ohne diese vorher entwickeln und implementieren zu müssen. Das bedeutet, dass die Person, welche die Rolle des Assistenten spielt, im Gegensatz zum Rollenspiel nur noch vorgeschriebene Sätze und Dialogbestandteile verwendet. Je nach Reifegrad des Dialogs kann der gespielte Assistent Abweichungen in den Antworten zulassen, damit das Ziel des Dialogs erreicht werden kann. Hiermit bietet die Methode genug Flexibilität, um dem Erkenntnisgewinn für das Verbesserungspotenzial nicht im Wege zu stehen. Der Handlungsspielraum beschränkt sich auf eine Regelsammlung ähnlich zur Programmierung und kann entsprechend den Regeln des Frameworks implementiert werden. Im Allgemeinen spricht man bei Sprachassistenzsystemen von Utterances, Intents und Entities, die durch die vorangegangenen Methoden generiert werden sollten. Hier jeweils ein Beispiel zur Erläuterung:

- Utterance (Äußerung Sprachassistent): „Kannst du beschreiben, ob das Fischfleisch hell und eher weißlich, blass oder rosafarben oder eher bräunlich, gelblich oder grünlich ist?".
- Intent (Absicht der Nutzer:in): BeschreibungFischfleischFrisch
- Entity (Informationsgruppe): hell, weißlich blass

(4) Videoprototyp
  – Videoprototyp vermittelt das Verständnis für den Einsatz einer Technologie und die
    Relevanz für den menschlichen Alltag
  – Ziel der Evaluation war eine konzeptionelle Bewertung

Schließlich erstellten wir einen szenariobasierten Video-Prototyp, um die Erfahrung
und den Ansatz über die Benutzerfreundlichkeit und die detaillierten Funktionen hinaus zu evaluieren. Wir haben Video-Prototyping als gängige Methode in der HCI verwendet, um uns auf die konzeptionelle Bewertung neuartiger Artefakte zu konzentrieren. So wurde es von Diefenbach und Hassenzahl (Diefenbach und Hassenzahl 2017)
Provide link vorgeschlagen, um mehrere Erfahrungsebenen wie Interaktion, Funktionalitäten und Emotionen gleichzeitig zu beobachten. Im Gegensatz zu einem
Usability Test standen für uns bei dieser Evaluation nicht die unmittelbare Nutzer:in-
nenerfahrung und Interaktionsschwierigkeiten im Vordergrund, sondern die konzeptionelle Frage, ob eine solche Anwendung und Technologie für die Verbraucher:innen
relevant sein könnte. Die Aufmerksamkeit wird vielmehr auf die eingebetteten All-
tagserfahrungen gelenkt, ohne die Nutzer:innen mit Usability-Problemen oder unaus-
gereiften technischen Aspekten abzulenken (Diefenbach und Hassenzahl 2017; Sproll
et al. 2010). Diese Methode ist auch für die Mensch-Agent-Interaktion geeignet (Syrdal et al. 2008; Honig und Oron-Gilad 2020).

(5) Evaluation
  – Reflexion und Einordung der Ergebnisse
  – Basis für die nächsten Schritte in Gestaltung und Entwicklung

Während der Evaluation zeigten wir das Video und diskutierten anschließend mit 15
Verbraucher:innen über die Wirkung und Fähigkeiten des Sprachassistenten, der das
Wissen und die Anweisungen vermitteln sollte, zudem über die Rolle des Menschen,
der in dieser Situation als Sensor fungiert und welche Bedeutung das für die Gestaltung zukünftiger Technologien hat. Der nächste Schritt müsste nicht zwangsweise
die Weiterentwicklung der Sprachinteraktion sein, sondern eventuell doch die Hinzunahme weiterer Technologien, wie beispielsweise die Objekterkennung als Möglichkeit, die Frische zu überprüfen. Zusätzlich konnten wir in diesem Teil der Studie das
Potenzial der Anwendung, Körperwissen zu lehren und eine kollaborative Entscheidungsfindung zur Verringerung der Lebensmittelverschwendung bereitzustellen,
diskutieren. Dies führte zu weiteren Erkenntnissen, wie wir unser Design für die Implementierung im Alltag der Haushalte verbessern können.

6.7   Zusammenfassung

Die Gestaltung digitaler Produkte und Services stellt innerhalb der Verbraucherinformatik
den Menschen und seine sozialen (Konsum-)Praktiken in den Mittelpunkt. Besonders
wichtig ist es, den Menschen als Verbraucher:in und Nutzer:in frühzeitig in den Entwicklungsprozess einzubinden, um sicherzustellen, dass das System den situierten Be-

dürfnissen und Gewohnheiten entspricht. Daher sollten auch technologiegetriebene Ansätze mit menschzentrierten Ansätzen kombiniert werden, um eine erfolgreiche Integration in den Alltag zu ermöglichen. Zur Vorgehensweise können lineare, inkrementelle oder
iterative Gestaltungsansätze herangezogen werden, die alle gleichermaßen valide sind.
Zusätzlich tragen Normungsansätze, Werkzeuge und Prototypen zur Gestaltung nutzer:in-
nenzentrierter Systeme bei. Hier dienen Usability und User Experience als entscheidende
Kriterien zur Bewertung einer solchen Gestaltung. Insgesamt unterstützten und demo-
kratisieren soziale Praktiken und Participatory Design diesen Prozess, indem Nutzer:innen
teilweise die Rolle der Designer:innen ausfüllen. Mit dem hier beschriebenen Vorgehen is
es möglich, auch zukünftige und noch nicht erprobte Technologien für den Alltag der Ver-
braucher:innen zu explorieren und bedeutungsvoll zu gestalten.

6.8 Übungen

1. Was sind soziale Praktiken, und welche Rolle spielen sie im Design?
2. Was ist der Unterschied zwischen Design Thinking und einem Prozessmodell? Welche Phasen gibt es?
3. Erläutern Sie die ISO Norm 9241:210. Beschreiben Sie auch die Ziele und Schritte
   dieses Prozesses.
4. Was sind die 4 Phasen des Double Diamond?
5. Was ist Usability? Nennen Sie die Kriterien nach der ISO 9241:210.
6. Wie unterscheidet sich User Experience (UX) von der Customer Experience (CX)?
7. Erläutern Sie die Unterschiede zwischen technologiezentriertem und nutzer:innen-
   zentriertem Design.
8. Was sind Tools (Werkzeuge), und wie werden diese im Design eingesetzt?
9. Was ist ein Prototyp? Was ist Prototyping?
10. Erläutern Sie GUI, WIMP und WYSIWYG. Was bedeuten die Abkürzungen?
11. Was sind Post-WIMP-Interfaces? Erläutern Sie zwei Beispiele.
12. Welche Elemente der Design Case Study I machen das vorgestellte System zu einem
    Post-WIMP-System? Welche sind eher einem WIMP-System zuzuordnen?
13. Wäre die Design Case Study II in Abschn. 6.6.2 auch als WIMP-System in deren Kon-
    text nutzbar? Was könnten mögliche Nachteile sein?

Literatur

Auernhammer, Jan, Matteo Zallio, Lawrence Domingo, und Larry Leifer. 2022. Facets of human-
    centered design: The evolution of designing by, with, and for people. In *Design thinking re-
    search: Achieving real innovation*, 227–245. Cham: Springer International Publishing. https://
    doi.org/10.1007/978-3-031-09297-8_12.
Bannon, Liam, Jeffrey Bardzell, und Susanne Bødker. 2018. Introduction: Reimagining participa-
    tory design – Emerging voices. *ACM Transactions on Computer-Human Interaction* 25(1).
    https://doi.org/10.1145/3177794.

Benington, Herbert D. 1983. Production of large computer programs. *Annals of the History of Computing* 5(4): 350–361. https://doi.org/10.1109/MAHC.1983.10102.

Björgvinsson, Erling, Pelle Ehn, und Per-Anders Hillgren. 2010. Participatory design and „democratizing innovation". In *Proceedings of the 11th Biennial participatory design conference*, 41–50. Sydney, Australien.

Bodker, Susanne. 2021. *Through the interface: A human activity approach to user interface design.* Mahwah/New Jersey CRC Press.

Bucciarelli, Louis L., und Louis L. Bucciarelli. 1994. *Designing engineers.* Cambridge: MIT press.

Buchanan, Richard. 1992. Wicked problems in design thinking. *Design Issues* 8(2): 5–21.

Burmester, Michael, Katharina Zeiner, Katharina Schippert, und Axel Platz. 2019. Creating positive experiences with digital companions. In *Extended abstracts of the 2019 CHI conference on human factors in computing systems, 1–6. CHI EA '19.* Glasgow, Schottland, England. https://doi.org/10.1145/3290607.3312821.

Cat Drew. 2019. https://www.designcouncil.org.uk/our-work/news-opinion/double-diamond-15-years/. Zugegriffen am 20.10.2023.

Cheriton, David R. 1976. Man-machine interface design for timesharing systems. In *Proceedings of the annual conference on – ACM 76*, 362–366. Houston, Texas, USA. https://doi.org/10.1145/800191.805617, http://portal.acm.org/citation.cfm?doid=800191.805617.

Cho, Minji, Sang-su Lee, und Kun-pyo Lee. 2019. Once a kind friend is now a thing. In *Proceedings of the 2019 on designing interactive systems conference*, 1557–1569. San Diego, Kalifornien, USA. https://doi.org/10.1145/3322276.3322332, http://dl.acm.org/citation.cfm?doid=3322276.3322332.

Clark, Leigh, Philip Doyle, Diego Garaialde, Emer Gilmartin, Stephan Schlögl, Jens Edlund, Matthew Aylett, et al. 2019. The state of speech in HCI: Trends, themes and challenges. *Interacting with Computers* 31(4): 349–371. https://doi.org/10.1093/iwc/iwz016.

Clement, Andrew, und Peter Van den Besselaar. 1993. A retrospective look at PD projects. *Communications of the ACM* 36(6): 29–37.

Cockburn, Alistair. 2008. Using both incremental and iterative development. *STSC CrossTalk (USAF Software Technology Support Center)* 21(5): 27–30.

Cooper, Alan, Robert Reinmann, David Cronin, und Christopher Noessel. 2014. *About face: The essentials of interaction design.* San Francisco: Wiley.

Diefenbach, Sarah, und Marc Hassenzahl. 2017. Werkzeuge für Gestaltung und Evaluation auf der Erlebnisebene. In *Psychologie in der nutzerzentrierten Produktgestaltung*, 157–169. Berlin: Springer.

Edison, Henry, Xiaofeng Wang, und Pekka Abrahamsson. 2015. Lean startup: Why large software companies should care. In *Scientific Workshop Proceedings of the XP2015. XP '15 workshops.* Helsinki, Finnland. https://doi.org/10.1145/2764979.2764981.

Ehn, Pelle. 1988. Work-oriented design of computer artifacts. PhD Thesis, Arbetslivscentrum.

Esau, Margarita, Veronika Krauß, Dennis Lawo, und Gunnar Stevens. 2022a. Losing its touch: Understanding user perception of multimodal interaction and smart assistance. In *Designing Interactive Systems Conference*, 1288–1299. virtuelles Event, Australien.

Esau, Margarita, Dennis Lawo, Thomas Neifer, Gunnar Stevens, und Alexander Boden. 2022b. Trust your guts: Fostering embodied knowledge and sustainable practices through voice interaction. *Personal and Ubiquitous Computing.* https://doi.org/10.1007/s00779-022-01695-9.

Esau-Held, Margarita, Andrew Marsh, Veronika Krauß, und Gunnar Stevens. 2023. "Foggy sounds like nothing" – Enriching the experience of voice assistants with sonic overlays. *Personal and Ubiquitous Computing* 27:1–21.

Ferreira, Jennifer, Helen Sharp, und Hugh Robinson. 2011. User experience design and agile development: Managing cooperation through articulation work. *Software: Practice and Experience* 41(9): 963–974. https://doi.org/10.1002/spe.1012.

Floyd, Christiane. 1984. A systematic look at prototyping. In *Approaches to prototyping*, Hrsg. R. von Budde, K. Kuhlenkamp, Lars Mathiassen, und H. Zullighoven, 1–18. Berlin/Heidelberg: Springer. https://doi.org/10.1007/978-3-642-69796-8_1.

Gabbard, Joseph L., und J. Edward Swan. 2008. Usability engineering for augmented reality: Employing user-based studies to inform design. *IEEE Transactions on Visualization and Computer Graphics* 14(3): 513–525. https://doi.org/10.1109/TVCG.2008.24.

Gherardi, Silvia. 2008. Situated knowledge and situated action: What do practice-based studies promise. In *The SAGE handbook of new approaches in management and organization*, 516–525. London: Sage.

Gilmore, James H., B. Joseph, und Pine. 2002. Customer experience places: The new offering frontier. *Strategy & Leadership* 30(4): 4–11.

Graesser, Arthur C., Nia Dowell, und Danielle Clewley. 2017. Assessing collaborative problem solving through conversational agents. In *Innovative assessment of collaboration*, 65–80. Schweiz: Springer.

Gray, Colin M. 2016. What is the nature and intended use of design methods? In *Future focused thinking – DRS international conference 2016*, 2551–2564. Brighton. https://doi.org/10.21606/drs.2016.307.

Grudin, Jonathan. 2017. From tool to partner: The evolution of human-computer interaction. *Synthesis Lectures on Human-Centered Informatics* 10(1): i–183. https://doi.org/10.2200/s00745ed1v01y201612hci035.

Grudin, Jonathan, und Richard Jacques. 2019. Chatbots, humbots, and the quest for artificial general intelligence. In *Proceedings of the 2019 CHI conference on human factors in computing systems – CHI '19*, 1–11. Glasgow, Schottland, England. https://doi.org/10.1145/3290605.3300439.

Hassenzahl, Marc. 2018. The thing and I: Understanding the relationship between user and product. In *Funology 2. Human–Computer Interaction Series*, Hrsg. M. Blythe und A. Cham: Springer. https://doi.org/10.1007/978-3-319-68213-6_19.

Hassenzahl, Marc, Michael Burmester, und Franz Koller. 2003. AttrakDiff: Ein Fragebogen zur Messung wahrgenommener hedonischer und pragmatischer Qualität. *Mensch & Computer 2003: Interaktion in Bewegung*: 187–196. Konferenzband MuC 2003. https://dl.gi.de/handle/20.500.12116/7308.

Hassenzahl, Marc, Sarah Diefenbach, und Anja Göritz. 2010. Needs, affect, and interactive products – Facets of user experience. *Interacting with Computers* 22(5): 353–362. https://doi.org/10.1016/j.intcom.2010.04.002.

Honig, Shanee, und Tal Oron-Gilad. 2020. Comparing laboratory user studies and video-enhanced web surveys for eliciting user gestures in human-robot interactions. In *Companion of the 2020 ACM/IEEE international conference on human-robot interaction*. HRI '20, 248–250. Cambridge, England. https://doi.org/10.1145/3371382.3378325.

IDEO U. 2023. What is design thinking? https://www.ideou.com/blogs/inspiration/what-is-design-thinking. Zugegriffen am 20.10.2023.

ISO/TC 159/SC 4/WG 6 Human-centred design processes for interactive systems. 2020. *DIN EN ISO 9241-210:2020-03 – Ergonomics of human-system interaction – Part 210: Human-centred design for interactive systems (ISO 9241-210:2019). Standard.* Geneva: International Organization for Standardization.

Johnson, Jeff. 2014. *Designing with the mind in mind, second edition: Simple guide to understanding user interface design guidelines*, 2. Aufl. San Francisco: Morgan Kaufmann Publishers Inc.

Kimbell, Lucy. 2011. Rethinking design thinking: Part I. *Design and Culture* 3(3): 285–306.

Kimbell, Lucy, und Park End Street. 2009. Beyond design thinking: Design-as-practice and designs-in-practice. In *CRESC conference*, 1–15. Manchester, England.

Krauß, Veronika, und Yücel Uzun. 2020. Supporting medical auxiliary work: The central sterile services department as a challenging environment for augmented reality applications. In *2020 IEEE international symposium on mixed and augmented reality (ISMAR)*, 665–671. Porto de Galinhas, Brasilien. https://doi.org/10.1109/ISMAR50242.2020.00096.

Krauß, Veronika, Yücel Uzun, Leif Oppermann, und René Reiners. 2019. Smartglasses in the sterile supply process. In *Proceedings of mensch und computer 2019*. MuC '19, 859–861. New York: Association for Computing Machinery. https://doi.org/10.1145/3340764.3345367.

Krauß, V., J. Berkholz, L. Recki, und A. Boden. 2023. „Beyond Well-Intentioned: An HCI Students' Ethical Assessment of Their Own XR Designs". *2023 IEEE International Symposium on Mixed and Augmented Reality (ISMAR)*, 59–68. Sydney, Australia. https://doi.org/10.1109/ISMAR59233.2023.00020.

Kuijer, Lenneke, Annelise de Jong, und Daan van Eijk. 2013. Practices as a unit of design: An exploration of theoretical guidelines in a study on bathing. *ACM Transactions on Computer-Human Interaction* 20(4). https://doi.org/10.1145/2493382.

Lawo, Dennis. 2023. *Recommending path deviations – A practice-based approach to sustainable consumption*. PhD Thesis. Siegen: University of Siegen.

Lawson, Bryan. 2006. *How designers think*. Abingdon/New York. Routledge.

Lim, Youn-Kyung, und Erik Stolterman. 2008. The anatomy of prototypes: Prototypes as filters, prototypes as manifestations of design ideas. *Transactions on Computer-Human Interaction* 15(2): 1–27. https://doi.org/10.1145/1375761.1375762.

Luger, Ewa, und Abigail Sellen. 2016. 'Like having a really bad pa': The gulf between user expectation and experience of conversational agents. In *Conference on human factors in computing systems – Proceedings*, 5286–5297. San Jose, Kalifornien, USA. https://doi.org/10.1145/2858036.2858288.

Mathiassen, Lars. 1984. Systemudvikling og systemudviklingsmetode. *DAIMI Report Series* 10(136). https://doi.org/10.7146/dpb.v10i136.6542, https://tidsskrift.dk/daimipb/article/view/6542.

Meixner, Gerit, und Daniel Görlich. 2009. Eine Taxonomie für Aufgabenmodelle. *Software Engineering 2009*.

Muller, Michael J. 1991. PICTIVE – An exploration in participatory design. In *Proceedings of the SIGCHI conference on Human factors in computing systems*, 225–231. New Orleans, Louisiana, USA.

Mumford, Enid. 1981. Participative systems design: Structure and method. *Systems, Objectives, Solutions* 1(1): 5–19.

Munteanu, Cosmin, und Gerald Penn. 2018. Speech and hands-free interaction: Myths, challenges, and opportunities. In *Conference on human factors in computing systems – Proceedings*. 2018-April:1–4. Montreal, Kanada. https://doi.org/10.1145/3170427.3170660, http://dl.acm.org/citation.cfm?doid=3170427.3170660.

Murad, Christine, und Cosmin Munteanu. 2019. „I don't know what you're talking about, HALexa": The case for voice user interface guidelines. In *Proceedings of the 1st international conference on conversational user interfaces*. CUI '19. Dublin, Irland. https://doi.org/10.1145/3342775.3342795.

Myers, Chelsea, Anushay Furqan, Jessica Nebolsky, Karina Caro, und Jichen Zhu. 2018. Patterns for how users overcome obstacles in voice user interfaces. In *Conference on human factors in computing systems – Proceedings*. 2018-April:1–7. Montreal, Kanada. https://doi.org/10.1145/3173574.3173580.

Nielsen, Jakob. 1993. *Usability engineering*. Mountain View: Morgan Kaufmann.

Norman, Don, Jim Miller, und Austin Henderson. 1995. What you see, some of what's in the future, and how we go about doing it: HI at Apple Computer. In *Conference companion on Human factors in computing systems*, 155. Denver, Colorado, USA.

Norman, Donald A. 1983. Design rules based on analyses of human error. *Communications of the ACM* 26(4): 254–258. https://doi.org/10.1145/2163.358092.

Norman, Donald A. 2009. THE WAY I SEE IT Systems thinking: A product is more than the product. *Interactions* 16(5): 52–54.

Porcheron, Martin, Joel E. Fischer, Moira McGregor, Barry Brown, Ewa Luger, Heloisa Candello, und Kenton O'Hara. 2017a. Talking with conversational agents in collaborative action. In *Companion 2017 ACM conference on computer supported cooperative work and social computing – CSCW '17 Companion*, 431–436. Portland, Oregon, USA. https://doi.org/10.1145/3022198.3022666, http://dl.acm.org/citation.cfm?doid=3022198.3022666.

Porcheron, Martin, E. Joel, und Fischer und Sarah Sharples. 2017b. „Do animals have accents?": Talking with agents in multi-party conversation. In *Proceedings of ACM conference on computer-supported cooperative work CSCW*, 207–219. New York: ACM Press. https://doi.org/10.1145/2998181.2998298, http://dl.acm.org/citation.cfm?doid=2998181.2998298.

Preece, Jenniger, Helen Sharp, und Yvonne Rogers. 2015. *Interaction design: Beyond human-computer interaction*, 4. Aufl. Wiley. https://www.wiley.com/en-us/Interaction+Design\%3A+Beyond+Human+Computer+Interaction\%2C+4th+Edition-p-9781119088790.

Provoost, Simon, Ho Ming Lau, Jeroen Ruwaard, und Heleen Riper. 2017. Embodied conversational agents in clinical psychology: A scoping review. *Journal of Medical Internet Research* 19(5): e151.

Purao, Sandeep, Leona Chandra Kruse, und Alexander Maedche. 2020. The origins of design principles: Where do… they all come from? In *Designing for digital transformation. Co-creating services with citizens and industry: 15th international conference on design science research in information systems and technology, DESRIST 2020, Kristiansand, Norway, Dec. 2–4, 2020, Proceedings 15*, 183–194. Springer.

Rittel, Horst W. J. 1984. Second-generation design methods. In *Developments in design methodology*, 317–327. Chichester/New York/Brisbane/Toronto/Singapore: John Wiley & Sons.

Rittel, Horst W. J., und Melvin M. Webber. 1973. Dilemmas in a general theory of planning. *Policy Sciences* 4(2): 155–169.

Rogers, Y., H. Sharp, und J. Preece. 2002. *Interaction design: Beyond human-computer interaction*. Wiley.

Rosson, Mary Beth, und John M. Carroll. 2002. *Usability engineering: Scenario-based development of human-computer interaction*. München: Morgan Kaufmann.

Schön, Donald A. 1988. Designing: Rules, types and worlds. *Design Studies* 9(3): 181–190.

Schrepp, Martin, Andreas Hinderks, und Jörg Thomaschewski. 2014. Applying the user experience questionnaire (UEQ) in different evaluation scenarios. In *Design, user experience, and usability. Theories, methods, and tools for designing the user experience: Third international conference, DUXU 2014, held as part of HCI international 2014, Heraklion, Crete, Greece, June 22–27, 2014, Proceedings, Part I 3*, 383–392. Springer.

Sciuto, Alex, Arnita Saini, Jodi Forlizzi, und Jason I. Hong. 2018. Hey Alexa, what's up: Studies of in-home conversational agent usage. In *DIS 2018 – Proceedings of the 2018 designing interactive systems conference*, 857–868. Hong Kong, China. https://doi.org/10.1145/3196709.3196772.

Sein, Maung K., Ola Henfridsson, Sandeep Purao, Matti Rossi, und Rikard Lindgren. 2011. Action design research. *MIS Quarterly* 35(1): 37–56.

Shneiderman, Ben, Catherine Plaisant, Maxine Cohen, Steven Jacobs, und Niklas Elmqvist. 2016. *Designing the user interface: Strategies for effective human-computer interaction*, 6. Aufl. Harlow: Pearson.

Shove, Elizabeth. 2003. Users, technologies and expectations of comfort, cleanliness and convenience. *Innovation: The European Journal of Social Science Research* 16(2): 193–206.

Shove, Elizabeth, Mika Pantzar, und Matt Watson. 2012. *The dynamics of social practice: Everyday life and how it changes. The dynamics of social practice: Everyday life and how it changes*. London: Sage.

Simpson, James. 2020. Are CUIs just GUIs with speech bubbles? In *Proceedings of the 2nd conference on conversational user interfaces*, 1–3. Bilbao, Spanien. https://doi.org/10.1145/3405755.3406143.

Slocum, Mac. 2010. Marketing lessons from Dropbox: A Q&A with CEO Drew Houston. https://web.archive.org/web/20100422210536/; http://answers.oreilly.com/topic/1372-marketing-lessons-from-dropbox-a-qa-with-ceo-drew-houston/. Zugegriffen am 19.04.2010.

Spinuzzi, Clay. 2005. The methodology of participatory design. *Technical Communication* 52(2): 163–174.

Sproll, Sandra, Matthias Peissner, und Christina Sturm. 2010. From product concept to user experience: Exploring UX potentials at early product stages. In *Proceedings of the 6th Nordic conference on human-computer interaction: Extending boundaries*, 473–482. Reykjavik, Island

Spurling, N., A. McMeekin, E. Shove, D. Southerton, und D. Welch. 2013. *Interventions in practice: Re-framing policy approaches to consumer behaviour.* University of Manchester, Sustainable Practices Research Group.

Stolterman, Erik, Jamie McAtee, David Royer, und Selvan Thandapani. 2009. Designerly tools. In *Undisciplined! Design research society conference 2008*, 16–19. Sheffield: Sheffield Hallam University. http://shura.shu.ac.uk/491/.

Syrdal, Dag Sverre, Nuno Otero, und Kerstin Dautenhahn. 2008. Video prototyping in human-robot interaction: Results from a qualitative study. In *Proceedings of the 15th European conference on cognitive ergonomics: The ergonomics of cool interaction*. ECCE '08. Funchal, Portugal. https://doi.org/10.1145/1473018.1473055.

Von Hippel, Eric. 2005. Democratizing innovation: The evolving phenomenon of user innovation. *Journal für Betriebswirtschaft* 55:63–78.

Vtyurina, Alexandra, und Adam Fourney. 2018. Exploring the role of conversational cues in guided task support with virtual assistants. In *Proceedings of the 2018 CHI Conference on Human Factors in Computing Systems*. CHI '18, 1–7. Montreal, Kanada. https://doi.org/10.1145/3173574.3173782.

Walsh, Tanja, Jari Varsaluoma, Sari Kujala, Piia Nurkka, Helen Petrie, und Chris Power. 2014. Axe UX: Exploring long-term user experience with iScale and AttrakDiff. In *Proceedings of the 18th international academic MINDTREK conference: Media business, management, content & services*, 32–39. Tampere, Finnland

Stichwortverzeichnis

A

Action Research 283
Algorithmic Aversion 211
Algorithmic Literacy 213
Anonymisierung 154
Arbeitsteilung im Haushalt 99
Assessment List for Trustworthy AI
        (ALTAI) 223
Asymmetry of Knowledge 272
Aufmerksamkeitsökonomie 12
Auftragsarbeit 21
Augmented Reality 284
Auskunftsrecht 144

B

Bedeutungssystem 64
Bedeutungstiftendes Coping 190
Bedürfnis 48
    relationales 66
Bedürfnisentwicklung 60
Bedürfnisweckung 60
Behaviorismus 43
Betrugserkennung 185
Beziehung, parasoziale 58
Biased Reality 220
Binge Watching 14
Blaming 188
Buchführung, mentale 107, 108
Budget 88
Businessinnovation 265
Businesstransformation 265

C

Collingridge-Dilemma 218
Computerchip 17
Computerspiel 10
Consumer Culture 64
Context Collapse 18
Contextual Inquiry 289
Conversational User Interface (CUI) 290
Coping
    bedeutungstiftend 190
    emotionsorientiert 190
    problemorientiert 190
Customer Experience 279

D

Dark Pattern 167
Datenintermediär 151
Datenökonomie 12
Datenschutz-Grundverordnung (DSGVO) 142
Datenschutzverhalten
    bedürfnistheoretische
            Erklärungsmodelle 156
    verhaltensökonomische Ansätze 160
Daten-Tracking 15
Datentreuhänder 151
    parteiischer 153
Debiasing 222
Digitale Disruption 55
Digitale Güter 12, 114
Digitale Kontrolle 56
Digitale Souveränität 6

Digitaler Konsum 9
Digitaler Verbraucherschutz 4
Digitalisierungsgrad 115
Direkter Netzwerkeffekt 122
Disruption, digitale 55
Distinktionsmechanismus 69
DSGVO (Datenschutz-Grundverordnung) 142

E
eCommerce-Anwendung 13
Eigentum 52
Emotionsorientiertes Coping 190
Entwicklung, nachhaltige 232
Equality 213
Equity 213
Erfahrungseigenschaft 117
Ergebnisfairness 215
Erlebnis 47

F
Fairnessprinzipien 214
False Negative 185
False Positive 185
Flow-Erlebnis 47
Fokusgruppe 285
Forced-Action-Muster 168

G
Garfinkel-Test 63
Geplante Obsoleszenz 59
Geschäftsmodelle 113
Gesetz des abnehmenden Grenznutzens 34
Gewinnermarkt 120
Gig Economy 21
Gleichgewichtsproblem 119
Glücksforschung 48
Grenznutzen 34
GUI (Graphical User Interface) 269
Guidelines 289

H
Habitus 70
Handlungsregulationstheorie 45
Handlungstheorie überlegten Handelns 37
Happiness-Paradox 67
Hausarbeit 95

Wert 96
Haushalt 86, 87
    Arbeitsteilung 99
    Informationsprozesse 103
Haushaltsbuch 90
Haushaltsbuchführung 106
Haushaltsführung 86
Haushaltsmanagement 96, 100
Haushaltspraktiken 106
Haushaltsproduktion 95
Haushaltstheorie 35
Hedonischer Konsum 47
Heimcomputer 10
Henne-Ei-Problem 118
Heuristik 39
Homo oeconomicus 32
Human-Computer-Interaktion 5
Hypermassenkonsum 22

I
Indirekter Netzwerkeffekt 122
Influencerin 15
Informationelle Privatsphäre 138
Informationelle Selbstbestimmung 143
Informationsasymmetrie 8, 117
Informationsfairness 215
Informationsökonomik 41
Informationsprozesse im Haushalt 103
Informelle Regel 54
Intelligent Personal Assistants (IPAs) 290
Intermediär 110
Internet 11
Internet of Things 17
Interpersonale Fairness 214
Investition 90

K
Klassifikatorische Betrugserkennung 185
Kodifizierte Regeln 54
Kognitivismus 43
Kollaborativer Konsum 20
Konsum
    digitaler 9
    hedonischer 47
    kollaborativer 20
Konsumpraktiken 4, 8, 75
Konsumtheorie 30
    soziologische 51

Kontrolle, digitale 56
Kostendegression 122
Kritische-Masse-Problem 119
Kulturelle Allesfresser 71
Kulturgut 57
Kulturwissenschaften 61
Künstliche Intelligenz 19

L
Lean Startup 273
Location-based Service 17
Lock-in-Effekt 120, 123

M
Markt
    mehrseitiger 116
    realer 32
    vollkommener 31
Marktkompetenz 95
Marktmacht 20
Marktsättigung 59
Massenkonsum 57, 59
Mehrseitiger Markt 116
Mentale Buchführung 107
Minimum Viable Product 273
Mobility as a Service 246
Modal Split 248
Monadisch 66
Moneywork 107
Multi-Party-Privacy-Konflikt 141

N
Nachhaltige Entwicklung 232
Nachhaltigkeit 6
    ökologische 233
    ökonomische 233
    soziale 233, 234
Natural Language Processing 19
Netzwerkeffekt 20, 116, 120, 122
    direkter 122
    indirekter 122
Netzwerkgüter 116
Nudging 40, 164
Nutzertracking 17
Nützlichkeitsfunktion 67
Nutzungsmetrik 58

O
Obsoleszenz, geplante 59
Ökologische Nachhaltigkeit 233
Ökonomische Nachhaltigkeit 233
Onlinebetrug, Formen 171
Ordnungssysteme 104
Organisationsinnovation 265
Organisationstransformation 265

P
Paperwork 109
Parasoziale Beziehung 58
Parteiische Datentreuhänder 153
Peer-to-Peer Economy 15, 20
Peer-to-Peer-Markt 13
Peer-to-Peer-Sharing 125
Performanztheorie 73
Personal Information Management Systems
    (PIMS) 152
Plattformökonomie 21, 112
Polysemie 64
Positionelles Wettrüsten 67
Positionsexternalität 67
Post-WIMP 284
Praktiken 73
Praxistheorie 72
Prinzip der Zweckbindung 143, 144
Prinzip des Verbots mit Erlaubnisvorbehalt 143
Privacy by Design 156
Privacy Calculus Theory 158
Privacy Enhancing Technology (PET) 156
Privacy Paradox 160
Privathaushalt 86
Privatsphäre 138
    Funktionen 156
    informationelle 138
Problemorientiertes Coping 190
Produktgestaltung 50
Profiling 149
Prosumer 95
Prosuming 7
Prosumption 20
Protection Motivation Theory (PMT) 184
Pseudonymisierung 155

R
Random-Utility-Modell 35
Ratingbasierte Betrugserkennung 185

Rational-Choice-Modell 32
Rationaler Fatalismus 162
Realer Markt 32
Rechnungsbearbeitung 104
Recht auf Auskunft 144
Regel
    informelle 54
    kodifizierte 54
Relationales Bedürfnis 66
Reputationssystem 117, 125
Reziprozitätsgesetz 53
Ridesharing 243
Ringe der Marktmacht 120

S
Scoring 150
Scrum 287
Selbstbestimmung, informationelle 143
Shaming 188
Shared Mobility 238
Sharing Economy 15, 20, 125, 236
Sharing-Plattform 237
Skaleneffekt 21, 120, 122
Smart Home 19, 106
Smartphone, Touchscreen-basiert 16
Social Engineering 172
    Manipulationstechniken 177
    Prozessmodelle 178
Social Web 15
Souveränität, digitale 6
Soziale Nachhaltigkeit 233, 234
Soziale Systeme 57
Soziologische Konsumtheorie 51
Sparverhalten 90
Stimulus-Organism-Response-Modell 43
Sucheigenschaft 117

T
Technikfolgenabschätzung 204
Technologieakzeptanzmodell 38
Theorie des geplanten Handelns 37
Theorie des Haushalts 87
Theorie des Marktes 87
Think-Aloud-Methode 285
TikTokisierung 59
Touchscreen-basiertes Smartphone 16

Transaktionskosten 94, 124
Trolley-Problem 205
Turing-Test 63

U
Überwachungskapitalismus 21
Ubiquitous Computing 17
Unterhaltungselektronik 10
Usable Privacy and Security 163

V
Vehicle Sharing 240
Vendor Relationship Management 109
Verbot mit Erlaubnisvorbehalt 143
Verbraucherforschung 5
Verbraucherinformatik 2, 4
Verbraucherschutz, digitaler 4
Verbraucherverhalten 44
Verbrauchervertrag 93
Verbraucherwissenschaften 5
Verfahrensfairness 215
Vergleichsplattform 89
Verhaltensökonomie 39
Verhaltensökonomische Ansätze 160
Verschlüsselung 153
Vertrag 92
Vertragsmanagement 102
Vertragsmanager 102
Vertrauen 124
Vertrauenseigenschaft 117
VIE-Modell 37
Virtual Reality 284
Vollkommener Markt 31
VRM 109
VRM-System 110

W
Warenfetischismus 50, 61
Web 2.0 15
Wechselkosten 123
Wettrüsten, positionelles 67
Wicked 265
WIMP 284
Winner-takes-it-all 120
Wirtschaftlichkeitsprinzip 32
Wirtschaftsinformatik 4

Wizard-of-Oz 285
World Wide Web 11
WYSIWYG 270

Z
Zeitbudgeterhebung 97
Zweckbindungsprinzip 143, 144

Printed in the United States
by Baker & Taylor Publisher Services